Pablo Escobar

El patrón del mal

Pablo Escobar

El patrón del mal

Alonso Salazar J.

Título original: La parábola de Pablo

Fotografías cortesía del periódico El Espectador de Bogotá
Mapas de María Teresa Aldana
Diseño y armada electrónica de Editorial Planeta Colombiana, S. A.
Fotografía de cubierta: Andrés Valbuena

© Alonso Salazar J., 2001
© De esta edición:
2012, Santillana USA Publishing Company, Inc.
2023 N.W. 84th Ave.
Doral, FL, 33122
Teléfono: (305) 591-9522
Fax: (305) 591-7473
www.prisaediciones.com

ISBN: 978-1-61435-947-0

Ninguna parte de esta publicación, incluido el diseño
de la cubierta, puede ser reproducida, almacenada o transmitida
en manera alguna ni por ningún medio, ya sea eléctrico,
químico, mecánico, óptico, de grabación o de fotocopia,
sin permiso previo del editor.

Impreso en el mes de Noviembre de 2012 en los talleres HCI Printing

PRISA EDICIONES

A Martalí

Índice

Agradecimientos

Algunas personas, cuyos aportes fueron invaluables, han preferido el anonimato. Ellas saben quiénes son y de todas maneras les brindo mi reconocimiento.

Quiero también agradecer a Laura Restrepo, inigualable amiga y consejera; a Ana Victoria Ochoa por compartir su experiencia y su trabajo para esta obra; a Lucía Mercedes Ossa y a Jaime Bustamante por su juicioso y desinteresado apoyo; a Martina y a la familia Salazar-Salazar —Jaime, Luz Elena, Ana María, Laura, Juan Manuel y Marta Cuervo— por su amorosa compañía.

A José Libardo Porras, Sergio Valencia, Juana Uribe, Héctor Rincón y Ana María Cano por sus oportunos aportes al manuscrito.

A la gente de Planeta por el rigor y el entusiasmo que le aportaron a la primera edición de este libro.

Introducción

La historia de Pablo Escobar que aquí narro ha sido reconstruida con la mirada de diferentes protagonistas que entrevisté a lo largo de los últimos años. Hablé con algunos de sus familiares, con vecinos, con personas que trabajaron para él (desde obreros hasta sus abogados, pasando por los hombres de su organización), con quienes fueron sus víctimas y, además, con quienes lo combatieron desde el Estado o desde la ilegalidad.

Ha sido un trabajo dispendioso encontrar las fuentes, conseguir los permisos para visitar a algunos de ellos en las cárceles o en las casas donde hoy procuran el anonimato y, a veces, fue difícil lograr que rompieran su silencio. Se incluyen también apartes de una entrevista realizada por la periodista Ana Victoria Ochoa a doña Hermilda Gaviria, para un documental aún inédito titulado *Madre de espaldas con su hijo*.

La reconstrucción de los hechos se alimentó también de fuentes escritas. Entre ellas, los libros que han sido publicados sobre el personaje o sobre episodios relacionados con él. Además, con los centenares de informes periodísticos que sobre el narcotráfico, específicamente sobre Escobar, se publicaron a lo largo de 16 años, y que he inventariado y analizado juiciosamente. Por último, me fueron de gran utilidad manuscritos y correspondencias, varios de ellos inéditos, que algunas personas conservan y que generosamente me facilitaron.

Al final, sumando voces, he tratado de construir una mirada multifacética de un personaje que con sólo mencionarse suscita controversia, pero que definitivamente nos marcó y fue el símbolo mayor del estigma que hoy cargamos los colombianos en el mundo entero: el narcotráfico.

Desde luego, en muchos de los episodios existen versiones diferentes y hasta encontradas. En esos casos he procurado incorporarlas.

He creado un personaje ficticio, Arcángel, en boca de quien he puesto opiniones que algunos de los protagonistas no quieren asumir públicamente. Arcángel ha sido igualmente útil, desde el punto de vista narrativo, para presentar algunos hechos que podrían comprometer judicialmente a quienes los realizaron.

Nunca se sabe con certeza cuál es el momento oportuno para adentrarse en una historia de esta magnitud y, sobre todo, cuándo es el momento de contarla. No deja de ser un atrevimiento esta escritura. Pero quizá sea provechoso para Colombia, y en alguna medida para el mundo, evitar que el olvido sepulte las tramas complejas que se tejieron alrededor de Escobar y que, al final, nos quede el retrato pintoresco de un traficante del que simplemente se diga que fue cruel y desmedido.

Este texto no busca revelar verdades judiciales no dichas, quiere contribuir a construir una verdad histórica. Sobre todo, contar que Escobar no es un caso fortuito, sino que es producto de unas circunstancias históricas y culturales específicas de un país como Colombia, que siempre parece a medio hacer, combinadas con el gran negocio del fin del siglo XX: la producción y exportación de drogas ilícitas.

En una de sus acepciones, *parábola* significa narración de la que se deduce una enseñanza o historia que deja una moraleja. La historia de Escobar interroga a la sociedad toda, a las elites de la política, la economía y las Fuerzas Armadas sobre la coherencia de nuestro Estado y nuestra suficiencia para constituir una nación en la que sea posible la vida en dignidad para todos. E interroga a la comunidad internacional, y en especial a Estados Unidos, sobre el embeleco de mantener una guerra, la llamada guerra contra las drogas, que no ha disminuido el consumo y sí ha creado fenómenos de criminalidad y destrucción de la vida y la naturaleza sin precedentes.

UBICACIÓN DE COLOMBIA EN AMÉRICA

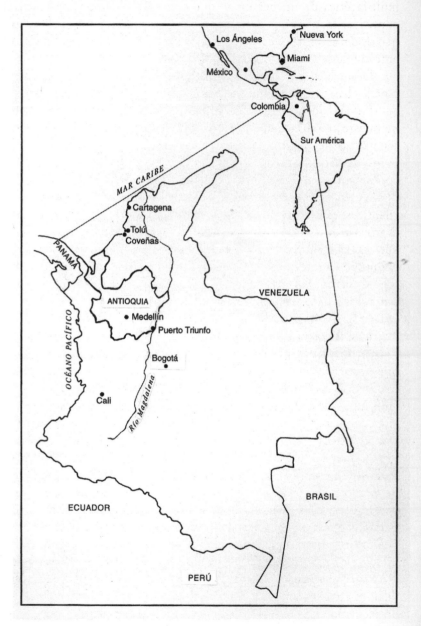

DEPARTAMENTO DE ANTIOQUIA

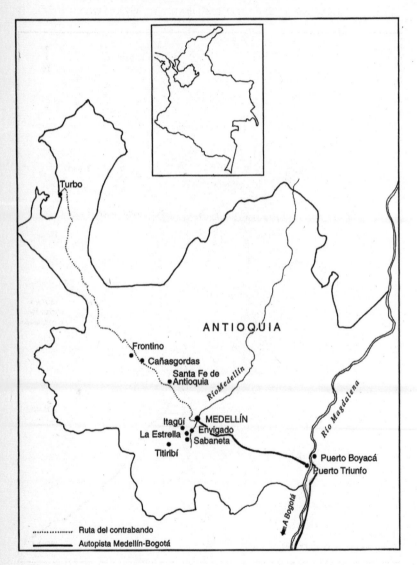

ANTIOQUIA

Turbo

Frontino
Cañasgordas
Santa Fe de
Antioquia

Río Medellín

Río Magdalena

Itagüí MEDELLÍN
La Estrella Envigado
Sabaneta
Titiribí

Puerto Boyacá
Puerto Triunfo

A Bogotá

.... Ruta del contrabando
———— Autopista Medellín-Bogotá

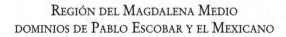

REGIÓN DEL MAGDALENA MEDIO
DOMINIOS DE PABLO ESCOBAR Y EL MEXICANO

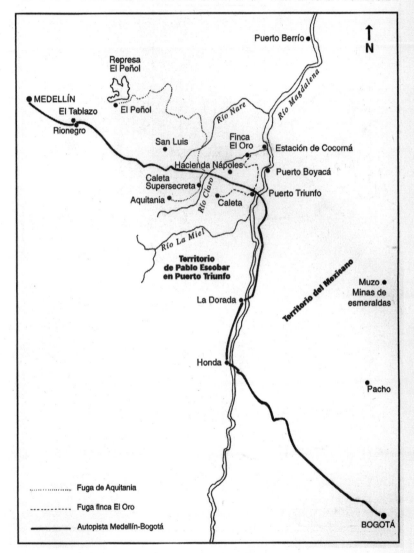

Puerto Berrío •

N

Represa
El Peñol

• MEDELLÍN

El Tablazo

• El Peñol

Rionegro

Río Nare

Río Magdalena

San Luis •

Finca
El Oro •

Estación de Cocorná

Hacienda Nápoles •

• Puerto Boyacá

Caleta
Supersecreta •

Río Claro

• Puerto Triunfo

Aquitania •

Caleta

Río La Miel

**Territorio
de Pablo Escobar
en Puerto Triunfo**

Territorio del Mexicano

Muzo •
Minas de
esmeraldas

La Dorada •

Honda •

• Pacho

.... Fuga de Aquitania

- - - - - - - - Fuga finca El Oro

————— Autopista Medellín-Bogotá

BOGOTÁ •

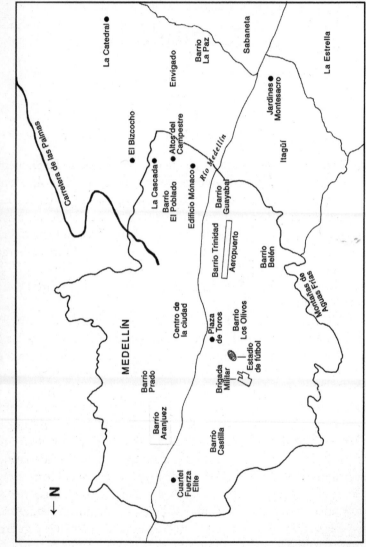

MEDELLÍN Y SU ÁREA METROPOLITANA

N

Carretera de las Palmas

La Catedral

Envigado

Barrio La Paz

Sabaneta

La Estrella

El Bizcocho

Altos del Campestre

Jardines Montesacro

La Cascada

Barrio El Poblado

Edificio Mónaco

Río Medellín

Barrio Guayabal

Itagüí

Barrio Trinidad

Aeropuerto

Barrio Belén

MEDELLÍN

Centro de la ciudad

Plaza de Toros

Barrio Los Olivos

Estadio de fútbol

Montañas de Aguas Frías

Barrio Prado

Brigada Militar

Barrio Aranjuez

Barrio Castilla

Cuartel Fuerza Elite

Capítulo I

El barrio de los acostados, así le dicen a Montesacro. Se encuentra al sur de Medellín, exactamente sobre una pequeña colina en el municipio de Itagüí, y es un cementerio como cualquier otro: un extenso terreno donde abundan las tumbas a ras de tierra, marcadas por una pequeña placa de mármol y, casi todas, adornadas con flores a punto de marchitarse. Sólo que este cementerio alberga a un difunto distinto de los demás: «Aquí yace Pablo Emilio Escobar Gaviria, un rey sin corona», anuncia una placa de mármol puesta sobre su sepultura.

Allí llegué el 2 de diciembre de 1995. Esperaba encontrar la tumba de un príncipe. Imaginaba que quien llegó a ser uno de los hombres más ricos del mundo vivía su posteridad en un mausoleo de mármoles y enchapes de oro, y me desencanté al ver una morada humilde, adornada con pequeños pinos pátula, gladiolos y azucenas.

Había empezado a buscar la historia de este difunto del que básicamente sabía que a todos —a la ciudad y al país— nos hizo sufrir y nos cambió definitivamente. Él, igual que centenares de latinoamericanos, conoció en los inicios de los años setenta el comercio de la cocaína; sabía que daba dinero pero estaba lejos de imaginar que se trataba de una caja de Pandora de la cual brotaron manantiales de riqueza y, luego, como en el mito griego, tempestades y guerras. Unas y otras, riquezas y tempestades, lo llevaron por caminos que nunca había imaginado. Pablo se diferenció entre su gremio porque, además de ser un próspero narcotraficante, convirtió la muerte en un inigualable instrumento de poder, en un gran negocio y en el sino de su vida.

Soñaba con que en alguna parte estaba descrita su verdadera humanidad. Pero en todo lo que dijo, en lo que quedó escrito o grabado, por lo menos lo conocido, él, campeón del mimetismo, siempre ocultó su ser.

Llegué a Montesacro ese día, 2 de diciembre, porque se celebraba, como cada año, el aniversario de su nacimiento y de su muerte, y tendría la oportunidad de ver a doña Hermilda, su madre, y a Arcángel, un hombre que se había hecho popular porque permanecía, desde hacía dos años, como vigía al pie de la tumba. Esperaba, y en alguna medida lo corroboré, que un hombre que cuidaba a un muerto, por días, semanas y años, podía tener el suficiente conocimiento y la suficiente confianza para describirlo con profundidad y sinceridad.

Observé con detenimiento a Arcángel —su tez trigueña y su apariencia de hombre elemental—, estaba limpiando y preparando la escena del homenaje al que considera el muerto más vivo de toda Colombia. Pablo —como lo sigue llamando la mayoría, sin nombrar siquiera su apellido, como si se tratara de un amigo o de alguien familiar— fue su camarada de infancia y un hombre que marcó definitivamente su vida; por eso le guarda una especie de amor perenne que lo lleva a cuidar de su reposo.

Arcángel me contó de la peregrinación incesante que llega a esta tumba. Vienen gentes de todos los rincones, de países lejanos, pero sobre todo colombianos por montones. Algunos vienen por simple curiosidad; otros, a rendirle tributo de admiración, y otros más, a implorarle favores. Unos lo hacen silenciosamente y otros, en cambio, alteran la paz del difunto para complacerlo. Seguramente lo logran porque él siempre gustó de las personas sencillas. «Una madrugada, no hace mucho, un grupo de muchachos llegó, después de una rumba, a saludarlo a gritos y a ofrecerle una botella de whisky que, a manera de homenaje, derramaron sobre el césped».

Por su espíritu guerrero y su generosidad, a Pablo, gente del pueblo lo admiró sin límites. Él mismo lo evidenció cuando, recluido en la cárcel de La Catedral, recibió miles de cartas de muchachas, niños, niñas, monjes, sacerdotes, jueces, hermanas de la caridad, deportistas, estudiantes universitarias… «Nadie lo remplaza en el mundo, otro como usted no vuelve a haber, ni ha habido, ni volverá a haber jamás», le escribió una humilde mujer, que vivía en el basurero de la ciudad y recibió una de las quinientas casas que él construyó en el barrio de la Virgen Milagrosa. Otros le pedían perdón para sus vidas, lo felicitaban por haberse entregado, lo alababan o le pedían autorización para ir a verlo. Él mismo le mostró a su mujer una carta donde unas jóvenes de Bucaramanga, universitarias y vírgenes, le ofrecían, como un honor, su sexo.

Dijo Arcángel que llegaban personas que seguían llorando su muerte porque lo consideraban un hombre de buen corazón. Peregrinaban siguiendo señales recibidas en sueños: Pablo les ayudaría a conseguir casa, a pagar las deudas o a ganar la lotería. Quienes ya habían recibido sus favores aseguraban que si dejaban de visitarlo, les iría mal.

Unos y otros convocan el espíritu poderoso de Pablo, el Patrón, entonando, solos o acompañados, rezos con la estampa que lleva su fotografía, y repitiendo con fervor una oración que alguna vez compuso para él una anciana:

«Multiplícame cuando sea necesario;
haz que desaparezca
cuando sea menester.
Conviérteme en luz cuando sea sombra;
transfórmame en estrella
cuando sea arena…»

Arcángel recogía la basura y trataba de detener a los depredadores que arrasaban con lo que encontraban para llevarlo como talismán. A pesar de los cuidados, cada día debía tapar los huecos que dejaban quienes se llevaban manotadas de tierra, y reponía las flores que tomaban en cantidades. El día de máxima alerta es el 2 de cada mes y, sobre todo, un día como éste de diciembre, cuando cumple años de nacido y de muerto.

La peregrinación no cesaba. Arcángel veía llegar a unas mujeres hermosas que con cierta regularidad lo visitaban y se marchaban en silencio. «Deben ser hembritas que lo amaron o simplemente le ofrecieron sus gracias buscando recompensas», dice. Ellas, como muchos otros, guardaban partecitas de la vida de este hombre que tanto nos asombró, que tanto nos destruyó y del que muy poco conocemos. En cambio, otros no se resistían a contar anécdotas, llenas de realidades y de imaginerías, que pintaban una historia vertiginosa, difusa y contradictoria.

Arcángel no sólo había escuchado a quienes lo admiraban, sino también a quienes le reclamaban con un rencor sin calma. Una madrugada encontró a unos jóvenes que venían de fiesta, zapateando sobre su tumba y gritando: «Así te queríamos ver, rendido a nuestros pies». Le querían cobrar la dinamita estallada que derrumbó edificios, arruinó a comerciantes ricos y pobres y mutiló y mató a centenares de transeúntes anónimos; las ráfagas, las esquirlas clavadas sobre la sociedad; la multiplicación del odio que produjo la estampida de sus guerreros. ¿Cuánto dolor sembró y cuánto dolor alienta aún su fantasma? Hay quienes, en una matemática incierta, le atribuyen cuatro mil homicidios directos, además afirman que por su influencia se desató la peor epidemia de muerte que haya vivido la sociedad colombiana.

Hoy, 2 de diciembre de 2000, cinco años después, el aniversario se celebra como repitiendo un libreto. Llegan los fieles habitantes del barrio Pablo Escobar y, encabezados por un veterano travesti, entonan la novena. «Ahí viene doña Hermilda, su madre, la más fiel en el cementerio», me anuncia Arcángel. Sus ojos claros se dejan ver a través de sus gafas, tiene su pelo cano y con alguna cirugía plástica ha logrado borrar un poco las huellas de los años; se apoya en sus hijas para caminar, pero sigue altiva y entera. Camándula en mano, vestida de luto, se suma a la romería del rezo. Aunque no tiene horario fijo para las visitas —porque no le dan tregua los pobres, que la acechan para pedir su misericordia—, nunca prolonga su ausencia más de tres días, ya que sabe lo importante que es pedir por los difuntos frente a su tumba. «Todas las almas, sin excepción —dice doña Hermilda—, van temporalmente al purgatorio, ya que todos cargamos, por lo menos, con el pecado original de nuestros padres Adán y Eva. Qué tanto se demore uno en el purgatorio depende de la gravedad de sus pecados y de la fe y la intensidad de los rezos». Ella, vuelta sobre su memoria, empezó, como siempre, a hablar de su hijo:

«Alabanza propia, vileza conocida, pero la inteligencia Pablo la heredó de mí y la honradez de su padre. Él fue ambicioso, como todos lo somos, quería plata para tener bien a su familia, especialmente para tener bien a sus papás, a sus hermanos y, pues también para mantener a la mujer muy bien tenida. Pero nunca le quitó un centavo a nadie, y como hombre de honor hacía los negocios de boca, no con papeles, y cumplía lo que prometía.»[1]

Al verla, un grupo de jóvenes le pidió la bendición y la alabó por haber parido para este mundo a un auténtico varón, a un hombre como quizá no vuelva a existir en esta tierra. Ella los bendijo, mientras otro de sus familiares les explicaba a unos curiosos el origen de la fortuna de Pablo:

«Que, desde pequeño, alquilaba bicicletas y revistas de cómics, aquéllas del Llanero Solitario, del Zorro y del Santo que leían los jóvenes de los años sesenta. Que vendía lápidas en los pueblos; que distribuía directorios de la empresa de teléfonos de la ciudad y que, como tenía tanta suerte, se encontraba plata entre los directorios viejos. Que vendía lotería y se la ganaba.»

En fin, que pudo amasar fortuna con trabajo y habilidad, que lo demás son calumnias de los gringos, del gobierno, de los periodistas y de los ricos envidiosos que le impidieron realizar su anhelo de ayudar a los pobres, como se lo ordenaba su buen corazón.

Doña Hermilda va poniendo flores y limpiando otra placa de mármol en la que dice: «Habitas un mundo maravillosamente real: nuestro corazón»; mientras tanto, escucha a Arcángel sobre las romerías que pasan a verlo. Ella dedica su vida a mantener y depurar la memoria de Pablo, a quien vio tirado sobre un tejado, el 2 de diciembre de 1993, cuando cumplía 44 años, unos minutos después de que el Cuerpo Elite de la Policía lo abatiera. Fue el fin de una angustia prolongada por largos años de guerra y confrontación; el inicio de una tristeza, la de la ausencia, de la que aún no logra reponerse. Ella misma lo trajo a este jardín. La masa, como un remolino incontrolable, se saltó la tropa y rompió vidrios para entrar a la capilla. Algunos de esos miles pudieron verlo pero ni esta evidencia los convenció de su muerte.

---

[1] Ana Victoria Ochoa, *Madre de espaldas con su hijo*. Documental inédito.

23

En ese momento la revista *Semana* de Bogotá describió así la huella que marcaba en la historia de Colombia:

«No dejó gobernar a tres presidentes. Transformó el lenguaje, la cultura, la fisonomía y la economía de Medellín y del país. Antes de Pablo Escobar los colombianos desconocían la palabra sicario. Antes de Pablo Escobar Medellín era considerada un paraíso. Antes de Pablo Escobar, el mundo conocía a Colombia como la Tierra del Café. Y antes de Pablo Escobar, nadie pensaba que en Colombia pudiera explotar una bomba en un supermercado o en un avión en vuelo. Por cuenta de Pablo Escobar hay carros blindados en Colombia y las necesidades de seguridad modificaron la arquitectura. Por cuenta de él se cambió el sistema judicial, se replanteó la política penitenciaria y hasta el diseño de las prisiones, y se transformaron las Fuerzas Armadas. Pablo Escobar descubrió, más que ningún antecesor, que la muerte puede ser el mayor instrumento de poder.»

Doña Hermilda mira esta vastedad, mar de muertos extendido a sus pies, pero su corazón de madre sólo ve la tumba de su hijo. Y se duele de lo que llama su sacrificio y de quienes lo traicionaron: «Quienes no vienen son los torcidos, los que le dieron la espalda —dice—; los que pasaron por Nápoles, su hacienda, a ofrecer y pedir. Políticos, empresarios, ex presidentes, artistas, periodistas, reinas, divas, a quienes él les mandaba el avión o el helicóptero a Bogotá».

«Si no está la mitad del país en la cárcel por corrupción es porque Pablo pagó siempre en efectivo, nunca en cheques», se escucha con frecuencia. Les dio plata a políticos, a magistrados de altos tribunales que le aconsejaban fórmulas jurídicas, a guerrilleros con cuya causa simpatizaba; a banqueros y constructores que le pintaron excelentes negocios... A otros no les dio plata, les hizo favores. Lo buscaba un político para que le prestara aeronaves para su campaña electoral, otro político para pedirle que matara a un secuestrado. Otro más para decirle: «Haga el favor de hacerme dos atentados», y Pablo, generoso, le regalaba autoatentados, le acrecentaba la simpatía popular y le empujaba la elección.

Por aquellas buenas épocas con múltiples relaciones sintió que podía ingresar a la alta sociedad. Para su sorpresa, le cerraron las puertas. «Pero si la plata mía vale igual que la de ellos», rezongaba, dolido de la oligarquía, de su doble moral; e iba cultivando un fino espíritu de resentimiento. Se consolaba comparando su fortuna con la de aquellos que lo despreciaban: «Qué pobres son los ricos de Medellín», decía cuando constataba la enormidad de su propio poder económico.

«Pablo no está solo en este barrio de los acostados, lo rodean sus amigos y sus enemigos, vea le muestro —me ofrece Arcángel—. A su lado está Álvaro de Jesús Agudelo, el Limón, el guardaespaldas que lo acompañaba el día de su muerte». ¿Que cómo fue ese día? El coronel Aguilar, del Cuerpo Elite de la Policía, lo cuenta: Pablo conversa por teléfono con su hijo Juan Pablo y confunde los estruendos en la puerta con los ruidos de una construcción vecina. Tres hombres de la Policía entran preparados para disparar, pero se encuentran con la primera planta vacía. Pablo se despide de la persona con quien habla por teléfono, busca la ventana por donde ha salido el Limón y lo sigue por el techo. Vuelve su mirada y ve a un policía en la ventana, le dispara con una pistola automática Zig Sauer. El oficial se tira al piso. Los policías que cubren la parte trasera de la casa les disparan con fusiles R15. El Limón cae sobre la acera y Pablo sobre el caballete del tejado. El oficial al mando grita: «¡Viva Colombia!». Lo agarra de la camiseta azul, esboza una leve sonrisa y posa con su presa para la cámara. Los mandos dan el reporte al ministro de Defensa y al presidente de la República. Dudan, temen una nueva salida en falso. Esperan ansiosos y… lo anuncian al país.

Al Osito, el hermano mayor de Pablo, siempre lo ha irritado que los *tombos* —como llaman a los policías— digan que fueron ellos quienes mataron a Pablo. «¡Mentiras! —asegura—. Mi hermano se suicidó, siempre tuvo claro que vivo no se dejaría atrapar porque ya sólo lo esperaba la muerte o la extradición, por eso se anticipó, para no darles gusto a sus enemigos se disparó con su pistola detrás de la oreja».

Unos pasos más allá de la tumba de Pablo reposa Gustavo Gaviria, su primo, la carne de su uña, quien quizá lo superó en riquezas por su mesura para gastar. Recuerdan que cuando lo enterraron, su hijo, también llamado Gustavo Gaviria, conocido como Tavito, le ofreció una serenata de música campesina con la que quiso decir que heredaba el poder, la lucha y hasta su manera de ser. A Tavito, que tenía 23 años, lo mataron a las once de la mañana el día que mataron a Pablo. Aquí están los dos, padre e hijo, en la misma fosa, el uno encima del otro. El hijo encima del padre.

Al otro lado está Mario Henao, cuñado y compañero de andanzas, muerto en las selvas del Magdalena Medio el 22 de noviembre de 1989 cuando le llevaba una hembrita al Patrón, que aún en esas épocas de persecución gustaba de la compañía de mujeres jóvenes y hermosas. También habita, un poco más arriba, Jotaeme, un traqueto —como se llama aquí a los traficantes— al que sus trabajadores le echaron plata al hueco en el momento del entierro, a la usanza de las culturas indígenas que enterraban a sus difuntos con riquezas y viandas. «Pero ¿para qué plata en el más allá?», preguntó uno de los asistentes al sepelio. «Para que tenga con qué coronar reinas y vírgenes —le contestaron— y con qué untarle la mano a San Pedro para que lo deje bajar a la Tierra a dar paseítos». Más allá, en un territorio sin nombre, reposan Kiko Moncada y el Negro Galeano, dos socios con los que Pablo trabajó toda la vida y a los cuales mandó ejecutar «por torcidos, por desleales», sentenció, sin calcular que esos muertos rebosarían la copa de sus propios aliados que por primera vez en la vida osaron insubordinársele y serían el principio de su fin.

Sigo los pasos de Arcángel hacia el sector ocho, donde yacen tres trompetistas de la banda Marco Fidel Suárez. A esta banda de músicos todos la conocimos de niños como ambientadores de las fiestas religiosas y comunitarias. Y desde luego Pablo, cuando la fortuna lo favoreció, la convirtió en una acompañante permanente de sus festejos. Pero Arcángel me recuerda que terminaron estallados por la dinamita que el mismo Patrón mandó detonar al final de una corrida de toros en la Plaza de la Virgen de la Macarena.

Arcángel sigue con una descripción tan abundante de muertos que me hace pensar que la geografía de cruces desborda los límites del cementerio y se propaga por los valles y las montañas del país. En el Valle del Sinú reposa Fidel Castaño, socio, amigo y responsable de su derrota final, a quien la guerrilla envió al mundo de los acostados un tiempo después. Y en el Valle de Lágrimas está el coronel Valdemar Franklin y muchos de los policías por cuya muerte Pablo pagó y aquellos que, como varón que era, ejecutó con sus propias manos. Y también una bebita de meses —cuya foto sin nombre apareció en el periódico—, quien murió estrellada contra una pared tras la explosión de uno de sus carros bomba. Pasando el río ancho de la Magdalena, sobre la otra montaña, está uno de sus mayores socios, el Mexicano. Y más lejos aún, sobre la planicie central de Bogotá, Luis Carlos Galán, candidato presidencial a quien Pablo, el Mexicano y otros más mandaron sacrificar. Y al lado de Galán, otros grandes innovadores de la política, cuyas muertes le achacaron pero él siempre negó: Bernardo Jaramillo, dirigente de la izquierda; y Carlos Pizarro, el dirigente guerrillero que lideró la paz. Y muchos otros muertos de categoría porque, como le gustaba decir al Patrón: «En este país, donde sólo los pobres morían asesinados, quizá lo único que se ha democratizado es la muerte».

Pero Arcángel, a pesar de asociar a Pablo con la cadena de muertos, lo defiende, como lo hacen implacablemente quienes estuvieron a su lado como beneficiarios. Por eso sólo logra dibujar una cara de Pablo: era un hombre bueno al que obligaron a hacer el mal. Pero sus caras en realidad son muchas más de las que este cegado admirador imagina. A veces parecía que el propio Pablo no supiera reconocer su verdadero rostro y buscara estilo personal e identidad en figuras que admiraba, como el Padrino y el Siciliano, ambos personajes de Mario Puzzo; del primero dicen que aprendió el hermetismo, los modales lentos y los largos silencios; del segundo admiró su vocación social. También fue influido por los personajes de la serie *Los intocables*, que vio unas tres veces de principio a fin. Así que, según se decía, compró y trajo para Colombia el automóvil donde fueron baleados Bonny y Clyde, y se mandó tomar fotos disfrazado de Pancho Villa, con charreteras, botones de plata y gran sombrero alón, y también de Al Capone, con sombrero de ala quebrada y tabaco en la boca. Aun así se le seguía escapando lo esencial de su imagen, y terminó siendo un ser de mil rostros.

Pero no sólo imitó, logró una marca de fábrica bien singular, superando a sus ídolos en crueldad. A las ráfagas de ametralladora de los gángsteres sumó la dinamita, a la que llamaba la bomba atómica de los pobres. Y tronó más cartuchos de los que habían estallado desde la Independencia del país. Es que el Patrón decía: «¡Hágale!» y se activaba una maquinaria que funcionaba con perfecta sincronización: una oficina recibía la orden, conseguía a un intermediario que reclutaba grupos que ejecutaban la acción… «¡Hágale!» y algo detonaba, un tiro, una ráfaga o una explosión. «¡Hágale!» y moría el director de un periódico, un magistrado, un oficial, un candidato a la Presidencia, un ministro, un capo enemigo, un capo amigo, una centena de transeúntes desprevenidos.

Arcángel me advierte con tranquilidad que si quiero buscar quién hable mal de Pablo debo averiguarles a sus enemigos. «Pero los enemigos vivos, porque los muertos a veces no hablan», dice y empieza a hacerme la lista: la DEA (Departamento Estadounidense Antidroga) lo califica como el mayor criminal de la historia. En Colombia, el general Miguel Maza, su archienemigo, que lo persiguió de manera sistemática e implacable —contra quien Pablo hizo estallar dos cargas apocalípticas de dinamita—, lo describe como «un hombre excepcional, una de esas personas que la naturaleza produce cada siglo entre millones, que desperdició su vida haciendo el mal». El general Hugo Martínez Poveda, uno de los hombres que lo derrotó, lo define, en cambio, en términos lacónicos: «No tenía características de líder, fue lo que fue por el dinero, usó el dinero para buscar cariño y protección entre los humildes». Pero le hace la venia por su capacidad para infiltrar los organismos de seguridad y reconoce que por ello huía de las maneras más insospechadas; se esfumaba, se deshacía cuando los oficiales daban por segura su captura. «Brazo armado del régimen corrupto» lo han llamado otros, que insisten en que Pablo fue azuzado y utilizado por la burocracia militar y política, y por sectores oligárquicos, enemigos de la moralización del país. Como un sociópata lo definen los psiquiatras que estudian con obsesión su personalidad: «Un hombre edípico, egocéntrico, desafiante de la autoridad y las normas, sin reato moral». Francisco Santos, una de sus víctimas, uno de los herederos de *El Tiempo*, el más importante periódico del país, lo define como «un Da Vinci del crimen». El político Alberto Villamizar, a quien Pablo intentó matar, a quien le secuestró a su esposa y a su hermana y quien desempeñó un papel preponderante en su entrega a la Justicia, dice que «era un hombre inteligente y guerrero, que no tenía límite entre el bien y el mal y no respetaba para nada la vida humana».

¿Pablo? Pablo era el mejor amigo y el peor enemigo. Nunca le faltaron las guerras —en alguna medida vivió de ellas y para ellas— y las hizo con terquedad de sagitario acompañado de hombres rebautizados como Pasarela, Suzuki, Carrochocao, Trapiadora, Arcángel, Tyson, Pinina, Chopo, Mugre, Arete, Angelito, Cuchilla, Pájaro, Boliqueso, Bocadillo, Monja Voladora, Chapeto, Zarco, Risas, Comanche, Nangas, Misterio… Algunos se vincularon recién graduados de bachilleres en el colegio de los salvatorianos. En vez de curas, como querían sus familias y como en algún momento llegaron a creerlo ellos mismos, terminaron de bandidos. Pero como el que peca y reza empata, según dice el dicho tradicional, aun en el furor de su maldad participaban en la Semana Santa en La Estrella. En la Noche de Prendimiento, el Jueves Santo, caminaban descalzos llevando sobre sus hombros, en grupos de doce, una pesada imagen que evoca la escena en la que Cristo se dirige al juicio, traicionado por Judas.

Todos aprendieron a matar, pero no lo hacían por los odios anidados en sus tripas, como los viejos *pájaros* —los asesinos de la Violencia de mitad de siglo XX—, que mataban con un sentimiento que lindaba con el misticismo. Éstos, los de Pablo, gente de la ciudad, hijos del capitalismo salvaje, mataban por negocio. El oficio lo aprendieron de Jorge Mico y Elkin Correa, quienes lo practicaron con eficiencia en los años setenta durante la guerra de contrabandistas. Y de Toño Molina, que cada vez que mataba a alguien corría a susurrarle el pecado a la Virgen de la Candelaria en la Catedral del Parque de Berrío, en Medellín.

Si para Pablo la excesiva crueldad fue el principio de su fin, el amor por su familia lo remató. Tuvo una gran capacidad de organización, se rodeó de poderosos cercos de seguridad y montó un gran aparato de inteligencia. Pero su cálculo y su sangre fría llegaban hasta donde nacía la debilidad por su familia. Sus amigos dicen que creía profundamente en Jesucristo y admiraba su Evangelio. Tenía un hogar católico, con el proyecto de llegar a ser numeroso, como las ancestrales familias antioqueñas. «Era tan buen padre que se escondía de sus hijos para fumarse un vareto —cigarrillo— de marihuana, su único vicio permanente». Sus hijos, su esposa, fueron su talón de Aquiles, y de esa debilidad se valieron al final sus enemigos para cazarlo.

«Hoy, de nuevo, doña Victoria, la mujer del Patrón, está ausente», me dijo Arcángel lamentándose de que ella, tanto en muerte como en vida, lo siguiera mirando a distancia, y que él tratara de alcanzarla sin lograrlo. Ahora me señala la imagen omnipresente de doña Hermilda. Me acerco a escuchar las declaraciones que da a la televisión: «¿Pablo? Pablo fue el mejor hijo del mundo, eso fue lo que fue. Y el colombiano más bueno que ha nacido», dice mientras Arcángel va arrancando la maleza.

Capítulo II

A unas cuadras de Jardines Montesacro, en la clínica Antioquia, se encuentra Roberto Escobar, el hermano de Pablo a quien todos conocen como el Osito. Las autoridades penitenciarias le han permitido tener un cuarto en este centro hospitalario, como reclusión, mientras se recupera de las heridas que le dejó la guerra.

Ha accedido a hablarme después de reiteradas solicitudes. En un pequeño zaguán vigilan la entrada un agente de Policía y otro de la guardia de prisiones. La pequeña habitación está ocupada casi toda por una gran cama doble y dos o tres sillas para atender visitas. A la pared frente a la cabecera de su cama la cubre un inmenso óleo de un caballo alazán, llamado Terremoto de Manizales, del que habla con orgullo y nostalgia. En la pared de la izquierda tiene una ventana en la que golpea el sol de la mañana, y hacia el rincón cuelgan fotografías de sus familiares y otras donde él aparece vestido de ciclista. Y a un lado sobresale el afiche de su actual esposa, una mestiza que fue reina de belleza del departamento de La Guajira.

El cuarto está lleno de detalles que el Osito tiene presentes como símbolos de su vida, pero que escapan a sus ojos. Una grave ceguera y las limitaciones para la audición son las herencias que un asalto final de la larga guerra, que en Colombia se conoció como el narcoterrorismo, le dejó.

El Osito se pone unas gafas de gruesos lentes con las que intenta convertir las sombras en imágenes. Lo logra, según dice, parcialmente. En su visión predomina una penumbra donde sólo alcanzan a dibujarse destellos de luces. Para conversar pone en su oreja un aparato electrónico.

Con el Osito Escobar sucede lo que con muchos otros personajes de este libro: lo miro con sus precariedades físicas, con su pequeña panza, con sus gestos amables y su tono alegre, y no me parece el hombre que las autoridades y los medios pintaron por años como un gran criminal. Es como si esa humanidad bonachona no pudiera ser responsable del abultado expediente que se le atribuye.

Se sienta en una mecedora y empieza con una voz enérgica a hablar de su vida, que es inevitablemente, al mismo tiempo, la de su hermano Pablo. Pero advierte que no quiere destapar heridas ni decir nada que pueda provocar a sus viejos enemigos. Hace poco, incluso, le mataron a un hijo, pero él ha optado por no averiguar sobre los culpables y perseverar en su deseo de paz. Hay algo que le gusta resaltar de su propia vida, de la historia de su familia y de la de Pablo: que fueron emprendedores y rebuscadores, como los auténticos paisas. (*Paisas* es el gentilicio más utilizado en Colombia para referirse a los que hemos nacido en la gran Antioquia, región ubicada en el noroccidente de Colombia, cuya principal ciudad es Medellín.)

Un tiempo después, el Osito, con el apoyo de un periodista, tras revisar la versión final en braille, publicó un popular libro titulado *Mi hermano Pablo*, donde relata «las anécdotas que vivió al lado de un gran hombre que ha dado Colombia. Con todo y sus errores. Con todo y sus virtudes».

Me cuenta que su familia llegó a Envigado, uno de los pueblos ubicados al sur de Medellín, en 1961, a una casa asignada por el Instituto de Vivienda Social del Estado. Envigado, alrededor del cual giraría la mayor parte de la vida de Pablo, era entonces un pueblo tranquilo de casas republicanas con grandes patios interiores y techos de teja de barro, recostado en las montañas del suroriente del Valle de Aburrá. (El Valle de Aburrá, principal escenario de esta narración, se identifica con Medellín pero en realidad tiene ocho pequeños pueblos que se ubican a lado y lado del río que lo cruza de sur a norte.)

La Paz era un barrio nuevo, de pocas viviendas y calles sin pavimentar, construido en una hacienda de las afueras de Envigado. Lo habitaba una comunidad en la que, a pesar de la humildad, ninguno de sus hogares carecía de comida y en la cual el personaje más peligroso, al que llamaban Arturo Malo, era un inofensivo marihuanero. En un sector vivían profesores universitarios, entre quienes abundaba el pensamiento de izquierda, en otro vivían periodistas, y en el tercero, familias de diverso origen.

El entorno ha cambiado pero la casa que habitaron los Escobar sigue igual. Es de un solo piso, con un salón-comedor en la entrada, dos o tres habitaciones. Entre quienes fueron sus vecinos los recuerdos también siguen intactos. Arcángel, su amigo entrañable de la niñez, recuerda al Pablo de entonces con su aire tímido, con su pelo a ras, copete y pantalón corto. A doña Hermilda —altiva, rubia y ojiazul— la tiene muy presente porque fue su profesora en la casa de la hacienda que fue adecuada como escuela del barrio. Y a Abelito, su esposo —modesto y campechano—, porque, cumpliendo el oficio de celador, despertaba en las madrugadas a los obreros. Completaban la familia tres mujeres, Luz Marina, Luz María y Gloria, y tres varones, el Osito, interno en el Instituto Salesiano; Argemiro, trabajador de Metalúrgicas Apolo; y Fernando, el menor.

Entre los paisas las fiestas de la Virgen, con abundantes procesiones y bandas musicales, constituían la celebración principal del año. Colgados del abrigo de su madre, Pablo y sus hermanos asistían a las fervorosas procesiones que se remataban en la noche con una dosis alucinante de pólvora, que recordaba el aire de guerras antiguas y de presencias paganas coladas en la fiesta católica. Llamaba la atención a los niños la *vacaloca*, una calavera de bovino de prominentes cachos y llamas que al correr, frenética y amenazante al mismo tiempo, espantaba y atraía a la muchedumbre de chiquillos. La banda Marco Fidel Suárez le daba, con sus instrumentos de viento y sus redoblantes, un aire épico a la celebración.

«Éramos adolescentes felices —relata Arcángel—. Con Pablo, sus hermanos y los demás amigos caminábamos por las fincas de los alrededores. Pescábamos *corronchos* y *capitanes* en quebradas de aguas frescas y pasábamos las horas en un bosque que bautizamos La Selvita, y allá, en noches de luna, jugábamos *guerra libertada, escondidijo* y *policías y ladrones*. En La Selvita veíamos a los mayorcitos acariciando a sus novias, y a los primeros *jipis* de los que Pablo aprendió, y para siempre, los encantos de la marihuana.»

Crecían en medio de la algarabía y la rivalidad. Porque sí o porque no, los de La Paz se guerreaban con los del vecino barrio El Dorado. Redoblaban la guardia cuando se trataba de chicos que invadían su territorio en busca de novias. A veces el pleito se desfogaba en pedreas de galladas —así llamaban al grupo de amigos del barrio— que dejaban algunos descalabrados, y otras veces en reñidas contiendas de fútbol con las que Pablo se apasionaba de manera especial. Él, amigo de ganar, cuando iba a perder un juego armaba la pelotera y lo abandonaba.

En esos inicios de los setenta, los adolescentes de Medellín íbamos a varios sitios que eran como el símbolo del progreso de la ciudad. A la fuente de aguas luminosas del Parque de Bolívar, a Caravana, primer almacén que instaló escaleras eléctricas en la ciudad; a la construcción de Coltejer, el primer gran edificio de la ciudad; y al aeropuerto que llamaban Campo de Aviación.

Es posible imaginarse a Pablo en esas romerías. Arcángel cuenta cuando visitaron el Campo de Aviación. Un día, en bicicletas alquiladas, rodaron hasta la cabecera de la pista. Pasaron la tarde fascinados al sentir la descarga de aire de las turbinas al momento del despegue y al ver los aviones, casi sobre sus cabezas, descender a la pista. «En algún momento, Pablo, tirado boca arriba sobre el pasto, mientras veía volar esos aparatos majestuosos, nos juró que si cuando cumpliera los 25 años no tenía un millón de pesos se suicidaba».

Por instinto, porque la genética lo hizo inteligente, por las influencias de su familia y de su tiempo o por los astros —es difícil saberlo—, Pablo sobresalía entre sus compañeros. Y hasta en los símbolos de una soñada prosperidad se diferenciaba.

En 1962, a sus trece años, había ingresado al Liceo de Bachillerato de la Universidad de Antioquia. Allí oyó hablar de la *revolucha*, del compromiso revolucionario, de la teología de la liberación, de Camilo el cura guerrillero y de la Cuba de Fidel; aprendió una serie de frases antiimperialistas y antioligárquicas que repetiría el resto de su vida, y adquirió una efervescencia que le disparó el espíritu. Elegido presidente del Consejo de Bienestar Estudiantil, según recordó con orgullo años después, batalló por ayuda para el transporte y la alimentación de los estudiantes pobres. Además, se tornó revoltoso.

Sus primos, los Gaviria, compañeros de colegio, se sorprendían de que Pablo cargara en el bolsillo llaves de diferentes oficinas del liceo y de que entrara y saliera de ellas con el desparpajo de quien es su dueño. «¿Van ganando álgebra?», les preguntó alguna vez. «No, la vamos perdiendo». «Pues, ya la ganaron», les dijo mientras les mostraba una copia anticipada del examen final, extraída de la oficina del profesor.

«Tengo que suspender a Pablo unos días», le decía el rector a doña Hermilda con ceño fruncido y aire trascendental. «Y esta vez ¿por qué?». «Es que Pablo se las da de líder, se sube a un pupitre y les dice a los compañeros que los exámenes están muy trabajosos, que no los presenten porque los van a perder, y los muchachos le obedecen»[1].

Lucho, un condiscípulo suyo, que como muchos de su generación se enrutó hacia la guerrilla, lo recuerda como líder silencioso que no hablaba en las asambleas —se quedaba sentado, jugando con pedacitos de papel que metía a la boca una y otra vez—, pero un líder frentero, deseoso de adrenalina, metido en el barro, aguerrido en las batallas, tirador de piedras y bombas molotov. Con el tiempo, Pablo, quien quería ser izquierdista pero rico, terminó de Rey de los Bandidos, y Lucho, de líder de las milicias guerrilleras. Al reencontrarse en las guerras de los años noventa en Medellín, Lucho lo miraba y se preguntaba: «¿Cómo este *güevón*, que yo lo conocí tan calladito, se ha convertido en el jefe del cartel?».

Ya desde entonces Pablo tenía en su manera de ser tres características que lo acompañarían toda su vida: espíritu inalterable, carácter fuerte y una disimulada vanidad. Sus amigos de barrio

---

[1]   Ana Victoria Ochoa, *op. cit.*

se lo gozaban porque cuidaba exageradamente su cabello. Obsesivo con su imagen, después de que su madre le diera permiso de dejarse crecer el pelo, le dio por mantener un peine en el bolsillo para repasarse los crespos frente a cualquier ventana que le devolviera la imagen. Pero el saboteo de los amigos no llegaba lejos; lo respetaban porque era el único de la gallada que mantenía dinero. Estudiaba, metía marihuana y distribuía, en una moto Lambreta roja, cigarrillos Marlboro de contrabando en las tiendas de barrio. En medio de tanto agite, como no debía quedarle mucho tiempo para estudiar, perdió el año y lo expulsaron del liceo. Doña Hermilda lo matriculó entonces en el Liceo Enrique Vélez, donde se graduó de bachiller en 1969.

En la memoria de Arcángel permanecen frescas las caminatas en grupo al cerro La Paz, que coronaba el barrio. Desde arriba dominaban el amplio paisaje del Valle de Aburrá y, en medio del valle, a Medellín, que por entonces crecía vertiginosa, trepando como la hiedra por las laderas de las montañas que la rodeaban, y se extendía por las riberas del río hasta perderse en el norte. Del cerro La Paz arrancaban viejos caminos reales que conducían hacia otros pueblos. Cordillera arriba, hacia el oriente, pasando por una finca llamada La Catedral —que años después sería célebre—, y por bosques de abundantes musgos y nieblas, tras caminar un día llegaban al municipio de El Retiro. Hacia el sur, en descolgada, caían sobre Sabaneta y Caldas. A la izquierda veían la ciudad de Itagüí y el pueblo de La Estrella, con El Ancón, sitio que se haría famoso porque allí se realizó el primer concierto *jipi* en Colombia, el Woodstock criollo. A pesar de las advertencias de sus padres, Pablo, Arcángel y sus amigos asistieron en gallada a ver a los melenudos llegados de todos los rincones del país entregados a la marihuana, al ácido lisérgico, al rock y al amor. Las autoridades de Medellín —ciudad de camándula— creyeron que se trataba de una invasión del demonio, y, como en cruzada mariana, persiguieron a los *jipis* hasta desterrarlos.

Esta geografía de los entornos de Envigado donde Pablo creció sería la zona donde compraría una buena parte de sus propiedades, donde se construiría la cárcel en la que se recluiría y donde se escondería, en muchas ocasiones, de sus implacables seguidores.

En las noches de tertulia familiar, doña Hermilda rememoraba la historia de su padre, Roberto Gaviria, negociante, aventurero, rebuscador y, además, contrabandista.

«Mi papá vivía en Cañasgordas y llegó a ser alcalde del pueblo, pero sobre todo fue contrabandista —contaba doña Hermilda—. En Urabá compraba whisky, lo traía por entre el monte en un ataúd, con todo y comitiva de deudos, cuatro señoras y señores vestidos de negro, que lloraban al pasar por los resguardos de rentas. El ataúd lo enterraba en el cementerio y por la noche, cubierto por la oscuridad, sacaba la caleta y la llevaba a una tienda donde perforaba huevos, les sacaba la yema y la clara, les inyectaba el whisky, y los vendía a los bebedores. Como los sapos han existido toda la vida, lo delataron. Pero alguien alcanzó a alertarlo: vea, don Roberto, pilas, que lo tienen en la mira, lo tienen analizado. Pero don Roberto, como si no hubiera oído, salió como de costumbre con su cajón y lo llevó al cementerio a darle cristiana sepultura. En medio de la ceremonia le cayeron: ¡Queda preso! ¿Y por qué? ¿Y yo qué he hecho? ¡Usted trae contrabando! Yo no traigo contrabando, ¿Y qué trae usted ahí? Nada, yo no traigo nada. Lo vamos a abrir. Ábralo. Lo abrieron y vieron el cajón lleno de piedras. Y, decepcionados, dijeron: "No, éste no es contrabandista, éste es un viejito loco"».

Luego, el abuelo Gaviria viajó con su familia al pueblo de Frontino, donde vivió la prosperidad de la minería del oro, pero en 1930 debió emigrar arruinado y endeudado. Como él mismo, su mujer —mamá Inés— y sus hijos eran juglares que se desenvolvían en algún campo de la cuentería, la picaresca, la trova y la música, en las noches hacían veladas en las fondas con las que conquistaban la simpatía de los anfitriones, que los recompensaban con comida y posada. Al llegar a Medellín alquilaron una casa en el periférico barrio La Toma.

La pequeña pero creciente ciudad se transformaba en un significativo centro para los negocios, la banca y la industria, y las líneas de tranvía que la atravesaban le daban aire de progreso. Por su cultura, cimentada en el crecimiento material y exagerada en la cotización, no dudó en arrasar su centro histórico para construir edificios modernos.

Eran tiempos en que la Iglesia Católica desempeñaba un papel clave en el desarrollo industrial. En su afán por moralizar y disciplinar a los trabajadores, para hacerlos más productivos, emprendió arduas campañas contra el alcoholismo, a través de sus ligas obreras. En especial combatían las tradicionales bebidas fermentadas, como la chicha, porque, según afirmaban, llevaba al embrutecimiento, a la locura y al crimen. Sin embargo, las autoridades no adoptaron medidas como la ley seca, que dieron lugar a los alcapones norteamericanos.

En contraste con el desprestigio de las bebidas alcohólicas, se permitía la venta de jarabes con alto contenido de opio y coca. En Medellín, como en casi todos los lugares del mundo, nuestros abuelos compraban en las boticas Laudano Syndenham clorhidrato de cocaína, clorhidrato de morfina, Polvo Dower, gotas de Gallard, píldoras de Segond, jarabe de opio, jarabe de morfina... Drogas en su mayoría importadas de Alemania, Holanda y Estados Unidos. La casa Merck de Alemania tenía la vanguardia en la venta de emulsiones de coca y las mercadeaba anunciando que fortificaban el cuerpo y el espíritu. También se usaba la marihuana, que abundaba en lotes baldíos; se mezclaba con alcohol y se aplicaba en las coyunturas para combatir la artritis. Los médicos locales se limitaban a advertir que estos preciosos agentes de salud, «si se les emplea con moderación y prudencia redimen a la humanidad; pero si de ellos se abusa, convertidos en espada de dos filos quitan la inteligencia y la vida de los pacientes»[2]. Un significado similar al que había dado hacía siglos Paracelso cuando definió las drogas como sustancias que son al mismo tiempo remedio y veneno, dependiendo de la dosis.

---

[2] Manuel Uribe Ángel, «Biografía del Dr. Alejandro Restrepo y Callejas, Envigado 19 de septiembre de 1889», en *Pensamiento vivo antioqueño*, obras completas, vol. III, Medellín: Secretaría de Educación y Cultura, 1979, p. 104. (*Archivo Histórico de Antioquia*. Fondo Drogas Heroicas, tomos 9472-9473 de 1935).

En ese Medellín parroquiano, la abuela Inés —matrona invencible, eje de la familia— intentó hacer el quite a la pobreza con un espectáculo de variedades y zarzuela llamado «Frutos de mi tierra», basado en la obra del escritor Tomás Carrasquilla; después de temporadas exitosas en Medellín, no se sabe cómo, realizó en los años cuarenta una gira por Argentina. Esta historia la cuentan algunos familiares y parece fantasía: Evita Perón, al ver el grupo de su abuela, quedó cautivada y lo invitó a recepciones privadas donde le interpretaban con gracia el acordeón, le bailaban flamenco y le contaban chistes. Y Evita, en retribución, nombró a doña Inés jefe de un hogar de viudas, cargo que ejerció durante diez años. En los relatos no es precisa la fecha en que regresaron al país, pero los nietos afirman que a su mamá Inés, católica practicante, rezandera, la impresionó el toque populista de Evita y el peronismo.

Entre tanto, al final de los años cuarenta, sus hijos, los hermanos Gaviria, se ubicaron, poco a poco, en Medellín. Hernando era uno de los más populares conductores del tranvía de la ciudad. Se hizo sindicalista y fundó el periódico *El Tranviario* con el que impulsó huelgas y protestas. Gustavo, guitarrista y violinista, se convirtió en serenatero. En las noches entretenía con sus toques y sus cantos a los enamorados. A Hermilda, autodidacta en su formación, don Joaquín Vallejo, secretario de Educación de Antioquia, la nombró maestra para cubrir una vacante en la vereda El Tablazo, en la fría altiplanicie del municipio de Rionegro, al oriente de Medellín, donde él tenía su finca. Los campesinos la recuerdan altiva, con estampa erguida, don de mando y un espíritu tan férreo que la definieron cariñosamente como un general de tres soles. Se maravillaban de su orden, de verla confeccionar la ropa de sus hijos, de su compromiso con la comunidad y de la habilidad con que dibujaba, con tizas de colores, pinturas famosas como *La última cena* de Da Vinci.

En El Tablazo doña Hermilda conoció a Abel Escobar —laborioso y silencioso hombre del campo, llamado por todos Abelito—, con quien se casó el 4 de marzo de 1946. «Pasé hambres y necesidades terribles levantando a mis muchachos», cuenta ella desatando los recuerdos. De todos sus retoños relata anécdotas pero nunca sus ojos brillan tanto como cuando habla de su segundo hijo. Lo parió el 2 de diciembre de 1949, a las doce del día. Lo bautizó Pablo, como el evangelista que fue avezado en las artes del mal pero luego se consagró hasta ofrecer la vida al servicio de Dios.

Doña Hermilda hizo de Pablo su preferido, niño mimado y contemplado, estuche de monerías y pozo de risas. En el bautizo lo apadrinó Joaquín Vallejo, el secretario de Educación, para quien Abelito trabajaba como mayordomo. Pablo creció sabiéndose bien amado y amenazaba con llanto y pataletas cuando le contrariaban sus caprichos o no lo cargaban en brazos. «Si ya usted es un hombre grande —le dijo su madre a los cuatro años—, ya le va a nacer el bozo, da vergüenza que lo estén cargando porque se le van a encoger las piernas y no va a poder caminar»[3].

Abelito quería criar a sus hijos con austeridad y control, pero ella prefirió hacerlos a su semejanza: emprendedores, amantes de la plata y seguros de sí mismos. En la vereda El Tablazo, a la que ahora se llega desde Medellín en sólo una hora por una carretera pavimentada, está la iglesia, la blanca iglesia, en la que Hermilda, creyente fervorosa, le encomendó su hijo a la Virgen de Fátima, para pedirle que, además de inteligente, lo hiciera caritativo. «Y la Virgen cumplió —dice ella—, le dio a mi Pablo el don de la generosidad, cualidad suprema de las personas».

Ahora, cuando lo visito, El Tablazo está más poblado, pero aún abunda el verde que entre potreros y cultivos se pierde detrás de la iglesia hacia unas colinas y de frente hacia Llano Grande. Es un paisaje cargado de frío donde es común la invasión de la bruma. El Osito cuenta que se levantaba a las tres de la mañana, en medio de la niebla y el frío, a traer las vacas de los potreros, ayudar al ordeño y recoger leña. Recuerda a doña Hermilda como una madre estricta pero cariñosa quien, como maestra de primaria, le enseñó a leer y a escribir. Luego lo matriculó en un colegio de la cabecera municipal de Rionegro; para asistir a clases caminaba dos horas de ida y dos de regreso por caminos en los que no faltaban, en tiempo de invierno, los atascaderos. Para aliviarle la jornada, le compró una bicicleta que le redujo el tiempo a una hora. Al año siguiente le impuso una tarea pesada: llevar diariamente a Pablo en la parrilla. Aquello funcionaba bien mientras iban en terreno plano pero en

---

[3]   Ana Victoria Ochoa, *op. cit.*

las subidas la situación se complicaba: el Osito tomaba impulso y pedaleaba hasta donde le daban las fuerzas, y ya a punto de rendirse, para poder coronar la cumbre, le gritaba: «¡Tírese!». Al iniciar el descenso lo volvía a montar. Más adelante, doña Hermilda le regaló una bicicleta a Pablo y la carga se alivió.

En las vacaciones los visitaban los primos Gaviria, de los cuales, por coincidencia de edad, Gustavo era el preferido. Con ellos recorrían el campo, cogían guayabas, pescaban, mataban pájaros con cauchera y hacían maldades: el Osito se ubicaba en un extremo del frágil puente colgante sobre el río Negro, y Gustavo en el otro. Sacudían el puente y Pablo, atrapado en la mitad, gritaba aterrorizado y cuando podía corría a las faldas de su mamá. Al Osito le zumbaban fuertes muendas de correa, pero él, muchacho empalagoso, no se cansaba de la maldad.

Un viernes santo, Abelito, siguiendo las tradiciones campesinas, salió con un vecino a buscar *luces* —fuegos fatuos, ánimas en pena— que lo condujeran hasta una guaca —tesoro indígena con piezas de cerámica repletas de oro—, o a chocolateras con libras esterlinas, como les dicen los campesinos a las monedas de oro coloniales. Al rato vieron una luz. Sus compañeros, en vez de alegrarse, corrieron espantados, pero Abelito, probando su valor, siguió adelante. Pronto se curó de espanto: se trataba de un tarro de galletas transparente con una vela adentro, colgado de un árbol que algún mortal hacía subir y bajar con una cuerda. «¿Quién me haría esta perrada?», preguntó furibundo al regresar a su casa. «Yo sé quién», —dijo doña Hermilda recordando que unos minutos antes el Osito y Pablo habían llegado agitados—. Lo que siguió fue una tunda de correa que al Osito le talló la carne, a pesar de que se había envuelto en una cobija. Pablo, por ser el pequeño, gozaba de inmunidad.

Ese mundo pobre pero idílico de El Tablazo se les acabó. El asesinato del líder liberal Jorge Eliécer Gaitán, sucedido el 9 de abril de 1948, había desatado una confrontación que no sólo dejó en ruinas a Bogotá, la capital, sino que se extendió a manera de guerra civil por vastos territorios del país. Las elites políticas empujaron a las masas pobres y campesinas a enfrentamientos absurdos, para luego, entre ellas, redistribuirse el poder. Gentes del liberalismo y del conservatismo, los dos partidos tradicionales, se organizaron en bandas armadas, conocidas como chusmas, para incendiar pueblos, eliminar a sus enemigos y apoderarse de sus tierras, en una larga confrontación en la que prácticas extremas —como abrir el vientre de mujeres embarazadas para eliminar la semilla del enemigo— se hicieron corrientes.

En plena Violencia, a doña Hermilda la trasladaron a ejercer de maestra a una vereda del lejano municipio de Titiribí. Se instaló con su esposo y sus hijos en la casa anexa a la escuela. La chusma de godos —como les decían a los conservadores— no soportó que una maestra liberal, como Hermilda Gaviria, supuestamente portadora de espíritus masónicos e impíos, educara a los hijos de la vereda, y rodeó la escuela. Al sentir el estruendo y la amenaza de la muerte, doña Hermilda, Abelito, Roberto, Pablo y los demás hijos, como única defensa, se subieron a la cama y abrazados le rezaron al Niño Jesús de Atocha:

«Glorioso Niño de Atocha, astro divino de excelsa majestad, te saludo y adoro y te suplico me dispenses tu clemencia en memoria del inefable gozo que sintió tu Santísima Madre cuando te recibió en sus brazos y cuando los coros angélicos entonaron jubilosamente por todos los ámbitos las dulces armonías del *Gloria in Excelsis Deo*, en señal de alabanza al Todopoderoso por tu venida al mundo para bien del humano linaje.»

La fe al Niño de Atocha doña Hermilda la había aprendido de su abuela, quien se le encomendaba para todo. Y en este momento crucial, Él de nuevo la ayudó. La chusma intentó incendiar la casa pero las maderas no prendieron, intentó tumbar las puertas pero el Niño convirtió la frágil casa en un búnker. Los guardó hasta que el Ejército los rescató en las horas de la madrugada. Al salir vieron algo que no habrían de olvidar nunca: campesinos liberales de la vereda habían sido colgados por los pies de las vigas de la escuela y decapitados con machete. La sangre, oscura y espesa, cubría el corredor y se pegó a sus pies. El Ejército les recomendó huir de inmediato, sin recoger siquiera la ropa, y los escoltó unas dos horas hasta llegar al pueblo, de donde siguieron solos el camino hasta el tren que los llevaría de nuevo a Medellín.

Doña Hermilda, desde entonces, le prometió a este Niño prodigioso —de origen italiano, que libera perseguidos arbitrariamente por la justicia, cura enfermos y llena de riqueza a pobres— que le construiría una capilla y cultivaría su devoción.

A la huida precipitada de Titiribí se sumó una peste apocalíptica que exterminó el pequeño hato ganadero de la familia en la finca El Tablazo. En esas circunstancias, Abelito abandonó con nostalgia sus oficios del campo y en el barrio La Paz se convirtió en sereno —celador nocturno del barrio— y en una especie de sombra, de sombrero y ruana, de su emprendedora esposa. Un tiempo después cuando la bonanza de sus hijos le dio la oportunidad, se refugió de nuevo en su finquita campesina. Pablo siempre le brindó apoyo, y se jugó entero por él cuando años más tarde lo secuestraron.

«Abelito nunca fue una figura significativa en nuestras vidas», ha dicho el Osito, y lo entiendo como una manera de decir que en la familia de Pablo el apellido que marca el carácter no es el Escobar sino el Gaviria. En realidad Pablo debiera haberse llamado Pablo Gaviria y no Escobar. Doña Hermilda, su madre, fue para él un apoyo incondicional y un amor omnipresente que le marcó lo esencial de su carácter y su manera de ser.

A partir de 1960, los hermanos Gaviria —los tíos de Pablo— montaron algunas industrias. Crearon la fábrica Dicolor, que surtió de anilinas de colores a las panaderías y a la empresa del acueducto de Medellín para ensayar tuberías, y fabricaron betún y cera con fórmulas que ellos se inventaron. En la familia de doña Hermilda la cuota industrial la puso el Osito. De niño había sido acólito en el barrio San Benito, donde su abuela Inés vivió en los años cincuenta. Luego trabajó en Mora Hermanos, un almacén de electrodomésticos, donde se hizo ducho en electrónica. Arcángel recuerda cómo, siendo aún chico, lo vieron armar el primer televisor de su casa, que los liberó de tenerle que pedir a los vecinos que les dejaran ver programas como *Bonanza* y *Gilligan*, que eran sus preferidos.

El Osito alternaba su trabajo con su afición a las bicicletas. Corrió en la Vuelta a Colombia y en diversos clásicos ciclísticos a los que Pablo lo acompañaba. Luego asistió a cursos especializados en Alemania y dirigió, como técnico, selecciones de Colombia que compitieron en diferentes países. La Liga de Ciclismo de Caldas lo contrató como entrenador. En Manizales se encontró con una ciudad donde las bicicletas prácticamente no existían y, con espíritu de negociante, montó la Fábrica de Bicicletas Osito. Una empresa que le dio una vida próspera pero que no lo salvó del empuje de su hermano Pablo, quien terminó arrastrándolo en el remolino de su desmedida riqueza, de sus guerras y de sus tragedias.

Gustavo Gaviria, el serenatero, instaló una fábrica de lápidas de aluminio. De allí viene la relación tantas veces mencionada de Pablo y su primo Gustavo con los cementerios. Al inicio ambos viajaban a vender lápidas a los pueblos. Preguntaban al sepulturero por los muertos de la semana, les ofrecían a los familiares diversos tipos de modelos con relieves de la Virgen o del Corazón de Jesús, con el nombre del difunto bellamente marcado y un pequeño recipiente para poner flores.

Parece que luego encontraron una variante de este negocio: robaban lápidas de mármol del Cementerio de San Pedro, donde las familias ricas de Medellín tenían lujosos panteones, para venderlas a recicladores. ¿Era buen negocio vender o arrancar lápidas a hurtadillas? No demasiado bueno. Por esos tiempos las muertes eran escasas; y aquello de vender tumbas, ataúdes, flores y cirios, de montar casas de velación, jardines cementerios, se volvió rentable después, cuando ellos mismos —Pablo, Gustavo y su tropa— propagaron la *plomonía*, la epidemia grande de fin de siglo en la ciudad de Medellín.

Pablo llevaba una pequeña temporada matriculado en contaduría en la Universidad Autónoma hasta que, preocupado por la pobreza de la familia, le notificó una noche a doña Hermilda que abandonaría los estudios: «Yo le agradecí su intención de colaborarme —dice doña Hermilda—; no me pareció mal que le encontrara gusto al dinero, porque si uno no mantiene un peso en el bolsillo, se mantiene aburrido, triste, cabizbajo, no le encuentra salida a la

44

vida. Y Pablo, con la enseñanza aprendida, solía decir: yo pobre no me muero, para mí primero Dios y después la plata».

Es en este momento cuando Pablo deja de coquetear con el delito para asumirlo como una profesión. Al renunciar a mecanismos de ascenso social, como la educación, tomó definitivamente el camino de la criminalidad como medio para lograr el deseo que prefiguró en su vida: ser rico.

Entre el final de los años sesenta y el inicio de los setenta, por las calles de Envigado caminaba, de boina y bastón, Fernando González, un filósofo provocador, tan fructífero en su pensamiento como inútil para una tierra como la antioqueña, donde se proclama una acendrada moral católica y se reza sin descanso, pero se practican sin pudor las formas ágiles, y a veces ilícitas, de enriquecimiento; donde se sueña exageradamente con el dinero, con el vil metal. Los nadaístas —discípulos de González, la versión *beatniks* de los colombianos— se propusieron subvertir esta pequeña Detroit donde, en sus palabras, no había espacio para la creación y la fantasía, para la flor inútil de la poesía, sólo para el hacer y el acumular. Pablo escuchó por la radio los sermones del cura Fernando Gómez Martínez —cruzado contemporáneo— contra estos nihilistas criollos, cuando un día, con el ánimo de sacudir el espíritu parroquial, se tomaron una misa en la Catedral mayor y en el momento de la comunión tiraron la hostia al suelo y la pisotearon. Indignados, los feligreses persiguieron a los sacrílegos. A uno de ellos alcanzaron a clavarle un crucifijo en sus entrañas, pero la venganza mayor habría de cobrarla el propio Dios al podrirle a uno de los poetas malditos el pie con el que profanó el Cuerpo de Cristo.

Por el mismo parque de Envigado también se paseaba don Alfredo Gómez —hombre veterano, diabético, conservador, de pose aristocrático, vecino del barrio El Poblado—, quien a pesar de haber conseguido su fortuna contrabandeando cigarrillos, electrodomésticos, whisky, telas y porcelanas, era considerado un gran señor. El Padrino —como lo llamaron tras la publicación del libro de Mario Puzzo— llegó a ser tan poderoso que lo recibían casi como jefe de Estado cuando visitaba Panamá, Honduras y El Salvador, países donde tenía grandes inversiones. En Colombia le hacían venia los políticos y los generales, que incluso le prestaban sus soldados para escoltar sus caravanas de contrabando y para que sirvieran de albañiles en la construcción de su casa en el barrio Santa María de los Ángeles, en El Poblado.

Pablo se sabía la vida, obra y milagros de este Padrino local; además, según recuerda Arcángel, les hablaba de otros contrabandistas prósperos, como Jaime Cardona Vargas, conocido como el Rey del Marlboro, y de don Alberto, a quienes definía como «hombres guerreros, inteligentes y habilidosos, que le hacían al contrabando, al chance —apuestas ilegales— y al negocio de las joyas».

Y lo torcido —como llamaban a lo ilícito— encontraba ambiente en Medellín, que según los astrólogos, igual que Chicago, está en un campo de alta concentración de energía, donde la vida y la muerte se trenzan en un baile que se desata fácilmente en destrucción. En todo caso, a Pablo lo seducían más los contrabandistas y pillos rezanderos que los filósofos de boina y bastón. Porque tenía talento natural para las artes del mal. Los veteranos de los negocios torcidos, como el propio Padrino, se asombraban de ver cómo Pablo, con sentido de la oportunidad y aguda inteligencia, se le medía a todo, a lo que fuera, cómo se hacía amigo de todo el mundo, preguntaba, conocía y perfeccionaba lo aprendido.

Desde que los Escobar eran adolescentes, allá en La Paz, tuvieron por vecinos a los Henao, una familia que se destacaba por próspera en la barriada popular. Don Carlos Henao, el padre, repartía por casas y tiendas jalea de guayaba en una camioneta Chevrolet modelo 50. Su hijo Mario, que gracias a la situación holgada de la familia estudiaba psicología en la universidad, se hizo amigo cercano de Pablo y de Gustavo. Formaron un triunvirato que cambiaría la historia del barrio. Ellos, los «James Dean», los rebeldes sin causa, concentraban la atención de chicos y grandes por sus constantes travesuras, pero además porque se sabía que habían iniciado actividades delincuenciales.

Fernando —el hermano menor de Pablo— y los otros varones de la familia Henao —Carlos y Fernando— les seguían los pasos. Ellos participaban activamente en la vida social del barrio La Paz, que se había hecho famoso sobre todo por sus bailes. No faltaba cada semana, en cualquiera de las casas, una rumba en la que bailaran al son de orquestas tropicales como La Billos, Los Melódicos, Los Hispanos y la música rocanrolera de la nueva ola.

Pablo puso sus ojos en una de las hermanas Henao. Mario se crispó de celos, sobre todo porque miró no a una hermana mayor, cosa que le hubiera parecido normal, sino a una de las pequeñas, a Victoria, que apenas tenía trece años. «Cómo un *güevón* tan viejo como vos, con 24 años a cuestas, se va a meter con una niña, respetá, con ella no te metás».

Para Pablo, los Henao eran el referente más cercano de la prosperidad que anhelaba. Y enamorar a Victoria era una manera de acceder a ese reino del que se sentía excluido. Él, avezado en áreas escabrosas de la vida pero tímido en el amor, después de mil vueltas se le declaró. Ella lo aceptó y quedaron prendados por un sentimiento que, de inicio a fin, se mostró sin límites, que los unió hasta que la muerte los separó.

A la oposición de Mario se sumó la de los padres —don Arturo y doña Nora—, quienes le prohibieron a Victoria que se viera con su enamorado. Pero ella desde el inicio mostró incondicionalidad con su amor y se arriesgaba, una y otra vez, para verse con él. Ese amor nunca nadie lo pudo parar.

Fue con El Padrino, capo de capos de aquel entonces, como Pablo y Gustavo se encarrilaron hacia los grandes ilícitos. Trabajando como guardaespaldas conocieron a dos hombres del pueblo de La Estrella, expertos en los temas del gatillo. Se trataba de Elkin Correa —hijo de una familia tradicional y cristiana, marcado por el acné juvenil, que había sido inspector de Policía en Sabaneta— y de Jorge González —al que desde entonces llamaban Jorge Mico—, un hombre de espuela dispuesta e instinto puro, como los gallos de pelea que criaba.

Elkin Correa y Jorge Mico fueron esenciales para Pablo por los nexos que tenían, pero sobre todo porque su experiencia en el matar los haría socios importantes para la industria de la muerte que montó más adelante.

De la mano de Jorge Mico, Pablo conoció las rutas del contrabando. Se había perdido unos días, y al regresar a la esquina del barrio contó a sus amigos la historia que todos escucharon boquiabiertos y envidiosos. Bajaron la mercancía procedente de Panamá en embarcaciones medianas, en algún lugar de la manigua del mar Caribe, cerca de la población de Turbo, donde abundan las nubes de moscos. Baquianos de la región cargaron los bultos por entre los bosques de mangle, los empacaron en camiones y los camuflaron con plátanos. Para llegar a Medellín atravesaron la cordillera Occidental y el río Cauca, y luego subieron la cordillera Central, hasta el Valle de Aburrá. Durante las 24 horas que duró la marcha pasaron puestos de la Armada Nacional, del Ejército, de la Policía y del Resguardo Departamental de Aduanas. Todo el mundo los vio recorrer esa larga trocha, llamada Carretera al Mar, sin que pasara nada; adelante siempre iba el *mosca*, como denominaban al hombre que se encarga de sobornar a las autoridades.

Los patrones veían a Pablo como un hombre serio que no bebía, ni siquiera fumaba, y le encomendaron el trabajo de *mosca*, en el que llegó a guiar caravanas hasta de cuarenta camiones de contrabando y en el que ganó sus primeros pesos. Por esta época Pablo, quien andaba por sus 24 años, adoptó la costumbre, que nunca abandonó, de acostarse tarde y levantarse muy entrado el día. «El cerebro funciona mejor por la noche», solía decir.

Adquirió un viejo automóvil Zastava y aportaba dinero para la casa, dos razones suficientes para que su madre no lo enjuiciara y pusiera oídos sordos a rumores callejeros que lo tildaban de bandido. Lo primero que Pablo puso en el parabrisas trasero de su automóvil fue una calcomanía que decía: «Antioquia Federal», porque compartía la idea, generalizada entre los paisas, de que constituían una especie de raza superior a la del resto de los colombianos y de que si lograban mayores niveles de independencia frente al gobierno central de Bogotá, su desarrollo se multiplicaría. Esta visión la resumía, como la mayoría de los medellinenses, con una frase corta pero contundente: «Los paisas somos unos putas para todo».

Jorge Mico, reconociendo en Pablo a un hombre de carácter, también lo llevó a la Santísima Trinidad, el temido barrio de putas y bandidos, a presentarle, según le prometió, una hembra de verdad-

verdad. Llegaron a un pequeño coliseo. Griselda Blanco —que ya se había ganado el título de la Reina de la Coca— presidía la fiesta sentada en una especie de trono en la tribuna, lucía un vestido de rayas negras y blancas, como las de la cebra, y un sombrero de tela. La rodeaban los allegados, y el resto de las tribunas circulares las ocupaban trabajadores, amigos y habitantes del barrio. Se apostaban dólares, abundaba el whisky y las rancheras daban ambiente a la arena, y el furor de los gallos —espuela y sangre— enardecía a la concurrencia. «Él es Pablo, un hombre que le puede ser útil», le dijo Jorge Mico a Griselda, en uno de los intervalos. Ella lo saludó con simpatía y le pidió que regresara a visitarla. Pablo retornó unos días después en compañía de su primo Gustavo. Y con ella conocieron más de cerca el tráfico de marihuana y de cocaína, y la guerra.

Se equivocan quienes piensan que Pablo es el principio y el fin del *traqueteo*, como se llamó desde entonces al narcotráfico. (Traquetear, no es, como muchos piensan, por onomatopeya, disparar, sino traficar.) Aquí, en este barrio de la Santísima Trinidad, el tráfico ya tenía una larga trayectoria. Esta barriada proletaria de las periferias de la ciudad, sobre cuyo cielo explotó el avión en el que murió el cantante Carlos Gardel, terminó siendo un centro significativo de delincuencia después de que un alcalde la declaró, por ser lejana y de pobres, como zona única de tolerancia. A pesar de que el párroco y las madres católicas, Virgen del Carmen a la cabeza, marcharon en protesta, las volquetas del municipio llegaron repletas de putas que se quedaron para siempre.

Allí, en la Santísima Trinidad, se formó el gremio de los llamados *galafardos* —hombres apasionados por la música antillana y el tango, guapos que morían en pleitos de amor y de honor—. Hablamos de tiempos en los que matar y morir tenían una dosis de dignidad, donde los duelos se iniciaban en pie de igualdad, no se le daba a nadie por detrás y los cuchillos se movían en una esgrima con cadencia y ritmo, anuncio de la sangre. Los galafardos del barrio de la Santísima Trinidad fueron artífices de un lenguaje nuevo, sonoro y seductor, que fundía el lunfardo tanguero con el *slang* gringo y le añadían palabras de la propia invención: los camiones eran *patas-dehule*; la cama, *cambuche*; la corbata, *hélice*; el espejo, *luna*; los cigarrillos Pielroja, *tiraflechas*. Matar era *chuliar*, y el difunto, *muñeco*. Lenguajes extraños construidos, al decir de la gente de buenas costumbres, bajo la influencia de los sahumerios y las pastas de seconal.

Los galafardos soñaban con dólares, *dolaretes, dolorosos...* Para buscarlos, Darío Pestañas y algunos otros conformaron una especie de cartel de *cosquilleros* —como nombraban a los manos de seda que despojan a las víctimas de sus billeteras, sin dolor, sin que se dieran cuenta—. Viajaban a Panamá, Caracas, Puerto Rico, Nueva York a robar en el metro, en los autobuses y en las calles, y regresaban a darse vida de *bacanes,* a darse la vida *suave* en bares y prostíbulos, luciendo buena pinta, buen charol y buenas nenas. Que la marihuana enloquecía, decían los voceros públicos; Darío Pestañas y otros galafardos no hacían caso, además de fumarla la exportaban, aprovechando la vecindad de su barrio con el aeropuerto de la ciudad. Llevar una maleta con yerba a Estados Unidos en aquellos tiempos, sin inmigración, sin control aduanero, era fácil. «Un negocio para bobos», dicen. De regreso, aparte de los *dolorosos,* se traían el caló de los pachucos mexicanos, el consumismo del sueño americano, los acetatos con el *swing* de la barriada latina de Nueva York —Ismael Rivera, Cheo Feliciano, Barreto, los Palmieri y todos los duros que luego conformarían La Fania—. Un poco después, de Estados Unidos demandaron cocaína, y ellos, ni cortos ni perezosos, le arrancaron el poder a *la nieve*, que se consolidó en el mercado; aprendieron que, como solían decir, «en cuanto a potencia para el dinero, la marihuana es como la plata, mientras la coca es más que el oro».

Pestañas, pionero en el uso de avionetas para el tráfico de cocaína, usaba para sus operaciones varias empresas de fachada en Guayaquil y Quito, Ecuador, y Colón, Panamá. La pasta que traían del sur era arrojada de las avionetas en la parte norte de la pista del aeropuerto de Medellín, cuando los aviones carreteaban. Los habitantes del barrio de la Santísima Trinidad la recogían y la llevaban a los laboratorios. Transportaban la cocaína por tierra hasta Urabá y de allí la pasaban a Panamá. Utilizaban rutas de contrabando que existían desde la época de la Colonia. (Los visitantes de la Colonia española ya describían a los antioqueños como talentosos, ahorradores y perturbadores de la paz.)

Pablo hablaba de Pestañas como camaján fino, bien vestido con trajes verdes y corbatas verdes claras o blancas y medias blancas. Había sido un lavador de carros que se convirtió en activo atracador. Aunque se hizo rico, conservaba la cadencia y el ritmo de los camajanes y la guapura de los que han sido criados en la vida dura del arrabal.

«Ahí salió Pestañas en la revista *Vanidades*, nos dijo Pablo, y nos mostró su foto en la página roja del periódico *El Colombiano*», recuerda Arcángel. Se ve con patillas, vestido de corbata y barba de chivo. Usaba carros de lujo de la Ford, viajaba por el mundo, pero la prosperidad no le mató el azoramiento. Se mantenía nervioso, inquieto, inseguro, no podía quedarse un rato largo en ningún sitio. Se preciaba de tener muchas amantes, pero sabemos que algunas de ellas se quejaban de su impotencia.

Hacia la mitad de la década del setenta se multiplicó la bonanza. (Un kilo de coca en Colombia se conseguía por siete mil dólares. En Estados Unidos se metía a un molino, se picaba, se le añadía lactosa y se convertía en tres kilos. Ciento cincuenta mil dólares.) Los carros de lujo daban vueltas incesantes en exhibición pública, las casas se llenaron de budas de panza generosa y porcelanas orientales, de Venus de Milo y esculturas en mármol, de muebles dorados al estilo de los luises de Francia, pinturas fosforescentes, y un sinnúmero de objetos que los gustos refinados calificaron como *loberías*, como estilo de nuevos ricos. Las rumbas se volvieron aparatosas, se montaron compraventas de dólares, casinos y caballerizas. Luego, como si se tratara de cierta retaliación social, los hijos de las putas, que la ciudad había aventado al barrio periférico, en su condición de nuevos ricos se trasladaron al exclusivo barrio El Poblado, que se ganó por un tiempo el nombre de Altos de la Santísima Trinidad. Los ricos tradicionales los recibieron al mismo tiempo con ganas y desdeño: «Qué buena su plata, pero qué pereza ellos, hijos de negros pobres, plaga de mal gusto».

Pestañas llevó al altar a Griselda Blanco —caribeña, tronco de hembra, hija de prostituta—, que quedaría prontamente viuda y se haría mítica en la guerra. Porque en Trinidad, en el barrio de la Santísima Trinidad, la *vendetta* mafiosa tuvo su primer escenario. «Fueron los propios socios los que le pusieron la piyama de madera a Pestañas —cuenta Arcángel—, celosos de su creciente poder, lo mataron en una estación de gasolina, a tres cuadras del aeropuerto Olaya Herrera». Así reseñó su muerte un cronista judicial:

> «Mientras escuchaba música y revisaba documentos le dispararon a quemarropa. Pestañas, pistolero de vieja guardia, no alcanzó a desenfundar la pistola Beretta, cargada con proyectiles blindados. En los bolsillos de su ropa se encontraron unas letras de cambio firmadas por agentes del cuerpo de seguridad de la ciudad a quienes acostumbraba prestarles dinero.»[4]

Griselda —corazón duro, olvido rápido— se casó con otro Darío, Darío Sepúlveda —hombre bravero, de vicio y revólver— y para que no quedara duda de quiénes eran y qué querían bautizaron a su primer hijo como Michael Corleone. Sepúlveda la envolvió en mil guerras por el control del negocio, pero murió rápido, y ella heredó su poder y la guerra que se prolongaría hasta finales de los setenta. Con sus hijos convertidos en tropa, con muchachos de barriada como matones, con cómplices en el Ejército y la Policía, con periodistas silenciados, creció la leyenda de la temible Griselda, la Reina de la Coca: que mató al padre de uno de sus hijos; que mandaba ejecutar a sus propios socios y, para completar la trama, asistía al sepelio como la más dolida de las mortales y pagaba los gastos del entierro; que tenía un anillo de la reina Isabel; que mataba a sus amantes tras las bacanales… Tantas realidades y leyendas que la hicieron merecedora en la literatura gringa sobre narcotráfico del título de la Viuda Negra. El propio jefe del B-2, la inteligencia del Ejército en Medellín, advertía a los periodistas: «Con mañita, esa vieja es muy verraca, muy brava, no jodan con esa vieja Griselda, déjenla tranquila».

«Yo soy hijo de esa guerra», le dijo alguna vez Pablo al periodista colombiano Germán Castro Caycedo, explicándole que él y Gustavo Gaviria se terminaron de criar como bandidos en la primera guerra entre clanes que transitaban del contrabando al narcotráfico. Los capos se peleaban por cuentas, por honor, por

---

[4]   «Muerte de un traficante» en *El Colombiano*, Medellín, 16 de julio de 1973, p. 8A.

hembras o porque sí, y una vez desatado el enfrentamiento, que incluso trascendía las fronteras y se proyectaba en Miami y Nueva York, nadie lo paraba.

Desde 1973 las autoridades sabían de la vinculación del Padrino —Alfredo Gómez, el gran capo del contrabando— al narcotráfico. Un laboratorio allanado en Bogotá, varias fincas donde aterrizaban avionetas mexicanas que transportaban cocaína y dos empresas aéreas utilizadas para fines similares eran de su propiedad. Pese al escándalo, la Justicia no podía procesarlo. Según denunciaba una reseña de prensa, la inmunidad del Padrino se evidenciaba en que su fortaleza, en el barrio Santa María de los Ángeles, en El Poblado, seguía siendo intocable. En su interior permanecían centinelas armados con metralletas Ingram y afuera fuertes presiones, que venían de arriba, quitaban del medio a los pocos oficiales que se atrevían a intervenir.

A pesar de las denuncias, el Padrino movía sus fichas políticas con desenvoltura. En 1974 se agitaba en el país una agria contienda electoral. Se disputaban la Presidencia dos delfines, Álvaro Gómez —el hijo del ex presidente Laureano, el godo, arrasador con el discurso e instigador de la sangre— y Alfonso López Michelsen, quien en los años cuarenta había ocasionado la renuncia de su padre, Alfonso López Pumarejo, a su segundo período presidencial por graves acusaciones de corrupción.

El Padrino, famoso desde joven por borracho, mujeriego y pendenciero, apoyó a Álvaro Gómez, de quien le gustaba su talante moralista y represivo. Pero ni modo, Alfonso López, quien se simbolizó para su campaña como un gallo de pelea, le ganó. Y tuvo, como su padre, escándalos de corrupción.

Sin embargo, el Padrino perdió sólo en parte porque también había apostado a las ligas menores y logró elegir a varios senadores y representantes de su bolsillo. En diciembre de 1974 se debatía en el Congreso de la República sobre su influencia en la clase política conservadora. El Padrino contó con la defensa incondicional del parlamentario Guido Parra —un abogado alto, de nariz prominente y aguda inteligencia—, quien años más tarde habría de ser vocero público de Pablo[5].

Mientras la prensa conservadora de Medellín guardaba silencio frente a los manejos políticos del Padrino, la prensa liberal de Bogotá parecía dispuesta a meter el dedo en la llaga. A medida que la polémica se calentaba, Pablo, que la seguía con pasión, recortaba y guardaba celosamente los extensos artículos que ante sus ojos aparecían como pruebas fehacientes del poder de su patrón.

Ese mismo año a Pablo lo detuvieron por conducir un automóvil robado. En las investigaciones descubrieron que no era un caso fortuito, sino que tenía como negocio comprar carros malos en remates para usar sus placas en carros robados. En la cárcel La Ladera coincidió con el Padrino, quien finalmente había sido detenido por un contrabando transportado en camiones militares. El cargamento fue decomisado por un coronel de la Policía que se resistió al soborno y, además, detuvo al *mosca*, así como a los soldados y al capitán que, como se había vuelto costumbre, hacían de escoltas. Una juez de Aduanas ordenó la captura del Padrino como propietario del matute y lo remitió a la cárcel.

A quienes lo visitaban, Pablo les hablaba con admiración sobre su compañero de encierro. Lo describía como una persona de gran corazón, que les daba medicinas y alimentos y les pagaba fianzas y abogados a los presos pobres. Lo del buen corazón lo testifica una hermana del Padrino, perteneciente a una comunidad religiosa, que recibía ayudas para sus obras sociales. Ella compensaba esa caridad guardándole en su convento, con la venia del Altísimo, mercancías prohibidas. Pablo también relataba con admiración el hecho de que hasta la celda del Padrino llegaran políticos de talla nacional, como Alberto Santofimio. La convivencia de Pablo con su maestro se vio interrumpida porque el Padrino debió ser trasladado a la clínica Santa María por una emergencia cardíaca. Unos meses después lo liberaron por falta de pruebas.

Pablo también salió de prisión sin que se le pudiera comprobar el delito, pero en su expediente quedó incluida una nota de un

---

[5]   «Debate sobre el Padrino en la Cámara» en *El Colombiano*, 17 de diciembre de 1974, p. 21.

delegado de la Procuraduría donde denunciaba la muerte de varios de los testigos y otras irregularidades.

Entre los bandidos, haber pasado por la finca —como llamaban la cárcel— daba puntos y prestigio, por ello para Pablo su presidio se constituyó en una especie de graduación. Ya era *vox populi* que Pablo y Gustavo se le medían a todo: se decía que robaron un camión con mercaderías en la carretera de Gómez Plata y se convirtieron en pioneros de la piratería terrestre; que robaron diez automóviles de la Renault que regalaron a sus amigos, entre ellos Humberto Buitrago, un empleado judicial, vecino de su barrio que les hacía algunos favores; que asaltaron el teatro Manrique; que tenían una moto roja por un lado y blanca por el otro para despistar a las autoridades; que con esa moto roja —que Pablo guardó como recuerdo por muchos años— asaltaban bancos; que se alquilaban como pistoleros... que Pablo conducía mientras Gustavo disparaba. Y así, en esas épocas donde un crimen todavía merecía titular de primera página en el periódico de Medellín, contribuyeron a inventar ese tipo de gatillero que se llamó «asesino de la moto».

Hay quienes aseguran que en 1975 Pablo viajó a Bogotá como acompañante del Padrino a una cumbre de capos. Se asombró al ver tal despliegue de poder y de lujo. Viajaron en aviones particulares, se hospedaron en mansiones alquiladas exclusivamente para la ocasión y se protegieron con cuadrillas de sicarios armados con metralletas y fusiles. Luego de acordar, entre otras cosas, organizar y financiar bandas armadas para enfrentar a los secuestradores, que por entonces empezaban a proliferar, se despidieron con una estruendosa francachela. Quince de ellos, sorprendidos por las autoridades cuando abordaban sus aviones en el aeropuerto Eldorado, salieron prontamente libres.

En estas andanzas Pablo comprendió que sus jefes, a pesar de sus pecados, se movían en el mundo legal con una libertad sorprendente. En Medellín veía al Padrino, a don Alberto, al Rey del Marlboro, a Griselda, a los Bravo y a sus súbditos reunirse en un puteadero de La Curva de El Bosque.

Con frecuencia las veladas eran animadas por la Macuá, un homosexual —una *loca,* como se decía en la ciudad— que los divertía con sus excentricidades. La Macuá se había hecho famoso por un desfile que, con el apoyo de los mafiosos, realizó por toda la carrera 70. Vestido de príncipe árabe, de sedas y turbantes, y montado en un elefante, arrojaba besos a la multitud. En la cotidianidad, cuando no se estaba exhibiendo, la Macuá se vestía de mujer, saludaba a los traquetos de beso en la mejilla y cargaba para todos lados una canasta con agujas e hilos para sus tejidos de croché. «Pablo gastaba risa con sólo verlo, y llegó a apreciarlo tanto que tiempo después le regaló un apartamento en Miami donde la Macuá vivió por varios años», relata Arcángel.

Pablo observaba a sus maestros sin perder detalle: aprendía su manera de hacer dinero, de gastarlo, de ser inflexibles pero caritativos y de decidir la muerte ajena. Y aprendió que el dinero se usaba para sobornar jueces y policías, para comprar políticos y para darse de cuando en cuando un banquete de mujeres de pieles frescas, pechos nuevos y cuerpos labrados. Pablo envidiaba a sus patrones, quería ser como ellos. Como modelos de su juventud los definió en cierta ocasión.

Las acusaciones contra el Padrino no cesaron. Lo denunciaron ante la Presidencia por infiltrar y sostener negocios ilícitos con más de 260 agentes de seguridad del Estado y por supuesta participación en el homicidio de testigos. A pesar de las extensas acusaciones, sólo se le pudo detener de nuevo, en un caso parecido al de Al Capone, por un delito insulso: le hallaron en su edificio un circuito de televisión sin documentos legales. En el allanamiento también se le encontró una balanza y otros indicios de narcotráfico. El proceso le correspondió a una joven juez de instrucción aduanera[6].

El Padrino fue otra vez a la cárcel y pagó un año de condena tras el cual se marchó a la caribeña ciudad de Cartagena. Regresó a Medellín ya retirado porque, a su parecer, el negocio desarrollado por gentes de bien con aceptación social se había dañado por permitir que los negritos y los pobres de Envigado, Aranjuez y Barrio Antioquia, se metieran. «Pablo y esos guerreros se quedarán con el

---

6   «El Padrino otra vez a la cárcel», en *El Tiempo*, jueves 29 de marzo de 1979, p. 3.

negocio, son imparables», dijo a sus viejos socios recomendándoles que se retiraran.

En esa época en que se traficaba kilo a kilo, Pablo y Gustavo camuflaron sus primeros viajes en el guardabarros de un automóvil Renault 4. La base de coca la compraban en Ecuador, la procesaban en Medellín y la vendían a los exportadores, entre quienes ya se encontraban los Ochoa.

Luego, Pablo afianzó contactos en Ecuador, a través de los cuales traía base de coca de Perú y Bolivia. Algún día los hombres de Pablo entregaron la plata y recibieron la mercancía. A los minutos los detuvo la Policía ecuatoriana. El episodio se repitió varias veces. Pablo descubrió que sus contactos ecuatorianos lo traicionaban, ejecutó a varios de ellos y dejó al lado de los cadáveres un mensaje: «Para que sepan con quién están tratando». Desde entonces decidió trabajar sin intermediarios y conquistar con colombianos la ruta del sur. Viajó a Perú y estableció canales para multiplicar los envíos de base de coca. Mario Henao, su cuñado, se convirtió en un cocinero experimentado, mejoró calidad y aumentó la producción de coca.

En la medida en que sus hombres viajaban se relacionaban con gendarmes, dictadores y gobernantes, y con viejas y nuevas mafias. En Bolivia se contactaron con militares y fugitivos nazis —como el Carnicero de Lyon, Klaus Barby—, quienes manejaban el comercio de base de coca en las selvas. Hombres de Pablo vieron allí cómo los seguidores de Hitler, cuarenta años después de la guerra mundial, en plena selva, seguían vistiendo sus uniformes y desfilando en honor del gran führer. Estas mafias, de las que hacían parte militares, nazis y políticos, ponían y quitaban, a su antojo, dictadores en Bolivia.

Pablo, al cumplir sus 25 años, estaba ganando, había pasado ampliamente su meta de tener un millón de pesos. «Te salvaste del suicidio, bacán», le dijo Arcángel, recordándole la promesa que había hecho, una tarde ya lejana, de quitarse la vida si a los 25 años no tenía esta suma de dinero. Él respondió con una sonrisa.

La familia Henao no se acostumbró a que Victoria siguiera enredada con un hombre que ni estudiaba ni mantenía oficio cierto. La desconfianza no era gratuita, Pablo, aparte de su origen pobre, ya llevaba en los rumores mala reputación.

Pero como el amor todo lo vence, ella se saltó la prohibición de su madre y utilizando múltiples artimañas resistió los castigos para mantener la relación, y en marzo de 1976, con apenas quince años cumplidos, se fugó de la casa. Mario sospechó que Pablo se la había arrastrado. Corrió al aeropuerto y en los registros de pasajeros constató que Pablo y Victoria habían abordado un avión con rumbo a la ciudad de Cali. Como la abuela de los Henao vivía en aquella ciudad, la llamaron para que los esperara en el aeropuerto. La abuela, al sorprenderlos, le dijo a Pablo: «Para usted llevarse a la muchachita se tiene que casar», y lo llevó de las orejas ante el altar.

De regreso a Medellín la pareja se instaló en un apartamento de dos plantas en el barrio El Poblado. En la primera planta quedaban la cocina, la pieza del servicio, una sala y el comedor, y arriba las habitaciones.

El 11 de junio Pablo tuvo otro tropezón que le interrumpió su reciente matrimonio. La noticia fue publicada por el periódico *El Tiempo*, con fotos y todo, un extenso informe titulado: «Cayó cocaína en Itagüí, por veintitrés millones de pesos»[7], con el que Pablo inició su colección personal de artículos de *vanidades*. Los de la Yard —como llamaban a los efectivos del Departamento Administrativo de Seguridad, DAS— seguían a unos miembros de su banda. En Ipiales, en el sur del país, los vieron recibir la *merca* y camuflarla dentro de las llantas de un camión Ford modelo 54. Los *yardas* los rastrearon hasta Medellín, y el miércoles 9 de junio, a las siete y media de la mañana, se tomaron la heladería La Playa, en el municipio de Itagüí. Detuvieron al conductor y a su ayudante. En la llanta de repuesto encontraron diez kilos de cocaína. Los agentes iban con el encargo del jefe, Carlos Monroy Arenas, de dejarse sobornar para tratar de llegar a los cabecillas de la banda. El conductor del camión llamó por teléfono. A los minutos apareció Pablo, con

---

[7] *El Tiempo*, 11 de junio de 1976, pp. 1A y ss.

Gustavo y su cuñado Mario, a frentear la situación. Pablo saludó con amabilidad a los agentes y los invitó a sentarse a una mesa. «Todo en la vida tiene solución», les dijo mientras hacía un pequeñísimo cilindro de papel con sus dedos anular y del corazón de su mano derecha, gesto característico que realizaba cuando aguzaba su instinto. Percibió a los agentes receptivos. «Les doy cinco mil dólares como anticipo de una cifra más gorda, y todo queda en orden» estaba diciendo cuando otros agentes se tomaban la heladería. «Quedan capturados por tráfico e intento de soborno». Les retuvieron tres vehículos y los llevaron a la cárcel.

En la foto de reseña Pablo tiene colgado el *escapulario* 128482 de la Cárcel del Distrito Judicial de Medellín. Está sonriente, muy sonriente. «Es curioso. Es la única fotografía de los centenares que se conocen de Pablo donde despliega su sonrisa y muestra la dentadura tan linda que tenía», subraya Arcángel.

Mariela Espinosa —una mujer alta, delgada, inteligente y honesta— se desempeñaba como juez en Itagüí y debió asumir el caso. Cuando empezó el proceso, como surgieron amenazas, se mostró irreductible: «Si me toca morir por meter a alguien, por importante que sea a la cárcel, me muero», dijo.

Cuando Victoria visitó a Pablo en la cárcel lo encontró inquieto y con planes de evadirse. «No vas a hacer esa locura», le replicó ella con su característico aplomo, y lo convenció. Pero al día siguiente, ante un operativo del Ejército en las afueras del penal, Pablo se llenó de temores, saltó una tapia y huyó. Fue doña Hermilda, su madre, quien ayudó a localizarlo y a convencerlo, a punta de regaños, de que volviera al penal.

Desde ese momento, Pablo centró su estrategia en lo judicial. Logró, sin que la decisión fuera aprobada por la Corte Suprema de Justicia, no se sabe con qué artimañas, que el proceso pasara a un tribunal de la lejana ciudad de Ipiales, argumentando que la mercancía había sido comprada allá. Pablo contrató como su abogado a un hermano del propio juez, que había rechazado las ofertas de soborno, para inhabilitarlo. El nuevo juez accedió, a cambio de dinero, a dejarlo libre a los pocos meses.

Mariela Espinosa debió archivar el caso, pero no exoneró a Pablo y sus hombres, y dejó constancia de que el director del DAS, los detectives y ella misma habían recibido amenazas. Pablo se abstuvo de matarla, pero por obstinada la condenó a andar a pie el resto de su vida. Siempre que ella compraba un carro se lo robaba, se lo echaba a rodar por un precipicio o se lo incendiaba. Dos de los agentes que participaron en el operativo y Monroy Arenas, el director del DAS en Medellín, fueron asesinados.

El 24 de febrero de 1977 nació su primogénito. «Nació varón, señores, nació varón…», decía Pablo a sus amigos, medio entonando el estribillo de una canción de música salsa. Se sentía orgulloso: Juan Pablo, como lo bautizaron, llevaría su apellido y sería su heredero. El nieto y las crecientes riquezas de su yerno cambiaron el parecer de doña Nora de Henao, quien acogió a Pablo como otro miembro de la familia.

Para Pablo y los otros traquetos los años siguientes serían llamados la Época Dorada. *Coronar* le decían a lograr que un cargamento llegara a Estados Unidos. Y la conjugación de este verbo desataba fiestas inesperadas y celebraciones con pólvora en medio de la silenciosa ciudad, sin que los inocentes habitantes entendiéramos el origen de los estruendos. Pablo procesaba la cocaína y la vendía a otros grupos, como el de los Ochoa, que la transportaban y vendían en Estados Unidos. Como el billete no alcanzaba para mover el creciente negocio, en un primer momento se realizaron diversas modalidades de participación, como las natilleras —que reunían plata de varios socios— y los apuntados —llevar a otros en el viaje—, que le permitían de momento a los narcos tener el capital para el negocio, y a personas de la alta sociedad obtener beneficios sin involucrarse demasiado.

Más adelante, como los compradores en Medellín ya no eran suficientes, Pablo se lanzó a la conquista de la ruta del norte, la de Estados Unidos. Pilotos aventureros viajaban, con más instinto que técnica, a escasos metros sobre el nivel del mar para evadir el control de los radares. Algunos bombardeaban cocaína en las islas del Caribe, donde la recogían en lanchas rápidas; otros, más osados, aterrizaban en carreteras de la Florida. Muchos naufragaron en esa aventura. (Se recuerda que un gobernador de Antioquia murió de pena moral porque uno de sus hijos se perdió en el mar cuando tripulaba una avioneta con un cargamento de cocaína.)

Las redes de distribución se establecieron en las ciudades grandes de Estados Unidos, desplazando a tropel a las mafias tradicionales, como las italianas y las cubanas, que al considerar a los colombianos demasiado temerarios y violentos se fueron retirando.

Para Antioquia y para Medellín, ante la quiebra de sus industrias tradicionales, el tráfico apareció como una tabla de salvación. En aquel tiempo el negocio de la exportación de la cocaína se juzgaba con una tímida moral. Se veía como una industria próspera que continuaba la tradición del contrabando. Pablo en un manuscrito retenido por la Policía años después, pensando sobre lo ilícito de las drogas, citó a su manera a sor Juana Inés de la Cruz:

«¿Quién es más de culpar
aunque cualquier mal haga,
quien peca por la paga o quien paga
por pecar?»

Pablo compró una suntuosa mansión diagonal al Club Campestre, el club de los ricos tradicionales de la ciudad. Allí, el 2 de diciembre de 1977, celebró con su familia y sus amigos sus 28 años. En el mismo sector compraron Fidel Castaño, Pablo Correa, los Ochoa y otros capos. Fue en ese momento, tras la venta en dólares de sus propiedades, cuando los ricos de Medellín, con más lustre que dinero, se hicieron verdaderamente ricos. Mientras hablaban mal de los narcos, hacían todo lo posible por hacer negocios con ellos. Hasta las bibliotecas de algunos de sus abuelos, fundadores de la República, quedaron en manos de los nuevos propietarios mientras ellos se mudaron a apartamentos para quedar con capacidad de inversión y gasto. Pero como provenían de una sociedad de alto tinte moral no reconocían públicamente que vendían a los traficantes, preferían decir que habían vendido a un «ganadero rico».

Para captar dólares del tráfico como divisas para la nación, el presidente López liberalizó el régimen cambiario y estableció la llamada «ventanilla siniestra» en la que el Banco de la República permitió el blanqueo de los dólares del tráfico de marihuana y cocaína.

En la celebración de la Navidad de 1977 se notó como nunca la bonanza de la familia Escobar Gaviria. Hicieron, según las costumbres, el pesebre, el árbol de aguinaldos y los alumbrados —bombillos de colores en las ventanas y los árboles del frente de la casa—; rezaron cada día la novena y prepararon natillas y buñuelos. Pablo, que pasó la noche de Navidad con Victoria y su hijo Juan Pablo en la casa de doña Hermilda, fue generoso con los regalos. Se destacaron, sin embargo, el campero que regaló a Fernando, su hermano menor, por quien sentía un cariño especial; y la casa que le obsequió a doña Hermilda en el sector del Estadio, con una gran terraza, donde ofrecería fiestas con el grupo musical Los Ayers, con muchas flores, disfraces y comida de lujo, como lo había soñado.

Pablo quería que todos sus amigos y vecinos gozaran de su riqueza. Por eso, esa noche también dio algunas ayudas de las que sus vecinos pedían con mayor frecuencia para salir de situaciones difíciles: para la cirugía de una niña, para pagar la hipoteca de la casa, para el estudio… Él colaboraba con generosidad.

En la mañana del 25 de diciembre lo despertó una llamada de su madre. «¡Ay, se mataron Fernando y Piedad!». «¿Qué pasó?», preguntó en medio de la resaca. «No se sabe nada». Él le pidió a Arcángel que lo recogiera para llevarlo a Envigado.

Fernando, tímido como Pablo, había conquistado a Piedad, vecina del Parque de Envigado. Al inicio le enviaba razones y notas con los amigos, sin atreverse a una aproximación directa. Luego se decidió y, ya aceptado, la visitaba en la moto roja de Pablo. Sostenían una típica relación de jóvenes con peleas insulsas y discos y talcos perfumados como regalos de reconciliación. A petición de Fernando, doña Hermilda lograba que los viernes, al terminar la jornada del colegio, le permitieran a Piedad acompañarlos en los paseos de fines de semana. Ella se cambiaba el uniforme por un bluyín y una camiseta y los acompañaba a la finca de Abelito. Piedad, sin duda, amaba a Fernando; sin embargo, de cuando en cuando se le escapaba alguna queja: «Esa gente está en cosas malucas, usted es la que resuelve», le decía su madre.

Fernando, al terminar el bachillerato, aceptó la invitación del Osito para trabajar en su fábrica de bicicletas en Manizales. Viajaba a Medellín cada semana a visitar a Piedad, mientras esperaba con paciencia que ella se graduara para casarse. Pero a Piedad la envolvía la incertidumbre. En los primeros días de diciembre, el chico que les llevaba el periódico a su casa murió ahogado con su novia en un balneario de las afueras de la ciudad. «Qué bueno uno morirse con el novio», dijo Piedad. «No hable bobadas», le replicó doña Consuelo, su madre. La ceremonia de graduación se realizó el 23 de diciembre. Fernando no pudo asistir pero le pidió a su hermana Gloria que llevara rosas. «Eso es mala suerte», dijo Gloria al contemplar dos flores marchitas en el ramo que puso sobre la mesa. «A todas les dio por hablar bobadas», dijo airada la mamá de Piedad.

El 24, Fernando, estrenando carro, recogió a Piedad. Durante el día subieron a El Tablazo, a la finca de Abelito; a la medianoche pasaron a las casas de sus madres a dar el saludo de Navidad y salieron de nuevo juntos. Tenían doble motivo para celebrar: el aniversario de novios y el grado.

Doña Consuelo vio llegar el nuevo día en vela y, preocupada porque su hija no acostumbraba amanecer fuera de la casa, salió a buscarla. «¿Muy trasnochado?», preguntó al abordar el taxi. «Sí, señora, me amanecí viendo un accidente». «¿Y cómo era el carro del accidente?». «Un Toyota rojo». «¿Y cómo se llamaban los difuntos?» «No, dizque una parejita». Doña Consuelo, con la certeza que da el instinto de madre, pidió que la llevara al anfiteatro. Al ver los cadáveres de Piedad y Fernando corrió desesperada a la casa de doña Hermilda.

Pablo escuchó atento las versiones sobre lo sucedido. Como el carro andaba sin placas, el papel que autorizaba el tránsito libre lo pudo haber arrancado el viento. En la quebrada La Ayurá, la Policía los habría parado por falta de identificación. También es posible que haya sucedido de la siguiente manera: Fernando se estacionó a la orilla de la quebrada, en un sector residencial solitario, y empezó a besar a Piedad y las caricias se prolongaron hasta escandalizar a los vecinos que llamaron a la Policía. Lo que sigue es igual en las dos versiones: un policía borracho, que no sabía manejar, le dio con la cacha del revólver a Fernando, lo hizo correr al puesto del pasajero y tomó el timón. Al salir a la avenida, a toda velocidad, tiró el carro contra el andén y lo precipitó a la quebrada. Ahí quedaron los tres.

Cuando los otros miembros de la patrulla regresaron a la estación el comandante, enterado de todos los pormenores, les advirtió: «No saben en la que se metieron. Se los llevó el putas», les dijo, pensando en la reputación que ya tenía Pablo.

Esta tragedia, de rebote, le produjo a Pablo la amistad con René Meza, el médico que realizó, por un excelente pago, las necropsias. Meza era líder político liberal de Envigado, y desde entonces se alió con Pablo para tomar el control político del municipio y ofrecerle protección e inmunidad.

El entierro de la parejita fue todo un acontecimiento. Del barrio La Paz salieron los hombres cargando el féretro de Fernando y caminaron, acompañados por centenares de personas, hasta la casa de Piedad; allí sus compañeras de colegio, vistiendo su uniforme —camisa y medias blancas, falda y zapatos rojos—, cargaban el suyo. Los dos cortejos se reunieron y continuaron hacia la iglesia de Santa Gertrudis, en el parque principal. Todos, hasta los hombres, lloraron desconsoladamente. Pablo y Gustavo estuvieron siempre acompañados por sus guardaespaldas, en un despliegue de poder que todo el pueblo sintió. En aquel tiempo preferían hombres adultos y bien vestidos, no les gustaban los jóvenes desatinados que reclutaron más adelante. Los enterraron en bóvedas contiguas. (Doña Hermilda —madre en la vida y en la muerte— todos los sábados, hacia las nueve y media de la mañana, los visita en el cementerio, arregla las tumbas con crisantemos, anturios y azucenas. Todos los primeros de noviembre, día de las ánimas, les ora de manera especial.)

Al salir del cementerio, Pablo y sus hombres abordaron dos camperos. A las pocas cuadras un grupo de la Policía les hizo señas para que se detuvieran. «Papeles de identidad». «No tenemos», respondió Pablo. «Salvoconductos para las armas». «Tampoco tenemos». «¿Por qué andan sin papeles y sin permiso?». «Porque somos bandidos», dijo Pablo con una tranquilidad y una seguridad pasmosas. Arcángel observó cómo el policía, petrificado ante la imponencia del personaje y sus respuestas, los dejó seguir. Todos rieron a carcajadas, se sentían contagiados del poder del jefe.

Pablo y Gustavo se fueron deshaciendo de las sedas que los mantenían en un conforme e inaguantable anonimato y empezaron a aletear en búsqueda del escenario que le diera significación a su riqueza. En su caso, como en el de muchos otros, el más fácil de abordar fue el de los deportes. Se hicieron competidores en válidas de motociclismo y automovilismo. Pablo, además de su habilidad, se ayudaba con trampas. Arcángel recuerda que en la competencia Trepadores a Santa Elena, el gran rival era el exitoso piloto Ricardo Cuchilla Londoño. «Pablo me llamó y me dijo: "Cuchilla seguramente va a ir adelante, entonces te ubicas en el kilómetro 20 y riegas tachuelas para pinchar sus llantas, cuando él pase las barren de inmediato porque detrás voy yo". Así se hizo». Y Pablo proclamó, con bombo y platillos, su triunfo ante los micrófonos de la radio a la que pagaba grandes sumas para que le transmitieran esas competencias. En el archivo está la fotografía donde los periodistas lo rodean. Lo presentaban como un hombre de progreso y lo recuerdan como una persona rodeada de guardaespaldas, distante, pero con aire de triunfador. En otra foto, tras una válida, Pablo lleva una corona de laurel que lo identifica como ganador.

Iniciando el año 1978, Pablo se deja crecer el bigote que lo caracterizaría el resto de su vida y logra uno de sus mayores sueños: compra las primeras 531 hectáreas de su hacienda, entre las grandes extensiones de tierras ganaderas y espesas selvas de la vertiente de la cordillera Central, sobre el Magdalena Medio.

Había visto tierras en distintas regiones del departamento sin encontrar lo que buscaba, hasta que un intermediario lo lleva a Puerto Triunfo. «Son tierras bonitas, nuevas y por allí pronto cruzará la autopista, quedará a tres horas de Medellín y a unas cinco horas de Bogotá», le dice para convencerlo. Acepta verlas. Salen un jueves a las dos de la tarde. Como hasta el momento sólo existen trochas, Pablo, Gustavo, Mario, Arcángel, tres guardaespaldas y el guía se montan en estruendosas motos de trial de 250 cm^3. La caravana se detiene con frecuencia a tomar aguardiente y fumar marihuana.

En medio de la borrachera abundan las chanzas y jugarretas pesadas, como competir y tumbarse unos a otros a alta velocidad. Parecen en realidad un grupo de adolescentes díscolos. A ese paso, a las siete de la noche, acosados por la lluvia, en la mitad del camino, el guía les recomienda dormir en San Carlos. Una hora más tarde hacen entrada estruendosa a ese pueblo silencioso donde el comercio está cerrado y todos parecen dormir. «Arcángel, necesitamos ropa y comida, vos sabés cómo es», dice Pablo, mientras le entrega un fajo de billetes. Ofreciendo precios cuatro y cinco veces mayores por los productos, convence al dueño del almacén y del restaurante para que abran. Todos se dotan de ropa, zapatos y ruana. Al día siguiente, retoman el camino. A la entrada de San Luis, encuentran una recua de mulas. «¡Despacio, despacio —grita el guía—, las mulas se asustan!». Como si hubiera dicho exactamente lo contrario, Pablo acelera y la caravana lo sigue. Con el estruendo, los animales salen en estampida por las calles del pueblo. Las mulas, en las curvas, resbalan en el pavimento y se estrellan contra una casa, contra un camión de escalera, contra… y causan gran conmoción. El guía los mira asombrado. La tropa sigue contagiada de risa.

Al salir de San Luis, alucinados por el calor y la humedad de la selva, y por el aguardiente y la marihuana, Pablo y el guía se encienden en una competencia tenaz, con unos saltos y una velocidad que varias veces se ven reventados. En el camino encuentran una mula cargada con madera. El guía intenta frenar, la moto resbala, y al verse encima del animal se tira. La moto sigue contra la mula, le parte las manos y la tira al piso. Pablo, con una habilidad extraordinaria, va asentando su moto sobre el piso mientras se baja. Corre a ver qué le ha pasado a su compañero. Nada. No lo cree. El campesino mira espantado el animal que gime y su sangre que se extiende abundante sobre la arena. El resto de la caravana arriba. «No se preocupe, viejo. ¿Cuánto vale su mula?», pregunta Pablo. «Treinta mil pesos». «Le voy a dar cincuenta mil para que se quede tranquilo, pero ¿qué hacemos con la mula? Yo se la pago, no la vamos a dejar sufriendo, dale, Arcángel», dice Pablo que no soporta el sufrimiento de los animales y de inmediato le pasa una pistola. Arcángel dispara, por primera vez. Con tranquilidad, «era

anfibios, camionetas, esquís, aerobotes, estación de gasolina, centro médico, caballerizas y un zoológico. Tenía una casa adicional a unos cinco minutos de la casa del mayordomo, comunicada con un carreteable.

A la inauguración invitaron a una multitud. Pablo y Victoria arribaron en su primer helicóptero —blanco con franjas anaranjadas—. Ellos, discretos en su manera de ser, contrastaban con algunos de los guardaespaldas y familiares que ostentaban cadenas y anillos. Saludaron a la servidumbre con tanta amabilidad que algunos pensaron que los guardaespaldas, que caminaban alzados del piso, como pavos reales, eran los patrones. Los esperaban unos trescientos parientes invitados a esta presentación de su nueva condición. Ya no serían más los primos pobres, los que vivían en los extramuros del barrio La Paz. No. Ahora vivían en El Poblado, al frente del Club Campestre, en una lujosa casa de dos pisos, con piscina y prados. Y en la calle 10, arriba del parque, en sectores exclusivos. No los animaba ningún sentimiento negativo. Las puertas estarían abiertas para toda la familia. Los negocios crecientes y exitosos daban para que muchos encontraran un lugar.

Pablo, sin perder la memoria de su pasado humilde, había llegado a metas lejanas y a personas poderosas que antes consideraba inalcanzables. Sus obras lo hacían sentir capaz de realizar nuevos sueños. Se sentaba en el balcón con su imagen inalterable: peinado de lado, de patillita, bozo, siempre vestía bluyín, camisas claras de rayitas, unas botas americanas o tenis. Un hombre robusto, sencillo y parroquiano que no usaba joyas ni cadenas ni anillos, sólo un reloj fino. Una apariencia que no empataba con su fama de hombre poderoso. Sólo impresionaba un poco a algunos cuando lo veían acomodarse un calibre 22 que se amarraba en la pantorrilla y ocultaba debajo de su pantalón. En la tarde salía a recorrer la hacienda, o recibía a invitados especiales, gente de la farándula, deportistas, humoristas y políticos en la cabaña de Honduras.

Capítulo III

En 1978 Julio César Turbay, del partido liberal, y el paisa Belisario Betancur Cuartas, del partido conservador, competían por la Presidencia de la República. Fueron los conservadores, en esta campaña, los primeros que mencionaron la relación entre narcotraficantes y política. Publicitaban a Turbay con un afiche donde aparecía una caricatura del candidato con aire de mafioso y un lema: «No deje comprar la Presidencia», y lo relacionaban con los marimberos de la costa Atlántica.

Turbay ganó las elecciones pero su imagen internacional no era la mejor: el programa de la televisión estadounidense *Sesenta minutos* hizo un extenso informe en el que lo vinculaban con el narcotráfico.

Hablamos de un tiempo en que Colombia era un país perdido en Latinoamérica, tradicional patio trasero de Estados Unidos, con un régimen político cerrado, hegemonizado por dos partidos tradicionales; las aristocracias, sin tener títulos de nobleza, eran excluyentes y sangrientas en sus disputas por el poder. La guerra civil liberal-conservadora, la Violencia, había generado un desplazamiento de población tan dramático que en dos décadas el país pasó de ser un país rural a un país de grandes ciudades con periferias habitadas por millones de pobres.

En 1958, para cesar la confrontación, las cúpulas de los partidos liberal y conservador suscribieron un acuerdo político en el que, durante 16 años, decidieron alternarse cada cuatro años en el control del Estado. Un período sería presidente un liberal y al siguiente lo sería un conservador. Pero este pacto no incluyó reformas sociales ni incorporó a las masas campesinas y a los nuevos pobres de la ciudad.

Algunos líderes guerrilleros que habían entregado sus armas al gobierno fueron asesinados en las calles. Ante lo que asumieron como una traición, parte de las guerrillas campesinas, lideradas por Manuel Marulanda y Jacobo Arenas, evolucionaron hacia posiciones comunistas. Como respuesta, la aviación del gobierno bombardeó a estas pequeñas guerrillas, armadas precariamente, que reclamaban el derecho a la tierra y a la democracia y las obligaron a adentrarse en las selvas del suroriente del país donde pervivieron por décadas, bajo el nombre de FARC (Fuerzas Armadas Revolucionarias de Colombia). Por influencia de la revolución cubana, surgieron otros dos grupos guerrilleros —el ELN (Ejército de Liberación Nacional) y el EPL (Ejército Popular de Liberación)— con influencia, sobre todo, en sectores campesinos y en estudiantes universitarios. A estas guerrillas, sus divisiones sectarias y las purgas internas las mantenían débiles, y el férreo control del Ejército, a raya en las extensas y recónditas selvas del país.

Y faltaba aún otro grupo. El 19 de abril de 1970 se enfrentaron por la Presidencia de la República Misael Pastrana, candidato de los partidos tradicionales, y el general Gustavo Rojas Pinilla, a nombre de un movimiento populista, la Alianza Nacional Popular (Anapo). Los partidos tradicionales en el poder, en unas enconadas y cuestionadas elecciones, entregaron el poder a Misael Pastrana. Ante este hecho un sector revolucionario de la Anapo decidió conformar un nuevo grupo armado y adoptó, por la fecha de lo que consideraron un fraude, el nombre de Movimiento 19 de Abril (M-19). La existencia de cuatro grupos guerrilleros era el anuncio de que el país no saldría pronto del laberinto de sus ancestrales violencias.

El M-19 resonó en los medios de comunicación por la espectacularidad de sus acciones militares. Sus comandos robaron la espada del Libertador Simón Bolívar de su casa-museo para tomarla como símbolo de su lucha, sacaron por un túnel miles de armas del Cantón Central del Ejército en Bogotá, y frecuentemente asaltaban camiones con víveres que distribuían en las barriadas pobres de las grandes ciudades. El gobierno de Turbay, para contrarrestarlos, los azotó con detenciones masivas y torturas hasta lograr la captura de la mayoría de sus mandos. La frase del coronel Ñungo: «Es mejor condenar un inocente que liberar un culpable» resume la arbitrariedad que aplicaron los militares en esta ofensiva.

A esta andanada, el M-19 respondió con un par de morterazos al Palacio Presidencial y con la toma, el 27 de febrero de 1980, de la Embajada de la República Dominicana en Bogotá. Una veintena de embajadores, que celebraban el día nacional dominicano, fueron tomados como rehenes por un comando que pretendía canjearlos por prisioneros políticos. Aunque no lograron el objetivo, satisfechos con el impacto nacional e internacional, los guerrilleros abandonaron el país. Una multitud entusiasta los despidió como héroes a lo largo de la avenida Eldorado en Bogotá, cuando se dirigían en autobuses al aeropuerto a abordar un avión hacia Cuba, donde finalmente liberaron a los rehenes.

Las palabras del M-19 contrastaban con la cartilla acartonada de la izquierda marxista-leninista, por primera vez una guerrilla colombiana anclaba su lucha en símbolos nacionales y hablaba un lenguaje popular. Jaime Bateman —comandante de la organización, hombre alto, nariz inmensa, locuaz como el que más— afirmaba que la revolución era una fiesta y daba declaraciones a la prensa, secador en mano, arreglando su pelo.

Todos esos factores influyeron para que algunos narcos vieran con simpatía al M-19. Pablo, por su espíritu insurrecto, por los discursos que había oído en su liceo, se declaraba amigo de la guerrilla. «Esos *manes* son muy *tesos*», decía, maravillado con sus osadías militares. Los insurgentes, por su parte, miraban a los narcos como gente rara que, en todo caso, podría ser una buena fuente de recursos.

Por esos dos factores, por las guerrillas y los narcos, el gobierno de Estados Unidos tenía los ojos puestos sobre Colombia. En el país, especialmente en su zona caribe, se habían extendido los cultivos de marihuana. Los capos de este tráfico, conocidos como *marimberos*, gozaban de enorme popularidad por sus gastos desenfrenados en los carnavales y por sus interminables guerras de clanes. Aunque en Colombia los nexos con la clase política les permitían moverse con impunidad, en Estados Unidos el puritanismo republicano predicaba la guerra contra la marihuana y la cocaína, en una cruzada similar a la lucha contra el alcohol de los años veinte.

Turbay, para congraciarse con Estados Unidos, bloqueó por agua y aire la salida de marihuana, destruyó extensos cultivos y, en 1979, sin que el país casi se enterara, suscribió el Tratado de Extradición que originaría, en la década siguiente, una extendida confrontación entre sectores del narcotráfico y el Estado. El Tratado, una vez aprobado por el Congreso de la República, lo firmó, en uno de los viajes del presidente al exterior, el ministro delegatario encargado de las funciones presidenciales, Germán Zea Hernández. El narcotráfico se fue consolidando hasta convertirse casi en el tema exclusivo de las relaciones bilaterales.

Las historias crueles y fantásticas sobre el narcotráfico corrían de boca en boca, pero el tema no se debatía públicamente. Voces escasas, como la de Luis Carlos Galán, un joven dirigente liberal, se hacían sentir para denunciar. En 1976, a propósito del asesinato de un copartidario, había escrito:

> «La muerte atroz de Rubio Pupo lo convierte en un símbolo que reclama del gobierno, de los partidos, de la prensa y de todas las instituciones claves de la sociedad un frente unido intransigente contra la sombría coalición de las tres mafias dispuestas a imponer sus leyes en Colombia, al servicio del tráfico de drogas, del contrabando y del negocio ilegal de esmeraldas y han llegado hasta el punto de colocar sus agentes en la propia administración del Estado y en el Congreso.»[1]

Galán —figura de quijote y nariz aguileña, hombre introvertido y seguro de sí mismo— había sido ministro de Educación a los 27 años y luego senador de la República. En 1978, cuando decidió ser candidato al Concejo de Bogotá, formó un equipo de colaboradores entre los que incluyó a Alberto Villamizar, un concuñado suyo que se desempeñaba para entonces como gerente de ventas de una

---

[1]   Juan Manuel Galán, *El rojo de Galán*, Planeta, 1988, p. 135.

fábrica de llantas y quien, por su conocimiento de la ciudad, le ayudó a trazar la estrategia electoral de Bogotá.

Elegido concejal, Galán se propuso la titánica tarea de renovar las costumbres políticas para desafiar la hegemonía de los liberales y los conservadores, a quienes asociaba a prácticas dañinas, como la corrupción y el clientelismo. Sumó a su equipo líderes regionales, como el opita Rodrigo Lara Bonilla y el samario Enrique Parejo, con quienes empezó a difundir su propuesta en diferentes rincones del país.

Tres años después el Nuevo Liberalismo, como se llamó su movimiento, era una fuerza pequeña pero significativa en el panorama político colombiano. La voz de Galán tronó fuerte pero solitaria contra el narcotráfico en los años ochenta cuando, mientras decaían los *marimberos*, crecían los traficantes de coca.

En Medellín se habían hecho famosos los Ochoa, los hijos del caballista Fabio Ochoa, un hombre voluminoso cuya familia se había dedicado durante más de cien años a la crianza de caballos y siempre se han preciado de haber creado la raza de paso fino colombiano.

El pionero había sido el abuelo Abelardo Ochoa quien, a inicios del siglo xx, se enriqueció vendiendo listones para las líneas del ferrocarril. Envió a uno de sus hijos a estudiar veterinaria a Francia y un año más tarde viajó a seleccionar animales de diferentes especies para mejorar las razas colombianas. En una especie de Arca de Noé embarcó, entre otros, burros, cabras, ovejas, ganado vacuno y cerdos. Se abstuvo de traer caballos porque consideró que las razas que había en el país, por su fenotipo y características —pequeños, briosos y suaves—, presentaban mejores condiciones para nuestra geografía. El mejoramiento de razas con los ejemplares traídos de Europa hizo que el Estado colombiano condecorara a Abelardo Ochoa, en 1927, con la medalla Cruz de Boyacá.

En los años setenta don Fabio, hijo de Abelardo Ochoa, poseía un estadero —una especie de restaurante y club con caballerizas para seiscientos animales—, llamado Las Margaritas, cerca de la Feria de Ganado, donde trabajaban su mujer y sus hijos. A este sitio confluían los ricos de Medellín amantes de los caballos y una buena cantidad de contrabandistas y delincuentes de alta alcurnia que podían figurar sin muchas complicaciones. En Las Margaritas, además, abundaban las mujeres bellas, siempre vestidas a la moda, los licores finos y los vehículos costosos.

Fue un escenario en el que se empezó a ver la ostentación en esta región donde, con cierto espíritu calvinista, se predicaban loas al trabajo y aun los potentados llevaban un estilo de vida sobrio y discreto.

Jorge Luis, uno de los hermanos Ochoa, acosado por las deudas salió para Miami, donde empezó a trabajar en una fábrica de maderas. Un profesor le solicitó cocaína. Jorge Luis se la compró a traficantes colombianos en Miami y se ganó su primera comisión. Pronto descubrió que la gran ganancia la tenían quienes la llevaban directamente desde Colombia, entonces le pidió a su hermano Fabito que le enviara la merca desde Medellín.

Fabito, el menor de los hijos Ochoa, el más aficionado a los caballos, permanecía en el estadero y por ser un excelente chalán se hacía amigo de la mayoría de los visitantes. Pero quienes lo trataban con mayor consideración eran los contrabandistas, que lo convirtieron en una especie de mascota del clan.

Fabito, a través de sus amigos contrabandistas, consiguió medio kilo de cocaína, y con la colaboración de su cuñado Alonso Cárdenas y de un compañero de barrio a quien en este relato llamaremos Mauricio Restrepo, organizó el envío. La empacaron en el tacón y la suela de unos zapatos, y un amigo de la familia, que trabajaba en un crucero del Caribe, fue el encargado de llevarla hasta Miami. Esta pequeña aventura fue el inicio de uno de los grupos más importantes, y más famosos, del tráfico en Medellín.

También se hablaba en Medellín, entre otros traficantes, de Pablo Correa Arroyave —un hombre alto, rubio y apuesto— próspero en el negocio; de Griselda Blanco, la Reina de la Coca, y de los Pablos, como llamaban a Pablo Escobar y a Gustavo Gaviria, a quienes veían como almas gemelas; en la ciudad de Cali eran notorios los hermanos Miguel y Gilberto Rodríguez Orejuela, Pacho Herrera y

Chepe Santacruz; en Bogotá, Gonzalo Rodríguez Gacha, conocido como el Mexicano; y en Armenia, Carlos Lehder.

Se hablaba de mafias criollas, pero no se trataba en realidad de logias con tradiciones, rituales y códigos de honor como las que se han conocido en Sicilia, con su omertá, o como la yakusa japonesa, con sus códigos samurais, sino de agrupaciones de traficantes y bandidos a los que les venían bien los términos de mágicos y emergentes con los que fueron bautizados en el lenguaje popular. Mágico quizá sea una asociación de mafioso y milagroso —que todo lo puede, o que aparece de repente—, pero el de emergentes tiene una significación más obvia: el narcotráfico propició la insurrección de sectores plebeyos que protagonizaron una profunda transformación de Medellín y del país, que un escritor llamó revolución sin filósofos.

Los nuevos ricos compraron carros de lujo, fincas y mansiones; ayudaron a sus familiares y amigos y celebraron con carnavales y luces de bengala la *coronada* de los embarques que les significaban una siempre inusitada prosperidad. En Envigado, con la bonanza, las apacibles costumbres cambiaron. Todavía se recuerda la llegada de las primeras camionetas Toyota cuatro puertas, bautizadas prontamente *narcotoyotas*, y de los carros de lujo que se mezclaron con los caballos, exhibidos también como símbolo de *status*. Para las mujeres se puso de moda una sensualidad abierta y desafiante, mejorada con siliconas y el cabello de color rubio subido que imitaba los modelos de belleza del Norte. Los nuevos ricos compraban costosas pero extravagantesobras de arte. Quienes querían superar el mal gusto se asesoraban de expertos y compraban, por precios aún más altos, lo que les aconsejaran. Una arquitectura desmesurada y sin gusto se multiplicó en centros comerciales, edificios y casas de campo y le dio a ciertos sectores de la ciudad un aire tipo Miami.

La riqueza empezó a medirse en millones de dólares y las tierras en miles de hectáreas. Era tanta la bonanza que las propiedades debían aparecer a nombre de terceros. Se recuerda que, en el norte del Valle, uno de estos hombres tenía a un asistente sólo para que le cargara, día y noche, un mico. Se le creía un poco excéntrico, pero en realidad el mico era un testaferro. Su nombre y su huella digital funcionaban en la notaría, con la complacencia de un funcionario corrupto, como la de cualquier propietario.

Se desbocó el capital financiero. Los dineros calientes sirvieron para formar momentáneos grupos económicos que se tomaron empresas tradicionales del país. Pero también se desbocó el espíritu. Los nuevos bandidos, aburridos en la abundancia, decían: «Vamos a robar, vamos a buscar enemigos». En este desboque, y a lo largo de estos años, se vivieron historias del absurdo: los bandidos del barrio La Paz metieron a una chica dentro de una caja y la abalearon por resistirse a sus caprichos. Todo se exhibía, especialmente la muerte. Enloquecidos, mataron a muchos, que por ladrones, que por viciosos, que por capricho; luego se mataron entre ellos por venganzas, por cuentas mal hechas, y más adelante mataron a autoridades y a opositores hasta lograr el dominio.

En 1980 oíamos hablar de estos mágicos, de sus excentricidades y de los fabulosos regalos que daban en sus fiestas. Ellos mostraban sin pudor sus riquezas, y sabíamos, contra lo que las leyes vigentes indicaban, dónde eran sus oficinas. Funcionaban abiertamente con alta tolerancia de las autoridades. Gente como los Ochoa era aceptada socialmente. Según el recuerdo de Jorge Luis, los militares les pedían plata hasta para pintar las instalaciones de la Brigada y, según escribió Fabito en el libro *Un narco se confiesa y acusa*, los ricos los asediaban:

> «Por aquella época, y hasta muy reciente, los ricos querían relacionarse con nosotros pues aspiraban, casi siempre, a vender caro sus fincas, residencias o paquetes de acciones de empresas quebradas o al borde de la quiebra. Y casi siempre aspiraban a recibir el pago en dólares en el exterior. O cuando las amistades eran ya de algún calado pretendían obtener de nosotros un buen crédito, sin intereses y pago incierto. Incluso no pocos, en medio de la euforia que provocaba el licor, nos planteaban que los apuntáramos en algún envío, anotando casi siempre en voz baja, "pero que no se sepa, con la mayor reserva, ¿tú me entiendes?"»[2]

---

[2]   Fabio Ochoa, *Un narco se confiesa y acusa*, Editorial Colombia Nuestra, Medellín, 1989, p. 39.

Pablo, por su parte, tenía su oficina en el sector de El Poblado y empezó a ganar notoriedad por sus obras sociales.

Medellín, que crecía desmesuradamente, se tragó a Envigado y a otros municipios vecinos. El río que atraviesa el valle se volvió oscuro y de aguas podridas. La industria, ante la competencia del contrabando y la obsolescencia tecnológica, entró en decadencia, y miles de obreros fueron arrojados a las calles. Las montañas se siguieron poblando de pobres ajenos de la economía formal y del Estado, y cada vez más distantes de los poderes tradicionales y del catecismo católico que ordenaba resignación y sumisión.

Esos pobladores, descreídos de los partidos políticos tradicionales, sólo se ligaban a ellos por pírricos beneficios provenientes de un manejo clientelista de los recursos del Estado. Pero tampoco habían encontrado en la izquierda y las guerrillas una opción. En esas montañas, habitadas por desposeídos, que recorría en un Renault 18 habano, Pablo inició las obras sociales que le darían por siempre entre los humildes fama de hombre bondadoso.

Él tenía ya el aspecto que lo caracterizaría el resto de su vida: su bigote, el pelo peinado con un ensortijado hacia su derecha y cierta obesidad que le hacía saltar su barriga por encima de la correa y lo obligaba a subirse permanentemente los pantalones.

Inauguró, a veces acompañado por su esposa Victoria y su pequeño Juan Pablo, unas cien canchas de fútbol con torres de iluminación. En el barrio Lovaina, la vieja zona de tolerancia de Medellín, organizó un partido entre un equipo de prostitutas y otro de travestis. Un famoso locutor de fútbol de la ciudad narraba mientras Pablo, rodeado de su comitiva, contemplaba con simpatía el espectáculo. *Medellín Cívico*, el periódico de su tío Hernando Gaviria, que se convirtió en su medio de expresión más conocido, titulaba: «En los barrios populares la noche se hizo día».

Aunque Pablo se metía a diario sus toques de marihuana, aprovechaba sus discursos para predicar contra la drogadicción. «La droga es lo peor», repetía insistentemente, y sus amigos son testigos de que detestaba a los *chirretes*, a los embalados con el vicio.

«Me angustió siempre ver en los barrios populares a los niños y jóvenes exponiendo su vida al correr detrás de un balón por las calles cruzadas de raudos automotores —decía Pablo—. Soñaba con el día en que esta juventud tuviera estadios propios para poder jugar sin humillarse ante nadie ni exponerse a un accidente. Así nació mi vocación por la creación de los campos deportivos. Hoy construimos canchas para fútbol, basketball, voleibol y polideportivos, ojalá mañana podamos extender nuestra acción para campos de béisbol, para piscinas y gimnasios a montón, para el pueblo.»[3]

Para algunos traficantes ni la riqueza ni el poder tenían sentido sin la posibilidad de ostentarlos. Todos se exhibían en sus ciudades y sus comarcas, como en una especie de teatralización, donde ellos representaban al hombre guerrero que es al mismo tiempo bondadoso. Aun al Mexicano, el más tímido de los capos, se le vio repartiendo dinero a los damnificados del terremoto de la ciudad de Popayán.

En el caso de Pablo hay algo que debemos anotar: no se trataba sólo de un narco que botara plata. Trató de construir un discurso social y organizó cerca de cien comités a los que les brindaba materiales y asesoría técnica para proyectos comunitarios. Palabras como ecología, participación, autogestión, novedosas para los líderes de aquellos tiempos, aparecían mezcladas en sus discursos con un populismo y una exaltación desmedida de su personalidad.

Este tipo de conceptos modernos en su proyecto podrían explicarse por la vinculación a su equipo de personajes que venían de la izquierda, por la tradición política de su tío, el periodista Hernando Gaviria, veterano dirigente sindical, quien había trajinado, además, por movimientos de ideas socialistas y populistas. Y por la influencia de Carlos Lehder, quien lideraba una experiencia política, el Movimiento Latino Nacional, y editaba en Armenia el periódico *Quindío Libre,* con discursos donde mezclaba doctrinas fascistas, con marxismo y pensamiento patriótico.

---

[3] *Medellín Cívico*, enero de 1983.

En sus recorridos, Pablo conoció el barrio Moravia, cuya gente estaría desde entonces indisolublemente ligada a su vida. Por una estrecha vía ascendió en círculos hasta la cima de un cerro formado de las basuras de la ciudad. Al llegar miró con asombro la estampa viva de una sociedad indolente. A lado y lado vio tugurios y sintió el hedor del metano. En la cima se asombró de ver cómo la multitud —de hombres y mujeres, de adultos, ancianos y niños— se arrojaba sobre la basura vaciada por los carros recolectores. «No concibo que seres humanos vivan en estas condiciones», dijo mientras contenía la náusea que le producía ese estiércol de la ciudad.

Allí, en el cerro de basuras, con la ciudad próspera al fondo, el mismo Pablo volvió a sus recuerdos para explicar por qué se sentía comprometido con los humildes, en un discurso, la verdad, medio destemplado pero muy aplaudido:

«En 1968 me vinculé a la Junta Cívica de mi barrio. Muchas veces he echado pico y pala alegre y sudoroso. Desde pequeño tuve la obsesión por las escuelas, tal vez porque soy hijo de una abnegada educadora que ama su profesión. Cuando ayudamos a construir escuelas parece que nos reencontráramos con la patria que anhelamos. Hemos visto con dolor a muchos niños sentados sobre adobes, en locales destartalados, y a los maestros viviendo sin ninguna protección ante la indiferencia del Estado. Queremos a Colombia y ahora que estamos en capacidad de devolverle algo de lo que nos ha dado esta bella patria, lo estamos haciendo.»[4]

Al caído, caerle. Unos días después las viviendas miserables de Moravia se incendiaron y los que no tenían nada que perder lo perdieron todo. «Nos vamos para allá», ordenó Pablo al enterarse de la noticia. Y de inmediato apoyó con materiales la reconstrucción de los ranchos, además prometió que les construiría viviendas y traería dignidad para sus vidas. En la noche se reunió con sus asesores. Mientras jugaba con un pedacito de papel que se metía y sacaba de la boca, preguntaba: «¿Cuánto vale construir una casa sencilla?», y hacía cuentas. Se creía en capacidad de construir cinco mil viviendas para erradicar los tugurios de Medellín. A Diego

---

[4] *Medellín Cívico*, enero de 1984.

Londoño White, profesional en el tema de la propiedad raíz, se enteró de esta necesidad y ofreció un lote que se ajustaba a un plan de vivienda popular.

Londoño White, hijo de una prominente familia paisa, había sido director de Planeación Municipal. Más adelante serviría para entablar contactos entre los narcos y el gobierno en búsqueda de salidas negociadas.

Pablo regresó a Moravia y, en un acto multitudinario, anunció que construiría mil viviendas para los llamados tugurianos. Entre el séquito se encontraba el padre Elías Lopera, encargado de darle la bendición católica al movimiento. El arzobispo de Medellín, Alfonso López Trujillo, celoso guardián de la ortodoxia católica, quien perseguía férreamente a párrocos de zonas populares que organizaban comunidades eclesiales de base bajo la influencia de la teología de la liberación, mantenía silencio público sobre la labor de Lopera y otros capellanes de los narcos, y sobre la efervescencia que se vivía en algunas parroquias que narcos y sicarios habían convertido en santuarios.

Unos meses después, cuando Pablo quiso transformar su acción en propaganda, organizó tablados en los que mezclaba presentaciones de artistas populares con discursos en los que seguidores, como Édgar Escobar, lo ensalzaban sin medida.

«Hoy nos visita el señor Pablo Escobar Gaviria. Nacido en un hogar católico en la altiplanicie hermosa de Rionegro, allí creció soñando y forjando entre estrecheces un futuro, que se fue abriendo entre juegos, letras, números y picardías juveniles. En Envigado, en cuyas calles corrió su juventud y se hizo viajero vendedor de esperanzas, cargado con la fe cristiana recibida de su madre y maestra —mamá Hermilda—, adquirió las ideas, principios y su nervio de líder. Ha labrado con ingenio una significativa fortuna y, ahora, ofrece un estilo nuevo de ser rico: sencillo y generoso. Se siente a sí mismo administrador de los bienes de un pueblo. Ya es un ídolo indiscutible en Envigado y Sabaneta, y va adentrándose en todo Medellín y el Valle de Aburrá con una nueva forma de hacer política: ya no es el bla, bla, bla de promesas. De su mente de genio nace Medellín sin tugurios, una corporación cuyo objetivo es erradicar los ranchos de lata y de cartón. La primera y única empresa de este tipo iniciada en el mundo por una persona particular. Una obra aplaudida por tirios y troyanos. El mero grito de un Medellín sin tugurios puede ser un emblema de cambio y de lema de un gobierno del pueblo y de una revolución. Añora y planea un cambio para Colombia: que los adinerados gocen de plena libertad y garantía para sus inversiones y sus negocios. Pero que no sigan utilizando el Estado para subsidiar sus inversiones. Que el Estado se dedique con prelación en su intervencionismo a promover el desarrollo del pueblo pobre, a la solución de sus problemas y a la satisfacción de sus necesidades.»[5]

Con estas obras sociales empezó a ser, en cierta medida, una reedición de los personajes medievales, o de otros más contemporáneos como el bandido siciliano Salvatore Giuliano, cuya historia narra Mario Puzzo en un libro que él propio Pablo tenía en su biblioteca y que recomendaba leer de manera especial. Este siciliano, que tuvo auge hacia el año 1940, llenaba sus bolsillos de billetes y salía a caminar por las aldeas montañosas, entre Montelepre y Piani de Grecí, repartiendo parte de su botín entre los pobres; daba alimento a las ancianas que morían de hambre, dinero a los campesinos que estaban a punto de perder su granja, a los enfermos que requerían hospitalización. Los niños rezaban para que los *carabinieri*, a quienes Salvatore dinamitaba con frecuencia, no lo detuvieran. En dos cosas se parecen Giuliano y Pablo, ambos eran guerreros y generosos. Y ambos tenían una mezcla de bandidos sociales y de políticos primitivos.

El 13 de noviembre de 1981, Jorge Luis Ochoa despertó a Pablo hacia las siete y media de la mañana. «Secuestraron a mi hermana, a Marta Nieves», le dijo. En la casa de los Ochoa, Pablo, como hombre observador, reparó en el mosaico de grados del bachillerato de Marta Nieves, y reconoció entre las fotografías de sus compañeros a Luis Gabriel Bernal. «Éste fue, son los del M-19, yo soy amigo de ellos, los voy a buscar, se les da una platica y listo», lo tranquilizó.

---

[5]   *Medellín Cívico*, agosto de 1983.

Pablo ya tenía relaciones con los hombres del M-19, los había conocido en circunstancias extrañas. A inicios de 1981, los militares, que pagaban favores con favores, llamaron a Jorge Luis Ochoa, para informarle de conversaciones interceptadas al M-19 en las que hablaban de secuestrar a un narco. Ochoa, a su vez, buscó a Pablo, que para entonces ya ejercía liderazgo especial entre los narcotraficantes por su capacidad militar. Pablo realizó labores de inteligencia y retuvo a varios guerrilleros entre quienes se encontraban Elvencio Ruiz, Luis Gabriel Bernal y Pablo Catatumbo. Los llevó a sus oficinas donde tenía 200 bandidos bien armados para atemorizarlos. «Yo tardé sólo tres días para detenerlos, así que con nosotros no se metan porque pierden el año, yo no les voy a hacer nada porque no hay necesidad y sobre todo porque yo soy un hombre de izquierda», les dijo. Para resolver el asunto con astucia y diplomacia, y no hacerlos sus enemigos, los liberó y les regaló quince mil dólares. Tras el incidente, los hombres del M-19 se hicieron visitantes asiduos de la oficina. Allí, trabajadores como Pinina, el Chopo, Yuca, Elkin Correa y Arcángel los conocieron, jugaron con ellos partidas de billar, y además, en largas conversaciones, compartieron sus pasiones guerreras. Parecían unirlos muchas cosas.

La convivencia duró poco. El secuestro de Marta Nieves se constituía en un nuevo desafío. Pablo mandó buscar a Elvencio Ruiz y él negó toda responsabilidad en el hecho. Contactó con los hombres del M-19 detenidos en la cárcel La Picota de Bogotá: «Dígales que listo, que ganaron, que cómo vamos a arreglar». En la cárcel consultaron a Iván Marino Ospina, Álvaro Fayad, Carlos Pizarro, la plana mayor del M-19, quienes dijeron no saber nada.

«Esto se fue pa' guerra», anuncia Pablo y convoca en la hacienda Nápoles a una reunión del gremio de exportadores de cocaína. Asisten 200 narcos de todo el país. Han oído hablar unos de otros, pero pocos se conocen entre sí. Asiste todo el grupo de Medellín, liderado por Pablo, delegados del grupo de Cali, Carlos Lehder por el grupo de la zona cafetera, y el de Bogotá, liderado por el Mexicano. Llegaron en pequeños aviones y en autos de lujo, con escolta de príncipes.

En la reunión se destacaron el propio Pablo y Carlos Lehder porque, entre otras cosas, hablaron sin sentir complejo de delincuentes y porque propusieron acciones hasta entonces ni siquiera imaginadas por sus colegas. Lehder —bajito, fornido y excéntrico— se conocía por haber construido en la ciudad de Armenia un monumento en homenaje a John Lennon, por haberle regalado a la Gobernación de su departamento un avión y por declaraciones a una cadena radial en las que reconoció haber utilizado Cayo Norman, una isla de las Bahamas, como base para inundar a Estados Unidos con cocaína. Lehder estaba atento contra el M-19, porque hacía poco esta organización había intentado secuestrarlo. Según contó, al momento de retenerlo los guerrilleros lo hirieron en una pierna, pero aun así Lehder —que se preciaba de ser valiente guerrero— se les logró escapar, arrojándose de un carro en plena marcha.

Cada narco aportó hombres y dinero para la formación de un grupo al que denominaron Muerte a Secuestradores (MAS), que se encargaría de liberar a Marta Nieves Ochoa y exterminar a todos aquellos que se constituyeran en amenaza. En diciembre, una avioneta sobrevoló los estadios de las principales ciudades lanzando volantes en los que se anunciaba la noticia y Lehder publicó en la prensa páginas enteras asumiendo la vocería contra el secuestro y hablando del MAS:

«Tenemos una Colombia bella, grande, libre, fértil y llena de oportunidades para los justos y esmerados. Al secuestrar a los empresarios y dirigentes se desmorona nuestra economía. Al faltar estos honorables y dedicados dirigentes que han estudiado media vida para ser útiles a la gran era que esta república y el mundo están viviendo, no podemos pensar que el asustado Bateman vaya a manejar las grandes empresas o las universidades: la experiencia y los conocimientos no tienen sustitutos. Durante los últimos diez años cientos de prestigiosas familias han tenido que salir espantadas del país. Miles de bellas y productivas haciendas han sido abandonadas. Los industriales y constructores vendieron y marcharon. Los que se negaron a ser secuestrados fueron acribillados en el acto. A mí los secuestradores me descargaron un tiro de revólver diciendo: "Somos del M-19, queda secuestrado. Milagrosamente me fugué".

»Sabia la decisión tomada por la familia Ochoa. Después de cincuenta días de expectativa —recibiendo heladas llamadas de cínicos asesinos que exigen doce millones de dólares a cambio de la vida de la hermanita, un ángel empezando a vivir— han dicho: ya, basta de amenazas, vamos a buscar a nuestra hermana y vamos a recompensar a los ciudadanos que nos ayuden para que los culpables sean llevados ante la Justicia Militar. Entienden que el secuestro requiere un tratamiento más veloz, táctico, metálico y drástico. Debemos unirnos y anular de raíz este venenoso fenómeno para que no contamine a las futuras generaciones. ¡Venceremos!

»Lo que propongo es un trabajo antisecuestro similar a la Comisión de Paz, excepto que es paramilitar. Que esta comisión especial antisecuestro ensamble e instruya dos fuerzas: un equipo de jueces y fiscales especializados en secuestro y terrorismo; la otra fuerza táctica formada por los más destacados y fieros ex militares y ex agentes, los más expertos civiles paramilitares, defensa civil, mercenarios extranjeros, los más excelentes deportistas y expertos tiradores, carabineros, policía especializada, inteligencia del DAS, los halcones de la Fuerza Aérea y los Tiburones de la Marina. Tendrían una academia cuartel, con banco de fotos y banco de plata, centro de comunicaciones e información, con autos especiales equipados con sofisticados sistemas de vigilancia y camuflaje, helicópteros, aviones, anfibios y botes. Una fuerza de dos mil hombres sería suficiente. Una fuerza que nosotros los secuestrables ayudaríamos a financiar, porque preferimos gastarnos nuestras fortunas defendiendo nuestras familias y nuestro pueblo a que nos sean arrebatadas. Para la nueva cárcel antisecuestro se les pedirá a los norteamericanos el último y más poderoso sistema de sillas eléctricas con incinerador incorporado, con la venia de la Curia. Ya veremos qué dice la Suprema Corte ante la próxima petición de solidaridad colombiana pidiendo la pena de muerte por secuestro. ¡Que Dios nos ilumine! Es el MAS un movimiento de fe y consagración cívica y física y debe preocuparle única y exclusivamente a los secuestradores comunes y a los secuestradores subversivos.

»Carlos Lehder (ex secuestrado)»[6]

---

[6] «Los secuestrables» en *El Mundo*, Medellín, 17 de enero de 1982, p. 8.

En los avisos aparecen fotografías de Elvencio Ruiz y Jaime Bateman, el comandante del M-19, con una nota: «Secuestradores prófugos».

«Pablo había recibido como una patada en las *güevas* la traición de Elvencio Ruiz y el M-19», dice Arcángel, y recuerda que trataba a los traidores con una crueldad que superaba con creces la que aplicaba a sus enemigos. Y menciona el caso del Teniente, un hombre al que Pablo ayudó a salir de la cárcel y que le robó cien mil dólares de una caleta puesta a su cuidado. Pablo ordenó a sus hombres que lo llevaran a una piscina donde, amarrado a una grúa, lo hundieron una y otra vez hasta ahogarlo. Su cuerpo lo envolvieron en un tapete, lo arrojaron en la Curva del Diablo, un basurero de cadáveres cerca de Moravia. «Polvo eres y en polvo te has de convertir», gritó uno de los hombres al rociar el tapete con gasolina y arrojarle un fósforo.

Frente al reiterado desafío del M-19, los narcos tenían que demostrar su capacidad militar. En las acciones del MAS participan activamente Chepe Santacruz, hombre fuerte de Cali, y hombres al servicio de Pablo, como el Chopo, Jorge Mico y la Yuca. A Arcángel, ubicado para entonces como cuidandero de una caleta de Pablo, lo llaman al tropel y aunque nunca ha disparado contra una persona no puede rehusarse. «Ahí va aprendiendo», le dice la Yuca y lo suma a cerca de mil hombres que actuaban en colaboración activa con militares y policías. Arcángel conoce la velocidad de la sangre, la adrenalina pura. «La sensación de combo, de mandar en la ciudad, de derrotar a los torcidos, que da una especie de éxtasis», dice.

También participa Fidel Castaño, un hombre trigueño, alto, acuerpado y de espíritu ansioso al que Pablo apreciaba por su capacidad militar y su arrojo. Castaño sería muy importante en las guerras colombianas de los años ochenta y noventa. Había incursionado en el narcotráfico y se había retirado tempranamente dedicando su gran fortuna a la ganadería y a la lucha contra la guerrilla, que siempre fue su obsesión.

Mauricio Restrepo, el amigo de los Ochoa, había trabajado en Estados Unidos como contador de la organización, se había hecho marinero, recogía en las Bahamas a personas que enviaba y las descargaba en algún puerto de segunda, antes de regresar a Miami; ahora venía a ayudarlos en el rescate de la hermana.

Para la persecución de los secuestradores consiguen cien radios y se distribuyen en la ciudad a cuidar los teléfonos públicos. Cuando los hombres del M-19 llaman a negociar, el teléfono lo localizan en la central de la Policía y, de inmediato, hombres ubicados cerca del sitio agarran a un sospechoso. De ese hilo se pegan. Retienen a Pablo Catatumbo y a Elvencio Ruiz en Bogotá, a Luis Gabriel Bernal, su esposa y su hija en Cali. Le rocían gasolina a la niña y prenden un fósforo. «¡Hable o la quemamos!» Algunos retenidos, para el escarnio público, son encadenados en las rejas del periódico *El Colombiano*, con un aviso que los señala como secuestradores. Otros son retenidos en una bodega, ubicada en las cercanías de las calles Palacé y San Juan; en Medellín, Arcángel aprende, igual que todos sus compañeros, las técnicas de tortura de los militares, maestros excepcionales en el uso de la picana, del tanque de ahogamiento, de la venda, del terror psicológico, y las practica como cuando el odontólogo saca una muela, con sentido profesional, sin remordimientos. Algunos retenidos se muestran tan fuertes, tan dispuestos al silencio que Pablo dice: «A ese mátenlo de una, que es un teso». Pero otros se revientan y delatan e, incluso, terminan trabajando para el Patrón.

En una casa del barrio San Javier, al occidente de la ciudad, un carro derriba la puerta del garaje. De inmediato se inicia un nutrido abaleo. En esta operación mueren dos militantes y retienen a una mujer del M-19. Hallan la cédula de Marta Nieves y quedan convencidos de que podrán rescatarla. Y es tanta la adrenalina que se inyecta al cerebro de Arcángel que sólo se da cuenta de que está herido cuando terminan las acciones.

Los guerrilleros ante el asedio esconden a Marta Nieves en la boca del lobo, en La Estrella. Los hombres del MAS los rastrean y asaltan la casa donde la han recluido. La encuentran vacía. Cinco minutos antes los guerrilleros habían montado a la secuestrada en un carro. Desde ese momento pierden la pista.

Tras ser curado de la herida en un brazo, Arcángel sigue en la persecución donde no existen límites entre lo legal y lo ilegal. Mili-

por una causa noble», dice. El animal pega dos sacudidas, dos tiros en la cabeza la llevan a mejor vida.

Por fin llegaron a Puerto Triunfo. Recorrieron algunas calles del pequeño pueblo y pararon en el malecón, en la orilla del inmenso río de La Magdalena que allí, en la mitad del recorrido que hace del país de sur a norte, pasaba lento y todavía limpio de tanta muerte que arrastró en los años que siguieron.

Miraron diversas fincas y se deleitaron con los ríos de aguas transparentes y pisos de mármol que cruzan la región. Llegaron a la casa donde se alojarían. El anfitrión resultó ser un hombre, vecino de Envigado, con el que Pablo se había dado puños de niño, peleando por novias. Tras saludarse y hacer remembranzas amables de sus historias hablaron de negocios. «La finca que nos gusta es ésta», dijo Pablo. «Pablo, esta tierra no está en venta, es herencia y todos los hermanos le hemos invertido mucha energía…». «En esta vida todo se vende…». «No, no todo se vende, esta tierra no está en venta». «Dígame una cosa, aunque no me venda, ¿cuánto vale esta finca?». «35 millones de pesos». Gustavo Gaviria en un rincón se reía convencido de que vencerían con la oferta al hombre. «Le doy el doble, setenta millones de pesos por ella», dijo Pablo. «No, no está en venta». «Entonces ¿cuánto vale? Pida». «Perdóneme pero no está en venta, no todo se vende».

La conversación terminó en punta. Arcángel, que miró expectante el desafío, admiró secretamente la firmeza del anfitrión, quien resistió por mera dignidad la oferta. Al día siguiente visitaron más fincas. Terminaron comprando tierras a tres y cuatro veces el valor comercial de la época, y en ellas Pablo construyó su hacienda Nápoles, que sería por años el centro de su reinado.

Sobre el marco de la portada instaló una avioneta de matrícula HK 617-P, con la que, según se ha repetido mil veces, coronó su primer viaje de cocaína a Estados Unidos. Al lado instaló una valla grande: «Aquí protegemos la naturaleza». A cuatro o cinco kilómetros de la carretera construyó la casa central con todas las comodidades: bar, piscina, salón de juegos, comedor para sesenta personas, unas cavas en las que guardaba toneladas de comida para un batallón, una pista de aterrizaje, hangar, setenta motos, carros

tantes que han huido hacia otras ciudades son detenidos y traídos a Medellín en avionetas por miembros del MAS y entregados al Ejército. Un grupo del M-19 asediado secuestra un avión de la aerolínea Avianca y lo lleva a Cali, con el propósito de despegar hacia Cuba. El industrial Carlos Ardila, en un gesto de buena voluntad, presta su avión privado para que los perseguidos abandonen el país. Al final la ofensiva deja cerca de 400 muertos entre militantes, amigos y familiares de los guerrilleros y veinte militantes retenidos.

Los escasos contactos que se establecen no prosperan porque las estructuras organizativas, las células del M-19, se hallan atomizadas y aisladas. Quienes tienen a Marta Nieves han perdido el contacto con el resto de la organización. Por ello Pablo acaba con el regional del M-19 en Medellín, pero no logra liberar a la cautiva. Entonces los Ochoa buscan mecanismos de negociación. Recurren, a través de políticos, al líder venezolano Carlos Andrés Pérez, quien pide a su vez al general Torrijos —el Hombre Fuerte de Panamá— que colabore en la negociación.

El general Torrijos había adquirido notoriedad internacional cuando, desafiando la hegemonía de Estados Unidos, exigió la devolución a su país del canal interoceánico. Panamá, en un continente de dictaduras de derecha y de arduas represiones, también se había convertido en pequeño paraíso para las izquierdas y las guerrillas latinoamericanas porque el general les permitía usar su país como retaguardia. Torrijos encarga a Manuel Antonio Noriega, el jefe de inteligencia de su gobierno, de hacer los contactos con el M-19.

Tras la agotadora persecución, el M-19 acepta negociar, libera a Marta Nieves en Armenia el 16 de febrero de 1982. La habían llevado a la zona cafetera, centro del país, a la misma casa que tenían preparada para encaletar a Lehder. A cambio, los narcos liberan a los veinte retenidos y pagan un millón y medio de dólares. Con la liberación de Marta Nieves se sella un pacto de paz entre Pablo y el M-19 que se proyectaría en el tiempo.

Noriega, a quien el cartel ve ahora como un valioso y nuevo contacto, recibe una generosa suma por haber facilitado el encuentro.

La vinculación del narcotráfico a la guerra política, que de alguna manera la propia guerrilla precipitó con sus acciones, hizo que a las habituales técnicas de la guerra sucia, que los militares habían aprendido de los militares estadounidenses y de ejércitos del Cono Sur, se sumarán el estilo abierto de la *vendetta*, propio de las mafias. Y algo aún más problemático para la institucionalidad colombiana: sectores de las Fuerzas Armadas que se aliaron con los narcos rompieron sus marcos legales e institucionales para participar en organizaciones paralelas que a sangre y fuego trataron de derrotar a las guerrillas. El MAS que creó Pablo fue el inicio del paramilitarismo en Colombia.

Otro efecto no esperado de ese secuestro fue la creación del Cartel de Medellín. Grupos dispersos del narcotráfico se unieron bajo la hegemonía militar de Pablo Escobar, que en adelante ejercería su reinado con el título de Patrón. Fue el traficante Santiago Ocampo quien organizó la fiesta en la que, de alguna manera, se le coronó como capo de capos. La realizó en La Rinconada, un estadero ubicado en Girardota, al sur de Medellín, que contaba con plaza de toros y pista para caballos.

Hacia las nueve de la noche, cuando sonó la primera orquesta, un grupo de adolescentes quemó luces de bengala y lanzó voladores de pólvora que se derramaban en el cielo como fuegos artificiales. Arcángel aún recuerda que hacia las diez y media de la noche, cuando el salón hervía de gente, llegó Pablo. «El Patrón, el Patrón», corrió el rumor y todos los asistentes se pusieron de pie para aplaudirlo. Él vestía con sencillez, y un poco apabullado por el homenaje, hizo señas para que sus admiradores se sentaran mientras se dirigía a buscar discreción en un rincón. A su alrededor se ubicaron los grandes señores de estilo serio y vestir sobrio, cuyos nombres se susurraban entre los asistentes, mientras se hablaba de sus riquezas y sus hazañas. Pablo irradiaba un aura especial. Lo rodeaban Gustavo Gaviria, Pablo Correa, los Ochoa, Griselda Blanco, Fidel Castaño, el Mexicano y el Rey del Marlboro, uno de los pocos capos del contrabando que sobrevivió en el mundo de los nuevos traquetos. Y lo acompañaban, a prudente distancia, el grupo de los que el común llamaba la crema: banqueros, industriales, periodistas, reinas de belleza, modelos, autoridades civiles y militares, un cura, artistas y políticos de varios sectores.

En los corredores se instalaron los *soldados rasos*, casi todos jóvenes, de origen humilde, con poca instrucción y estilo rupestre: hablaban a gritos y apostaban por todo. Su rudeza, su violencia, su lealtad, su malicia y su coraje les daban el lugar de guerreros en la organización.

El animador de la fiesta anunció a la popular orquesta Los Melódicos de Venezuela, que abrió plaza cantando *A Medellín*. Luego salió al escenario el cantante venezolano José Luis Rodríguez, el Puma, famoso galán de telenovela, con un ramo de rosas rojas que entregó a algunas mujeres presentes, y con su suave y aterciopelada voz inició el *show* que las hizo delirar. Más tarde, la orquesta de salsa de Fruko y sus Tesos interpretó temas populares como *Nació varón*, *El Preso* y *Virgen de las Mercedes*, despertando el furor entre los hombres y los puso a tirar paso. En la cadencia camajana de su danza se notaba la procedencia de una buena parte de los asistentes.

Ocampo había contratado menús del Inter, el mejor hotel de la ciudad. También ofrecieron licores diversos, desde champaña hasta aguardiente criollo. Algunos veteranos comían con protocolo y buenas maneras, otros de manera tan precaria que los hijos les hacían gestos para que, según las buenas maneras recién aprendidas, no mezclaran el arroz con la langosta, o no pasaran las empanadas con sorbos de Don Perignon; o para que no se sirvieran una exquisita salsa de queso azul sobre natillas. Pero ellos no parecían interesados en hacer caso del apuro de sus muchachos y comían como les gustaba.

La crónica del periodista de *El Tiempo* cuenta que a la medianoche los asistentes se dirigieron, por un camino rodeado de hermosos jardines, donde abundaban los lirios y las azaleas, y bajo un cielo estrellado, hacia el pequeño coliseo. Muchos de los invitados, ante la insuficiencia de las gradas, se quedaron de pie junto a la pista. En el centro se ubicaron Pablo, algunos de sus invitados y los chalanes oficiales. Cuatro magníficos equinos salieron al escenario. Uno era blanco, otro negro como el betún con un lunar blanco en la frente, y los dos restantes zainos. Los jinetes montaron; Danilo, el director de la banda Marco Fidel Suárez, acompañante permanente de estas celebraciones, dio la señal y sonó un pasodoble, se apagaron las luces blancas y se encendieron lámparas de luz negra. Los cascos de los caballos pintados de cuatro colores diferentes, verde limón y naranja para las manos, y azul rey y lila para las patas, se movieron en una bella danza. La pata de cada animal —pintada en un mismo color— subía y bajaba al mismo tiempo, mientras que las pintadas de otros colores permanecían, en el mismo lapso, bien en el aire o en la pista siguiendo el compás de pasillos y pasodobles. Los asistentes desataron un nutrido aplauso.

Estrenando su reinado, Pablo viajó al carnaval de Rio de Janeiro con diez amigos de esta cofradía, entre los que se encontraban el Negro Galeano, Pelusa Ocampo, Jorge Luis Ochoa, Gustavo Gaviria, Pablo Correa y el Rey del Marlboro. Reunió, entre ellos, quinientos mil dólares y envió a unos de sus hombres a organizarles la francachela. Se alojaron en el hotel Meridian, alquilaron cinco Rolls Royce y una limosina. Asistieron a fútbol al estadio Maracaná, compraron joyas, hicieron cerrar el *show* más importante de la ciudad para una sesión privada. El baile de samba, cadera agitada, hombros sensuales, les aceleró la sangre y el deseo. Visitaron, además, las mejores haciendas de los alrededores de Rio. La prensa brasileña reseñó al excéntrico grupo: «Colombianos se divierten en Rio». Tenían previsto un viaje en yate con presentación privada de garotas pero la publicidad alertó a Gustavo Gaviria. «Yo no voy por allá, nos ponen un atentando y acaban con la mafia colombiana», dijo. «Pero ya todo está pagado», protestó Pablo. «No importa pero no arriesguemos», le insistió y lo convenció de regresar al país.

Pablo Correa, que vivía con varias de sus amadas bajo el mismo techo, quedó tan entusiasmado que se importó una mulata para sumarla a su pequeño harén. Y Pablo, en esta época de sosiego y prosperidad en Nápoles, en una rumba recordó con antojo el golpe de las caderas de las garotas. «Vaya tráigame unas mulatas del cabaret de Brasil», le dijo a su piloto. «Dentro de quince horas estoy de regreso», le respondió mientras miraba su reloj. Y, efectivamente, regresó con el avión cargado de garotas, típicas de carnaval, con culos portentosos que agitados de manera singular hacían entrar en furor a los asistentes. Mientras andaba embelesado con las mulatas, Pablo fue advertido de que su mujer, doña Victoria, se dirigía en su helicóptero hacia Nápoles. Susto le dio al Patrón. Ordenó de inmediato desaparecer las pruebas de la juerga y que se empacara a las invitadas en el avión. Cuando su mujer llegó todo estaba en orden y cuando por fin partió, Pablo hizo que el avión, que había dado vueltas, unas tres horas, sobre los cielos de Nápoles con las cabareteras, aterrizara de nuevo.

A Pablo la acción social le disparó el virus de la política. Con su creciente liderazgo popular, en los primeros meses de 1982 hizo campaña para convertirse en parlamentario.

Este año competían por la Presidencia de la República Alfonso López Michelsen, del partido liberal, y Belisario Betancur —un hombre de origen campesino y discurso rococó—, del partido conservador. Además, aspiraba el joven dirigente liberal, Luis Carlos Galán, por el Nuevo Liberalismo. Galán, de hablar categórico y espíritu férreo, se convertía poco a poco en caudillo popular mirado con sospecha por las burocracias políticas tradicionales.

Jairo Ortega —el antiguo abogado del Padrino Gómez—, fundó el Movimiento de Renovación y adhirió a la candidatura de Galán. Ortega también invitó a Pablo a participar en su movimiento y le ofreció ser suplente de la lista que encabezaría para la Cámara de Representantes. Pablo aceptó pero de momento prefirió que la decisión fuera un secreto.

Los seguidores de Galán en Antioquia realizaban a regañadientes la campaña con Jairo Ortega y lo objetaban por sus vínculos con los narcos. Galán les respondía: «No tengo motivos concretos para expulsarlo de la campaña». Pero llegó el día en que la situación se hizo insostenible. Se organizaba un gran acto del Nuevo Liberalismo en el centro de Medellín, en el que tendrían la palabra Jairo Ortega, el propio Galán y su segundo a bordo, Rodrigo Lara Bonilla. El día anterior, el Movimiento de Renovación inscribió su lista de aspirantes para la Cámara de Representantes en la que Pablo apareció de suplente. Galán, reunido con su equipo de colaboradores, analizó la situación, calculó los riesgos y decidió expulsarlos.

La manifestación se llevó a cabo en una noche en la que, a pesar de la lluvia, varios centenares de personas se congregaron a vitorear a sus líderes. En el parque de Berrío, en el corazón de Medellín, Galán y Lara, frente a miles de seguidores, *pulpitiaron* a Pablo, los declararon —a él y a Jairo Ortega— personas indeseables. Pablo, memoria de elefante, nunca olvidó la ofensa.

A estas alturas caben las preguntas: ¿por qué Pablo adhirió a Galán, el más moralista de los candidatos? ¿Porque denunciaba el sistema y hablaba de reformas, o sólo para camuflarse? ¿Porque compartía de veras con Galán la lucha contra la clase política corrupta, como lo dijo varias veces? Si fue así, ha de ser que, en su peculiar ética, consideraba inmoral robarle al erario y nada deshonroso ser un próspero exportador de cocaína.

Jairo Ortega se vinculó entonces al grupo del liberal Alberto Santofimio. Santofimió había sido ministro, presidente de la Cámara, había pasado por la cárcel acusado de apropiarse de recursos del Estado utilizando cédulas de difuntos y ahora era candidato presidencial.

Humberto Buitrago, uno de los abogados de Pablo, ya le había aconsejado que no se vinculara a la política y le volvió a insistir: «Ese camino lo puede llevar a la perdición porque la clase política colombiana es jodida», le advirtió. Pero Santofimio, hábil con la palabra, le lustró el ego a Pablo, para ganárselo para su campaña: «Usted con el dinero y la inteligencia que tiene con seguridad será presidente de Colombia», le dijo. Pablo quedó tan convencido que a quienes le advertían del peligro de mantenerse en la política les proclamó: «Ya tenemos el poder económico, ahora vamos por el poder político».

En el acto de lanzamiento de la nueva alianza aparecen Ortega y Santofimio de corbata y saco y un clavel en la solapa. Pablo también luce el clavel pero viste camisa de manga corta.

Esta campaña de 1982 fue la primera que originó en Colombia debates públicos sobre el ingreso de dineros *calientes* a la política. Sin embargo, hay quienes aseguran que el candidato conservador

Belisario Betancur habría recibido desde 1978, para la campaña electoral en la que se enfrentó a Turbay, doce millones de pesos de manos de Jesús Valderrama, gerente de las empresas ganaderas del clan Ochoa.

Para esta nueva elección, la campaña conservadora realizó en el museo El Castillo una subasta de arte en la que participó Gustavo Gaviria, quien ofreció apoyo e infraestructura. Según narra el Osito, Betancur exigió que el avión que le prestaron fuera pintado con el color azul de su partido. Aunque el Mexicano calificó de descarada la petición, al final lo complacieron. (Esa misma aeronave después fue incautada en operaciones de tráfico de drogas.) Gaviria, que era conservador, participó de la comitiva electoral de Belisario, que públicamente se comprometió a no extraditar colombianos.

A Alfonso López Michelsen lo eligieron candidato oficial del partido liberal a la Presidencia en una convención realizada en la ciudad de Medellín. Santofimio acogió la decisión y se le unió.

Como jefe nacional de la campaña nombraron al joven político Ernesto Samper, y como coordinador en Antioquia, a Santiago Londoño White. En una gira por Medellín, López, que ya había sido presidente y quería repetir, y Samper, que una década después llegaría a la Presidencia, se reunieron en el hotel Intercontinental con los capos del narcotráfico para recibir donaciones para la campaña.

El episodio ha sido controvertido y, al cabo de los años, cada uno de los protagonistas seguía presentando su versión. Según Samper: «Londoño White, motivado por los importantes resultados que estaba registrando su hermano Diego —tesorero de la campaña conservadora en Antioquia— en la obtención de los recursos de estos siniestros personajes, los convocó a la reunión en la cual los capos, efectivamente, aceptaron comprar boletas para la rifa de un carro. El dinero debió ser utilizado, sin registrar, para financiar actividades de la campaña liberal en Antioquia, cuya organización gozaba de completa autonomía respecto a la campaña nacional»[7].

---

[7] Ernesto Samper, *Aquí estoy y aquí me quedo*, El Áncora, Bogotá, 2000, p. 229.

En esta versión tanto Samper como López, víctimas de una encerrona, recibieron 23 millones de pesos, permanecieron sólo unos minutos con esos personajes que desconocían y de los cuales escucharon algunos reclamos exóticos, como las dificultades que tenían para ingresar al país animales para un zoológico, y sólo meses más tarde, por declaraciones dadas por Pablo a una cadena radial, se enteraron de quiénes se trataba.

López expía su responsabilidad diciendo que asistió a la reunión pero no se sentó: «Yo estaba de prisa, entré un momento y ni siquiera me senté. Les di la mano a unos tipos que ni siquiera conocía. Después, en el curso de los episodios, descubrí que eran los Ochoa, Pablo Escobar y, probablemente, Carlos Lehder y Rodríguez Gacha»[8].

Otros protagonistas de los episodios narran de manera distinta los hechos: Federico Estrada Vélez, senador liberal, llamó a Santiago Londoño, para informarle que unos señores, que ya para entonces sonaban como emergentes, querían colaborar en la campaña presidencial. Londoño informó de la oferta a la coordinación de la campaña en Bogotá. Se le autorizó organizar una reunión aprovechando una próxima visita del candidato a Medellín, basados en los rumores de que dineros de la misma procedencia estaban ingresando en la campaña del candidato conservador.

A la cita, en una *suite* del hotel Intercontinental, asistió la plana mayor del narcotráfico en Medellín, y por parte de la campaña, participaron López, Samper, Santiago Londoño y varios directivos de Antioquia. Londoño recomendó a López que participara sólo unos minutos. «Perfecto, Ernesto se queda con ustedes», dijo López. Así sucedió. López llegó a las dos y media, agradeció la colaboración y a los diez minutos se retiró a cumplir otros compromisos. La reunión se prolongó hasta las seis y media de la tarde con Samper como figura central.

Los narcos compraron boletas para la rifa de un carro por un total de 23 millones de pesos. Samper intentó llevarse los aportes para Bogotá, pero los coordinadores de Antioquia se lo impidie-

---

[8]   Alfonso López Michelsen, *Palabras pendientes, Conversaciones con Enrique Santos Calderón*, El Áncora, Bogotá, 2001, p. 143.

ron. Sin embargo, la semana siguiente, Samper comprometió a Londoño a que ocho millones de pesos se giraran a la camapña del departamento del Chocó. «Luego se los reembolsaremos», dijo, pero no cumplió la palabra. Jorge Luis Ochoa ha mencionado en varias oportunidades que el total del dinero entregado ascendió a cincuenta millones de pesos.

Aunque los dirigentes de la campaña lo niegan, algunos amigos de Pablo insisten en que López se comprometió a visitarlo en Nápoles. Para Pablo ser visitado por un ex presidente en su principado del Magdalena Medio era una gran ilusión. López —el candidato de espuela y malicia fina—, aunque en su campaña pasó cerca, no asistió a la cita. Dejó preparado el bufé y al grupo de música argentina Los Visconti, que animaría la reunión.

Al parecer —aunque su fortuna ya era alucinante— Pablo quería esa cosa tan constante en la historia de los hombres: la aceptación de quienes detentaban legitimidad como líderes de la sociedad. Para él estos contactos eran fundamentales porque empezaba a ser consciente de que su objetivo no era ser narcotraficante, ni un hombre rico como sus amigos, su vocación era el poder —y la gloria que éste conlleva—, y el tráfico sólo era un instrumento, una palanca para lograrlo.

Él ya andaba obsesionado con su imagen: «¿Qué han dicho hoy de Reagan y de mí?», preguntaba a cada rato, en tono de chanza. Llenó habitaciones enteras con recortes en todos los idiomas en los que era mencionado. Invitaba a los periodistas a Nápoles para hablarles de sus proyectos y luego los llevaba a pasear y les brindaba las mejores atenciones. Los políticos que lo visitaban les huían a los periodistas porque sabían que de alguna manera estaban cometiendo un pecado. Una tarde Pablo aprovechó que llevó a algunos de ellos en un bote en el río y, riéndose socarronamente, le pidió a un periodista de *El Tiempo* que los fotografiara. Posteriormente, la prensa publicó registros de políticos, como el propio Santofimio, Ernesto Lucena Quevedo, David Turbay y William Jaramillo, usando el avión Cheyenne II de Pablo.

Betancur, elegido presidente entre otras cosas, porque Galán se le atravesó a López quitándole muchos de los votos del liberalismo, envió una carta a Hernando Gaviria —el tío de Pablo—, que fue publicada en el periódico *Medellín Cívico*:

«Reciba mi voz de agradecimiento por su decisivo aporte al Movimiento Nacional que me ha llevado a la Presidencia de Colombia. Esta gran cruzada, de la cual usted ha hecho parte, compromete mi gratitud y convoca todo mi esfuerzo para lograr en el cuatrienio que se inicia el cambio que el país reclama. Me valgo de esta oportunidad para exhortarlo a rodear la tarea de gobierno que emprenderemos. El país puede tener la seguridad de que voy a vincular a esta obra todo mi esfuerzo y mi desvelo para construir una patria mejor, con oportunidades para todos, bajo el imperio de la paz y la justicia social.

»De usted muy cordialmente, su compatriota y amigo,

»Belisario Betancur»

La campaña liberal en Medellín quedó con un déficit de quince millones de pesos que fue asumido con el patrimonio personal de algunos directivos de la campaña en este departamento. Cuando los directivos preguntaron a Samper por la plata, éste les respondió: «Les pago cuando sea presidente». Un excedente de la campaña nacional fue utilizado por Samper para crear el Instituto de Estudios Liberales.

En esas elecciones Jairo Ortega obtuvo una curul en la Cámara, en la cual, siguiendo una típica costumbre colombiana, se alternaba con Pablo. El día de su posesión, Pablo llegó a la Plaza de Bolívar vestido de oscuro, acompañado por Victoria, que lucía un vestido claro y un gran moño negro, a manera de corbatín. Pablo se sorprendió de que no lo dejaran entrar sin corbata al recinto de la Cámara. Contra sus deseos, debió ponerse la que le prestó su camarógrafo. En el juramento de posesión, mientras otros representantes levantaron la mano solemnemente, él hizo, con sus dedos índice y del corazón, la V de la victoria. Tenía 32 años y se veía feliz, con aire de triunfo. Muchas personas y muy poderosas se ponían a su servicio.

La revista *Semana*, la más importante del país, le dedicó la portada y un extenso reportaje en el que se reseñaban sus obras sociales y lo llamaban el Robin Hood paisa.

«El solo hecho de nombrarlo —se afirmaba en la revista— produce todo tipo de reacciones, desde explosiva alegría hasta profundo temor, desde gran admiración hasta cauteloso desprecio. Para nadie, sin embargo, el nombre de Pablo Escobar es indiferente. Dará mucho de qué hablar en el futuro.»[9]

Pablo, reunido con sus asesores, comentó el artículo. Al final, mirando su foto en la portada, se quedó un minuto en silencio y salió. Quedaron dos de sus asesores en la oficina: «Definitivamente él cree que será presidente de la república, se siente capaz o aspira a que por lo menos un hijo suyo sea presidente», Pablo, en medio de su alucinación, le dijo a uno de sus jefes militares que lo nombraría ministro de Defensa, dijo uno de ellos.

De allí siguió en su vida una temporada en la que «tocó el cielo con las manos»: disfrutó plena y públicamente de su popularidad y su riqueza, accedió a círculos sociales en Bogotá y viajó por el mundo. De estos viajes se recuerdan especialmente dos: el 1º de octubre asistió con Santofimio Botero y Jairo Ortega, invitados por el Partido Socialista Obrero Español, a la ceremonia de posesión de Felipe González como presidente del gobierno. Pablo se admiró de la popularidad de González, quien era entonces el gran héroe de España y reflejaba poder y gloria. Alguno de los asistentes a la reunión privada que siguió al acto recuerda dos anécdotas incidentales: que Pablo actuaba como un hombre silencioso que respondía solícito a las peticiones de Alberto Santofimio, quien incluso lo encargaba de servir los whiskys, y que ante la petición de cocaína que le hizo un conocido periodista colombiano Pablo dijo: «Yo soy un hombre sano, yo no meto de eso».

El segundo viaje fue a los Estados Unidos, país que lo atraía como ningún otro. Lo hizo acompañado por el Osito, Gustavo

---

[9]   *Medellín Cívico*, julio de 1982.

Gaviria y Pinina, un joven que le servía de maletero y mensajero y que luego se convertiría en uno de sus pistoleros más reputados y al que nunca llamaría por su verdadero nombre, John Jairo Arias Tascón.

En Miami se alojaron en una casa con playa privada, que Pablo había comprado por setecientos mil dólares, y se desplazaron en una limosina. Miami, a la que ya por entonces se le decía la capital de América Latina, ejercía una seducción especial para los narcos. Allí tenían las cosas que les brindaba el consumismo, tenían las marcas que en ella habían dejado las mafias estadounidenses de diferentes épocas, pero al ser una ciudad sin memoria pudo ser en alguna medida moldeada por los latinos. El narco emergente, que era rechazado en su propia tierra por su origen humilde y su marca de bandido, en Miami se convertía en una persona reconocida porque en esa ciudad, desde los tiempos en que Al Capone la utilizaba como lugar de veraneo, el dólar era el que marcaba la jerarquía social.

Los datos del viaje son fragmentarios: en Dallas, Pablo visitó la calle donde mataron al presidente Kennedy; de Texas se trajo un toro mecánico, de esos del Oeste. (En Nápoles, su finca, desafiaba a los visitantes para que se montaran. ¡Qué elevadas las que le pegaba a la gente! Y el hombre tiraba goce.) Visitó California donde conoció el mundo del cine y la gran farándula. En Washington, en el museo del FBI (Buró Federal de Investigación) se hizo tomar junto a su primo Gustavo Gaviria una famosa foto en la que se ven disfrazados de gánsteres al estilo Al Capone. Y vio por fuera la Casa Blanca. Ahí quedó la foto donde se ve con sus pantalones café, su camisa crema, con las mangas largas dobladas hasta el codo, su clásico bigote, su pelo ensortijado peinado hacia la derecha, con su parado campesino, su apariencia de hombre indefenso, con la mirada perdida contra el piso y tomando a su hijo Juan Pablo de la mano. Un hombre que había hecho llover coca sobre Estados Unidos parado al pie de la casa de Ronald Reagan.

En el *Diccionario del crimen*, de Oliver Cyriax, donde aparece su biografía al lado de los grandes protagonistas del mal, se asegura que Pablo pudo haber comprado un viejo automóvil Packard, que por décadas se exhibió como recuerdo de una época en que las mafias gobernaron las ciudades estadounidenses. El auto, al parecer, había pertenecido a Bonny y Clyde, dos gángsteres famosos de Louisiana, quienes murieron tras recibir en el viejo cacharro 187 proyectiles. Según se relata en la historia, en cuanto se propagó la noticia de su muerte, a kilómetros alrededor los caminos se colmaron de coches. Se calcula que nueve mil curiosos invadieron a Arcadia y cuando se averió el camión que remolcaba el coche, decenas de escolares se precipitaron a untarse las manos en sangre y arrancar mechones de cabello y tiras del vestido de Bonny. El automóvil, vendido por 175 mil dólares, apareció en la hacienda Nápoles. En otro libro se afirma que en ese carro fue asesinado Dillinger. «¡Mentiras! —dice el Osito— era simplemente un carro viejo que ametrallaban de desocupados allá en Nápoles, nada más».

En sus obras sociales Pablo no se olvidó de La Paz, el barrio de su infancia. El estreno de la cancha que construyó e iluminó fue esplendoroso. Campeonato de fútbol, concursos, transmisión por las cadenas de radio e ilustres visitas. Mientras la banda Marco Fidel Suárez interpretaba ritmos caribeños, como porros y cumbias, en el centro del campo aterrizó un helicóptero del que descendió, para asombro de los espectadores, Virginia Vallejo, la diva de la televisión colombiana.

Los hombres de Pablo viajaban de cuando en cuando a la capital a llevar dineros y recados a dos mujeres importantes de los medios de comunicación. Una de ellas era Virginia Vallejo, de quien Pablo, como la mayoría de los colombianos, había quedado prendado observando en la televisión un comercial de medias en el que exhibía sus esplendorosas piernas. «Quiero hablar con esa mujer», le había dicho a unos de sus hombres. Los deseos del Patrón eran órdenes perentorias. En esta ocasión, como en muchas otras, se movió cielo y tierra para traerle a la hembra del comercial de medias Ricchi. Para su fortuna, ella sucumbió a los encantos del pretendiente y aceptó la invitación. El avión de Pablo la recogió en Bogotá y desde su encuentro iniciaron una relación que sería, además, muy útil para él en su labor de parlamentario. Arcángel recuerda que no era tan alta como la imaginaba pero sí era una hembra hermosa, de rostro fino, pelo negro y cuerpo de reina.

La Vallejo estuvo también en el Primer Foro contra la Extradición que realizaron en la discoteca Kevins, una especie de club social de los narcos ubicado en la ladera de Las Palmas, desde el cual se dominaba el paisaje de Medellín. Al lado de Virginia y de Pablo, en la mesa directiva, se sentaron Carlos Lehder y algunos sacerdotes y magistrados que se habían sumado a la causa. La amenaza de que los narcos fueran entregados a la justicia estadounidense empezaba a crecer, y Pablo lideraba la denuncia incesante del Tratado. La campaña, que incluyó una manifestación masiva en la Plaza de Bolívar de Bogotá, se complementó con grafitos en las principales ciudades del país.

Virginia también lo entusiasmó con la idea de la televisión. Constantemente demandado por la prensa, preocupado por su imagen, le pidió a ella, experta en ese medio, que lo asesorara. Organizaron unas clínicas de televisión con el doble objetivo de afinar sus respuestas en algunos asuntos sobre los que le preguntaban reiteradamente y corregir algunos tics. La sesión la iniciaban hacia las seis de la tarde, durante horas la presentadora le hacía preguntas candentes y una cámara indiscreta lo grababa. Aunque mejoró las respuestas, los tics abundaban. Se sobaba, con una frecuencia inaudita, la cabeza con la mano, la oreja con el dedo y lo peor: a veces se pegaba esa singular rascada de *güevas* propia de la gestualidad del paisa montuno. Cuando el camarógrafo dirigía la lente hacia estas intimidades, los guardaespaldas le decían asustados: «No le grabe eso». «En eso consiste este trabajo», respondía el camarógrafo. Al proyectar el material Pablo se sonrojaba. Pero, decidido a aprender, se aguantaba las indiscretas observaciones.

Pablo tenía tanta conciencia de la importancia de los medios de comunicación que, en una época en que la televisión era estatal y centralizada en Bogotá, creó en Medellín una programadora y un noticiero llamado *Antioquía al día*, hecho que lo convertiría en pionero de la televisión regional en Colombia.

El noticiero se emitía todos los días a las doce y media del día en la cadena nacional, como una sección del noticiero del benemérito godo Arturo Abella. Pablo de cuando en cuando metía sus narices en la orientación del noticiero. Arcángel recuerda, sobre todo, el alboroto que armó cuando entrevistaron al alcalde Pablo Peláez, un hombre de la aristocracia que despotricaba contra los narcotraficantes y organizó la primera estrategia de defensa para impedir que los narcos se tomaran sus empresas. «No les den pantalla a mis enemigos», dijo, y ordenó que nunca lo volvieran a entrevistar y luego lo mandó ejecutar.

La programadora le sirvió, además, para mejorar sus relaciones sociales. Los técnicos todavía recuerdan cuando le grababan al arzobispo, en su propia casa, las homilías que semanalmente remitían a Bogotá. Él, prelado atento, abría su nevera con vinos y quesos y hacía una sola advertencia: «No se me vayan a emborrachar». Y recuerdan también cómo el arzobispo recibió de Pablo un crucifijo con incrustaciones de esmeraldas, se hizo cardenal y se marchó a Roma a ser guardián de la fe. Es curioso que lo hayan escogido para preservar la ortodoxia católica, porque en Medellín, bajo su administración, floreció una forma de religiosidad fetichista, con la Virgen como centro y la parroquia de María Auxiliadora de Sabaneta como santuario principal. Si los jóvenes volvieron a la misa y se llenaron de símbolos religiosos no fue por la prédica de este arzobispo, sino porque los narcotraficantes, apegados a su religiosidad tradicional, se tomaron los santuarios y se convirtieron en los evangelizadores de los años ochenta en Medellín.

Pablo le pidió al productor que hiciera la lista de los equipos necesarios para tecnificar la programadora de televisión. Y un mes después le mostró, en la hacienda Nápoles, una bodega repleta. Le habían traído lo solicitado —cámaras y editoras de la generación *sp*, lo más avanzado en tecnología para el momento— pero multiplicado por cinco. «¿Usted puede organizar un poco los equipos para verlos funcionando?», le preguntó. El productor le grabó los alrededores de la hacienda Nápoles. Cuando Pablo, amante de la naturaleza, vio los planos delicados de los animales y del intenso paisaje se entusiasmó tanto que le propuso hacer una serie de documentales sobre la flora y la fauna de la región... «¿Y quién nos sirve de guía?», le preguntó. «Yo mismo, y empezamos mañana a las cuatro de la mañana, así que nada de rumba por hoy».

Productor y asistente llegaron a las cuatro de la mañana y encontraron a algunos invitados todavía de rumba. Pablo que, contra sus costumbres, se había acostado temprano, ya los esperaba. Se montaron en unos *boogies* y sin guardaespaldas iniciaron el recorrido por una serie de caminos en la selva, un laberinto, en los que Pablo se desenvolvió con mucha soltura. Grabaron unos documentales de la fauna, la flora y el paisaje de la región que Pablo posteriormente exhibió con orgullo a sus amigos.

Arturo Abella, dueño de la programadora nacional, le ofreció a sus nuevos socios que realizaran, además del noticiero *Antioquia al día*, un programa infantil. El programa se llamó *Gente menuda* y desarrollaba temas de formación, ecología y compromiso social. Premiaban a los televidentes con las bicicletas de la fábrica que el Osito Escobar había montado en Manizales. El presentador principal era Gustavito Gaviria, hijo de Gustavo de Jesús, el socio y primo de Pablo. Los realizadores lo recuerdan como un adolescente de gran talento y de fácil aprendizaje, ordenado y juicioso.

Allí, en la sede de la programadora, Pablo recibió a Yaír un enviado especial de Jaime Bateman, primer comandante del M-19.

Bateman —fiestero y caribeño— se movía con soltura en Panamá, paraíso de contrabandistas, vendedores de armas y narcotraficantes. Por el puerto libre de Colón circulaban volúmenes de mercancía sólo comparables a los de Hong Kong. En Ciudad de Panamá los capos circulaban en limosinas y se alojaban en fastuosos hoteles. Un sistema bancario de legislación liberal servía para mover, sin mayores exigencias, fortunas fantásticas.

Bateman, sentado en el aeropuerto Tocumen, vio aterrizar un avión Cheyenne del que descendió Pablo. «Con ese hombre hay que hablar, ese hombre va a ser muy importante», dijo. Su propuesta heterodoxa de reunir sectores diversos interesados en el cambio le daba para pensar que incluso los narcos, como parte de la nación colombiana, podían ser ganados para la causa antiimperialista y antioligárquica.

Yaír, su asistente personal, de contacto en contacto, llegó donde Pablo. Le llamaron la atención los avisos de: «Cuidado, niños en la vía» y algunos hombres que entrenaban artes marciales en los jardines de la casa. Lo entraron a una pequeña oficina a la que llegaron bordeando la piscina. «Jaime Bateman, nuestro comandante, le envía un saludo». Pablo le respondió con amabilidad. Yaír fue al grano: «Usted fundó el MAS y yo puedo estar en el lugar equivocado».

«Ustedes secuestraron a la hermana de un hombre que considero un hermano mío; nosotros supimos que eran ustedes y dijimos: ya ganaron y hay que pagar, y listo, pero no hubo respuestas y nos tocó ponernos a buscar, y fundé el MAS y usted ya conoce los resultados: ustedes ganaron, nosotros ganamos, rescatamos la pelada aunque nos tocó dar una plata, tuvimos que dar de baja a alguna gente, alguna gente de nosotros también perdió la vida. Pero le aclaro que, terminada esa labor, yo no seguí, lo que se hable del MAS le aseguro que es el Ejército utilizando la sigla en su trabajo sucio, entonces les propongo borrón y cuenta nueva, a mí me interesa conversar con ustedes.»

Pablo aceptó que los hombres del M-19 organizaran una reunión con Bateman en Panamá y se encargaran de la seguridad. Tras ires y venires, en el viaje a cumplir la cita con Pablo, la pequeña avioneta en que viajaba Bateman se accidentó. Pablo prestó hombres y aviones para la búsqueda. Luego la continuaron en helicópteros de la Guardia panameña pero el cadáver sólo pudo ser rescatado un año después.

Yaír, a nombre del M-19, se quedó un tiempo trabajando con la propuesta cívica de Pablo. Para un observador desprevenido, guerrilla y narcotráfico serían polos contradictorios. Entonces ¿por qué se acercó el M-19 a Pablo Escobar?

«Pablo Escobar era un hombre con talante de estadista —explica Yaír—. Terminó una guerra en diez minutos. Me pareció un hombre al que le cabía el país en la cabeza. Meterse en Moravia, el famoso cerro donde la gente vivía encima de la basura, para llevarlos a un barrio con todas las de la ley, era un hecho político que todo el país tenía que conocer. Pablo no tenía la apariencia del hombre malo; era bonachón, parecía, para llamarlo en términos de la época, un bacán. Por lo general un hombre humilde cuando llega a tener plata y poder se desboca, se deshace en ostentación. Pero a él no le vi lucir siquiera ni una cadena ni un anillo; vestía con ropa costosa pero discreta. A mí me llamaba la atención y me daba risa la importancia que le daba a su peinado. Me parecía chistoso que se preocupara tanto por su mota.

»La gente asistía por miles a los actos en que se echaba un discurso. A nosotros nos interesaba aprovechar esa plataforma para que la gente conociera nuestro proyecto, así fuera expuesto por otra persona. Él decía: "yo monté en autobús 28 años y por tanto yo soy de ustedes, yo soy de aquí, ténganme como uno de ustedes y vengo aquí porque las condiciones económicas han cambiado y vengo a compartir con ustedes lo mío, a compartir con ustedes el derecho que tenemos los colombianos a vivir dignamente. Que hagamos todo lo que podamos hacer para que la juventud no entre en el vicio de la droga, etc."

»No digo que no fue malo como la prensa lo describió; pero el Pablo que yo conocí tenía otras facetas. Incluso lo llevé donde el hoy cardenal, candidato a papa, monseñor Darío Castrillón, porque yo sabía del pensamiento religioso de Pablo y pensé que no solamente desde el punto de vista de la política y de lo social, sino desde el punto de vista cristiano, podría enrumbar todo ese poderío hacia cosas benéficas para el país.

»En una guerra, si no une la ideología, unen los objetivos. Ese proyecto necesitaba que alguien, desde una opción política revolucionaria, lo aprovechara. Los intereses que podía manejar Pablo Escobar eran contrarios a los nuestros, pero en un momento dado también se podían encontrar, sin la ilusión de convertirlo en un revolucionario de la noche a la mañana. Sabía que esa relación era transitoria, pero consideré importante mi estadía ahí, en una cosa que nunca fue explícita, pero que de hecho fue una asesoría política.»

Pablo apoyó al M-19 con recursos y dinero. Si requerían información del alto mando militar, Pablo llamaba a algún general amigo, si algún mando del M-19 —como sucedía frecuentemente con Iván Marino— estaba en riesgo extremo, podía llegar a Medellín y cubrirse bajo el techo de Pablo y sus hombres. Por eso Yaír afirma: «Pablo el narcotraficante, el bandido, siempre tuvo un criterio a favor de un proceso revolucionario en Colombia y fue un aliado, un admirador del M-19».

El desarrollo de la hacienda Nápoles nunca se detuvo. Pablo la surtió de animales, le construyó plaza de toros, la amplió a 3.000

hectáreas y la estaba arborizando porque quería que el río Cocorná, que cruza por sus tierras, se convirtiera en una fuente de oxígeno para el gran río de la Magdalena. También inició la construcción de una represa, con una isla en el centro, que llamaría la Isla de la Fantasía.

Las familias de Pablo y Gustavo disfrutaban las estadías en Nápoles. Tenían disponibles peones y medios de transporte para lo que quisieran. A Victoria, un trabajador le manejaba un carrito de golf por toda la hacienda. ¿Que quiere jugar tenis la señora? A recogerle las bolas; ¿que a dar una vuelta al zoológico?... Vamos... A los niños Juan Pablo y Gustavo los acompañaban permanentemente trabajadores. Gustavito, un poco mayor, practicaba *motocross* por todos esos montes con tanto entusiasmo que, para celebrar sus catorce años, su padre le construyó una moderna pista considerada por especialistas como la mejor del país. La inauguraron con una válida en la que compitieron los más reconocidos *crossistas* de Colombia y América Latina.

De los paseos por Nápoles, el que más los entusiasmaba era el de río Claro. Llevaban aerobotes en los *trailers*, y en la comitiva se incluían el *chef* y las cocineras. Abundaban las frutas, los refrescos, las carnes, los licores... Pablo prendía los motores —que suenan como una avioneta— y subía y bajaba por el río volando sobre el agua con la emoción de un niño, hasta que terminaba estrellado contra las piedras. Un helicóptero se llevaba el aerobote dañado y le traía uno bueno que de nuevo volvía chatarra.

A fines de 1980 abrió para el público un zoológico que exhibía cerca de mil animales fantásticos importados de diferentes lugares del mundo: hermosas cacatúas negras, rinocerontes, camellos, jirafas, hipopótamos, elefantes negros, cebras, alces, flamingos, avestruces, caballos pura sangre, caballos medianitos y ponys traídos de Argentina, toros pequeños y unos monos que mandó soltar al monte porque olían a demonio. Construir y dotar el zoológico con animales de todo el planeta tuvo sus dificultades. Cebras importadas ilegalmente fueron decomisadas por las autoridades y llevadas al zoológico oficial de la ciudad de Medellín. Según relató Pablo al periodista Germán Castro Caycedo, un empleado del zoológico se prestó para remplazar las cebras por unos burros pintados con franjas blancas y negras. El zoológico se convirtió en un gran atractivo. Miles de personas lo visitaban cada semana gratuitamente. «El zoológico es del pueblo colombiano y el dueño no puede pagar por visitar lo que es suyo», proclamaba Pablo con orgullo. No gustaba de los peces, las serpientes, los perros, los gatos, los tigres y los leones; amaba las aves exóticas y, según recuerda Arcángel, sólo cazaba ocasionalmente babillas. En el zoológico de Nápoles nació por primera vez en Colombia un dromedario en cautiverio. Pablo se sintió orgulloso, pero el animal se murió y el veterinario debió soportar su furia. En una ocasión, sus empleados enjaularon unos venados porque destruían los jardines. Él ordenó que los soltaran con una frase de cajón: «La libertad es muy linda».

La generosidad tenía su contraprestación: el estiércol de algunos de estos animales fue utilizado para untar los paquetes de cocaína y espantar con el olor a los perros que con su olfato la detectaban.

En las noches Pablo atendía algunos asuntos y se le escapaba a Victoria y a sus hijos para fumarse un vareto de marihuana. Se acostaba en la madrugada. Al mediodía siguiente desayunaba en el inmenso comedor al pie de la piscina. En ocasiones rompía su mutismo y hablaba de sus proyectos con los empleados de confianza. Y recibía a personas de la región que pasaban a pedirle plata. El párroco de Puerto Triunfo se bajaba en la portada y aunque los choferes de la hacienda le ofrecían entrarlo prefería caminar para llegar agitado y sudoroso, quejándose de la falta de carrito. Pablo, hombre piadoso, lo montó en su buen *jeep*, un campero Nissan, y el padre, en compensación por éste y otros favores, puso debajo del altar las fotografías de Pablo y Gustavo, para incluirlos en todos sus rezos.

Doña Hermilda, orgullosa de la prosperidad de su hijo, invitaba con frecuencia a sus compañeras del magisterio, asociadas a su grupo de las Damas Plateadas, dedicadas a obras de caridad y les mostraba altiva, detalle a detalle, los dominios de Nápoles que consideraba suyos. Las visitantes recibían la atención solícita pero distante de Pablo y se asombraban de ver tanta abundancia: si el televisor fallaba lo echaban a la basura y sacaban uno nuevo; si alguien pedía un cigarrillo le traían un cartón de diez paquetes; si pedía un trago, así fuera de la champaña más costosa, le traían una botella... «Miren y observen bien que esto no durará mucho», dijo uno de los asesores de Pablo al ver ese espejismo de la abundancia.

A veces las estadías en Nápoles no eran familiares. Pablo, Gustavo, Mario y sus hombres llegaban de rumba dura. Pablo disfrutaba la compañía de Mario, un personaje compulsivo con el vicio, al que nunca se veía en sus cabales, que llevaba con frecuencia grupos de música vallenata. También lo acompañaba Fernando, el otro cuñado, apodado Yerbas, porque mantenía el vareto encendido. «Bueno, llegó el Patrón, *güevones*, vamos es a trabajar —instruía Yerbas—. Saquen picadura de todo este Marlboro, y taquéenlo de marihuana». Le organizaban paquetes enteros de Marlboro con picadura de marihuana que luego ofrecía como cigarrillos normales a ingenuos fumadores de los que se burlaba al verlos caer en su pequeña trampa.

Una noche, a inicios de 1983 —es difícil precisar la fecha—, con el calor matizado por la brisa, en Nápoles, Pablo tenía una reunión especial con algunos de los capos importantes del país. Se sentía orgulloso de estar acompañado de Virginia Vallejo, la gran diva. Para dejarlos a todos boquiabiertos y envidiosos la presentó con parsimonia a cada uno de los invitados. «Él es Gonzalo, un hombre leal, que le gusta mucho comer y las cosas buenas», le dijo para presentarle al Mexicano, un hombre que seguía siendo, a pesar de su poder, un campesino rústico, tímido, ordinario en su modo de hablar, que usaba un sombrero de pelo de guama, adornado con la cabeza de una serpiente, crestas de gallo de pelea y una pequeña herradura de la buena suerte. Vestía sin gusto y lucía dorado: una cadena gruesa con un Cristo, un anillo con una esmeralda, pulsera, pero sobre todo se distinguía porque tenía un hálito a pólvora.

El Mexicano se había convertido en bandido al lado de Gilberto Molina, uno de los zares de las esmeraldas. Los esmeralderos, por sus viejas y extensas guerras, tenían aparatos militares grandes. Más tarde se especializó en exportar droga. Su fortuna y sus guerras fueron largamente conocidas. La zona de las esmeraldas, su territorio natural, se descolgaba hacia Puerto Boyacá, en la margen oriental del río Magdalena. Cruzando el río, a quince minutos por carretera; al lado de Puerto Triunfo, en Antioquia, estaba la hacienda Nápoles.

Esta región, la del Magdalena Medio, se convertiría, con el correr de los años, en el escenario del paramilitarismo y del narcotráfico. Y a partir de 1989, en uno de los escenarios de la guerra del Estado contra ambos capos —Pablo y el Mexicano—.

Se decía que el Mexicano pertenecía al cartel de Medellín, pero en realidad operaba en forma autónoma. Se hizo aliado de Pablo para enfrentar la extradición, a tal punto que llegaron a ser compadres y compartían aficiones como el fútbol, pero mantuvieron siempre grandes diferencias: mientras Pablo, hombre de ciudad, diplomático en su manera de ser, posaba de ser un hombre de izquierda, el Mexicano era campesino de trato brusco y de derecha pura.

Virginia saludó a Gustavo Gaviria, de quien sabía que era no sólo el socio mayor sino también una especie de alma gemela de Pablo. Todo lo que tenía uno lo tenía el otro. Si uno hacía una finca, el otro la hacía igual o mejor, si Pablo compraba algo para su habitación, lo mismo compraba Gustavo, le llegó el helicóptero a Pablo y llegó el otro para Gustavo, el avión a Pablo y otro igual a Gustavo. A eso jugaban.

«Él es Jorge Luis Ochoa, a quien ya conocés», dijo Pablo, y enseguida le presentó a Kiko Moncada. Un hombre que por su apariencia —bajito, delgadito y vestido sin gracia— daba la impresión de ser un don Nadie cuando en realidad se había convertido en una persona rica e importante del cartel. Había abierto rutas como la Fania, que permitieron exportar cocaína por muchos años. Moncada había llegado a Nápoles en un Ferrari de medio millón de dólares que le mostró orgulloso a sus compañeros.

Luego, Fernando el Negro Galeano, del municipio de Itagüí, quien se había iniciado en el mundo del delito, en los años setenta, siguiendo los pasos de un hermano mayor, ya para entonces muerto y hombre incondicional de Pablo que lo acompañaba en el negocio y en el tropel. También estaba el ya para entonces famoso Carlos Lehder.

Siguió Fidel Castaño, oriundo de Amalfi, un pueblo lejano del departamento de Antioquia, renombrado no por narcotraficante —oficio que ya había abandonado—, sino por su decisión de enfrentar a la guerrilla y a sus supuestos aliados. Castaño era un hombre recio, discreto, callado pero enfático, bien vestido, que sólo tomaba un poco de buen vino, que no fumaba y era deportista consumado. Trotaba diez kilómetros diarios aun en el calor de treinta o más grados del departamento de Córdoba, al norte de Colombia, donde tenía sus dominios. Un *gentleman*, dicen quienes lo conocieron. Castaño hacía el contraste con sus amigos porque no usaba carros pomposos o cosas semejantes, podía incluso desplazarse en autobús, taxi, en carros sencillos o a pie. Había comprado a un industrial una casa llamada Montecasino, que al parecer de algunos constructores era la más bella del Medellín de aquellos tiempos. Allí tenía una colección de arte y de vinos que despertaba la envidia de sus socios.

Así, uno a uno, Pablo le presentó sus amigos a Virginia. Pablo hablaba de todos con respeto y consideración y no se le traslucía que interiormente se sentía superior. Pensaba que, aunque ellos llegaran a superarlo, por ejemplo en riquezas, no lo equipararían en inteligencia y habilidad. Al verlos en esa fraternidad del mal no se podía sospechar que terminarían devorándose unos a otros.

Él se sentía orgulloso de estar acompañado de esta mujer que era sin duda en aquel entonces el símbolo de la belleza y de la fama en la farándula nacional. Y ella se mostraba halagada de ser la compañía del gran patrón. Pablo la retribuyó con atenciones y regalos. Hay quienes aseguran que le compró la fábrica de medias para la que hacía los comerciales y alcanzó a prometerle la compra de una programadora nacional de televisión. Pero la guerra y el desencanto, que suele suceder a muchos romances, se atravesaron.

Las mesas estaban dispuestas alrededor de la piscina de la casa grande. Para esta fiesta invitaron a un cantante español, a Montecristo, un humorista de la región, y para rematar, a un grupo de música vallenata. Más tarde escucharon rancheras.

La vieja generación de contrabandistas siguió desapareciendo. Al más allá viajó el Rey del Marlboro, cuando su avioneta estalló sobre los cielos de su hermosa finca en Caucasia. Unos años más tarde, al Padrino Alfredo Gómez, capo de capos, lo fulminó un infarto, cuando caminaba, en su apacible vejez, por una calle del Centro Suramericana de Medellín. Algunos narcos, que todavía lo recordaban como el gran maestro, enviaron flores. Le tenían agradecimiento porque había aportado un conocimiento que incluía rutas, formas de comprar autoridades y políticos de todo tipo, incluidos los presidenciables. Y Griselda, la Reina de la Coca, fue detenida y condenada a más de veinte años en Estados Unidos.

Con los nuevos traficantes, el negocio de la coca como una industria próspera se tecnificó. Por la alta humedad de la base de coca, Pablo instaló secadoras en Bolivia para disminuirla y lograr mayor rendimiento en el transporte. Pero la demanda seguía creciendo y traer la base de Perú y Bolivia se hacía cada vez más complejo por los controles aéreos; entonces se inició un plan de sustitución de importaciones. Se sembró en la Amazonia y la Orinoquia colombianas, en los años ochenta, coca de la variedad llamada peruana para abastecer directamente los laboratorios y eludir los controles aéreos.

Se consolidó la colonización coquera. Pobres de los campos, agobiados por la quiebra de la economía cafetera, pobres de las ciudades, cansados del desempleo o de los bajos ingresos, marcharon a talar las selvas en el suroriente del país, en regiones donde la guerrilla de las FARC llevaba años asentada y relativamente aislada. Pequeños caseríos crecieron hasta convertirse en prósperos pueblos y se fundaron nuevos asentamientos, como Medellín del Ariari.

Para expandir los cultivos entre los colonos de las selvas los narcos ofrecieron lo que el Estado nunca les había brindado: sistemas de crédito, asesoría técnica y ágiles sistemas de mercadeo. En las bonanzas, con la economía medida en gramos de coca o en dólares, se desataba un consumismo desmedido, pululaban los bares y las putas, y el carnaval. Una vida más cara que la de París. En esas regiones se afianzó una Colombia alejada del poder central e insondable como sus selvas, donde la guerrilla se constituyó en gobierno de facto.

Y esa misma selva se pobló de laboratorios. Pablo Correa, el Mexicano, los Ochoa y otros capos construyeron en las selvas del Yarí el más sofisticado complejo para el procesamiento de cocaína y lo llamaron Tranquilandia. Para llegar a la selva espesa e inaccesible ubicaron un pequeño descampado y desde el helicóptero bajaron hombres que abrieron un pequeño helipuerto. Aterrizaron helicópteros con más personas y equipos. Luego abrieron pista para que arribaran aviones pequeños e iniciaron el montaje del laboratorio.

Arcángel ayudó a reclutar personas para operar el laboratorio. «Necesitamos cincuenta paleros», decía y se apuntaban jóvenes de todo tipo, hasta de clase media, que ansiosos por el billete se iban a revolver las pailas donde se procesaba el alcaloide. «Necesitamos señoras para la cocina», y aparecían señoras trabajadoras que querían tener con qué levantar a los pelados. Cerca de Tranquilandia el Mexicano montó otro gran complejo coquero.

Hombres de las FARC que caminaron durante días a lo largo de la selva tomaron por asalto el laboratorio del Mexicano y le robaron dinero y mercancía. El Mexicano les reclamó a los mandos de las FARC y ellos le respondieron: «Debe pagarnos impuestos». Él no sólo se negó, sino que desde entonces juró aniquilarlos. El incidente daría origen a una larga y extenuante guerra.

Las FARC hegemonizaron la región. Los cocaleros, llamados *raspachines,* se constituyeron en su base social; y el tributo impuesto al comercio de la base de coca, llamado *gramaje*, se convirtió en su principal fuente de financiación. Así, el narcotráfico se convirtió desde esta década de los ochenta en el principal combustible para la marcha del proyecto de las FARC y le permitiría transformarse de una guerrilla campesina y periférica en un ejército mediano con capacidad real de desafiar el poder del Estado.

La hoja del árbol de coca es poderosa, dulce e ingenua. Como la fruta más completa, la definió Abraham Cowley, un botánico europeo sorprendido con su riqueza nutritiva. En esa selva la planta de coca existía desde siempre y desde siempre ha sido consumida por las comunidades indígenas a manera de mambeo —sus hojas tostadas convertidas en un fino polvo se mascan, les brinda gran capacidad física, por su poder alimenticio, y posibilidades de conexión espiritual en rituales colectivos, por su poder psicoactivo. Por eso la consideran una planta sagrada y al decir de los abuelos huitotos de la Amazonia, venderla es equivalente a vender el alma.

La coca que trajeron los narcos no sólo era una variedad diferente sino que, en esencia, se desconectaba de los circuitos culturales tradicionales para convertirse en una mercancía capitalista.

Es el poder químico de la coca —la cocaína—, transformado en bien ilegal pero apetecido, el que se convierte en una fuerza que desata destrucción y guerras.

En un libro que publicó en 1992, *Pablo Escobar en caricaturas*, cuando se hallaba recluido en la cárcel, Pablo incluyó un discurso en el que se recuerda la euforia que causó la cocaína en el siglo XIX cuando se utilizaba para fabricar bebidas que prometían la vitalidad y la juventud. Menciona los experimentos de Freud y de Karl Koller, quien la utilizó como anestesia, la masificación del consumo a lo largo del siglo en Estados Unidos, las campañas de prohibición, etc.

Es una reflexión que Pablo tenía presente: «Nunca las sociedades han logrado derrotar los vicios». Sabía que él podría ser derrotado pero que nunca serían suficientes los presupuestos ni los agentes dispuestos para este combate. La batalla contra el tráfico estaba perdida de antemano. Más que nadie, él sabía que el negocio se desarticularía sólo cuando fuera legalizado.

Capítulo IV

A la prosperidad y la fama de Pablo se sumó, a mediados de 1983, la grata noticia de un nuevo embarazo de Victoria. «El Patrón, como buen cristiano y buen paisa, quería un hogar con numerosos hijos, como las ancestrales familias de la región», dice Arcángel. Al final sólo tuvo dos porque le aparecieron obstáculos que harían virar su vida hacia caminos inciertos. Este período de hombre público y líder político se cerró cuando decidió matar al ministro de Justicia Rodrigo Lara Bonilla.

Pablo ya tenía dinero, todo el dinero del mundo —que le había permitido comprar tolerancia oficial y aceptación de una parte de la clase política—, pero quería el roce social que le diera distinción y borrara su origen humilde y su marca de bandido. Pero se encontró con el rechazo de la elite tradicional, que empezó a percibirlo como un peligro y le negó el acceso a sus círculos, incluido el prestigioso Club Campestre de Medellín. Pablo, lleno de rabia, financió una larga huelga de los trabajadores de este club; pero no hizo lo de José Santacruz, el capo de Cali, que cuando le negaron el acceso al Club Colombia construyó un club igual para él.

Los blancos —como aún llama la gente del común a los ricos tradicionales en Medellín— formaron una logia empresarial para impedir que los narcos se tomaran las empresas de la región. No querían que las utilizaran como medio para blanquear dinero, como lo había hecho Al Capone con las lavanderías de Chicago. Pablo ofreció, por ejemplo, comprar un paquete de acciones de una fábrica de cementos ubicada en Puerto Triunfo, cerca de la hacienda Nápoles. «A ese señor no le podemos vender acciones», respondieron. «Entonces, ¿cuánto vale toda la fábrica?», mandó preguntar. «No está en venta». «Entonces, ¿a cuántos hay que matar para que la vendan?», preguntó a su intermediario en privado con los ácidos alborotados.

A los traficantes de Medellín les quedó como opción invertir en tierras y en construcción. Sus dólares desvirtuaron la economía de estos sectores, la volvieron especulativa y falsa, y desataron una inflación sin precedentes. No tenían la infraestructura para convertir ese dinero en riqueza productiva, al final los grupos económicos del establecimiento, sin que los escrúpulos los estremecieran, fueron los que a través de los vasos comunicantes de la economía aprovecharon la bonanza.

Sin embargo, los blancos no pudieron evitar que algunos municipios se convirtieran en fortalezas de Pablo, como Cicero, un suburbio de Chicago que Al Capone controlaba electoralmente, donde las autoridades eran de su bolsillo y sus hombres se movían libremente. Situado en el extremo sur del Valle de Aburrá, La Estrella, un pequeño pueblo donde abundaban los conventos católicos, se consolidó como un centro clave del narcotráfico y, con la tutela de Elkin Correa y Jorge Mico, en cuna de una buena parte de los matones de Pablo.

En el parque de La Estrella, en una vieja casona, Elkin Correa había montado la taberna Los Trece Botones —nombre copiado de un bar de Miami—, que se convirtió en un centro social del narcotráfico. El sitio lo frecuentaban alumnos aventajados de la escuela del sicariato, como Mario Alberto Castaño, el Chopo. Se trataba de un hombre de sangre caliente, horrísono, de bigote y con tatuaje de águila; tenía entre sus méritos haber pasado de niño por el reformatorio, haber matado a personas por un simple gesto de burla, pegarle un tiro en una pierna a su mujer porque, en un descuido, a su primogénito lo atropelló un camión; enfrentarse con la Policía y amenazar con acabar el pueblo si no dejaba en libertad a su mujer y a su hija (el alcalde, temeroso, ordenó que las liberaran); golpear y arrastrar del pelo a su ex mujer, como a trasto propio, e impedirle volver a hacer pareja, matando incluso a uno de sus novios en la sala de la casa.

Tanta fama tenía el Chopo en las artes de matar que Pablo decía: «Ojo con el Chopo cuando se le agudice su tartamudez». Y es que cuando se aceleraba, las palabras se le atascaban en la boca, sólo podía hablar con el gatillo. Pero no sólo era bravo, también lo dominaba la vanidad. El Chopo llegó a Los Trece Botones y al encontrar a Elkin Correa estrenando ropa de pies a cabeza, le dijo: «Yo al lado tuyo parezco un mayordomo». Inmediatamente salió. En un almacén exclusivo se vistió, también de pies a cabeza, con Yves St Laurent. Al regresar, muy engreído, lo miró desafiante: «Ahora sí podemos andar juntos, papacito», y se sentó a tomar aguardiente y a escuchar la canción salsera *Juanito Alimaña* de Willy Colón, en la que sentía reflejada su vida:

La calle es una selva de cemento y de fieras salvajes, ¡cómo no!
ya no hay quién salga loco de contento donde quieras te espera
lo peor Juanito Alimaña… Es malicia fina…

El otro alumno destacado de La Estrella era Rubén, la Yuca —analfabeto funcional—, proveniente de una familia humilde, quien encontró en matar la forma de enriquecerse. Pablo lo llamaba la temible Yuca. Al inicio de su prosperidad se encerraba en reuniones promiscuas a fumar basuco, una especie de *crack* criollo —al que se había aficionado en exceso—, y encalambrado, con el espíritu arácnido dominando su carácter, se acordaba de personas que lo habían maltratado de niño y salía, pistola en mano, a cobrar su venganza. En su progreso se había convertido, gracias al grupo político Renovación Liberal, en honorable concejal del municipio.

Los bandidos de La Estrella alternaban las escaramuzas —podían llegar a darse bala por el resultado de un partido de fútbol— con las oraciones a la Virgen de Chiquinquirá, patrona del municipio. Ellos, devotos feligreses, le patrocinaban la organización de solemnes comparsas de sus barrios y le contrataban bandas de música para las procesiones.

En el escenario nacional cobró importancia Rodrigo Lara Bonilla, el galanista, nombrado ministro de Justicia en 1982. Lara libró una lucha frontal contra los narcos y señaló a Pablo como creador de la organización MAS. También entró como nuevo actor protagónico el coronel Jaime Ramírez, director de la Policía Antinarcóticos, quien entregó evidencias contra treinta personas vinculadas al narcotráfico con las que el ministro removió investigaciones penales que habían sido archivadas; paralizó varios centenares de avionetas utilizadas para el transporte de cocaína y denunció la vinculación de los dineros calientes al fútbol y a la política.

Lara —quien se presentaba como adalid de la moral y la renovación—, trenzado en una compleja partida, estudiaba herramientas legales para prohibir el porte de armas a personas vinculadas con el narcotráfico y promovía tratados bilaterales con Venezuela, Bolivia y Perú para combatirlos. Los narcos se irritaron.

Galán, enterado de que Jairo Ortega le preparaba un debate a Lara, le ofreció apoyo; Lara lo tranquilizó: «No va a pasar nada». Pero en esta partida Lara —inexperto y quizá desconocedor del poder de sus enemigos— perdió porque había hecho una jugada equivocada: recibió de Evaristo Porras, un hombre con el que se conocía de tiempo atrás, un cheque de un millón de pesos para las arcas de su organización galanista en el departamento del Huila.

La copia del cheque la presentó Ortega, en un debate en la Cámara, el 16 de agosto de 1983, y sin rodeos aseguró que era dinero caliente. Ortega presentó, además, como prueba, una grabación de audio de la reunión de Lara con los narcotraficantes.

Galán sabía que esa reunión se había realizado. En su momento el propio Lara le informó de estos contactos y le comentó que había rechazado un dinero que le ofrecieron. Galán, cuando presenció el debate en la Cámara y escuchó la grabación, intentó conversar con Lara, pero éste esquivó el encuentro. Galán, entonces, le nombró un tribunal ético del Nuevo Liberalismo; Lara lo entendió como una manera de cuestionarlo públicamente —de darle la razón a sus enemigos— por lo que se negó a rendir cuentas y se distanció.

La trampa del cheque la había ideado Pablo días después de que Galán y Lara lo expulsaron de la campaña presidencial. Porras —enlace clave en el tránsito de la base de coca desde las selvas de Perú,

Brasil y Colombia— le dijo que conocía personalmente al ministro. Probablemente escogieron a Lara porque era un tipo brillante, el indudable sucesor de Galán en el movimiento, pero amigo de la rumba y por lo tanto más fácil de engatusar.

Porras citó a Lara a una reunión en un salón del hotel Hilton de Bogotá, en el que previamente había escondido una cámara de video. Como el ministro tardó, las baterías de la cámara se descargaron y la grabación en la que supuestamente se le ve aspirando cocaína es borrosa.

Desatado el escándalo, Betancur lo respaldó. Tal vez, consciente de que a su campaña y a la de los liberales habían ingresado dineros calientes, quería evitar que los narcos convirtieran esas evidencias en medio de presión contra su gobierno.

En los meses siguientes, con los narcos a la ofensiva y el ministro toreado, se vino una catarata de acontecimientos que cambiaron para siempre la vida de los implicados.

Una tarde de ese septiembre, la tropa de La Estrella esperaba una de las ocasionales visitas del Patrón. Como la tribu que espera a su sumo sacerdote, se concentraron los hombres de La Estrella y algunos invitados de otras zonas de la ciudad. Entre ellos sobresalía Pinina, quien había pasado en corto tiempo de maletero a jefe militar. Para llegar a este punto, según el lenguaje que usaban, Pinina había *probado finura*: no mostró, ante ninguna circunstancia, el instinto del miedo, no se arredró frente a ninguna orden, se hizo amigo de la muerte y demostró una lealtad sin límites. Pablo descubrió en él a un guerrero nato con una gran capacidad de organización y espíritu sobrio.

Cuando Pablo llegó ya estaban listos dos equipos para jugar un *picadito* de fútbol. Pablo jugó, como siempre, de delantero y todos sus compañeros —lleve Patrón— le servían el balón. Como entraba y salía con frecuencia de la cancha a atender llamadas, el partido se estiró unas tres horas. En la noche llegaron las hembras busconas y Chalito Marín, gloria del ciclismo local, invitado especial a la fiesta, enloqueció tocándoles el culo. Pablo, como de costumbre, desde un rincón miraba a distancia el ambiente profano, como un rey que mira a sus súbditos, cuando le avisaron que el noticiero estaba pasando un informe de la cadena ABC. Pablo, al verse señalado como capo del narcotráfico y poseedor de un capital superior a los dos mil millones de dólares, se calentó. Los presentes, amontonados alrededor del televisor, se congraciaron con escasas pero elocuentes palabras: «Hay muchos hijueputas que andan hablando mal de nosotros, pero que se atengan», dijo, pluralizando la causa de los que lo rodeaban, emergentes y guerreros, a los que hizo sentir capaces de desafiar todos los poderes.

Al día siguiente anunció a la prensa que demandaría a la cadena de televisión: «Vamos a acabar de una vez por todas con las calumnias que me están haciendo, no solamente en Colombia sino también en el extranjero, yo no registro antecedentes de narcotráfico ni en los Estados Unidos ni en este país».

A estas alturas, con la notoriedad que había adquirido, a todos intrigaba su pasado. No provenía de una familia adinerada pero todos sabían de su incalculable fortuna. (Había aparecido junto al Mexicano y Jorge Luis Ochoa en la lista de *Forbes* entre los hombres más ricos del mundo; interiormente sentía satisfacción de aparecer en ese listado selecto al lado de Rockefeller.) Los rumores lo mencionaban como un gran narcotraficante, pero no existían contra él pruebas judiciales. O no se conocían hasta que el señor Guillermo Cano, director del periódico *El Espectador* de Bogotá, siguiendo una intuición buscó pacientemente en los archivos del periódico y se encontró una larga reseña de 1976 donde aparece Pablo implicado en tráfico de drogas. Cano publicó la información:

> «El representante suplente a la Cámara por el santofimismo, Pablo Escobar Gaviria, figura entre los seis individuos capturados el 9 de junio de 1976 en la localidad antioqueña de Itagüí con un cargamento de 39 libras de cocaína como culminación de un operativo montado por la seccional del DAS Antioquia.»

Había sido la segunda, última y ya olvidada detención, refundida entre centenares que se publicaron en esos años sobre personas vinculadas al tráfico de cocaína. A estas alturas el jefe del DAS, Monroy Arenas, y los agentes que lo habían detenido ya habían sido asesinados, y la juez Mariela Espinosa, quien se había negado

118

a absolverlo, y a la que ya le habían quemado o robado tres carros, seguía pagando su condena de andar a pie.

Pablo no perdonó a quienes lo capturaron, y ahora no perdonaría a quienes reviviendo ese pasado —que percibía como una actividad comercial— saboteaban su carrera de político. De todas maneras, para tapar el sol con las manos, para tratar de que la información no se difundiera, entregó fajos de billetes a sus bandidos y los envió por Medellín en camionetas a comprar la edición del periódico hasta agotarla. «Lo que cueste, que no quede ni un solo ejemplar», les dijo. Pero la noticia fue trillada día y noche por prensa, radio y televisión. En venganza, desde entonces en Envigado se vigilaba a quien comprara *El Espectador*, y en Puerto Triunfo y Puerto Boyacá se distribuyó un volante que decía: «Si quieres al Magdalena Medio no compres *El Espectador*».

La publicación le hizo recordar a Pablo a Mariela Espinosa, a quien responsabilizaba de su reseña judicial y envió a sus hombres a que lanzaran bombas incendiarias contra su juzgado en el Palacio Nacional. El despacho quedó en cenizas.

Villamizar piensa que, tras el escándalo del cheque, con su imagen pública cuestionada, Lara se fue de cabeza hacia la muerte. Para limpiar su nombre arreció las acciones contra los narcos y estrechó sus relaciones con Estados Unidos. En respuesta, el asedio sobre él se estrechó: la policía secreta capturó a cuatro sujetos que, en complicidad con funcionarios de la telefónica de Bogotá, habían interceptado los teléfonos de su despacho y de su residencia.

«Yo sé lo que me espera al denunciar a los mafiosos, pero eso no me amedrenta y si debo pagar con mi vida, que así sea —dijo el ministro—. Mi misión es ayudarle al país a que tenga pronta y eficaz justicia y no dejarme enredar en cáscaras. Ha ocurrido que aquellos individuos que se enriquecen de la noche a la mañana, que se amparan en que no hay pruebas, se atreven a llegar al Congreso. Eso es inaceptable y el deber mío es informar si eso ocurre.»

Lara seguidamente libró orden de captura con fines de extradición contra Lehder, quien se declaró guerrillero insurrecto, se ocultó y dijo que sostendría la resistencia desde las llanuras y las selvas del oriente del país. La situación se caldeó. Pablo, aconsejado por un asesor, afirmó en una rueda de prensa que no tenía problema con la justicia estadounidense y exhibió orgulloso su pasaporte con visa vigente para Estados Unidos. Al día siguiente la Embajada se la canceló.

Lara sabía que su enemigo central era Pablo, y el gran obstáculo para enfrentarlo, la inmunidad que le daba el hecho de ser parlamentario. A Gustavo Zuluaga, juez Décimo Superior, le correspondió reabrir el proceso por los asesinatos de los agentes del DAS que habían detenido a Pablo en 1976. Zuluaga era un hombre de un poco más de 40 años, narizón, de mediana estatura, lucía gafas, tenía alguna dificultad para caminar y una aparente debilidad física que contrastaba con la fortaleza de su carácter y su verticalidad contra la corrupción. Cuando firmó la resolución de acusación contra Pablo llamó a su secretario. «Acabo de firmar esto —le dijo y se echó la bendición—, me pongo en las manos de Dios porque puedo estar firmando mi propia sentencia de muerte, pero la justicia está por encima de los hombres».

Para notificarse de la decisión judicial, Pablo apareció rodeado de tal cantidad de guardaespaldas y seguidores que la calle Carabobo, donde quedaba el juzgado, debió ser cerrada. Quería desde luego impresionar al juez. Pero Zuluaga contaba con el respaldo del gobierno. Así se lo hizo saber Lara cuando lo llamó para expresarle la solidaridad y para resaltar su espíritu patriótico por haber adoptado la decisión. Pablo aseguraba, sin embargo, que el juez, al que calificó de prevaricador, había tomado la decisión, con más fundamentos políticos que jurídicos, para congraciarse con el ministro y lograr un ascenso, y lo sentenció.

Con ese auto de detención, Lara logró que, el 20 de octubre de 1983, la Cámara de Representantes le levantara la inmunidad parlamentaria. El tinglado de Pablo empezó a desbaratarse. Santofimio viajó de Bogotá a Medellín para pedirle que le firmara la carta de renuncia a su movimiento. Pablo, al ver la carta redactada, le dijo airado: «¡Las cartas las escribo yo, doctor Santofimio!».

Pablo sufría la primera gran derrota de su vida. Hasta ahora había rodado sobre rieles, su fortuna era inmensa, tenía la obediencia de todos —los traficantes— en Medellín y un gran reconocimiento dentro del gremio en el país. Había logrado aceptación en sectores importantes del establecimiento militar, económico y político, y había caminado exitosamente por el sendero del liderazgo social. Incluso pensaba que, así como los Kennedy en Estados Unidos habían pasado de ser contrabandistas de whisky a presidentes y presidenciables, él mismo y sus hijos, en una república como Colombia donde se compran los apellidos y el honor, podría repetir la historia. Pero no. Ahora resultaba que lo declaraban proscrito mientras quienes tenían el poder oficial, también llenos de pecados, podían seguir tranquilos. No lo entendía y atribuía esos obstáculos al empecinamiento del ministro Lara y al espíritu torcido de los políticos que ahora le daban la espalda y en quienes nunca más volvería a confiar.

Así lo explicitó cuando unas semanas después presentó su renuncia a la política:

«Hago público mi definitivo y total retiro de la política. Decisión ésta que adopté desde el mes de septiembre del año pasado, que es inmodificable y la ratifico no obstante el caudaloso plebiscito de solidaridad que me ha llegado de todos los municipios y de los barrios populares de Medellín. Seguiré en lucha franca contra las oligarquías y las injusticias, y contra los conciliábulos partidistas, autores del drama eterno de las burlas al pueblo, y menos aún los politiqueros: indolentes en esencia ante el dolor del prójimo y arribistas de siempre cuando se trata de la partija burocrática. Por ello mismo me duele el deprimente contraste de los que nada tienen frente a los que sólo entienden por exclusiva divisa de sus vidas el acumular capital, oportunidades y ventajas, que lejos están de cumplir función social alguna. Bien establezco ahora la enorme diferencia entre mis 17 años de ardua e infatigable lucha cívica, frente a los escasos meses de mi activa participación en política, a la cual me entregué íntegro pensando que a través de ella podrían canalizarse muchos factores y recursos a favor del pueblo. Para finalmente concluir que los apremios y dolencias populares están distantes de la sensibilidad de los políticos cuyas egoístas miras sólo se encuentran fijas en retocar sus deterioradas imágenes narcisistas y acrecentar sus tambaleantes feudos podridos.»

A pesar de este triunfo, o quizá impulsado por él, el ministro no bajó la guardia; al contrario, el 12 de marzo de 1984, con el apoyo de la DEA se tomó por asalto Tranquilandia, que según las autoridades era el mayor centro de procesamiento de coca en América Latina. Agentes de la DEA instalaron en una de las canecas de un cargamento de precursores químicos un transmisor conectado a un satélite, que les permitió establecer las coordenadas del punto de llegada en un sitio a orillas del río Yarí. El operativo de asalto lo coordinó el coronel Ramírez, al mando de cien hombres de la Policía. El ministro informó orgulloso y sorprendido que habían confiscado cocaína avaluada en millones de dólares, detenido a cuarenta personas, retenido tres avionetas y dos helicópteros, y describió algunos detalles del laboratorio: contaba con una pista de 1.500 metros que operaba día y noche con modernos instrumentos de aeronavegación; a los campamentos se llegaba por corredores levantados sobre canecas; gigantescas plantas generaban la energía para el complejo; contaban con un pequeño centro médico y una droguería surtida especialmente para el tratamiento de paludismo, mal endémico de la selva; había un gran corral con gallinas, cerdos, pavos y conejos, y cantidades de comida enlatada procedente de Brasil y Perú; el día domingo degustaban manjares y podían hasta bañarse en cerveza enlatada; para evadir el encierro, de cuando en cuando los patrones transportaban a los trabajadores a las ciudades de origen en los aviones de la organización. Se trataba de paliativos para bajarles a los trabajadores el acelere que dan los vapores químicos, los cuales hacen perder el apetito, escurren el cuerpo, opacan la piel y embalan el espíritu.

Según la versión oficial, en campamentos que rodeaban el laboratorio se encontraban unos cien guerrilleros, que junto a los narcotraficantes huyeron por trochas y en balsas a lo largo del río Yarí. Basado en esta información, el embajador estadounidense Lewis Tambs acuñó un término que los militares y sectores de derecha usan desde entonces para referirse a la insurgencia: la narcoguerrilla. En realidad, aunque la guerrilla poco a poco se involucró en el negocio de la droga, cobrando impuestos por los cultivos y cuidando laboratorios, en esa ocasión se trataba de hombres armados que los

122

narcos habían dispuesto para cuidarse precisamente de las amenazas de las FARC.

Por esta época entró a escena el general Miguel Maza Márquez —hombre de origen guajiro, bajito y macizo—, que se desempeñaba como comandante de la Dijin —la Inteligencia de la Policía— y quien sería protagónico en esta historia.

«Se hablaba de un congresista —dice Maza— al que sus colegas llamaban Pablito, que los fines de semana invitaba a personajes de la vida nacional a su hacienda Nápoles, les brindaba *shows* con artistas internacionales, con bellas damas y excelente trago, el congresista número uno, el más famoso, por ser el mejor anfitrión de la época, cualquiera se sentía complacido de ser invitado a sus lares.»

Se sabía también que Pablo y otros narcos asistían a fiestas en las que eran recibidos con bombo y platillos por exclusivos círculos bogotanos.

Tras el asalto a Tranquilandia, el coronel Ramírez, ángel de la guarda del ministro, se comunicó por teléfono con Maza: «Pablo y sus socios están más irritados que nunca, tienen acorralado al ministro, le controlan la casa y la oficina, todos los teléfonos están interceptados». Se desató una presión que hacía presagiar lo peor. Maza vio a Lara caminar hacia una especie de suicidio, como si la inmolación le brindara la purificación, le eliminara la mancha escandalosa de sus supuestos nexos con el narcotráfico.

Para matar a Lara, Pablo les ofrece a los miembros del M-19 150 millones de pesos. Ellos no sólo se niegan, sino que además le advierten de los riesgos de atacar al galanismo, al que consideran la fracción más progresista del gobierno. Pero a Pablo —instinto puro, sangre densa— sólo le interesa la venganza y envía su propio comando a Bogotá. Los hombres del Cartel de Cali le sugieren que espere, que Lara pronto saldrá del Ministerio y se irá a una embajada, que lo mate cuando sea embajador. «A mí me faltó el ministro y no el embajador», dice Pablo, y ratifica la orden. Asedian al ministro durante meses. Intentan matarlo en carros camuflados como ambulancias, desde un carro blindado con siete hombres con fusiles R-15, pero el ministro se escapa por minutos, por segundos, por un obstáculo inesperado.

«Hay que matarlo como sea», insiste Pablo. Pinina y el Chopo se apersonan. Reclutan a Ivan Darío Guizado y Byron Velásquez —disparador y conductor— para que ejecuten al ministro desde una moto. En Bogotá se encuentran con la avanzada y se instalan en el hotel Victoria, al frente del Ministerio de Justicia, en pleno centro de la ciudad. Un grupo controlaba los movimientos del ministro desde una habitación del propio hotel. Otro grupo hacía los seguimientos en las calles, para establecer las rutas. A este oficio de la inteligencia lo llaman cantoneo y al especializado en la labor cantonero. Con las observaciones de los cantoneros dibujan sobre un mapa dos rutas posibles que el ministro tiene para llegar a su casa, en la urbanización Los Frailes, al norte de Bogotá; señalan los puntos donde estarán ubicados los comandos y las rutas de evacuación.

En el tiempo libre, según lo cuentan en los expedientes, estos bandidos rumbean en un Renault 12 color verde y, como en francachela, piden comida, licor, ríen a carcajadas y sabotean a las camareras. El 29 de abril el Chopo se despide, esperará la noticia en La Estrella.

El día siguiente, 30 de abril de 1984, al caer la noche, cuando el Mercedes Benz del ministro toma la avenida Circunvalar por los cerros orientales, alertan al comando. Guizado se acomoda una estampa de la Virgen entre los calzoncillos. «Se acabó esta espera, mamacita, protéjame», dice Velásquez, mientras besa una imagen de María Auxiliadora, y lo sigue. A las 7 y 20, cuando el Mercedes desemboca de nuevo a las avenidas de la ciudad, el tráfico es lento. A la altura de la calle 125, rumbo al occidente de la ciudad, una moto Yamaha 175 de color rojo se aproxima a la ventanilla trasera, Guizado descarga la ráfaga sobre el ministro, la moto arranca a alta velocidad; Guizado mira hacia atrás e intenta ametrallar el vehículo del DAS que los sigue, pero las maniobras del conductor le impiden apuntar bien, lanza una granada que estalla en una zona verde. Empieza a llover y el piso se pone liso como jabón. La patrulla del DAS prácticamente los alcanza. «Me dieron», dice Guizado. «Creo que a mí también», dice Velásquez. La misma bala los hiere a los dos. Guizado recibe otro tiro y pierde el equilibrio. Al tomar la curva para salir a la avenida Boyacá se estrellan contra el andén y caen pesadamente. Guizado, golpeado en el parietal derecho, muere instantáneamente; Velásquez, el conductor, queda tendido, inconsciente y herido.

La reseña oficial dice que los dos portaban chaleco antibalas, dos granadas MK-2, un revólver 38 largo y una ametralladora Ingram de fabricación belga con un proveedor de cincuenta balas. El difunto vestía pantalón gris, zapatos negros, camiseta blanca, chompa impermeable de color azul y llevaba pegada con un gancho en su pantaloncillo una estampa en plástico de la Virgen. En la chompa se encontraron once billetes de $500, dos de $20, una moneda de $1, una cajetilla de cigarrillos y cinco fracciones de lotería con el número 6924. Al conductor, identificado como Byron Velásquez, de apenas 16 años, lo llevan a los calabozos del DAS.

Mientras cae agua a cántaros sobre Bogotá, los escoltas tratan de salvar al ministro, pero tres impactos —en el brazo, en el tórax y en una pierna— le ocasionan la muerte en el camino a la clínica Shaio. Cuando la noticia se propaga por los medios de comunicación, mientras el país delira en aparente dolor, el Chopo encabeza la celebración en Los Trece Botones, en La Estrella; ha coronado su primer gran negocio y ha ratificado la confianza que le tiene el Patrón.

Pablo y algunos de sus amigos regresan de pescar en el río La Miel. Cuando arriba a Nápoles le informan sobre la esperada noticia. No hace aspavientos, no es su costumbre, pero en lo íntimo siente que su honor ha quedado a salvo. Ese hombre sin riqueza ni gloria debía morir porque osó desafiarlo. Todos quedan sobre aviso: no tendrá límite para atacar a quienes, sin importar su rango, lo desafíen. Éste sería el mecanismo que su conciencia, y la de sus allegados, aplicaría: quienes quisieran investigarlo o aplicarle la ley serían culpables de perseguirlo porque una ley superior indicaba que él, por siempre, hiciera lo que hiciera, estaría eximido de ser castigado. Tras un gesto de satisfacción parte de inmediato a una de sus caletas en la selva.

A Lara Bonilla se le da sepultura en Neiva, su ciudad natal, con la asistencia del presidente Belisario Betancur; los ex presidentes

López, Turbay y Pastrana; el dirigente conservador Álvaro Gómez Hurtado; el presidente de la Cámara César Gaviria; el procurador Carlos Jiménez Gómez; el coronel Ramírez, y Luis Carlos Galán, quien con gesto adusto y dolido encabeza a quienes cargan el féretro. «Alto ahí, enemigos de la humanidad, Colombia los extraditará», proclama indignado el presidente Betancur en la catedral y ordena acrecentar las operaciones contra el narcotráfico.

A pesar de los miles de allanamientos y de detenciones a granel, la lucha del presidente fue infructuosa. Pablo consideró la decisión de extraditar colombianos como una falta de Betancur a sus promesas electorales y para desacreditarlo pensó en presentar pruebas que demostraban los aportes que habían hecho a su campaña. Guido Parra —quien ahora oficiaba como su abogado— lo convenció de que sería un error. «Será peor el remedio que la enfermedad, el país está dolido y el presidente está muy fortalecido, si se lo ataca el pueblo lo va a rodear», le dijo. Pablo aceptó el razonamiento pero no dejó de llevar a Betancur entre ceja y ceja. «Lo llevaba en la bilis», fue la expresión de Arcángel.

El general Maza sintió dolor por Lara, ese hombre joven con deseo de vivir, que quería ser útil al país; rabia contra sus victimarios y espanto porque ese tipo de acciones, los magnicidios —sólo ejecutadas hasta entonces por la guerrilla—, evidenciaban el poder de la mafia. Le llamó la atención la edad y la condición del detenido —un muchacho de 16 años, hijo de una mujer que vendía drogas, originario de Manrique, un barrio popular de Medellín—, y escribe para la prensa un ensayo en el que hace notar que la trayectoria delictiva de los sicarios empieza con su utilización como intermediarios en el ejercicio de amenazas y con entrenamiento en el hurto, conducción y acondicionamiento de automóviles y motocicletas, manejo de armas, prácticas de tiro al blanco, maniobras de seguimiento y vigilancia, y finalmente su conversión en asesinos.

Oficiales del DAS llevaron a Velásquez al cerro de Monserrate, desde donde se domina Bogotá. Allí, colgado de pies, sobre el vacío, se reventó y cantó: lo habían reclutado porque, además de iniciado en el mundo del delito, se había hecho famoso por los piques y cabriolas que ejecutaba en las empinadas calles de su barrio en una moto de 250 cm^3. Conducir una moto para que alguien disparara le parecía sencillo; sin embargo, para lograr amparo celestial, antes de viajar a Bogotá asistió a misa al Santuario de María Auxiliadora en Sabaneta y le prometió que si *coronaba la vuelta* iría cada martes durante seis meses a rezarle. Él sabía que el padre Ramón Arcila, el párroco del santuario, tenía un halo especial y una santidad demostrada. El propio padre había descubierto sus poderes en una ocasión en que, transitando a alta velocidad por una carretera, al abrirse la puerta del carro, salió volando, y al invocar a la Virgen descendió en el piso suavemente, como si lo hiciera sobre cojines mullidos. En los pueblos de Antioquia, donde se desempeñó como pastor, era conocido por sus poderes para curar, pero su fama creció aún más cuando, en Sabaneta, un día de solsticio mientras oficiaba la misa, los feligreses vieron el rostro de María en el púlpito. Desde esa aparición la fe y las peticiones se multiplicaron. Curó el cáncer, dio el habla normal a un tartamudo, hizo caminar a paralíticos y sacó a muchos de la quiebra. Pero el padre, humilde por naturaleza, no se quedaba con los créditos, insistía en que todo se lo debía a la Virgen, y se definía como un simple mediador. Al terminar las misas rociaba agua bendita a los feligreses.

En el auge de su popularidad, el padre Arcila y la Virgen empezaron a recibir peticiones extrañas: los traquetos le pedían, por ejemplo, que el cargamento de coca llegara bien a Estados Unidos, y los pistoleros, que les diera puntería y valor. Peticiones que hicieron que a esta Santísima Virgen, la Auxiliadora, se la llamara la Virgen de los sicarios y que su fama se extendiera por doquier, especialmente entre los *malandros* que, de muchos rincones, acudieron a ella presurosos y piadosos a pedirle que sus empresas, siempre contrarias al Código Penal, tuvieran éxito. Ellos en retribución le encendían velas, le rezaban, le escribían cartas, comulgaban, se confesaban y daban diezmos —generosas limosnas, muy importantes cuando se espera recibir favores celestiales—. Esta fe creció al ritmo que crecían las bandas al servicio del narcotráfico hasta tal punto que en el Valle de Aburrá 67 parroquias dedicaban su culto a la Virgen María y sólo 32 a Jesucristo.

Velásquez estacionó al lado de decenas de motos que el padre, quien había ampliado los servicios, bendecía solícito. Los fieles eran en su mayoría jóvenes que se movían bajo el móvil del dinero, en una actitud desafiante de la muerte, que formaron el *parlache* como un lenguaje propio, unas maneras religiosas, una devoción cargada de imágenes, promesas y fetiches, y una afición desmedida por la rumba y el consumo; protagonizaban guerras, afinaban su puntería en animales o en transeúntes desprevenidos y enterraban a sus hombres en ceremonias llenas de música y carnaval. A todos ellos les sobraba fe, veían en María a una madre verdadera que ama a sus hijos y protege el hogar, por ello portaban imágenes suyas en la moto, en la chaqueta y en un escapulario que llevaban atado en el pie derecho.

Con el testimonio de Velásquez y las huellas que los hombres de Pablo habían dejado en Bogotá, las autoridades identificaron a parte de los autores del magnicidio. La camarera del hotel habló de la presencia de unos paisas, a quienes definió como comelones, bullosos y groseros. Revisando el registro de llamadas del hotel, apareció el número correspondiente a una casa en La Estrella. Además, el dueño de un parqueadero reportó a la Policía un automóvil Renault verde abandonado, con un chaleco antibalas y una granada adentro. Localizado el propietario, aseguró haberlo vendido a un paisa, del cual tenía un número de teléfono que resultó ser de nuevo de la familia del Chopo. Cuando las autoridades allanaron la casa en La Estrella, resultó ser la casa de los suegros del Chopo. El suegro —que no quería al animal que le había correspondido como yerno— lo delató: «Sí, él participó en el operativo», dijo a la Policía.

«A Velásquez lo condenaron a doce años de prisión. El Chopo y Pinina se fueron de difuntos, muchos años después, sin que la audiencia para juzgarlos se pudiera realizar», dice Arcángel.

Tras la muerte del ministro Lara, ante la arremetida del gobierno, los capos salieron en estampida. A Gustavo Gaviria, Pablo y Victoria —con embarazo avanzado— los embarcó Arcángel en alrededores de La Estrella en un helicóptero. También salieron los Ochoa, el Mexicano y Lehder. En Panamá los recibió Mauricio Restrepo.

En Panamá el nacimiento de Manuela le trajo a Pablo una enorme felicidad. Tener una parejita, sobre todo un primogénito varón seguido por una mujer le parecía ideal. Afianzó la convicción de no tener jamás hijos por fuera de su matrimonio.

Pocos días después del bautizo, sufriendo por primera vez las condiciones de un exilio impredecible, sin estar acostumbrados a huir, los capos se pusieron de acuerdo y regresaron a Colombia para explorar una salida negociada con el gobierno.

Pablo aprovechó su estadía en Medellín para instruir a su madre sobre el proceder con las casas que estaba construyendo para los habitantes del barrio Moravia. Doña Hermilda se reunió con la comunidad: «Pablo, para evitar que el gobierno se quede con las casas, pide que a toda costa, con los sacrificios que sean, que se vayan para las casitas, aunque algunas no estén terminadas». Las casas se asignaron en estricto orden. Empezando por quienes vivían en la cima del cerro de basuras. Una romería de gentes salió en carretillas, en algunos camiones y a pie hacia la parte alta del barrio La Milagrosa. El padre Elías bendijo las casas. La nueva comunidad, una vez instalada, se congregó en el lugar reservado para construir el templo, rodeando a doña Hermilda, que se sentía orgullosa de cumplirle al Niño de Atocha su promesa, aplazada por décadas pero nunca olvidada. Precisamente por aquellos días ella se enteró de que este Niño Dios era también una devoción especial de las mafias italianas; nunca lo dijo pero secretamente este dato la unió más a Él. Lamentó que Pablo no estuviera presente para presenciar el fruto de su majestuosa generosidad y le pidió a la comunidad que orara con devoción especial por su protección.

«Niño de Atocha, consuelo de los afligidos, libertador de los presos y amparo de los necesitados, espero que me concedas lo que rendidamente te pido...»

Cuando su madre le narró los cuadros de felicidad de los beneficiados al recibir una casa digna, así fuera en obra negra, Pablo sintió un profundo orgullo. Así se lo hizo saber a Gustavo, al Mexicano, a Lehder, a los Ochoa, a Kiko Moncada y al Negro Galeano. Estaban reunidos para considerar una fórmula de rendición frente al gobierno. Convocaron a Diego Londoño White —ex directivo de la campaña de Belisario Betancur y ahora gerente del Metro de Medellín— para preguntarle si era posible un acercamiento con el gobierno y quién sería el hombre clave para lograrlo. Pensaron en personajes como el escritor Gabriel García Márquez y finalmente optaron por el ex presidente López.

Le pidieron a Santiago Londoño —hermano de Diego y ex director de la campaña liberal en Medellín— que contactara a López y le sondeara la posibilidad de ser emisario para llevar una propuesta de rendición al presidente. Santiago Londoño le transmitió la inquietud a López, quien se encontraba por esos días en Panamá como observador de las elecciones. «¿Usted cree que es una propuesta seria?», le preguntó. «Hasta donde yo logré captarlo es una propuesta seria, definitiva, ellos saben que están haciendo un daño grande y no quieren seguirlo haciendo», le respondió Londoño. López le informó al presidente de su intención y el 29 de mayo de 1984, en el hotel Marriot, de Ciudad de Panamá, acompañado por Santiago Londoño, escuchó el ofrecimiento de los capos: estaban dispuestos a abandonar el negocio y a entregar laboratorios, aviones y rutas. López quedó convencido de que, en ese momento, esa mediación era el mejor servicio que le podía prestar al país y le envió una carta con los términos de la propuesta al presidente. Éste, a su vez, pensando en la importancia de un concepto judicial, le pidió a su procurador, Carlos Jiménez, que se reuniera con los interesados. Jiménez, también acompañado por Santiago Londoño, les oyó repetir la propuesta: se trataba de negociar con quienes en ese momento controlaban el ochenta por ciento del tráfico de cocaína de Colombia hacia Estados Unidos.

El presidente Betancur parecía proclive a buscar una solución negociada pero, por error o por cálculo, en un coctel, inaugurando el edificio de un banco, le hizo la confidencia de los contactos al periodista Juan Manuel Santos. El periódico *El Tiempo* publicó la noticia en primera página. Los gringos de inmediato se opusieron: «No negociamos con carteles sino con personas», dijeron, y el proceso abortó. Y en el país, donde la corrupción abunda en los hechos y la moral en las palabras, se desataron intensos debates. En el Congreso, parlamentarios como William Jaramillo Gómez —de quien quedaron fotos usando los aviones de Pablo— acusaron al procurador y a Santiago Londoño de ser amigos de los narcos. A esas voces críticas se sumó de manera contundente el periódico *El Espectador*: «¿Cómo una persona que ha recibido todos los honores de la República, como el ex presidente López, se sienta, con el cadáver aún fresco del ministro Lara, a negociar con delincuentes?», preguntaba Guillermo Cano, el director, en uno de sus editoriales.

Los contactos se rompieron. Años después el periodista Santos se arrepintió, con lágrimas de cocodrilo, del manejo que le dio al tema, de haber divulgado esa noticia, pensando que una negociación en aquel tiempo le hubiera evitado al país el desangre, las guerras y las secuelas de corrupción y desprestigio internacional que se siguieron.

El ex presidente López contó luego que sospechaba que las relaciones de Belisario con los narcos estaban ya bastante adelantadas cuando se reunió con ellos en el Marriot. Y añadió: «De ahí que los narcos me citaran de intermediario con Belisario, porque en las conversaciones previas la idea era que yo fuera el aval liberal para la entrega[1]».

Jiménez Gómez ha desmentido al ex presidente Betancur cuando afirma que desconocía que esos contactos se estuvieran realizando, y asegura que en más de una ocasión recibió en su despacho a algunos narcos y que el presidente se mantenía al corriente de las conversaciones.

El presidente Betancur nombró como nuevo ministro de Justicia a Enrique Parejo González, otro hombre del Nuevo Liberalismo, quien el 5 de enero de 1985 estrenó el Tratado de Extradición. Como los grandes capos seguían prófugos, echó mano de segun-

---

[1]   Enrique Santos Calderón, «El libro de López» en *Semana*, No. 989, 16 al 23 de abril de 2001.

dones, como Hernán Botero Moreno, presidente del club de fútbol Atlético Nacional, acusado de lavar dólares —delito para entonces inexistente en Colombia—, a quien un tribunal de Estados Unidos impuso una condena tan exagerada que el propio fiscal de la causa ha declarado en varias ocasiones que le parece injusta. También extraditó a hombres como Severo Escobar —amigo personal de Belisario—, a Marco Fidel Cadavid, Carlos Cabrera y los hermanos Saíd y Nayib Pabón Jatter.

Parejo González, en acuerdo con su jefe político, Luis Carlos Galán, también se propuso actualizar la legislación sobre narcotráfico en el país. Formuló el Estatuto Nacional de Estupefacientes y lo presentó como proyecto de ley al Congreso de la República con ponencia de Alberto Villamizar. Parejo y Villamizar lograron que se aprobara el Estatuto, en el que se establecían penas para la producción y el comercio de drogas ilícitas. Lo sintieron como un triunfo. Pero al Nuevo Liberalismo esta actitud vertical contra el narcotráfico le traería, por cuenta de Pablo, grandes costos.

Transcurrido un tiempo, cuando los coroneles Ramírez y Maza realizaban curso de ascenso para generales, un informante llamó a alertar: «Se dio dinero para matar a un coronel que está haciendo curso para general». Maza le pidió a su informante que viajara a Bogotá, y en la medida en que conoció detalles, evidenció que el atentado sería contra el coronel Ramírez. Puestos en guardia, detectaron una serie de puntos de vigilancia que le tenían cerca a su casa. Para protegerlo, la DEA le dio un vehículo blindado. Pero posteriormente Ramírez recibió una carta de Pablo donde le decía: «Despreocúpese, lo suyo es un hecho del pasado, ya no queda ningún rencor, si algún día pensé en la venganza esa idea ya desapareció», y el coronel bajó la guardia. Salió sin escolta con su mujer y sus hijos a una finca en las afueras de Bogotá y de regreso, el 17 de noviembre de 1986, hombres de Pablo lo mataron para cobrarle su amistad con Lara, el operativo contra Tranquilandia, la osadía de desafiar a los narcos, y de confrontarlo a él.

Un mes después, como Guillermo Cano, director de *El Espectador*, no calló, no dejó de denunciar, Pablo lo mandó matar. A Lara y a Cano los persiguió hasta más allá de la muerte. Ordenó dinamitar dos estatuas que el gobierno había mandado construirles para recordarlos como mártires del narcotráfico.

Para Pablo se cerró el camino de la política. Desde entonces procuró destruir ese mundo donde ya no podría reinar. Se jugó entero en el mundo de la guerra, donde peleaba con vivos y con fantasmas. Buscó en la guerra, en ser invencible, un nuevo camino de trascendencia.

Capítulo V

De regreso a Medellín desde Panamá, Pablo se reunió con algunos de sus hombres de confianza, entre ellos Fidel Castaño, el Negro Galeano y Kiko Moncada. Tras el breve exilio en Panamá, aunque el gobierno les había declarado formalmente la guerra y la posibilidad de la extradición estaba abierta, después del susto, los capos calcularon de nuevo el riesgo y llevaron una vida medio clandestina, medio pública. Para garantizarse tranquilidad en el país, establecieron cuotas para pagar una costosa nómina a oficiales del Ejército y la Policía. «Son muy tragones», se quejó alguno de los asistentes, pero lo aceptó porque esos sobornos harían prácticamente imposible que prosperara una captura.

Seguidamente, Pablo les informó que se reuniría con Iván Marino Ospina, el nuevo comandante del M-19. A todos, incluso a los Ochoa, que habían sido víctimas del secuestro, les pareció buena idea tener relaciones con este movimiento que había ganado protagonismo en el panorama nacional. Sólo Fidel Castaño, quien no quería a nadie que le oliera a comunista, guardó prudente silencio.

Ospina —hombre corpulento, de aspecto campesino, barba rala y ojo derecho apagado— llegó acompañado de Alejo, el hombre que en adelante se encargaría de la relación. Alejo aún recuerda que Arcángel los llevó a un chaletcito en la finca El Bizcocho, por la salida a Las Palmas. Lo impresionó que, contrario a la mayoría de mafiosos que llaman la atención por el brillo, Pablo vestía sin ostentación: de bluyín, tenis, un suetercito —«que seguramente era francés pero a los ojos de cualquiera no lo parecía»— y un reloj Cartier, con un pulso de cuero café. Iván Marino —que tenía habilidad natural para tratar con los bandidos— y Pablo —que se las daba de revolucionario— tuvieron gran empatía. En la reunión hablaron de la situación del país, compartieron su vocación nacionalista, su espíritu insurrecto y acordaron mantener las relaciones. «Con mucho gusto, en lo que podamos colaborar, cuenten con nosotros, ustedes son unos verracos, ustedes son la esperanza de esta *güevonada*», les dijo Pablo.

A través de hombres del M-19, Pablo, el Mexicano y Lehder contactaron a miembros del gobierno sandinista de Nicaragua con los que acordaron el uso de su territorio a cambio de armas. Los *nicas* necesitaban recursos para enfrentar a las guerrillas contrarrevolucionarias que con el apoyo de Estados Unidos operaban desde la frontera con Honduras. (Eran los tiempos en que el coronel Oliver North, miembro de la CIA —Agencia Central de Inteligencia— traficaba con cocaína para financiar la actividad de los contras.)

Estados Unidos se ha otorgado el poder de decidir cuándo el narcotráfico es bueno y cuándo es malo. Ya había tolerado el tráfico de heroína en el Triángulo de Oro asiático cuando ello le sirvió para combatir a las guerrillas comunistas de Vietnam.

Pablo y los otros narcos habían viajado acompañados, entre otras personas, por Barryman Seal, un estadounidense que trabajaba para los Ochoa volando aviones con cocaína. Al ser detenido varias veces con drogas en su país y ante el riesgo de pagar una larga condena, se convirtió en colaborador de las autoridades. Regresó a Colombia e intentó llevar a varios capos a Estados Unidos con el pretexto de mostrarles posibles infraestructuras para operar. El plan no le dio resultado. Sin embargo, Pablo le dio una oportunidad no esperada: lo invitó a Nicaragua para cerrar los acuerdos con el gobierno sandinista. Allí Seal tomó una fotografía que se convertiría en una prueba reina de Estados Unidos contra Pablo y el gobierno nica. Es la única fotografía en la que Pablo aparece «trabajando» —cargando un avión de cocaína— acompañado de Federico Vaughan, asistente del ministro Tomas Borge, y de Pedro Pacho, el hombre del M-19 que les sirvió de enlace.

Posteriormente, en una gira por México, Iván Marino Ospina afirmó que Los Extraditables, como se denominaron a sí mismos los mafiosos solicitados por Estados Unidos, deberían cumplir con la amenaza de cobrar una víctima estadounidense por cada colombiano extraditado. Una afirmación que afianzó en los narcos la certeza de tener un buen aliado, a tal punto que transformó el odio de Carlos Lehder en admiración. «He regresado para hablar con el comandante Iván Marino Ospina porque es un hombre nacionalista. Pertenece a un movimiento que ha hecho algunos cambios positivos y se ha pronunciado contra la extradición de colombianos a Estados Unidos», dijo Lehder.

Pero esa declaración suscitó, en cambio, airadas reacciones entre los mandos del M-19. Y se sumó a los motivos que tuvieron los miembros del comando superior de la organización para relevar a Ospina del mando. Era una seña de que se quería marcar un límite claro entre la organización y los narcotraficantes. El M-19 requería ese distanciamiento para entrar con mayor tranquilidad a un proceso de diálogo político con el gobierno de Betancur.

Aún así, la relación personal de Iván Marino con Pablo se mantuvo. Cada vez que Ospina arribaba a Medellín hombres del cartel cubrían su seguridad. Pablo lo apreciaba por su talante guerrero y lo admiraba por su dimensión política. Por eso se dolió cuando lo mataron en agosto de 1985. «Murió como un varón», dijo Pablo al enterarse de los hechos. A primera hora de la madrugada un comando militar se disponía a allanar una residencia del barrio Los Cristales, al sur de la ciudad de Cali, pero desde adentro de la casa abrieron fuego. Se inició un cerrado combate en el que se utilizaron *rockets* y armamento semipesado. El enfrentamiento cesó a las ocho y media de la mañana. Cuando los militares se tomaron la casa, hallaron a Iván Marino muerto. Había recibido un impacto de fusil en el tórax y una esquirla de granada en la cabeza. Decomisaron un arsenal compuesto por *rockets*, 25 fusiles FAL, carabinas, granadas y pistolas.

«Iván murió como un varón», repitió Pablo a sus hombres durante esos días.

El gobierno de Belisario Betancur había iniciado, en un hecho sin precedentes, diálogos con tres de los cuatro grupos guerrilleros. En un país como Colombia, donde las guerrillas ni se tomaban el poder, ni negociaban, ni se rendían; donde sus dirigentes morían de viejos en las selvas, y donde el Estado era completamente remiso a escucharlos y los trataba como una plaga comunista que sólo merecía bayoneta, los diálogos constituían una verdadera novedad.

Por un lado, Betancur firmó un pacto de cese el fuego con las FARC, la más antigua y más campesina de las guerrillas, que creó la Unión Patriótica (UP), como su expresión legal para la acción política y la participación electoral. Por otro, inició diálogos con el M-19 y el EPL y les permitió crear los llamados campamentos de paz en zonas populares de las grandes ciudades.

A lo largo y a lo ancho del país se pintaron palomas como símbolo de la euforia colectiva que produjo la anunciada paz. Pero en ambos casos el diálogo estuvo plagado de mutuas acusaciones, de emboscadas a los jefes guerrilleros, de asedios a los campamentos de paz por parte de los militares, y de organización de milicias en las ciudades, tomas de pueblos y emboscadas, por parte de la guerrilla. En mayo, en la ciudad de Cali, el jefe guerrillero y vocero en el proceso de paz por el M-19, Antonio Navarro, y otros militantes, resultaron gravemente heridos cuando hombres reclutados por el servicio secreto del Ejército lanzaron una granada dentro de un restaurante donde se encontraban desayunando.

El 6 de noviembre de 1985, Enrique Low Murtra —veterano jurista, medio calvo, aire extranjero— llegó temprano al Palacio de Justicia, en la Plaza de Bolívar en Bogotá, para participar en una audiencia. Hacia las 11 y 35 de la mañana, cuando se disponía a salir, escuchó ráfagas de metralleta dentro del edificio y se refugió en la primera oficina que encontró a su paso. En medio de la incertidumbre, con el apoyo de otros refugiados, tiró archivos metálicos al piso para protegerse, mientras las explosiones y los estruendos se multiplicaban y un espeso olor a pólvora los invadía.

Con el proceso de paz reventándose, el M-19 había decidido jugarse una carta de gran audacia militar y política. El Comando

Iván Marino Ospina —integrado por cerca de cuarenta militantes—
estaba ocupando el Palacio de Justicia.

Dentro del edificio los hombres del M-19, intentando asegurar
posiciones, reunieron en el cuarto piso a diez magistrados de la
Corte Suprema y del Consejo de Estado. Le pidieron al presidente
de la Corte, Alfonso Reyes Echandía, que se comunicara con la
Presidencia de la República para pedir un alto el fuego. Como
Belisario no le pasó al teléfono, entonces Reyes se comunicó con
las emisoras para pedir, con voz de angustia, que la Policía y el
Ejército cesaran el fuego. «Nuestras vidas están en peligro», dijo,
pero la ofensiva oficial no paró. El presidente mantuvo su posición
intransigente, aunque entre los rehenes se hallaba su hermano, el
consejero de Estado Jaime Betancur. Hacia las 2 y 35 de la tarde, dos
tanquetas del Ejército entraron a la edificación. Una por el sótano
y otra rompiendo la puerta principal, que da a la plaza de Bolívar.

Los guerrilleros dieron a conocer sus exigencias en un casete
enviado a algunos medios de comunicación. Querían que el presidente se hiciera presente en el Palacio de Justicia para que la Corte
Suprema lo juzgara por traición a los acuerdos de paz y para que
se publicaran durante cuatro días en forma ininterrumpida, en los
periódicos del país, proclamas de la organización. Un poco después,
tres helicópteros de la Policía Nacional con miembros del grupo
de asalto intentaron descargar hombres en la terraza del edificio
pero fueron repelidos. El helicóptero PNC-118 en vuelos rasantes
hizo algunas descargas y una densa columna de humo se levantó.
Más tarde, hombres de la Policía lograron tomarse la azotea de la
edificación.

Luis Carlos Galán, el dirigente del Nuevo Liberalismo, sorprendido con lo que calificó como acción demencial del M-19 y
desmedida reacción oficial, le brindó apoyo a la decisión presidencial
de no negociar pero pidió intentar diálogos humanitarios para salvar
la vida de los rehenes. Sus palabras tampoco fueron escuchadas.

A las tres de la tarde, en medio de descargas de morteros y
de ráfagas, evacuaron a 150 personas, entre ellas 22 funcionarios.
En la búsqueda de un acercamiento con el presidente Betancur, los
guerrilleros dejaron en libertad, poco antes de las cinco de la tarde,
a un grupo de juristas, entre ellos a su hermano. Con sus rostros

cubiertos por el tizne y asfixiados —como salidos de la caldera del Diablo—, caminaron en pequeños grupos, tomados por las manos, entre un callejón de seguridad formado por hombres de las Fuerzas Armadas, hasta la Casa del Florero, situada frente al Palacio.

Adentro, a las cinco de la tarde, una bala alcanzó a un compañero de trinchera de Low Murtra. A las diez de la noche, entumecido de cargar el herido sobre las piernas, vio cómo un grupo de rescate llegó hasta la sección. De las oficinas salieron magistrados y auxiliares. Low Murtra pidió ayuda para arrastrar el herido unos cuarenta metros hasta encontrar al personal del Ejército. Buscando la salida del edificio se toparon con tiroteos aislados, ruinas y cadáveres. Al salir sintió el aire fresco, limpio y frío, y vio en el Palacio en llamas la imagen de una devastación nacional. En las primeras horas de la noche, en el furor de los combates, el M-19 rechazó un pedido de rendición. Las detonaciones se escuchaban en las plenarias del Senado y la Cámara que deliberaban en el costado sur de la Plaza. En la noche, el país empezó a ver alucinado cómo las llamas devoraban el edificio. Ocasionalmente salían del edificio pequeños grupos de rehenes.

A primera hora de la mañana, Galán, en declaraciones a la radio, insistió en un cese el fuego para buscar un diálogo humanitario. Su petición fue inútil. A pesar de la abundante lluvia y del esfuerzo de los bomberos, el Palacio ardió durante horas. Sólo a las tres de la tarde concluyeron más de 27 horas de tiroteos e incertidumbre. Las balas y las llamas lo habían consumido todo. El saldo final fue de cincuenta personas muertas, de las cuales cuarenta quedaron calcinadas. Murieron once de los veinticuatro magistrados de la Corte, dos magistrados auxiliares, el presidente de la Corte Suprema de Justicia, Alfonso Reyes Echandía, y un número no precisado de guerrilleros entre ellos Andrés Almarales, Alfonso Jackim y Luis Otero Cifuentes. Muchas otras personas desaparecieron.

Pablo contempló impávido la toma, admirando, a pesar de la derrota, el heroísmo de los hombres del M-19. ¿Cuál fue su vinculación con estos hechos? Las respuestas son múltiples y contradictorias. «Todo indica que hay una conexión estrecha entre los actos criminales que se registraron contra la Corte Suprema de Justicia y las actividades de los narcotraficantes, sobre eso no me cabe la menor duda», dijo el ministro de Justicia Enrique Parejo. Y esta versión, de que la toma había sido organizada por Los Extraditables y específicamente por Pablo, para destruir los expedientes, se ha repetido mil veces. Pero años después las autoridades aún reconocen no tener pruebas contundentes al respecto. El propio ministro Parejo afirmó, al día siguiente de la toma, que de los expedientes archivados en la Corte existían copias en otras dependencias.

Según Jorge Luis Ochoa, cuando el proceso de paz entre el gobierno y el M-19 entró en franco deterioro, Iván Marino Ospina alcanzó a hablarle a Pablo de la idea de tomarse el Palacio de Justicia para juzgar al presidente Betancur. El plan, que incluía el traslado de los magistrados a otro país, fue detectado y la seguridad del Palacio se reforzó. Ochoa insiste en que Pablo apoyó la toma porque le gustaba el agite y no porque con ello lograra efectos judiciales favorables para su causa.

Dirigentes del M-19 aseguran que la toma fue ideada por militantes de la organización y discutida con el comandante Carlos Pizarro en las montañas del Cauca. Pizarro definió la estrategia militar. «Lo difícil no es la toma, lo decisivo sería la defensa, para lo cual se debía pensar el edificio como una montaña», les advirtió y les impuso los requisitos militares necesarios para realizar la operación. Algunos militantes señalaron los riesgos de esta acción, la consideraban desproporcionada y temían la reacción de los militares. Sin embargo, quienes defendían la idea consideraban que, ante la majestad de la Justicia y de los jueces, los militares se contendrían. Al final la toma se ejecutó sin cumplir los requisitos establecidos.

Alejo —el hombre del M-19— reconoce que Pablo les facilitó algunas cosas, como la pista de la hacienda Nápoles, para traer pertrechos de Nicaragua, pero asegura que políticamente la toma no tuvo nada que ver con los intereses de los narcos. Y que las deficiencias militares muestran la falta de recursos con la que se desarrolló.

«Tuvimos un error de cálculo en la valoración del enemigo —afirma Alejo—. Creíamos, con ingenuidad, que el poder funcionaba con tres ramas en equilibrio. En pleno siglo XX hicimos una lectura política con la doctrina liberal de la Revolución Francesa. Sabíamos que con la toma habría balacera y muertos pero no sospechamos que el Estado había evolucionado hacia un Estado presidencialista manejado por los militares. Si hubiésemos leído eso, obvio que no hubiéramos realizado esa acción. Alguna gente nos ha preguntado: "Bueno y ¿por qué no se metieron al Congreso donde estaba la clase política corrupta?". La respuesta es sencilla: porque íbamos a instaurar una demanda armada al presidente de la República por faltón, y la autoridad competente para juzgarlo, según la Constitución, era la Corte. En eso fuimos extremadamente legalistas.

»Para el operativo algunas armas las movimos de Cali, y otras cosas como fusiles y un explosivo plástico, un C4, que compramos en Nicaragua, los embarcamos en Panamá y los descargamos en Antioquia. No pudimos conseguir unas granadas para una Rpg2, que nos hubiera permitido detener los tanques. Pero no importan las armas que hubiéramos conseguido, la voluntad política del Ejército era arrasar. Lo hubieran hecho con lanzacohetes o sin lanzacohetes. Podríamos haber tenido mil hombres y mil hombres se mueren. Nosotros nunca pensamos en la rendición, pero la verdad es que tampoco hubo espacio para considerarla. El presidente no fue capaz de contener a los militares, que masacraron aun a las personas que salieron vivas. Hay testimonios de que Jackim, Almarales y otros militantes del M-19 salieron vivos y se desaparecieron. El monumento a la ingenuidad es el Palacio de Justicia.

»Como se quemaron los expedientes se creó el mito de que el operativo lo hicimos para el narcotráfico. Pero el argumento es tonto: siempre jurídicamente hay expedientes de reserva. Nosotros fuimos la única organización revolucionaria que fijó una posición clara sobre el narcotráfico. Propusimos: legalización de capitales; no extradición, juicio a los narcos en el país y legalización de las drogas como solución definitiva.

»Después del Palacio, Pablo y quienes se movían a su alrededor nos miraron con mucho respeto. El nivel de heroísmo los conmovió. Pablo sintió a los muchachos que estuvieron allí como sus hermanos y, a pesar de su capacidad operativa y su bandidez, a partir de ese momento nos miró con tanto respeto que se acentuó su costumbre de no proponernos nada distinto de seguir haciendo política.»

El país quedó adolorido por la desproporción de los hechos. En alguna medida, como si se hubiera roto un dique, desde entonces se produjo un escalamiento en la intensidad y la crueldad de la guerra que perduró por largos años. Con la acción del M-19 y la reacción de los militares se exterminó un poder público que en Colombia tenía alta legitimidad. El holocausto aceleró la desinstitucionalización. Para muchos colombianos, sobre todo para el grueso de su intelectualidad de izquierda, lo sucedido en el Palacio de Justicia fue el fin de la guerrilla como proyecto histórico.

A la semana siguiente, una avalancha apocalíptica descuajada de los nevados del centro del país sepultó a más de treinta mil personas y destruyó la ciudad de Armero, en el valle del río Magdalena. Así está hecha la historia de Colombia, una tragedia sucede a otra, sin que haya tiempo de pensarlas, y se ha ido formando un sedimento en la memoria cargado de abundantes dolores, fértil para las venganzas.

El M-19 quedó enterrado política y militarmente. Pizarro, como nuevo comandante, en alguna medida debió responder a la pregunta que el M-19 tuvo abierta sobre los narcotraficantes. Los definió como una nueva oligarquía, optó por un claro distanciamiento y, consciente de que un proyecto militar no podría sobrevivir sin alianzas con los narcos, renovó la vocación política del M-19 a través del camino de la paz.

En 1988 la organización tomó aire y planteó la consigna: «Guerra a la oligarquía, paz a la Nación y tregua a las Fuerzas Armadas». Inició contactos para buscar una salida negociada con el gobierno. Abierta la compuerta, el propio Pizarro lideró el proceso de negociación que los llevaría a desmovilizarse militarmente y a convertirse en una fuerza política legal en 1990. El EPL siguió el mismo camino, el grueso de sus hombres se desmovilizó.

La Unión Patriótica, creada por las FARC en el proceso de paz con Belisario, logró una fuerza parlamentaria importante. Pero, al igual que con el M-19, el Ejército y las FARC se recriminaban por la violación de los pactos, hasta que el proceso se deterioró y se rompió definitivamente.

Las FARC y el ELN —que no había participado en el proceso de paz— crecieron al mismo tiempo en descrédito ante la opinión nacional y en poder militar gracias a la bonanza de los cultivos cocaleros y a la industria del petróleo, actividades a las que cobraron los llamados impuestos de guerra. También recurrieron sistemáticamente a acciones contra civiles, hechos que les generarían resistencia en sectores de la población y contribuirían a multiplicar el paramilitarismo.

Pablo no había tenido una relación cercana con la guerrilla de las FARC. Tampoco tuvo enfrentamientos con ellos aunque dos de sus amigos cercanos, Fidel Castaño y el Mexicano —furibundos anticomunistas—, fueron sus enemigos a muerte.

Esta guerra, la del Mexicano y Castaño contra la guerrilla, no se originó en cuestiones ideológicas. El robo que las FARC habían hecho a sus laboratorios de cocaína originó un conflicto que sus comandantes de la insurgencia se negaron a negociar. Fidel Castaño y su hermano Carlos se sumaron a esta empresa anticomunista porque tenían un rencor profundo contra las FARC, que habían secuestrado y dado muerte a su padre, a pesar de haber pagado el rescate. Estos conflictos serían aprovechados por la derecha y sectores de las Fuerzas Armadas para realizar uno de los genocidios políticos más dramáticos de la historia de Colombia.

Los paramilitares —una alianza de propietarios de tierras, narcos y militares— ejecutaron a lo largo y ancho del país decenas de masacres contra comunidades campesinas a las que consideraban base social de la guerrilla, generando desplazamientos masivos de población hacia las grandes ciudades; y mataron a más de dos mil líderes de la izquierda. En 1986 asesinaron al presidente de la Unión Patriótica, Jaime Pardo Leal. Al hombre más amenazado del país lo sorprendieron desprotegido y despreocupado, transitando como un parroquiano del montón por las afueras de Bogotá. El general Maza responsabilizó del crimen al Mexicano pero ni las FARC, ni la UP aceptaron esa hipótesis, insistían en que era obra de la inteligencia militar, porque en el contexto de la guerra con el Estado no creían conveniente que se presentara este magnicidio como una *vendetta* de la mafia.

Para las FARC, haber desafiado el poder de estos narcos y negarse a negociar tuvo costos infinitamente mayores de los que tuvo, para el M-19, el secuestro de Marta Nieves Ochoa. Según un ex comandante, las FARC nunca aceptaron la relación de esta guerra sucia con una *vendetta* del narcotráfico porque simplemente, denunciando la intolerancia del régimen, se alimentaba a las FARC en su crecimiento militar y, se legitimaba su proyecto de guerra.

Esta guerra era la continuidad de una historia de confrontaciones que vivía la nación colombiana, un país donde abunda la fe católica, y la mano misericordiosa de Dios parece por siempre ausente. Algunos narcos vienen de una cultura agraria, de guerras añejas, son hijos de la Violencia de mitad del siglo XX, y ven en la tierra un símbolo irremplazable de *status* y de poder. Si el Mexicano es heredero de un bandido como Efraín González, matón y católico fervoroso que gobernó la zona de esmeraldas en los años sesenta; los narcos del norte del Valle del Cauca, sindicados de matar con motosierras y desaparecer a más de un centenar de campesinos en el municipio de Trujillo, vienen del Cóndor, pájaro, matón y católico fervoroso de mitad de siglo. En estos nuevos y viejos guerreros, el asesinato deja de ser el simple acto de eliminar al otro para convertirse en una especie de sacrificio ritual. La acción contra un enemigo colectivo permite, a quienes alzan su hacha primitiva, participar en el derramamiento de la sangre con una justa causa. La guerra deja de ser un hecho circunstancial para convertirse en el móvil más esencial: el principal escenario de su reinado.

En La Cascada, una de sus casas, ubicada en la fresca colina del oriente de Medellín, Pablo esperaba a su tocayo Pablo Correa, quien se había convertido en el más próspero narcotraficante de la región. Lo vio llegar al parqueadero con su estampa de caballero y su aire arrogante. Lo invitó a que siguieran solos a un quiosco al borde de la piscina. Pablo no le habló de las quejas que sobre su comportamiento tenían otros narcos de la ciudad, quienes lo acusaban de que tras la muerte de Lara Bonilla, mientras la mayoría huía, él se había quedado solo en la plaza exportando, de manera egoísta, cocaína a un precio nunca visto: 16 mil dólares el kilo.

Pablo escuchó con atención la petición de Correa: quería que le eliminara a uno de sus socios llamado Frank Gutiérrez. Pablo supo desde el inicio que le haría el favor, esa acción le daría dinero y le reforzaría su poder. Pero antes de decírselo preguntó sobre el motivo de enemistad y trató de convencerlo de que desistiera de la idea, de que buscara un acuerdo amigable. Al final, tras el protocolo de la conversación, aceptó.

Al día siguiente Pablo llamó a la Yuca, su hombre de La Estrella. «La vuelta es ésta, cien millones para usted y cien millones para mí», le dijo y le ordenó, para entrar en calor, que tirara un ataúd desde un helicóptero sobre la finca de Gutiérrez en el balneario de San Jerónimo. Luego lo abalearon en el restaurante Kokoriko en el parque de Belén de Medellín. Como el hombre no murió, Pablo y la Yuca se reunieron a analizar la situación, porque sabían que no podían dejar viva esa culebra. «A esa clínica llevan los heridos de la Policía y se mantiene vigilada, además allí están los guardaespaldas de Gutiérrez, espere y la pensamos», anotó Pablo. Al otro día la Yuca y sus hombres se robaron un carro y lo pintaron como una patrulla de la Policía. Ingresaron a la clínica, con dos supuestos policías heridos. Encontraron a Gutiérrez en su cuarto completamente desprotegido y lo balearon con un arma con silenciador.

La Yuca despertaba malestar en otros miembros de la oficina porque regateaba poder y plata. Los hombres de Pablo lo escuchaban quejarse. Repartiendo 750 mil dólares arrebatados a Gutiérrez, la Yuca, insatisfecho con lo que le correspondía, renegó de Pablo. «El Patrón no hace nada y se queda con mucha plata». El que hacía de guardaespaldas de Pablo, a su vez, consiguió guardaespaldas y se aparecía con ellos a la oficina sin pedirle permiso, faltándole al respeto. Olvidó un mandamiento definitivo: no se puede blasfemar ni ofender al Gran Señor. En una de sus rabietas quebró desafiante un taco de billar, y Pablo, que controlaba sus tormentas, le dijo serenidad: «Vaya, tranquilícese, y después hablamos».

Unos días después la Yuca llegó a la oficina y halló en la entrada, como algo rutinario, a dos viejos parceros de La Estrella. Uno de ellos lo acusó de ladrón y tras una discusión de unos cinco minutos le descargó una ráfaga. El otro le completó los quinientos tiros que lo mataron. Cuando los hombres de la Yuca intentaron reaccionar los encañonaron: quietos que el Patrón ya les va a explicar.

El día anterior Pablo había llamado al Chopo y a Elkin Correa. «Llevo varios días sin dormir, me acuesto con la metralleta al lado porque estoy muy azarado con la Yuca, me toca chuliarlo antes de que se me adelante», dijo Pablo como midiéndoles el aceite. Los dos aceptaron que se le matara porque también estaban molestos. Ahora sus hombres viendo su cadáver no entendían lo que pasaba. Pablo salió de su oficina. Yo lo mandé matar por alzado. Yo no quiero guerra con ninguno de ustedes. Les voy a dar de a cincuenta millones a cada uno para que se vayan en paz. Algunos de ellos, sin embargo, le juraron fidelidad y se quedaron a trabajar con él. El cadáver lo arrojaron en una carretera para hacerlo aparecer como muerto por la autoridad.

La historia que sigue es de trabalenguas: Pablo Correa sabía que los agentes de la DEA que lo buscaban lo confundían con un homónimo suyo de apellido Correa Ramos, reconocido dirigente deportivo de la ciudad. Se le ocurrió matar a su tocayo para aparentar su propia muerte.

El gran capo Pablo Correa Arroyave volvió a buscar a Pablo Escobar para pedirle un nuevo favor: «Pasa al mundo de los difuntos a Pablo Correa Ramos». Escobar no tenía ningún escrúpulo en mandar matar a un inocente. Y le interesaba mucho la cercanía con Correa Arroyave. ¿Acaso no era lo que quería: que todos acudieran a él, a su fuerza, y le reconocieran su poder?

Pablo le hizo el favor. Se anunció a los cuatro vientos: ¡Murió Pablo Correa! Los gringos seguramente cayeron en la treta. No se sabe. Pero Correa —el sobreviviente— no sospechaba que Pablo aprovecharía esas circunstancias para atraparlo en su red, porque afianzándose en su papel de gángster, ya no sólo sería un exportador de coca, se sentía con el poder para destruir a quienes lo habían adulado y enriquecido pagándole sus tropelías.

Vendría de cuenta suya una nueva *vendetta*. El primer campanazo de alerta para Santiago Ocampo —el hombre que había celebrado la fiesta de coronación de Pablo— fue la muerte en La Rinconada, el club de su propiedad, de cinco traquetos. Ocampo, intuyendo que Pablo destruiría a quienes estuvieran por encima o por fuera de su mando, huyó hacia otra región, donde murió años después, de viejo, con una apreciable fortuna.

Ha de ser por estos hechos y los que vendrían que Jorge Luis Ochoa afirmaría: «El único amigo cercano de Pablo que está vivo soy yo, a los otros los mató el enemigo o los mató el propio Pablo».

A Jorge Luis Ochoa lo encontré en los primeros días de marzo del año 2000 en la finca La Loma, un tradicional criadero de caballos de su familia en los altos de Envigado. Estaba acompañado de su hermano Juan David, varias de sus hermanas y sus hijos y sobrinos. En los encuentros sucesivos, en éste y en otros lugares, siempre había caballos, y siempre andaba con parte de su grupo familiar. Siempre se mueven en grupo.

Jorge Luis es un hombre de estatura mediana y trigueño de piel que ha heredado la obesidad de su padre, habla como un paisa raso y no hace ningún alarde de su historia. Al contrario, la reduce a cosas simples y es capaz incluso de reírse de sí mismo y de sus orígenes. Recuerda que un amigo le decía: «Usted no tiene físico para andar en un Porsche sino para manejar una buseta de transporte público». Y cuenta también que su padre, don Fabio, de visita en Francia, al ver el río Sena dijo que París era igual a Montería, la caribeña ciudad colombiana: un pueblo con un río por la mitad.

Los hermanos Ochoa, a pesar de haber sido significativos en el negocio del narcotráfico, no incursionaron de manera directa en la política, ni desarrollaron grandes aparatos militares; actuaron con gran habilidad para sobrevivir al final de esta historia. Además de su popularidad como caballistas, se hicieron conocer como grandes propietarios de tierras.

Desde luego, como los otros capos, tenían ritmo de gasto fastuoso. En París vieron el Crazy Horse, un espectáculo de variedades con treinta mujeres hermosas y desnudas en escena y con coreografía y luces descrestadoras. A través de un conocido se hicieron amigos del coreógrafo y lo invitaron con su *show* a Colombia. En diciembre de 1983 hicieron una función en la finca La Loma. El espectáculo no lo olvidan: las luces resaltaban la desnudez de estas bellas mujeres sobre majestuosos caballos con una coreografía adecuada para la ocasión.

En la época de mayor esplendor, la familia Ochoa contrató tres vuelos chárter de *jets* para llevar a sus invitados a la inauguración de la fastuosa hacienda Veracruz y brindarles un espectáculo y atenciones de fantasía. Su amigo Mauricio Restrepo no sólo no asistía a estos actos sino que les advertía: «No se puede hacer una exhibición tan desmedida de riqueza en un país donde abunda la miseria». Pero para ellos y los otros narcos era una dinámica imparable. Era una época en que cada uno quería asombrar. Aprovechando cualquier ocasión, organizaban fiestas con artistas nacionales —que nunca dejaron de gustarles— e internacionales. Para estas sesiones privadas, orquestas de salsa y cantantes de baladas frecuentaban Medellín, a veces tras largas horas de espera lograban presentarse, o a veces se marchaban con sus dólares en el bolsillo sin haber pisado el escenario.

Lo mismo ocurría con las construcciones. Kiko Moncada construyó dos torres blancas en la Loma de los Balsos. Cada torre tendría seis apartamentos, cada uno con 1.600 metros cuadrados, con abundante mármol de carrara y piscina. Victoria se entusiasmó con la construcción del edificio Mónaco, a una cuadra de donde el Padrino Gómez tuvo su mansión, que sería para uso exclusivo de su familia y tendría a la entrada una obra del conocido escultor antioqueño Rodrigo Arenas. Resaltaba lo de la escultura porque el arte, como parte de esa cosa que llaman estilo, se había convertido para ellos en un medio de afianzar un ascenso social. Querían diferenciarse de los traquetos ordinarios que, en la mayoría de los casos, combinaban sin gracia mármoles, columnas dóricas, abundantes espejos, griferías de oro, bordes dorados, cuadros de atardeceres anaranjados y aves en vuelo, y casas de muñecas tan desproporcionadas que superaban en tamaño a las viviendas de los campesinos. Y con tranquilidad enmarcaban un millón de dólares en billetes para decorar la sala.

En el tema del arte y en el estilo todos le rendían pleitesía a Fidel Castaño, quien tenía apartamento y Mercedes con conductor en París, que sabía de champañas y no se bañaba con ellas, que era extraordinario *gourmet*, que tenía una colección de Boteros y conocía algo de pintura y de pintores —era marchante—. Castaño recordaba que en alguna ocasión había invitado a Pablo, Jorge Luis, Fabito y el Mexicano a una galería para ofrecerles, entre otras obras, unos cuadros del maestro Fernando Botero. El Mexicano, con su toque primario y genuino, había revirado diciendo: «A mí no me van a sacar los dólares con esos gorditos tan feos». Todos se rieron porque reconocieron en esa historia su propia realidad.

El concepto que tenían de sí mismos era muy generoso. Fabio Ochoa se describió así:

> «En verdad, siendo narcotraficante, no me siento delincuente ni pecador. A nadie he matado ni mandado asesinar. A nadie he robado o secuestrado. Mucho menos extorsionado o chantajeado. No me he quedado con los ahorros de nadie. He pagado mis deudas. No realizo chanchullos o negocios con el gobierno. Pago impuestos. Hago obras de caridad. Voy a misa. Cumplo con mis obligaciones familiares. Reconozco buenos salarios a mis trabajadores. Colaboro con la política sin exigir un puesto para nadie. Creo además en el sistema democrático. Inclusive, admiro la sociedad norteamericana, en muchos aspectos, menos en su doble moral y en la discriminación hacia colombianos y latinos.»[1]

Ellos no parecían ser conscientes de que bajo su influencia, la de su cultura emergente, la ciudad y la sociedad sufrieron una cierta involución. La precaria modernidad que se iba conquistando súbitamente dio reversa hacia el predominio de una cultura premoderna marcada por el consumo, la fiesta y la muerte. Miles de jóvenes bajo esta influencia tormentosa se lanzaron hacia un camino donde el lucro servía de móvil a un afán desenfrenado de matar y de morir.

Al final de 1984, a Jorge Luis Ochoa y Gilberto Rodríguez los detuvieron en Madrid. Los pillaron porque cada uno se compró dos Mercedes último modelo con dinero en efectivo; porque los delataron, dicen otros. Las familias en Colombia diseñaron estrategias jurídicas para evitar que se hiciera efectiva la solicitud de extradición que de inmediato presentó el gobierno de Estados Unidos.

---

[1]   Fabio Ochoa, *op. cit.*, p. 42.

Primero buscaron que el Estado colombiano los pidiera en extradición. Aunque ninguno de los dos tenía procesos en firme en Colombia, con una justicia de juguete para ellos nada era difícil. Alguien recordó que a Jorge Luis se le había iniciado una investigación en la costa Atlántica por importación ilegal de ganado, y que tenía otro proceso por narcotráfico en Medellín. Contactaron los jueces y revivieron los procesos. A Gilberto Rodríguez se le activó un proceso por tráfico en Cali. Y moviendo cielo y tierra, argumentos jurídicos y sobornos, lograron que el Estado colombiano se jugara a fondo en la solicitud de extradición.

Si Ochoa era extraditado a Estados Unidos tendría asegurada una larga condena, entre otras cosas, por los testimonios del narcotraficante Barriman Seal convertido en informante y en testigo clave contra Jorge Luis Ochoa, Pablo y otros capos de Medellín. Pablo, para el cual la traición sólo tenía una respuesta, lo puso en la mira. Seal lo sabía pero se sentía seguro en su país y no se acogió al sistema especial de protección de testigos, ni quiso cambiar su identidad.

Ignoraba que Pablo haría remover el mundo para hacer cumplir sus sentencias. Lo ametrallaron cuando estacionaba su carro en la sede de trabajo en el Ejército de Salvación, en Baton Rouge. La muerte de Seal no solucionó el problema para el cartel. Miguel Vélez, uno de los pistoleros que ejecutó a Seal, iba a tomar un vuelo para salir prontamente de Baton Rouge. Al arribar, se sorprendió de encontrar el aeropuerto militarizado e inmediatamente abordó un taxi y le pidió al conductor que lo llevara a Miami. (Contratar un taxi para ir de una ciudad a otra es costumbre común en Colombia pero poco usual en Estados Unidos.) En la carretera el taxi atropelló un cervatillo. El taxista se detuvo y pronto llegó la policía local. La actitud nerviosa del colombiano y sus precarias explicaciones de por qué había tomado el taxi hizo que la Policía, alertada por el reciente homicidio, lo llevara a la comisaría bajo sospecha.

Así, las autoridades detuvieron luego a Luis Carlos Quintero y Bernardo Vásquez, un hombre de Envigado que había facilitado la infraestructura. Vásquez, a pesar de que en su poder fueron halladas las llaves del carro que se utilizó en el operativo, salió libre a los diez meses. Por su testimonio las autoridades de Estados Unidos supieron que el operativo lo había ordenado Pablo.

Mauricio Restrepo, incrédulo frente a la posibilidad de que a Jorge Luis Ochoa no lo extraditaran a los Estados Unidos y consciente de que la muerte de Seal agravaba la situación, planeó robárselo de su cárcel en Madrid. El plan consistía en aterrizar un helicóptero en el patio del penal y llevarlo a un barco fondeado en el mar Mediterráneo.

Ante las noticias de un posible rescate, los abogados se alertaron y pidieron hablar con Pablo. En la cita, a la que los acompañó Fabito Ochoa, le expusieron la estrategia de la defensa. Pablo hizo preguntas con gran conocimiento jurídico y soltó opiniones que los sorprendieron y al final les dijo: «Quédense tranquilos que están haciendo bien su trabajo». Contra toda evidencia, a Jorge Luis y a Rodríguez Orejuela los extraditaron a Colombia y no a Estados Unidos, donde tenían múltiples procesos pendientes. Entre otras cosas, porque el gobierno de Estados Unidos ofreció a Ochoa negociación de penas a cambio de denunciar a los sandinistas, dándole un matiz político al proceso, que sus defensores utilizaron con audacia en los tribunales españoles. En Colombia, Gilberto Rodríguez pagó cerca de un año de prisión y Ochoa, en cambio, salió al mes, libre del pleito por contrabando de ganado, tras pagar una caución; el expediente por narcotráfico en Medellín regresó a los archivos.

En agosto de 1986 se posesionó el liberal Virgilio Barco como presidente de la República. En las elecciones había competido el candidato conservador, Álvaro Gómez. Luis Carlos Galán, líder del Nuevo Liberalismo, apoyó a Barco. Quizá por el talante de los dos candidatos nunca se ha hablado de que a alguno de ellos los narcos le hubiera financiado la campaña. Pero en las elecciones para Parlamento los dineros calientes siguieron presentes, así la mafia aseguró que senadores leales obtuvieran su curul.

Barco era un hombre muy ligado a los Estados Unidos. Había vivido allí un largo tiempo siendo director para Colombia del Banco

Mundial y su esposa era de nacionalidad estadounidense. Debió enfrentar en su período la más dura andanada de los narcotraficantes. Aunque, ya casi terminando su mandato, creó instrumentos que los combatieron con alguna eficacia; al inicio la única arma que tenía, el Tratado de Extradición, perdió vigencia legal. La Corte Suprema de Justicia, reconstruida tras la hecatombe del Palacio de Justicia, declaró inexequible la ley que había aprobado el Tratado. Los magistrados sentenciaron que el hecho de que no hubiera sido firmado por el entonces presidente Turbay, como correspondía, sino por su ministro delegatario, la hacía inválida.

Sin embargo, cuando detuvieron a Carlos Lehder, Barco —presidente temperamental— hizo efectiva «por vía administrativa» la orden de extradición que había dejado firmada el presidente Betancur. Era una manera de cobrarles a los narcos la reciente muerte de Guillermo Cano, el director de *El Espectador*.

Lehder había sido descubierto por la Policía en un campamento en el que jugaba a ser guerrillero, huyó selva adentro y al parecer las altas fiebres de la malaria lo terminaron de enloquecer. Cuando cayó el Tratado de Extradición regresó a Medellín vestido de militar, con granadas, cananas y un fusil. Pablo, que lo llamaba, en una mezcla de cariño y burla, «comandante», le encargó algunos trabajos, entre ellos la muerte del juez Zuluaga, convertido para entonces en magistrado del Tribunal Superior de Antioquia. A Zuluaga lo seguía desde que le dictó auto de detención y le hizo levantar la inmunidad como parlamentario.

En una rumba en la hacienda Nápoles, Lehder —loquito, caprichoso— mató a Rollo, uno de los guardaespaldas más queridos por Pablo. «Lo mató porque una amiga de Lehder le coqueteó a Rollo, lo mató por una perra», cuenta Arcángel. Lehder, con sus atuendos militares puestos, buscó a Rollo y le disparó un tiro de fusil. Pablo, a su vez, iba a matar a Lehder, pero Jorge Luis Ochoa intercedió por él. «No vuelva nunca más», le dijo Pablo lleno de cólera, mientras ordenaba arrojar el cadáver en la carretera.

A Lehder lo descubrieron porque una rumba homosexual exagerada en las afueras de Medellín hizo que los vecinos llamaran a la Policía. Otras personas sostienen que Pablo lo entregó, pero resulta razonable el argumento de quienes afirman que no le convenía tenerlo, ahora como su enemigo, sirviéndole a la Justicia de Estados Unidos.

Lehder, confiado en que la extradición no estaba vigente y no tenía orden de captura, probablemente no se resistió al arresto. Lo llevaron a una estación de policía. Para su sorpresa, en esta estación aterrizó un helicóptero militar, con gente enmascarada. Volaron a una base militar y de inmediato lo pusieron en un avión de la DEA.

Un lema creado por él —«Es preferible una tumba en Colombia a una prisión en Estados Unidos»— se convirtió en el eslogan de la guerra contra la extradición en la que tronaron ráfagas y dinamita a lo largo de una década.

Pablo se había conectado con oficiales cubanos que le permitían operar a través de la isla —punto geográfico estratégico para el envío de cocaína a Estados Unidos—, por eso se sorprendió cuando uno de sus hombres en Panamá le anunció que otro oficial cubano, un capitán Martínez de las Fuerzas Armadas Revolucionarias quería plantearle negocios. En la reunión con Martínez, Pablo dijo que ya había realizado operaciones con oficiales cubanos. De regreso a La Habana, Martínez le informó del resultado de la entrevista al general Arnaldo Ochoa, un veterano oficial del Ejército, héroe de la revolución, miembro del Comité Central del Partido Comunista y, por lo tanto, hombre de alta capacidad operativa. Ochoa sospechaba que quien desarrollaba operaciones con Pablo era Tony de la Guardia —oficial encargado de operaciones encubiertas para romper el bloqueo económico estadounidense—, lo buscó y acordaron trabajar conjuntamente.

En abril de 1988, hombres de Pablo, entre ellos Fernando el Negro Galeano, se reunieron en La Habana con estos oficiales. Fueron recibidos en instalaciones militares, transportados en carros oficiales, alojados en casas de lujo e invitados a recepciones con personalidades como el ministro de la Defensa, Raúl Castro. Los oficiales y los hombres de Pablo, en reuniones privadas, especularon con fabricar dólares e instalar un laboratorio de coca en Angola. Al regreso a Medellín, los hombres le narraron a Pablo la visita. Por las condiciones en que los habían atendido creían que se trataba de contactos del más alto nivel. Acordaron que desde aviones se bombardeara cocaína en los límites de las aguas jurisdiccionales de Cuba, donde sería recogida por lanchas rápidas que las llevarían a playas de Estados Unidos. Aspiraban a realizar una operación semanal. Se pagarían 1.200 dólares por kilogramo. Martínez se comprometió a consultar solicitudes adicionales planteadas por Pablo, como permitir el paso de armas por la isla, venderle lanzacohetes y mantener en la isla un avión a su disposición.

Aparte de los nexos con Cuba, Pablo mantenía su tradicional relación con Noriega y con el dictador haitiano Raúl Cedras. Sus hombres se abrían paso en contactos de alto nivel en Suramérica, especialmente en el Cono Sur. Su dinero hacía dóciles a empresarios, gobernantes y policías. Se sentía por encima de todo y de todos.

Pablo y sus hombres inventaban cada día nuevas formas de exportar cocaína. El traficante guatemalteco Raúl Matta Ballesteros fue clave en la ampliación de la vía aérea, con aviones propios, como medio de transporte de la cocaína. En Angelópolis, cerca de Medellín, se fabricaron pequeños submarinos con fibra de vidrio y motores de camión para llevar cocaína a alta mar, donde era recogida por barcos. También se usaron submarinos de la desueta flota soviética, comprados a las mafias del Este. La coca también se camuflaba en productos de exportación, como harina de pescado, frutas tropicales, neveras, en hierro en polvo que luego separaban en el lugar de destino con grandes imanes. Se abrieron nuevas rutas pasando por países africanos, como Nigeria. Se descubrieron cargamentos adheridos bajo los cascos de los transatlánticos, túneles que atravesaban la frontera entre México y Estados Unidos.

En el transporte de menudeo, propio de los pequeños carteles, se han usado todas las formas imaginables y por imaginar. Se descubrió a una supuesta madre que rellenó un feto de niño con cocaína; miles de personas que han ingerido cápsulas; cocaína implantada con una cirugía en los glúteos; en pelucas, como almidón de la ropa, en pañales especiales que llevaba una expedición de ancianos…

Dos condiciones se reunían para que la cocaína fuera un negocio esplendido e imparable: ser un vicio y ser prohibido. La coca parece verificar la verdad histórica de que las sociedades jamás han logrado derrotar los vicios. Desde siempre el hombre ha sido un animal que requiere las drogas para matizar su conciencia de la muerte. A pesar de las inmensas sumas que se dedican a reprimir el tráfico y desestimular su consumo, la coca era y es un negocio frenético que vive de una sociedad ansiosa. Y encuentra su nicho especialmente en los ejecutivos que procuran una mayor productividad. La coca, con los valores que lleva implícitos, es la típica droga del capitalismo neoliberal.

El tráfico es la gran transnacional de América Latina. Y en un primer momento la gran transnacional colombiana. En la llamada década pérdida, Colombia, en contraste con otros países de América Latina, pudo mantener un crecimiento económico moderado. Y muchos expertos lo atribuyen a los ingresos provenientes del narcotráfico.

Se calcula que entre dos mil y cuatro mil millones de dólares al año ingresaban a Colombia. Estos dineros se convirtieron en un medio excepcional de enriquecimiento de los capos, y a su vez de sectores económicos formales que captaron estos recursos. Pero la economía del tráfico está más articulada a la economía global, de la cual se ha convertido en un resorte indispensable. La mayor parte de los capitales relacionados con las drogas no retorna a los países productores. Se considera que cada año en el sistema financiero internacional circulan unos seiscientos mil millones dólares provenientes del tráfico.

Parte de los dineros calientes que ingresaron al país sirvieron, además, para que sectores marginados tuvieran una tabla para sobreaguar sus condiciones de miseria. Se calcula que en los diferentes eslabones de la cadena puede estar vinculado medio millón de familias.

La guerra estadounidense contra las drogas ha sido como tratar de apagar un incendio con oxígeno. El negocio vive de la represión. Es la condición de ser un comercio ilícito lo que hace que presente alucinantes tasas de ganancia. Además, es un negocio de alto relevo en el que se puede derrotar a los narcotraficantes pero no al narcotráfico. Siempre hay dispuesta una nueva generación para remplazar a los capos que han muerto o han sido detenidos.

Colombia, después de una década en la que se han fumigado cerca de quinientas mil hectáreas de cultivos ilícitos con paraquat, pasó de tener treinta mil hectáreas sembradas con coca a unas ochenta mil, y de cero hectáreas de amapola a cerca de veinte mil.

En ese mismo período, a la demanda de Estados Unidos se sumó un creciente mercado en Europa, Asia y la antigua Cortina de Hierro.

¿Quién era Pablo Escobar? ¿Por qué llegó a ser tan exitoso en esta empresa? A Pablo es sencillo describirlo en sus rutinas, pero era desafiante y complejo en su mundo interior y su mentalidad. Las preguntas esenciales quedan rondando y no son fáciles de responder.

En los años que siguieron, que podríamos llamar la guerra blanda, la inmunidad se la seguían garantizando sus nexos con oficiales corruptos de la Policía y el Ejército. Se levantaba hacia las doce del día. Obsesivo con su aseo personal y su pinta, él mismo se motilaba casi cada día. Se demoraba una hora en el baño y cantaba a voz en pecho. Era un hombre rutinario en su manera de vestir. Prefería los colores blanco, azul, aguamarina y rosado. Su pinta más frecuente: camisas de cuadrito fino, bluyín y tenis. «Porque hay que mantenerse listo», solía decir. Algún familiar le compraba zapatos exclusivos que almacenaba y nunca usaba. En alguna medida siempre despreció el consumo que creía superfluo y, ajeno al esnobismo, se mantuvo en las costumbres de hombre de origen popular. No cargaba ningún signo religioso, pero en sus casas no faltaban las fuentes de agua y las imágenes religiosas. Todo lo hacía con el corazón puesto en María Auxiliadora, San Judas Tadeo y Dios.

Leía revistas como *Play Boy*, el periódico *El Colombiano* y algunos libros. Visitaba poco los restaurantes y prefería comer en casa con María Victoria. Si no llegaba de seis a siete de la noche, se le dejaba la comida en el horno. Con el tiempo empezó a gustar de los mariscos y de otro tipo de comidas más sofisticadas pero nunca dejó de preferir la carne asada, con papitas fritas y arroz, las sopas y los fríjoles…

Tenía en la casa una colección de automóviles antiguos a la que Victoria, sabiendo que con ello lo enloquecía, sumaba en su cumpleaños algunos modelos encargados de Estados Unidos. El Osito le regaló un automóvil similar al que habían visto en una película del superagente 007, James Bond: blindado hasta en la batería, lanzaba aceite, bombas de talco y puntillas, y echaba humo. Pablo, que había visto todas las películas del 007, recibió contento su regalo, pero también se sorprendió cuando el mismo Osito le mostró una foto donde aparece montado en el avión del 007. «Y vos ¿cómo hiciste?» «Ah, para que veas, ahí está la foto para que me creas, éste es Bond y éste su piloto». No se la creía, pero el Osito había volado de verdad en un espectáculo de aviación de James Bond.

Familiares, amigos, enemigos, víctimas y analistas tratan de esbozar un perfil de su personalidad. Al final cada retrato parece un personaje diferente. Y quizá sólo la superposición de esas imágenes pueda darnos una descripción cercana a la realidad.

Aunque la mayoría resalta la sencillez, es precisamente su madre quien hace caer en la cuenta de su toque de vanidad:

> «A él le gustaba quedar bonito, y por eso quemaba las fotos feas. En una ocasión le mandaron una foto grande, en la que estaba incluso Santofimio Botero —todos ellos del alto gobierno y la política que le dieron la espalda—; entonces le pregunté: "Pablo, ¿cómo te pareció la foto que te mandó Fulanito de tal?", "Ah, por allá la tengo guardada, mamá, quedó muy bonita". Entonces Juan Pablo, que estaba como de cuatro años dijo: "Abuelita, mentiras, que mi papá dijo que esa foto la rompieran porque había quedado muy feo".»[2]

En otras ocasiones le dio instrucciones para que rompiera fotografías. No siempre le hizo caso, guardó, por ejemplo, una, en blanco y negro, donde aparece a sus 35 años de cabello muy negro, con bigote y patillas. «Y qué tal si no las guardo, son las únicas que me dejaron los policías que arrearon con todo lo que encontraron»,

---

[2] Ana Victoria Ochoa, *op. cit.*

dice doña Hermilda. Así mismo conserva una pintura en la que Pablo aparece con sus manos abiertas. De una de ellas salen canchas iluminadas y de la otra barrios para pobres.

En un libro que publicó en 1991, cuando estuvo recluido en la cárcel La Catedral, el propio Pablo incluyó una serie de fotografías en las que se ve desde joven, relativamente escuálido y con un peinado indefinido, hasta la imagen de hombre adulto y obeso, con bigote, con su mota de pelo tirada sobre la derecha, con la que se hizo famoso como capo. Allí también incluye las fotografías de las reseñas judiciales y los afiches en los que se ofrecía recompensa a quien contribuyera a su captura, que siempre guardó como trofeos especiales.

Joaquín Vallejo Arbeláez, su padrino de bautismo, lo define como un hombre particularmente rico, pero sin cultura: un tipo inteligente, que fue superando todo, colocándose por encima de todos. «Aquí hubo mucho narcotraficante y Pablo se colocó a la cabeza, dominó a toda una masa. En un momento dado controlaba el ochenta por ciento de la mafia del país». Pero tenía inteligencia de la mala, mal usada, aclara, recordando el concepto socrático según el cual el hombre es malo por ignorancia, porque no tiene el dominio completo de la situación.

Pacho Santos, una de sus víctimas, lo define como un genio del crimen:

«Viendo toda su actuación me parece que no tenía una raya entre el bien y el mal, yo creo que no tenía esa claridad o se le borró. Para él hacer el bien era matar, eso era bueno. El tipo era un genio del crimen, era el Da Vinci del crimen, y eso lo he dicho públicamente. Yo no sé si él se encargaba de los detalles, o sus tipos eran unos verracos. Yo creo que si ese hombre hubiera nacido en Estados Unidos hubiera enloquecido a los gringos.»

Para el astrólogo Mauricio Puerta, Pablo —sagitario con ascendente piscis— nació con una conjunción de planetas (Júpiter con Venus) conocida en la astrología como la de dos grandes benefactores. Combinado con la suerte que los astros le deparaban a Medellín, la carta de nacimiento de Pablo también, según Puerta, estaba marcada por las adicciones, las amarguras, los complots, los tóxicos y la cárcel. Y cruzada con la de Colombia, marcada para aquella fecha por Neptuno, aparecen las riquezas fabulosas, la química y sus productos, la fuga de la realidad, los delirios, las alucinaciones, la narcolepsia, la anarquía, el caos, los escándalos, el escapismo, la realidad virtual, la corrupción, los engaños, los complots, el amor por la vida fácil y lo sediento en uno. Un cuadro astrológico que Puerta resume en política, muerte y karma[3].

Para Alejo, del M-19, Pablo era:

«Un hombre socialmente sensible, con tendencia a la autarquía, a la dictadura; en algunos momentos se sintió caudillo. Un hombre con una formación de bachiller, pero con una corte de áulicos, de todas las clases sociales, gente con algún nivel cultural, que tenía información, lo rodeaba. Entonces esto le daba un universo, y sobre todo le daba niveles de información no públicos.

»No era visionario sino intuitivo, sensible a los cambios. Su forma de ser le permitía ver dónde saltaba la liebre. Manejaba lo que parecía un discurso político pero le faltaba profundidad para una elaboración política. Él, en algún momento, se metió en un vuelo estratégico, la oligarquía se la pilló en la mitad del camino y lo dejó abandonado. Eso lo llevó a una confrontación visceral.

»Yo, por temperamento, logré romper la barrera y la distancia entre el guerrillero y el bandido. Yo creo que fui una de esas pocas personas que lo escucharon hablar de largo más de una noche: eche carreta y eche carreta. Su carisma estaba en el poder —porque el poder crea atracciones— y en que sabía escuchar y darle vuelo a la gente que lo rodeaba, al hacerla sentir importante y participarle de sus cosas. Yo pienso que parte de esa aura, de ese ángel, es que nunca gritaba, nunca agredía verbalmente.

»Alguna vez me dijo: "Camine, yo le doy timón, a muy poca gente le conduzco, vamos a ver a una hembrita". Y me pasó una Mp5 y me llevó por esos vericuetos de El Poblado. Tenía cita con una muchacha hermosa. Me presentó como un guerrero,

---

[3]   Mauricio Puerta, *Colombia bajo los astros*, Planeta, Bogotá, 2000.

como el putas... Ese día me pareció un hombre tímido con las mujeres. Por lo menos no era el prototipo del traqueto atrevido y bulloso con las mujeres. A él, por ejemplo, nunca lo oí hablar de cuántas reinas se había comido, nunca.

»Recuerdo el amor que tenía por su mamá. Era un referente muy fuerte. El papá casi no existía para él. Había dos mujeres fuertes para él: su esposa, la única persona a quien le tenía miedo, y la mamá, de quien decía que era una verraca. Debía tener un Edipo teso.»

Jorge Luis Ochoa lo define como un subversivo, un guerrillero *sui generis*, que quería básicamente desafiar el sistema. Y su hermano Fabito, como una creación de los gringos y de los medios de comunicación.

«Fue un hombre como los capos de su generación; se enriqueció de manera desmedida por exportar una droga prohibida a un mercado ansioso de consumo. Pero, además, fue un hombre que terminó convertido en el objetivo principal de la guerra por ser señalado como el gran capo de la cocaína en el mundo, se convirtió en un exterminador porque se volvió rabioso como un ratón acorralado. Encontró su imagen en el espejo que los Estados Unidos le pusieron: el criminal más grande del mundo. Actuó con habilidad y exceso de crueldad para mantenerse en ese *ranking*.»

Y es que Estados Unidos es el único país en condiciones de establecer la reputación de los narcotraficantes. Es una potencia que está en capacidad de pasar por alto a un narco, como lo hizo con Noriega durante los años en que sirvió a la CIA, o hacerlo notorio o condenarlo, como lo hizo con Pablo.

A Pablo, además de generoso, la mayoría de las voces lo pintan como un hombre amable pero distante, de mirada esquiva —pocas veces miraba a los ojos—, de largos silencios e inalterable. Esta imagen se refleja en la mayoría de sus fotos. Pero esa imagen pública contrasta con quienes lo describen en la intimidad, con su gente de confianza, como un hombre conversador y *mamagallista*. Hacía chanzas de niño: alguna vez, cuando los hermanos Ochoa lo visitaban y al salir no veían su carro, terminaron encontrándolo colgado con un grueso lazo a un inmenso árbol. Pero hacía chanzas sin perder su determinación, su don de mando y su carácter. Esa ambigüedad puede ser la que explique su capacidad de seducción. Entre los suyos, un trato cálido, y entre los extraños transformó el aire reservado que da la timidez en un arma que inspiraba admiración y temor reverente.

Su hermano, el Osito, subraya la admiración de Pablo por la personalidad del Padrino, el personaje de Puzzo. Pablo —analista, no reactivo, frío, calculador— actuaba según las enseñanzas de don Vito Corleone. «Nunca te enojes. No profieras amenaza alguna. Razona con la gente». El arte del razonamiento consistía en pasar por alto todos los insultos, todas las amenazas; algo así como poner la otra mejilla. Callar y esperar en silencio la venganza es el comportamiento adecuado. El hombre que habla mucho no dice nada, el que habla poco es sabio. Los mafiosos, hombres de respeto, rumian, meditan y son capaces de guardarse para sí mismos lo que saben. En la concepción de la mafia siciliana el contraste negativo lo hacen las mujeres que son charlatanas y chismosas.

Pablo, juicioso aprendiz de esas lecciones, no pronunciaba malas palabras, trataba bien a la gente. «Hasta para mandar matar era tranquilo», dicen. También era zanahorio, en asuntos de vicio sólo se le conoció la debilidad por la marihuana. Se veía caminar por Nápoles o por cualquiera de sus casas, tarde de la noche, fumándose un vareto. En lo que Pablo y la mayoría de los capos colombianos no se parecían a los capos italianos era en el asunto de la fidelidad. Mientras el Padrino predica con fervor que es fiel a su esposa, los duros de Medellín organizaban rumbas y se encargaban quince, veinte o treinta mujeres. Hembras provenientes de todos los grupos sociales, atraídas por el mundo del consumo y de la fatalidad. Él se fascinaba con los cuerpos jóvenes. A Pablo le propusieron realizar un espectáculo con las chicas concursantes en Miss Teenager Internacional. La idea lo entusiasmó y sugirió su viejo truco de grabar con cámaras secretas en el vestuario y los baños. Así se hizo. Instalaron vidrios polarizados, tras los cuales se escondieron hombres con sus cámaras. Las chicas desfilaron en traje de baño y en traje de gala, ellos las premiaron hasta con cinco mil dólares a cada una, superando con creces los premios del propio concurso. Cuando partieron las chicas, ellos se divirtieron viendo en las películas la limpia desnudez de estas adolescentes.

Pero también organizaban fiestas con reinas, magníficos ejemplares de exposición nacional, que oficiaron de amantes o de esposas de algunos de ellos. ¿Cuántas reinas de belleza se casaron con hombres vinculados al mundo del narcotráfico?

Pablo se le escondía a Victoria para hacer sus pilatunas. Durante mucho tiempo ella sufrió con la infidelidad, pasaba largas horas esperándolo, escuchando temas de despecho de Helenita Vargas, la Ronca de Oro, una de sus cantantes preferidas; en ocasiones se calentaba y le hacía escenas de celos porque llegaba tarde, y se demoraban días para volver a hablarse. Pero ¿cómo controlar a un hombre que veían en una parte y unos minutos después en el polo opuesto? Un día ella —espíritu sereno, aplomo, gran señora— decidió no preocuparse más. «No sufran por eso, los hombres son así» respondía cuando sus hermanas le ponían quejas de las infidelidades de sus maridos. Ella, en medio del conflicto, optó por amar a su esposo sin condiciones y dedicar su tiempo a estudiar historia del arte e idiomas y educar a sus hijos. Especialmente preocupada porque Juan Pablo crecía en medio de guardaespaldas y armas, organizó actividades, pequeñas islas para su crecimiento personal, en medio de la turbulencia de vida que le ofrecía su padre.

También organizaba singulares fiestas familiares. Los quince de Claudia, la menor de las hermanas, los celebraron con una fiesta de rojo, todo absolutamente de rojo. También hacían fiestas de verde, de rosado... Se recuerdan unos conos grandes en forma de pino con langostinos gigantes y faisanes colgando. Invitaron al cantante argentino Dyango y a El Combo de las Estrellas.

Cuando Juan Pablo cumplió doce años, Victoria organizó en Nápoles una fiesta de negro. Le llevó un vestido completo a Pablo para que se lo pusiera. Él se rebeló. «Yo no me pongo eso», dijo y a pesar de las súplicas terminó bajando al salón, donde absolutamente todos los invitados estaban vestidos de negro, con una camisa blanca de rayas azules, una pantaloneta y tenis negros. «¿Qué me has hecho, Pablo?», le preguntaba Victoria con una rabia que le duró por días.

Él, que no dejaba de provocarla con sus travesuras, era también un maestro para lograr la reconciliación: pedía que le buscaran el bolero más romántico, encargaba unas bellas flores y le escribía una carta en la que le expresaba su profundo amor.

Victoria afianzó a su alrededor un pequeño reino en el que intentó escapar con sus hijos de los vendavales que desataba su esposo. Esa distancia entre ambos se ensanchó a lo largo de los años. Ella salía para encontrarlo, pero rápidamente regresaba a su nicho protector.

Pero no siempre fue posible mantenerse al margen, Victoria y su familia sufrieron los rigores de las persecuciones. La menor de sus hermanas creció en medio de la tensión y vivía tan nerviosa que presentó síntomas graves de parálisis. Pastora se estremecía recordando la mañana en que despertó y vio hombres en trajes de camuflaje apuntándole. Pensó que era una pesadilla pero se trataba de uno de los tantos allanamientos que soportarían en los años de enfrentamiento con las tropas que escarbaban la intimidad de su hogar, tratándola mal y robando.

Además, el desprecio social las desestabilizó. Antes la gente las asediaba por sus fortunas, ahora en medio de la confrontación, les rehuían. Tenían todo el dinero del mundo pero habían adquirido cierta enfermedad que los hacía indeseables, hasta sus hijos eran rechazados en los colegios cotizados de la ciudad. En estas circunstancias, doña Nora se convirtió en una enferma crónica de diabetes y en una fanática rezandera. «Es ropa del pecado», le decía a su hija cuando le mostraba orgullosa un clóset lleno.

Pablo, a pesar de sus travesuras desde el inicio, por amor a ella y a sus hijos, mantuvo su mandamiento conservador: no tener hijos por fuera del matrimonio. No concebía que su simiente pudiera estar en una mujer que no fuera su Victoria.

En alguna ocasión una de sus novias ocasionales quedó en embarazo. «Yo no quiero que tengas el hijo», le dijo él secamente. «Yo lo quiero tener», le replicó ella. «No, no puedes». Ante la estricta negativa la joven planeaba marcharse a tener su hijo a Estados Unidos. Pablo la invitó a Nápoles para tratar de convencerla por última vez. Sus argumentos, primero suaves y luego amenazantes, fueron inútiles. Ella se empecinó. Entonces Pablo hizo una seña y de uno de los cuartos salieron Pinina, la Yuca, Arcángel y un médico. La mujer no comprendía nada. La tomaron a la fuerza. Pablo salió para no escuchar los gritos y súplicas de la mujer. La inyectaron y dopada la llevaron al puesto sanitario de la hacienda. Sus hombres, asesinos de sangre fría, sintieron náuseas y vértigo cuando el médico empezó a extraer el feto. Arcángel revivió en este episodio los videos que los curas le presentaban en el colegio en los que se veía destrozar a pequeños fetos en el vientre de la madre y se calificaba el aborto como una ofensa a Dios y todavía recuerda que se encerró en el baño a vomitar, hastiado y horrorizado. «El Patrón quedó achantado durante varios días. Le dio duro hacerle eso a esa mujer —cuenta Arcángel—. Ella tendría que estar muy enamorada o muy corrida porque luego se casó con un italiano y a su primer hijo lo bautizó Pablo Emilio. Su final fue triste: se ennovió con uno de los bandidos de Pablo, quien la mató en un ataque de celos».

En noviembre de 1987, Pablo, ya calificado como uno de los hombres más buscados del mundo, jugó con el equipo de la hacienda Nápoles en el llamado Torneo de Fútbol Paz, en Envigado. Llegó en Renault 18, su carro preferido, acompañado de unos diez camperos Mitsubishi. La Policía de Envigado y los agentes del Departamento de Seguridad y Control (DSC) del municipio montaban guardia, y Chiruza, mano derecha de Pinina, le reforzaba la seguridad, controlando las entradas al barrio.

Chiruza operaba en el sector de Guayabal, donde los fines de semana se veían quince o veinte patrullas de la policía haciendo fila para reclamar la bonificación. Y el coronel Bahamón, que se desempeñó en aquella época como subcomadante de la Brigada Militar, recuerda que cuando llegó a Medellín, Chiruza financiaba la gasolina de los carros del Ejército. Los capos de Cali le confiaban su seguridad cuando arribaban a Medellín. Sergio Ramírez, conocido en su mundo como Pájaro, fue discípulo de Chiruza y aún lo recuerda por su liderazgo y por un usual rito para ejecutar a sus víctimas: «Trábese que lo voy a matar», le decía al condenado, le pasaba un vareto de marihuana y le daba infinitas vueltas a su alrededor antes de dispararle.

En esta tarde soleada con tribunas a reventar, Pablo sorprendió a los asistentes animando concursos y premiando, por ejemplo, a las mujeres que mejor narraran goles. Momentos esporádicos de histrionismo, que contrastaban con su habitual actitud de hombre serio y distante.

Allí lo condecoraron los equipos profesionales de fútbol por su pasión por el deporte. El equipo de sus amores fue el Deportivo Independiente Medellín. «Del Atlético Nacional son hinchas las niñas de clase media; del Medellín, los duros del pueblo, del barrio», decía en medio de chanzas. Pero cuando hablaba en serio tenía propuestas para el fútbol colombiano en las que insistía en la necesidad de que los equipos tuvieran jugadores colombianos para tener canteras de futbolistas.

Y no sólo Pablo, sino otros narcos se vincularon activamente al fútbol profesional. Se afirma que los Rodríguez de Cali eran propietarios del club América; el Mexicano, de Millonarios de Bogotá; Elkin Correa se hizo accionista del Deportivo Independiente Medellín y fue fundador del Envigado Fútbol Club. Para ellos el estadio era un escenario de igualdad, ideal para ídolos populares, y el fútbol, símil de confrontación y de guerra que apasiona, era un escenario especial, en el que revive una memoria ancestral de los clanes guerreros. A la salida de los equipos a la cancha suenan trompetas, tambores, truena la pólvora y se desatan los gritos de guerra y la danza que estremece la estructura.

Aún hoy en las barras bravas de Bogotá se exhiben inmensas pancartas con la imagen del Mexicano, que sobrevive como mito popular. Simboliza a quienes vienen de abajo y se afianzan por su capacidad de transgredir un orden, de envolverse en procesos religiosos e instaurar nuevas formas que atraen a las multitudes.

El Mexicano mezclaba su pasión por el fútbol con la de los caballos. A su corcel preferido Túpac Amaru —por el cual le ofrecieron dos millones de dólares—, lo alojaba en cabañas de lujo y lo montaba forrado en piel de guepardo. De piel de guepardo las zamarras, forradas de piel de guepardo las riendas. Tenía toda una vocación por el mundo del charro mexicano, gustaba de nombres como Cuernavaca y Sonora. Oía, día y noche, rancheras e invitaba con frecuencia al cantante Vicente Fernández, del que guardaba una silla con su firma estampada que la trajo en uno de sus viajes. El viejo Fabio Ochoa creía que a Bolívar, el Libertador, lo había hecho su caballo Palomo, y a Alejandro Magno, su Bucéfalo, y por eso le escribió alguna vez diciéndole: «Un hombre con un caballo como Túpac Amaru merece ser presidente».

¿Se imaginaría don Fabio Ochoa al Mexicano con sus chamarras de guepardo entrando en su caballo en el palacio de los presidentes, como cuando Bolívar, el Libertador, ingresó triunfante en su caballo Palomo a Bogotá? Es posible. Sin embargo, don Fabio sabía más de caballos que de presidentes.

Los narcos, engolosinados con los caballos, las ferias y todo lo que a su alrededor se movía, elevaron desmedidamente sus precios y sacaron del mercado a los aristócratas tradicionales.

El Osito, desde que su abuela le había regalado en la finca de El Tablazo de Rionegro una vieja yegua, se hizo aficionado a los caballos. Y ya adulto compró un potro al que llamó Terremoto de Manizales, que se convertiría en un afamado caballo de paso fino colombiano.

En cambio, a Pablo es difícil imaginárselo en un caballo. Él no era afecto a los equinos. En una ocasión el Mexicano le ofreció una yegua para Manuela. «¿Cuánto vale?», preguntó Pablo. «Cincuenta millones». «Con esa plata yo armo muchos bandidos». «Entonces se la regalo».

Capítulo VI

A Mauricio Restrepo ya lo había mencionado en este relato porque estuvo ligado a los Ochoa en el inicio del negocio y en la lucha por rescatar a Marta Nieves Ochoa cuando fue secuestrada. Una vez se radicó en Colombia se especializó en transporte en barco de cocaína hacia Estados Unidos, actividad en la cual hizo una significativa fortuna. El hecho de hablar inglés, de saber de radiocomunicaciones, ser buzo, marino, despertaba la admiración de Pablo, que lo llamaba coloquialmente Juventud.

A inicios de 1987 Restrepo alojó en su casa de Medellín a Hernán Valencia, un narco caleño que por esos días asistía a un clásico de ciclismo. Saliendo de la casa de Restrepo, Valencia fue secuestrado. La primera reacción de Restrepo fue pedir a sus amigos, los Ochoa, que preguntaran si a quien pensaban secuestrar era a él. Pablo, a quien siempre se le consultaban esos asuntos, dijo que no sabía del secuestro de Valencia ni de amenaza alguna contra Restrepo.

Restrepo informó que empezaría a buscar a su amigo. «Hágale, Juventud, y cuando necesite pie de fuerza me avisa», le respondió Pablo. Entonces él trajo de Estados Unidos unos equipos técnicos para el rastreo de comunicaciones. Empezaron triangulando un área inmensa que incluía Antioquia y el norte del departamento de Caldas. Localizaron una señal mediante la cual los secuestradores le permitían utilizar largas horas a Valencia para comunicarse con sus novias. El área de rastreo se fue cerrando gradualmente hasta lograr ubicar el objetivo en el entorno de la Represa de La Fe, oriente de Medellín.

Restrepo, inspeccionando la zona, se sorprendió al encontrar a dos hombres de Pablo. Se saludaron con aparente amistad y real recelo y siguieron sus caminos. Intuyendo que estaban relacionados con el secuestro, decidió de inmediato llamar a sus hombres y allanar las casas del sector. Sabía que si demoraba el operativo, llevarían el rehén a otra zona.

Alcanzaron a reventar las puertas de algunas casas y aterrorizar a pacíficas familias que se hallaban de descanso. Pero antes de llegar a la del cautivo recibió una llamada en su teléfono. «Juventud, deje ese asunto quieto, a Valencia lo tiene gente muy poderosa, no se meta que lo pueden matar». Al escuchar a Pablo, ordenó suspender las operaciones.

Aunque no se lo dijo a la familia de Valencia, Restrepo quedó con el convencimiento de que el secuestrador era el propio Pablo. Sólo atinó a aconsejarle al negociador que no pagara. «De todas maneras lo matarán», le dijo. Sus palabras se cumplieron. Aunque se entregaron cuatro millones de dólares para lograr su liberación, el cadáver apareció a los pocos días.

Restrepo se enteró de que algunos hombres del Cartel de Cali le habían pedido a Pablo que asesinara a Valencia por cien millones de pesos. «Listo, yo lo hago pero a mi manera», les dijo. Y a su manera lo hizo. Y fue en ese momento cuando confirmó su sospecha de que Pablo había sido responsable del secuestro y muerte de otros narcotraficantes importantes de la región.

La lista de muertos importantes la encabezó Pablo Correa Arroyave. Correa, que había matado a sus socios y a un homónimo para simular su propia muerte y así camuflársele a la DEA, no se cuidó del otro Pablo, de Escobar, que lo tenía en la mira. Muchos de sus amigos se alegrarían de que a nombre de todos le cobrara su arrogancia y su egoísmo. Ordenó alzarlo, antes de matarlo cobraría rescate y lo obligaría a que le transfiriera algunas propiedades.

«Correa hasta para la muerte tuvo suerte», dice Arcángel. A un hombre de Pablo se le escapó un disparo que le dio en la frente y lo fulminó. Para cobrar el rescate los hombres de Pablo pararon al difunto con un palo, le abrieron los ojos, lo maquillaron para quitarle ese tono patético que da la muerte y lo pusieron a leer un periódico del día. Con esa pose lograron que la familia soltara dos millones de dólares iniciales. Pablo ordenó que lo sepultaran. Sus hombres lo enterraron sin cal y un perro lo desenterró. Tras encontrar el cadáver se perdió el resto del rescate que la familia había prometido.

Luego, Pablo secuestró a Alonso Cárdenas, cuñado de los Ochoa, y a Rodrigo Murillo. Restrepo también había iniciado la búsqueda de Cárdenas, que también era su amigo. Pero las comunicaciones que rastreaba fueron suspendidas súbitamente. Intrigado preguntó a los Ochoa sobre quién sabía de sus seguimientos. «Sólo le hemos contado a Pablo», le dijeron.

Murillo fue encontrado con el tronco enterrado y las piernas afuera. En su reclusión, Cárdenas, tras escuchar en la radio la noticia, sabiendo que correría la misma suerte, se suicidó. Agonizante, con su propia sangre escribió en la pared: «Asesinos hijueputas». Los hombres de Pablo cuando lo encontraron muerto se enfurecieron y lo *rafaguearon*. El examen de medicina legal dice que el cuerpo tenía cerca de cincuenta impactos.

Estas acciones son las que llevaron a Restrepo a afirmar que Pablo, esencialmente, era un gángster: «Un hombre que quería vivir de lo que los otros ganaban». Reunido con los hermanos Ochoa, les dijo: «Nos va a matar a todos, tenemos que matarlo». Ellos guardaron un silencio, un impresionante silencio, y salieron de la reunión.

Pablo, sabiendo que Restrepo se saldría del redil, ofreció diez millones de dólares por su cabeza. Y en Colombia, bandidos de todos los pelambres y miembros de las Fuerzas Armadas se dedicaron a cazarlo. Restrepo, según sus palabras, desde entonces hizo un hueco en la tierra para esconderse, sobrevivió a la implacable persecución de Escobar y al final ayudó a derrotarlo.

Para mantener su hegemonía, Pablo fortaleció su aparato militar. Las llamadas oficinas y las bandas habían impuesto su ley y su estilo en las barriadas populares; sus miembros se convirtieron en ídolos de jóvenes intensos que esperaban la oportunidad para coronar su propia ganancia en el narcotráfico o en el sicariato, convertido en profesión.

La Kika —morocho, infalible gatillero— gobernaba a los bandidos de Castilla, en el noroccidente de la ciudad, y se había hecho famoso por la costumbre de marcar con las letras KK los cuerpos de sus víctimas. Era miembro de la familia Muñoz Mosquera, de quince hermanos. Su padre era un ex agente de la policía de raza negra convertido al credo evangélico, y su madre, una consagrada mujer paisa. La Kika encabezaba la lista de devotos de San Judas Tadeo, al que le pedía que lo llevara de la mano hacia el éxito en sus acciones. San Judas le falló y la Kika fue detenido por sus tropelías. Con él detuvieron a su hermano Tyson, que para entonces se dedicaba, igual que su padre, a la Biblia. A la Kika le impusieron una larga condena y a su hermano Tyson, para asombro de la familia, de manera injusta lo condenaron a 25 años de prisión.

Una fe especial movía a los bandidos, y San Judas, para resarcirse, les hizo el milagro. O se lo hizo Pablo, su gran Patrón, quien se la jugaba por ellos. Organizó un operativo para rescatarlos de la cárcel Bellavista. Un helicóptero, pintado con los colores y las insignias de la Policía, aterrizó en una de las terrazas del penal. Allí lo abordaron la Kika y Tyson, mientras los hombres del helicóptero disparaban sobre las garitas para neutralizar a los guardianes.

En una caleta llamada La Pesebrera, Tyson recibió, igual que su hermano y otros bandidos, treinta millones de pesos enviados por Pablo. Quedó tan sorprendido por la propina que desde ese momento cerró su Biblia y se dedicó a ser bandido con el mismo fervor con que se había entregado a Cristo.

En la familia Muñoz Mosquera quedaron, al final de esta historia, cinco hermanos muertos y tres detenidos. Y pagaron justos por pecadores: por buscar a la Kika se llevaron a Ángelo Yamil, Hernando de Jesús y Audy Fernando. Su madre, que no discriminaba entre inocentes y culpables, les construyó en San Pedro, el tradicional cementerio de la vieja aristocracia paisa, un mausoleo, enchapado en mármol, con un detalle característico: le acondicionó un equipo de sonido, con un sistema sin fin para que sus hijos escucharan música en su eternidad, todas las horas de todos los días de todos los años.

Ricardo Prisco —hombre alto, atlético y rubio, bandido famoso de la ciudad— dirigía una banda que gozaba de gran popularidad entre los vecinos de Aranjuez, en el nororiente de la ciudad. La simpatía se debía a que asaltaba, por ejemplo, almacenes de ropa y la vendía a los vecinos a precio de huevo, también porque en actitud desprendida tenía una cuenta abierta para las familias más pobres en el supermercado del barrio y porque apoyaba a estudiantes sin recursos. Además, Prisco —buen creyente— construyó en su barrio tres santuarios a María Auxiliadora, se ligó a Pablo y le brindó apoyo, servicios y sobre todo su incondicionalidad: «Con usted hasta la muerte», firmaba las cartas que le dirigía.

Pero lo de Pablo no era un ejército, ni una guerrilla, sino un grupo de hombres con las vísceras blindadas que generalmente, por buen billete, cumplían sus encargos. Esos guerreros cobraron tanta fuerza que a lo largo del tiempo se pasó del reinado de los traquetos al reinado de los bandidos. Consolidaron su fama en las calles y en las discotecas de la ciudad donde armaban tropeles «porque quiero su hembra», «porque me caíste mal» o «porque sí». Si el negocio era de un conocido, retiraban a las víctimas y las enterraban en un lote vecino después de borrarles las huellas digitales con químicos; si era de un extraño, las dejaban donde cayeran. Ese poder guerrero se extendió por la ciudad. Influido por la química del basuco, olor de dulce que *encoña*, química que *embala*, que encalambra el espíritu y alienta los demonios de adentro.

Ésta es otra de las señas que hace pensar que los narcos colombianos no son mafia en el sentido tradicional del término. En la mafia siciliana, por ejemplo, los hombres son crueles en el cobro de una venganza, pero entre ellos la atrocidad gratuita, sin razones claras, es mal vista. Entre los bandidos de Pablo, en cambio, la exhibición excesiva y arbitraria de la crueldad se convertía en una especie de consumo festivo de la muerte y en un medio de ascenso.

A estos hombres, Claudia, una mujer que sobrevivió a la avalancha final, los describe como los que besaban con los ojos abiertos, siempre alertas y azarados. Buscadores de intensidad en cuerpos jóvenes, a veces de vírgenes, que pasaban de inmediato a propiedad exclusiva, que aunque abandonadas no podían tener nuevos amores, si no querían ser llamadas zorras y ser castigadas. De otro lado, estaban las lobas, capaces de todo, de representar escenas lesbianas para los señores, que querían sensaciones fuertes, en la búsqueda del placer. Había proxenetas especializadas en conseguirles reinas o chicas de la farándula por precios de fantasía. Otras, en conseguir vírgenes para sus carnavales.

Esta arbitrariedad de los guerreros, que ven en las mujeres sólo un objeto de su poder, contrasta con la fidelidad que les exigían a sus parejas. «No se les puede traicionar ni con el pensamiento», dice Claudia. En la rutina de la creciente guerra, las señoras comentaban sobre las acciones de sus hombres. Estremecidas por las imágenes de horror que veían en los noticieros, algunas las justificaban plenamente, otras, en cambio, las consideraban excesivas. Pero si lo que allí se comentaba no quedaba en reserva, enterados sus hombres de las críticas de algunas de sus mujeres, las regañaban y hasta las golpeaban, por andar hablando de lo que no les incumbía.

Un psiquiatra forense del Instituto de Medicina Legal en Medellín, aprovechando la cosecha de bandidos, hizo estudios sistemáticos de las características y encontró que eran en su mayoría edípicos, sin sentido de las normas, lejanos de la culpa y el asco. Y los definió como sociópatas. Personas que incluso tienen una fisiología diferente a la del común de los mortales: ritmo cardíaco y pulso lentos, parpadeo escaso que les permite permanecer impávidos ante el peligro y la crueldad, y ambiguos en su definición sexual.

Estos guerreros a veces buscaban jóvenes, a veces buscaban en los travestis placeres no conocidos y luego, con la hombría en plena resurrección, los mataban por «locas hijueputas». Por eso se le escuchaba a Pablo decir en broma que si echaba a los maricas de su oficina, tendría que echar a la mitad de sus hombres.

El psiquiatra asegura que aunque ese tipo de personalidades puede abundar en cualquier sociedad, se expresan sobre todo en contextos de desorden y de pérdida de referentes colectivos y de autoridad. Para él los sociópatas de una comunidad terminan en un cuartel de bandidos, como los seminaristas terminan en un convento. Por procesos de empatía se va produciendo la formación de esa congregación del mal, como se produce la formación de cualquier otra.

A Arcángel, que miraba con cierta distancia este sórdido mundo, le tocó lucirse cuando lo desafiaron. El conflicto fue con Gerardo, un protegido de Kiko Moncada, que tenía varias mujeres, principal y suplentes, como Dios les manda a los traquetos. Una de sus suplentes lo traicionó y decidió matarla. El hombre llamó a uno de sus sicarios. «¿Recuerda la mujer con la que yo he andado?». «Sí, Patrón». «Necesito que la mate», dijo con la tranquilidad de quien ordena que le poden el jardín. El sicario hizo su trabajo con rapidez, pero no mató a la suplente sino a la principal, a la madre de sus hijos. Gerardo enloquecido se dedicó a cazar guerras y peleas, hasta que tocó a los hombres de Pablo.

«Me rozaron la sangre», dijo Arcángel cuando se enteró de que Gerardo le había secuestrado a su madre. Él, que se caracterizaba por un temperamento tranquilo, soltó a su salvaje y pidió permiso al Patrón para cazarlo. «¡Hágale!» le dijo Pablo, sin importarle lo que dijera Moncada. Localizaron a Gerardo en Bogotá y le montaron una perseguidora tan feroz que un trabajador de Gerardo le ofreció a Arcángel un trato. «Usted me deja volver a Medellín y yo me encargo de ejecutarlo». Gerardo fue ejecutado. Para no dejar huellas, Pablo ordenó matar a una novia del difunto que había sido testigo de los hechos. «Encárguese de eso, Arcángel», le dijo. Matar a una mujer no era buena idea, pero a una posible sapa no se le podía perdonar. Él la mandó llamar. Ahora observaba con detalle su sensualidad al caminar, sus largas piernas, el brillo de su pelo y sus labios generosos. Viéndola de cerca, entusiasmado con sus encantos, pensaba en la manera de amarla y matarla. Ella sucumbió ante su coqueteo, él, después de conocer las delicias de su amor, entró al baño, se miró al espejo, miró su arma pero se sintió incapaz de matarla. La citó de nuevo con la confianza de que cumpliría el trabajo sin problema, pero al verla se enteró de que su corazón la había indultado. La hizo su amante. Pablo se enteró de que no había cumplido la orden. «Usted responde por lo que esa vieja haga», le advirtió. «Yo respondo, Patrón, no se preocupe». Estas acciones fueron, al mismo tiempo, la graduación y el retiro de Arcángel como guerrero. Algo adentro lo movió a abandonar las armas, y descartó para sí el oficio de matar.

El 12 de enero de 1988, Pablo llegó en la noche al edificio Mónaco. Saludó a Juan Pablo, quien ya se le parecía en físico y temperamento y adoptaba una pose más tranquila y reservada. Manuela se lanzó a sus brazos y le dijo, como siempre: «Mi motita de algodón». Y por último dio un beso y un abrazo a Victoria. Aunque los niños le pidieron que salieran a comprar hamburguesas, él los convenció de quedarse en casa y pedirlas a domicilio. No quería desperdiciar ni un minuto. Estos encuentros cada vez más fugaces por el acecho de los enemigos los disfrutaba de una manera singular, le brindaban una placidez única. El otro Pablo, al que llamaban criminal o jinete de la cocaína, se replegaba. Se quedaba vagando en unas zonas oscuras donde por lo menos Manuela no lo alcanzaba a ver. Ella sólo conocía a este papá que después de comer, convertido en un hombre elemental, jugaba como un niño y escuchaba los asuntos pequeños de sus vidas, sus preguntas disparatadas y sus imaginaciones.

Cuando lograron dormirlos, después de una larga batalla, llegó al fin el momento de conversar con Victoria sobre los asuntos domésticos y amarse. Su espíritu guerrero no tenía nicho más cálido y seguro que el cuerpo de su mujer. Con ella —incondicional, limpia de los placeres desatinados y morbosos de su mundo— su sueño se volvía liviano y su espíritu tranquilo y seguro. No había mujer, por bella y joven que fuera, por firme que tuviera su cuerpo, que se pudiera comparar con su Victoria.

Por cuestiones de seguridad —los enemigos siempre acechaban— salió cuando el día comenzaba a clarear. Diez minutos más tarde, tres hombres abandonaron un campero en uno de los costados del edificio y salieron corriendo. Cuando los vigilantes se acercaban al carro, se produjo un estallido pavoroso que los desintegró. La detonación hizo, además, un enorme boquete en la calle, dejó en ruinas la fachada del edificio, destruyó viviendas vecinas, trituró los vidrios de varias cuadras a la redonda y desbarajustó varias edificaciones. Victoria vio un brillo azul subir por la ventana en el mismo momento que sintió que el techo se desplomaba. Corrió a buscar a Manuela. La encontró ilesa de milagro entre escombros y pedazos de vidrio. Luego buscó a Juan Pablo y salió con sus empleados antes de que llegaran las autoridades.

Este hecho era la evidencia de que algunos narcos, que calificaron la actitud de Pablo de soberbia, habían decidido enfrentarlo. «Él no puede ir matando al que se le ocurra», dijo Pacho Herrera, quien lideró el bloque caleño que inició la guerra. Su razonamiento era elemental y convincente: Pablo había matado a varios de sus socios sin estar en confrontación, si ellos también habrían de morir mejor lo harían en la guerra abierta.

En la inspección, las autoridades quedaron sorprendidas de las riquezas halladas. Todo el edificio Mónaco lo ocupaba la familia Escobar: un piso para atender fiestas, otro para gimnasio y un *penthouse* donde Victoria había procurado una decoración sobria que incluía obras de reconocidos pintores colombianos como Botero, Grau y Obregón, y una escultura del francés Augusto Rodin. También hallaron costosas reproducciones de esculturas griegas, jarrones chinos, lámparas, muebles importados y otros lujos que superaban el valor de la propia construcción. Y en el parqueadero encontraron vehículos de colección, automóviles último modelo, motocicletas de alto cilindraje y una limosina Mercedes Benz de seis puertas que el Mexicano le había regalado a Pablo en un cumpleaños y que jamás se vio circular por las calles de la ciudad. Una exhibición increíble de riqueza.

Ira santa le daba a Pablo cuando le tocaban a su familia. Todo en la guerra para él era soportable, excepto que le tocaran el linaje. Así había sucedido cuando, el 1 de noviembre de 1984, secuestraron a su padre. Abelito, a sus 72 años, vivía retirado de la familia en una finca que bautizó Villa Hermilda, en honor a su esposa. Ese día se levantó a las cinco de la mañana, salió al pueblo en su campero Toyota, asistió como de costumbre a la misa de seis e hizo diligencias en el mercado. Al regreso, seis hombres en traje de fatiga y armados con ametralladoras obstaculizaron el paso a su vehículo, se identificaron como agentes especiales y le pidieron que los acompañara para hacer algunas averiguaciones sobre su hijo. Tomaron la carretera que conduce al pueblo de Sonsón.

Pablo se acuarteló con su séquito en la finca El Bizcocho. Buscando responsables pensó en la guerrilla: «No creo, no pueden haber olvidado lo que pasó con el secuestro de Marta Nieves Ochoa». Descartó esa posibilidad. Podría tratarse de delincuentes comunes, pero dudaba de que el hampa se atreviera a desafiar su predominio. Una versión que llegó a sus oídos sostenía que se trataba de una banda de ultraderecha llamada Brigada Rodrigo Lara Bonilla que, a nombre del ministro asesinado, se proponía arreglar cuentas con la mafia, pero cuando los secuestradores centraron sus exigencias en lo económico esta opción tampoco le pareció clara.

Realizó —al estilo del MAS—, con sus hombres y con oficiales del Ejército y la Policía, operativos en diferentes poblaciones, y como complemento ofreció jugosas gratificaciones a quienes suministraran información sobre el paradero de su padre. Con su espíritu de sabueso dispuesto y mucha calma soportaba el látigo que los plagiadores le daban por teléfono: «Usted no es valiente sino con diez sicarios al lado», le decían. Acordó un primer pago para ganar tiempo y simultáneamente sus hombres desplegados por la ciudad, montaron guardia, día y noche, al pie de mil teléfonos públicos. El plan funcionó. Por el sector de Guayabal detectaron una llamada y de inmediato los hombres de Chiruza detuvieron al sospechoso. Lo torturaron hasta casi estallarlo y lograron información para desarticular la banda. Una mujer, señalada como amante del jefe, fue retenida y le bastó ver a su compañero torturado para cantar. El cabecilla era un ex militar de apellido Porras quien había trabajado para Pablo. Le montaron la persecución hasta que lograron detenerlo en la glorieta del aeropuerto cuando se dirigía a Miami. El propio Pablo le quitó un medallón que le había regalado al papá. Pablo, personalmente, ejecutó a los implicados en el secuestro y anunció la liberación de Abelito:

> «Que los secuestradores, miserables e insensibles, no tuvieron en cuenta las condiciones de edad y salud del señor Abel Escobar y, por el contrario, creyeron equivocadamente encontrar una familia temerosa y desprotegida. Que las exigencias de los secuestradores no se cumplieron de ninguna manera, porque tanto el señor Abel Escobar como los demás miembros de su familia estamos dispuestos a morir antes que permitir que culminen con éxito los autores del más detestable de los delitos.»

¿Por qué se desató la guerra entre los carteles de Cali y Medellín? De todo se dice: que se trataba de una guerra por el mercado en Estados Unidos, que por asuntos de mujeres, que por cuestiones de honor y cosas así. A ambos grupos ya los había diferenciado la actitud frente al Estado. Mientras los caleños optaron por la infiltración y la corrupción, los de Medellín privilegiaron la confrontación. Luego, una serie de incidentes contribuyó a desatar el conflicto.

Pablo atribuía a los Rodríguez la segunda detención de Jorge Luis Ochoa en noviembre de 1987, cuando Ochoa iba en un Porsche por las planas carreteras del Valle del Cauca —dominios del Cartel de Cali— a cumplir una promesa al Señor Milagroso de Buga, que lo había ayudado para que lo extraditaran a Colombia y no a Estados Unidos. Ochoa encontró un retén de la Policía de Carreteras que le pareció de rutina y atendió el llamado de parar, pero lo estaban esperando para detenerlo. «La próxima vez lo van a detener los *boys scouts*», dijo Pablo cuando se enteró de la noticia.

Low Murtra —sobreviviente del Palacio de Justicia, enemigo acérrimo de los narcos, recién nombrado ministro de Justicia— buscó la manera de mantener a Ochoa detenido. Aunque el marco legal no estaba claro, se pegó de la solicitud de extradición y lo recluyó en la cárcel La Picota de Bogotá. Los abogados, para evitar la extradición, reactivaron de nuevo el proceso que por tráfico de cocaína se le seguía en Medellín y llevaron la constancia al despacho del ministro. Éste aceptó la prevalencia de los procesos nacionales. Revocada la orden de captura para extradición, la juez de Medellín expidió una constancia en la que afirmaba que aunque se lo investigaba, su despacho no tenía orden de captura contra Ochoa. En época de Navidad, cuando las entidades trabajan a media máquina, un juez de Bogotá le concedió la libertad por una acción de *habeas corpus* interpuesta por sus abogados por considerar ilegal la detención. Para complementar la trama jurídica, los presos de La Modelo —la otra prisión de Bogotá— organizaron un motín que distrajo atención. El director de La Picota se comunicó con el director de Prisiones y éste con el ministro, la advertencia fue clara: «Ochoa no puede salir por ningún motivo». Cuando el director de Prisiones arribó a la penitenciaría, hacia las ocho de la noche, Ochoa ya había salido. «La salida era legalmente imparable», alegaron los funcionarios.

Ochoa pasó el año nuevo con familia y amigos, y celebró con Pablo en una finca de Llano Grande. Low Murtra soportó estoicamente las críticas y, para sacarse el clavo, el 5 de enero de 1988 firmó un auto de detención con fines de extradición contra Pablo Escobar, el Mexicano y los hermanos Jorge Luis, Juan David y Fabio Ochoa.

Desde este momento el ministro quedó condenado. Pablo le soltó la muerte.

Los hermanos Gilberto y Miguel Rodríguez —sin duda los narcotraficantes más famosos de Colombia en el final del siglo xx al lado de los Ochoa y de Pablo Escobar— se encuentran recluidos en la penitenciaría de la ciudad de Palmira, a media hora de la ciudad de Cali. Los detuvieron en 1996, y purgan unas largas condenas.

Desde el avión se ve el valle del río Cauca, como un inmenso plan —como una mesa de billar, dice comúnmente la gente—, cuadriculado por los cultivos intensos de la caña de azúcar. A la penitenciaría, a unos veinte minutos del aeropuerto, se llega por una carretera pavimentada, en medio del paisaje siempre verde donde abunda el sol y el calor húmedo del trópico.

Ocupan un pabellón anexo de la cárcel. Quienes los rodean se dirigen a ellos en tono respetuoso como don Gilberto y don Miguel. Este pabellón tiene un aire limpio y sobrio. Sobrio no sólo en decoración, sino además en moderación de los reclusos y los visitantes, que ni siquiera pueden fumar cigarrillo cuando ellos están presentes. En el primer piso del penal, debajo de una carpa, están dispuestas varias mesas plásticas que sirven de comedor y de oficina para atender a abogados y visitantes.

Miguel Rodríguez luce camisa azul clara de manga corta, pantalón oscuro y zapatos negros. Su hermano Gilberto se ha quitado la chivera con la que fue conocido en el mundo entero, tiene puesta una camiseta y un bombacho deportivo color crema. Al verlos conversar confirmó lo que ya había oído decir de ellos. Son como dos espíritus siameses. Sus maneras de pensar, de actuar, de oler, de sospechar, de planear son complementarias pero inseparables.

Los hermanos Rodríguez nacieron en el departamento del Tolima y quedaron huérfanos desde niños. Llegaron en los años sesenta a la ciudad de Cali en busca de «un futuro mejor». Gilberto, el mayor, tuvo diferentes trabajos hasta que se estabilizó como dependiente de una farmacia. Allí, según recuerda, conoció por primera vez la cocaína. «Venía en unos frascos de la farmacéutica alemana Merck y se vendía bajo fórmula médica». Entre tanto, su hermano Miguel estudió y se graduó de abogado.

En Cali vivieron un ambiente bohemio, donde se mezclaba de manera singular la rumba, la intelectualidad y el delito. Recuerdan como una especie de travesura lo que hacían los primeros exportadores de cocaína hacia Estados Unidos, que los animaron a ensayar el negocio. Ni ellos mismos saben cuándo se hicieron cabezas visibles de lo que las autoridades denominaron el Cartel de Cali. Aseguran que para ellos exportar cocaína era simplemente un negocio «al que no se le debía mezclar sangre». Ellos desarrollaron un tipo de organización con más capacidad de inserción en el sistema económico formal y establecieron desde el inicio relaciones fluidas con la institucionalidad. En algún momento en su región, amplios sectores de la población los consideraban hombres que habían posibilitado el progreso.

Al preguntarles por Pablo, la opinión de ambos es coincidente: prefieren el olvido. Porque, en palabras de don Gilberto, «el olvido es el único perdón y el único castigo». Con esa frase, que creo es una adaptación de una que alguna vez dijo Borges, quiere expresar su convicción de que contar historias es ir a un ejercicio inútil de revivir pasiones encontradas y posiblemente odios que ellos prefieren sepultados.

Don Gilberto —quien ahora en su reclusión estudia filosofía e historia en un programa a distancia que le ofrece una universidad de Bogotá— hace gala de sus nuevos conocimientos para resaltar los inconvenientes de contar historias de corto alcance —historias que aún están vivas— en las que no se puede, por diversas circunstancias, decir toda la verdad.

Don Miguel argumenta con una razón práctica y esencial. Piensa no tanto en él, sino en su esposa, sus hijos y sus descendientes y por ello prefiere no alborotar los fantasmas del pasado.

Aseguran que cada uno de ellos se vio sólo una vez con Pablo. Y al final lo que los tuvo más ligados no fue la amistad sino la guerra. «Siempre le propusimos la paz a Pablo Escobar —dicen— pero como no fue posible le brindamos apoyo al Estado para derrotarlo». Cuentan que en 1988 —a través de Jorge Barco, hermano del presidente quien los visitó en Cali— se iniciaron estos contactos y que Barco autorizó al general Maza para tener un *teléfono rojo* para comunicarse con ellos.

Para explicar lo que se llamó la Guerra de los Carteles, mencionan la muerte de Hernán Valencia y de Roldán, dos narcos caleños, a manos de hombres de Pablo, y aseguran que el detonante final fue un lío de faldas. Insisten en que las personas que rodeaban a Escobar —«que llevaban puestas vendas de yeso»— se negaban a ver que él era el criminal civil más grande del siglo XX, y que él les vendía cizaña, les vendía odio contra todos para justificar sus acciones.

Con lo del lío de faldas se refieren a un pleito en el que estuvieron involucrados el Negro Pabón, quien trabajaba para Pablo, y un hombre del Cartel de Cali, apodado Piña. Ambos compartieron prisión en Estados Unidos al lado de Pacho Herrera.

Pabón se había criado al lado de Pablo en el barrio La Paz; era uno de sus pistoleros de oficio y tenía entre su prontuario la muerte del director del periódico *El Espectador*, Guillermo Cano, el hombre al que Pablo nunca le perdonó que le hubiera revivido el pasado judicial y que lo fustigara sin contemplaciones en sus escritos.

Al salir libre, Herrera llevó a Piña para Cali. El Negro Pabón, de regreso a Medellín, descubrió que su mujer y Piña le ponían cachos. Para vengar su honor herido, con respaldo de Pablo, le pidió a Pacho Herrera que le entregara a Piña. Herrera no sólo se negó sino que apoyó a Piña para que le diera muerte a Pabón.

En fin, no existe una sola razón para explicar el conflicto entre los carteles. Es como si los guerreros en alguna medida mantuvieran al acecho de un pretexto para desplegarse.

Cuando se produjo la explosión en el edificio Mónaco, algunos allegados le sugirieron a Pablo que negociara. Él buscó a los Rodríguez, con los que hasta entonces mantenía una estrecha amistad, y les pidió que le entregaran a Pacho Herrera. Los Rodríguez, sospechando que planeaba secuestrarlo, arrancarle plata y después matarlo, se negaron. Entonces la dinamita y las venganzas se desencadenaron. Vino una larga racha de muertos arrojados en las carreteras, perforados con taladros, ametrallados, quemados, con un aviso que se hizo familiar: «Miembros del Cartel de Cali por atentar contra personas de Medellín». Todo lo que en Medellín oliera a Cali era eliminado, y a lo largo y ancho del país miembros del Cartel de Medellín dinamitaron empresas de los narcos de Cali, como las emisoras del Grupo Radial Colombiano y las droguerías La Rebaja.

El Cartel de Cali, aunque realizó acciones ofensivas directas, centró su estrategia en la infiltración de sus hombres en el Cartel de Medellín, en el pago a oficiales de la Policía y el Ejército y en la entrega de información a las altas esferas gubernamentales, de esta manera lograron en diferentes momentos la derrota del Mexicano y la del propio Pablo.

En esta guerra no había punto medio, todos debían tomar partido. Chiruza, el principal aliado del Cartel de Cali en Medellín, notificó a sus socios que en adelante su único patrón sería Pablo Escobar. Y la osadía de traicionarlos se la cobraron. Pájaro, uno de sus discípulos, recuerda que a Chiruza lo *rafaguearon* un día que, siguiendo su costumbre, salió al teléfono público de la esquina a responder un mensaje de bíper.

Pinina mandó capturar a Pájaro para investigarlo. Tras dar las explicaciones, Pájaro no se encontró la muerte que esperaba con cierta resignación, sino con una oferta hecha directamente por Pablo: «Yo en Medellín tengo muchos *trabajadores*, pero necesito gente en Bogotá, monte una oficina en Bogotá que allí va haber mucho *trabajo*».

Pájaro —hombre comedido, ambicioso y disparador— montó su oficina en Bogotá e impuso su estilo. «En una ciudad donde hasta el que reparte el periódico va de corbata hay que tener los hombres elegantes», dijo, y llenó con vestidos distinguidos varios armarios de la casa-finca que adecuó como centro de operaciones. Además, les consiguió a sus hombres cédulas falsas para que se identificaran con típicos nombres bogotanos y les prohibió llamarse entre sí

Diablo, Palomo o Chinga; dividió y compartimentó los grupos de trabajo al estilo de la guerrilla, y consiguió automóviles lujosos y emblemas de organismos de seguridad oficiales. Y entonces le dijo a Pablo: «Patrón, listos pa' lo que sea».

Los trabajos de hombres como Pájaro, Arete, Enchufe y Popeye fueron decisivos para el propósito que Pablo se impuso en los años siguientes: lograr una negociación con el gobierno. Lo consiguió después de tres años de magnicidios, secuestros y explosiones dinamiteras.

Para Pablo el escenario empezó a modificarse de manera imperceptible. Algunos mandos del Ejército y la Policía por primera vez se dispusieron a confrontarlo en un esfuerzo aparentemente aislado que no le despertaba ningún temor. Parte de estos oficiales lo hacían por compromiso y otros tantos, estimulados por el Cartel de Cali, que los bonificaba para que cumplieran su deber de perseguir al gran criminal.

El primero en enfrentarlo fue el general Jaime Ruiz Barrera, comandante del Ejército en Antioquia. Ruiz Barrera —hombre tozudo y empecinado, pinta de *marine*— había recibido una noche a un inspector del Departamento de Seguridad y Control de Envigado al que sus compañeros habían macheteado y abandonado en una carretera con el convencimiento de que había muerto. El moribundo, con graves heridas, le pidió protección y, una vez restablecido, de regreso del más allá, le dio información de los nexos de las autoridades de Envigado con el sicariato y el narcotráfico.

A Envigado sus alcaldes lo llamaban pomposamente el Mónaco de América, y se preciaban de tener el mejor nivel de vida del país, de dar subsidio de desempleo y de no tener mendicidad en sus calles. Las autoridades sabían, sin embargo, que esa prosperidad ocultaba una realidad oscura. Desde hacía largos años la mafia controlaba el municipio. Todo se había iniciado con la llave que formaron el médico y dirigente político René Meza y Pablo, que puso a lo largo de los años los alcaldes de su cuerda. Meza fue asesinado, pero sus sucesores, que siguieron ligados a Pablo, hicieron del Departamento de Seguridad y Control un organismo parapolicial que realizaba limpieza social, asesinaba a gamines y mendigos y ejecutaba a personas por encargo. El general detuvo a varios de los sindicados mientras cargaban en andas a la Virgen de los Dolores en una procesión por las calles de Envigado.

«Escobar es un criminal y el Estado necesita someterlo, acabaré con su inmunidad», les notificó Ruiz Barrera a sus oficiales. La tarea no era fácil, él mismo sabía que entre los asistentes había varios Judas. Aun así, en los meses que siguieron, logró establecer los correderos del capo y montó un operativo envolvente en la finca El Bizcocho, una de sus sedes estratégicas en las montañas de Envigado. La discreción del general no valió. Cuando salió con su tropa, a las cinco de la mañana el mayor Villegas, jefe del B-2, la inteligencia del Ejército, alertó a Pablo. «No sé para dónde van pero han salido a un operativo especial», le dijo. Pablo, que se la tomó con calma, recibió la segunda alarma cuando el camión militar subía por la Loma de los Balsos, un kilómetro abajo de su refugio, cuando ya la finca había sido rodeada. En el operativo fue herido y detenido Popeye, pero Pablo alcanzó a salir hacia un bosque de pinos con varios de sus hombres. Se encontró a un grupo de soldados que tenía bloqueada la salida, y cuando sus hombres vieron la situación perdida, él, con naturalidad y don de mando, les dijo a los soldados: «Soy del DAS, voy tras algunos que salieron por este camino». Y continuó con tanta tranquilidad que le alcanzaron a tomar una foto —en la que aparece Pablo sin bigote, encabezando el grupo— que envió, con cierta mofa, a los medios de comunicación unos días después.

En operaciones realizadas en la zona oriental del municipio de Envigado retuvieron a Victoria y a su hermana Pastora. Pablo, iracundo porque se metían con su familia, acusó al general de malos tratos y saqueos.

El mayor Villegas, el informante de Pablo, fue llamado a calificar servicios y terminó como jefe de seguridad de uno de los hombres del Cartel. En esa calidad visitó a Pablo en una de sus caletas en las cavernas de la Danta, cerca de la hacienda Nápoles. Dos días después el general Ruiz Barrera realizó un nuevo operativo que puso al capo en apuros. Pablo, por otros informantes, se enteró de que el mayor había sido reclutado por el Cartel de Cali. El Chopo fue el encarga-do de capturarlo y darle muerte. Siguiendo la instrucción de que el fin de un traidor debe ser ejemplarizante, lo mató de manera cruel. En una bodega desnudó al oficial, lo bañó con una manguera y luego lo golpeó con una tabla hasta que agonizó.

Ruiz Barrera ofreció cien millones de recompensa para quien ayudara a encontrar a Pablo. Toma y dame. Pablo distribuyó volantes en los que ofrecía ciento dos millones de pesos a quien le diera muerte al general, y ordenó quemar el restaurante La Estación, propiedad de una familia aristocrática, amiga de Luis Carlos Galán, donde habían ofrecido un homenaje.

Pablo secuestró a una de las secretarias del general y le averiguó sobre los amigos cercanos. La secretaria habló entre otras personas de Oky Botero, un famoso rejoneador de Medellín. Pablo lo mandó matar por una razón elemental: era amigo del general Ruiz Barrera. Su muerte, sucedida en un semáforo del parque de El Poblado, fue otro mensaje con sangre: nadie podía ser amigo de un general que Pablo quería muerto. La secretaria también fue asesinada.

Sus hombres tenían la instrucción de despachar al general, pero, por estrictas consideraciones de su odio, Pablo les impuso una condición: debía morir dinamitado. Lo rastreaban día y noche. Lo veían salir del Comando con una pequeña escolta en un campero, le descubrieron sus rutas, sus amantes, sus sitios secretos y sus restaurantes preferidos. Los sicarios, que se hacían pasar por celadores en los sitios que visitaba rutinariamente, lo tuvieron a boca de jarro, incluso le abrían la puerta del vehículo pero se abstuvieron de dispararle por lo menos treinta veces. El general escapó también de las bombas que le instalaron a la entrada del aeropuerto, en la calle 65 y en Rionegro. Apretaban el botón y nada, ¡malhaya la suerte de Pablo, bendita la suerte del general! La tecnología no funcionaba o estaban primíparos en su manejo, pero ¡nada! Para tranquilizarse Pablo decía: «Él sabe que lo seguimos día y noche, y no puede dormir tranquilo, lo tenemos atormentado». «Y en realidad —según recuerda Arcángel—, la vida del general se volvió un infierno y su mujer incluso se alcoholizó a causa de la tensión, y, por ello prefirió salir de Medellín y en alguna medida abandonar la lucha».

Ante los desafíos de las autoridades, Pablo decidió realizar una acción que pretendía mostrar su poder. El martes 3 de marzo de 1988 dos individuos, con uniforme de oficiales de la Fuerza Aérea, entraron a las instalaciones del aeropuerto militar Catam en Bogotá, a las 11 y 40 de la noche, a una hora en que estaba de guardia personal que habían sobornado. «Se trata de una operación de orden público», escuchó decir con voz de mando el centinela que les pidió el santo y seña y les permitió seguir. Los hombres abordaron un turbocomander con matrícula HK-3398X, propiedad de Gustavo Gaviria, que había sido incautado recientemente en Pereira. Sólo cuando lo encendieron y empezó a carretear, el personal militar disparó en forma continua contra la aeronave y le causó desperfectos en la rueda de nariz y en el costado derecho del fuselaje. La torre de control trató de establecer contacto por distintas frecuencias de radio. Desde el avión respondieron con fuego. *Rafaguearon* a los bomberos que intentaron bloquear la pista y decolaron con una de las turbinas echando humo.

El Centro de Control de la Fuerza Aérea los rastreó con el radar hasta el Magdalena Medio, donde el avión aterrizó. Hombres de Pablo, con el Arete a la cabeza, estaban pintando la aeronave para camuflarla y adecuarla para el envío de cocaína, cuando llegó un avión de la Fuerza Aérea y con una bengala iluminó el sitio. «Se cayó la vuelta, Patrón», le informó el Arete. «Quemen ese avión para que quedemos empatados 1-1», le respondió Pablo. Lo incendiaron y en respuesta, desde el avión fantasma *rafaguearon* con una punto cincuenta. El Arete sintió un calor infernal en su pecho y unos minutos después se dio cuenta de que había sido atravesado por una bala. Huyó dejando un rastro de sangre sobre la pista. El Ejército allanó la hacienda Nápoles y detuvo a unos 35 trabajadores rasos.

Pablo denunció en un comunicado:

«Que los aviones militares abalearon de manera salvaje y sanguinaria las instalaciones de la hacienda Nápoles, dejando como saldo varios muertos, entre ellos una mujer en embarazo, y un número aproximado de quince heridos. Que las personas asesinadas, en forma sucia y cobarde, pertenecían al personal de las empleadas domésticas y campesinos de la región al servicio de la hacienda

Nápoles. Que nos constituiremos en parte civil de manera inmediata y que no descansaremos hasta que estos miserables sicarios oficiales, asesinos de personas inocentes, paguen con todo el rigor de la justicia tan execrable crimen.»

Ante el fracaso de algunas operaciones de envío de droga por Cuba, Pablo mandó al Negro Galeano a La Habana a aclarar la situación. Las respuestas de los militares amigos no lo dejaron satisfecho. Envió entonces a Yaír —amigo del gobierno cubano, para entonces ya retirado del M-19— a poner las quejas a los altos jerarcas. Le afirmaron enfáticamente que desconocían cualquier transacción con narcotraficantes. Esas quejas, según informó después el presidente Fidel Castro, dieron origen a investigaciones internas:

«Estábamos haciendo una investigación, A partir ¿de qué? A partir de rumores que nos llegaban por amigos de Colombia de lo que se hablaba en determinados sectores del narcotráfico. De que había funcionarios del gobierno cubano colaborando, de que había gente en Cuba cooperando con ellos. Incluso llegaron a hablar de que alguna gente les había estafado ciertas cantidades de droga, cierto cargamento.»

En aquella ocasión la investigación no arrojó resultados. Posteriormente, los oficiales Ochoa y De la Guardia fueron acusados de inmoralidad, corrupción y tráfico de diamantes y marfil. Allanadas sus casas y las de sus colaboradores se encontraron caletas con dólares, y en la casa del capitán Martínez, notas de sus viajes a Colombia que pusieron a los investigadores en la pista del narcotráfico. En un juicio sumario los hallaron culpables de ayudar al transporte de más de seis toneladas de cocaína, de recibir más de tres millones de dólares, de enriquecerse en beneficio propio y de hacer grave daño a la revolución. Ochoa, De la Guardia y Martínez fueron fusilados y sus colaboradores condenados a largas penas. Fidel Castro negó enfáticamente cualquier contacto de mayor nivel, pero miembros del Cartel seguían presumiendo que por lo menos Raúl Castro, cuyo hijo viajaba con frecuencia a Medellín, estaba enterado.

A Pablo también se le desbarató la conexión panameña. El general Ómar Torrijos había muerto en un atentado aéreo nunca esclarecido. Noriega —llamado a veces Carepiña, a veces Hombre Fuerte— tomó las riendas del país y aprovechó para jugar a varios bandos: a la CIA, a los narcos y a Cuba. Por la presión de los Estados Unidos delató la existencia de un laboratorio del Cartel en la zona del Darién y colaboró en diferentes operativos antidrogas. Pero a estas alturas, los gringos en realidad lo querían lejos del poder. Noriega se rehusó y trató de apoyarse en la vocación nacionalista de los panameños para mantenerse. Pero en mayo de 1988 el presidente Bush ordenó la invasión a Panamá. Noriega, quien anunciaba con frecuencia que enfrentaría a los invasores hasta la muerte, corrió a refugiarse en la sede del nuncio apostólico, de donde días después saldría esposado hacia los tribunales estadounidenses acusado de narcotráfico.

Pablo, en unas memorias que años más tarde le encontró la Policía en uno de sus refugios en la selva, escribió sobre este episodio:

«Noriega olvidó un principio social y político que tiene una vigencia especial. Nadie más peligroso que un ex amigo. Bush, cuando era jefe de la CIA, fue su padrino, benefactor, amigo, confidente y cómplice. Cuando Noriega no pudo continuar prestándole la "valiosa y barata" colaboración, empezaron las presiones, las acusaciones, generalmente falsas y tendenciosas, para desprestigiar y hacer caer al general. Entre ellas estaba, obviamente, la más simple: tráfico de drogas. Cuando los gringos lo hacían a través de los mismos canales de siempre pero con beneficios monetarios para la contra en Nicaragua… nadie dijo que la cosa fuera mala. ¡Ahora es gravísima…!»

Y haciendo análisis de geopolítica agregaba:

«Después de lo que acaba de pasar en Panamá, y dados los antecedentes imperialistas de USA, sobre nuestro porvenir y el del mundo entero cae una sombra funesta. En cualquier momento y de acuerdo al capricho del sátrapa reinante, deberemos hacer lo que les plazca so pena de que los marines desembarquen, nos den una muenda, destruyan lo que tengamos y se vayan orondos.

»Al quedar sin trabajo, cesantes, inútiles, desuetos, todos los ejércitos americanos desplegados en Europa, en Asia, etc., al no ser ya el comunismo, ni la Unión Soviética, enemigos potencialmente peligrosos, esas máquinas de guerra, esos aviones, portaaviones, tanques, fragatas, cañones, fusiles y todos esos muchachos que los manejan quedarán sin empleo. Para justificar su posición, los altos mandos del Pentágono se apresurarán a buscarles alguna ocupación marginal. Ya se habla de mandar la Sexta Flota del Mediterráneo a patrullar las aguas del Caribe, frente a Colombia, bajo la disculpa de que están en aguas internacionales, y también de mandar escuadrones de la Fuerza Aérea o satélites militares a patrullar nuestros cielos, con el declarado propósito de acabar con el tráfico de drogas. A esos muchachos les darán libres algunos fines de semana y muy pronto los veremos en Santa Marta, Cartagena, Tolú. Poco después veremos cómo el sida se propaga de una manera exponencial en nuestro país.»

Por recomendación de su cuñado Mario Henao, Pablo empezó los secuestros de miembros de la elite tradicional; «Alzar peces gordos es la única manera de lograr negociación», le dijo. El 19 de enero de 1988, los hombres subieron al segundo piso de la sede de Andrés Pastrana, hijo del ex presidente Misael Pastrana, presentador de televisión y candidato conservador a la Alcaldía de Bogotá. «Somos de la guerrilla y necesitamos al doctor Pastrana para enviar un comunicado al gobierno; lo devolveremos en dos horas», dijeron mientras hacían tender a los presentes sobre el piso y esposaban al candidato. Huyeron en dos vehículos. Unas cuadras adelante lo cambiaron de carro y dieron vueltas durante hora y media, hasta que entraron a una casa en las afueras de Bogotá. «¿Es verdad que son del M-19?», les preguntó. «Sí», le dijeron. «Menos mal que no estoy en manos de narcotraficantes», comentó Pastrana.

Cuando la situación estuvo controlada, Pablo ordenó que lo trasladaran esposado y vendado en un helicóptero de Kiko Moncada a una finca en las afueras de la población de El Retiro, al oriente de Medellín. Lo encerraron en el segundo piso de una casa. Su calabozo tenía una reja como puerta, un catre, una mesita, un televisor, una grabadora y unos grillos incrustados en la pared.

Arcángel se volvía cada vez más esquivo para los asuntos del plomo. Su temperamento no soportaba las altas dosis de sangre de los guerreros. De cuando en cuando a sus sueños se colaban los fantasmas de algunas de sus víctimas que repitiendo las muecas de horror y de dolor lo hacían despertar sobresaltado. Él no lo había vuelto a comentar porque los demás se reían de su espíritu blandengue. Cantonear y cuidar a las víctimas era una manera de hacer parte de esa cadena de la muerte, pero sin la culpa del que aprieta el gatillo o el detonador.

Pablo lo encargó de llevarle comida, periódicos y revistas al secuestrado, y de coordinar a los encargados de la vigilancia, que en el argot de los delincuentes se denominan caleteros.

Los responsables y las razones del secuestro se conocieron por un comunicado escueto de la familia Pastrana: «A Andrés Pastrana lo tiene un grupo de extraditables, que se define como un grupo clandestino, una especie de cabeza ideológica nacionalista del narcotráfico, que se ha tornado en brazo armado dispuesto a todo para impedir la extradición de colombianos a Estados Unidos».

Pablo, con su nueva marca de Los Extraditables, siguió presentando sus intereses como los del pueblo colombiano y despotricando contra el imperialismo y la oligarquía. En sus comunicados repetía que no les importaba pagar penas altas siempre y cuando fueran juzgados en Colombia, y amenazaba a quienes apoyaran la extradición.

El 25 de enero Pastrana acababa de bañarse y ponerse una sudadera cuando escuchó que en la radio se informaba sobre el secuestro de Carlos Mauro Hoyos, procurador general de la Nación, y la muerte de uno de sus escoltas. Los hechos habían sucedido cerca al aeropuerto de Medellín. La Policía seguía a los secuestradores en toda la región del oriente cercano.

Más tarde Arcángel subió corriendo. «Estamos rodeados por la Policía, quédese quieto, no se mueva», le dijo a Pastrana. Lo esposó a los barrotes de la cama y salió. Pastrana quedó petrificado pensando que había llegado el fin. Un intento de rescate suponía casi de manera segura que sus captores lo ejecutarían. Afuera, Arcángel se percató de que sus compañeros habían huido. Al verse solo, regresó a la celda. «Usted es mi seguro de vida, doctor Pastrana. Si me quieren llevar, yo me lo cargo a usted primero. Salga muy despacio y gritando que usted es Andrés Pastrana».

Los hombres de la Policía se sorprendieron cuando oyeron la voz: «No disparen que soy Andrés Pastrana, quédense tranquilos». Arcángel le tenía la ametralladora en la cabeza. «Soy Andrés Pastrana», seguía gritando. Tan pronto bajaron al jardín frente a varios policías, Arcángel gritó: «Mi vida no vale un peso, pero la del doctor Pastrana vale millones, si me disparan yo lo mato». «Entréguese, está rodeado», le dijo un policía. «No, no», les contestó sin dejar de apuntar. En el garaje intentó encender un carro, pero no le funcionaba la batería. Entonces volvió a salir al jardín. «Cambio al doctor Pastrana por un policía», gritó. Nadie respondió. Pasaron unos segundos eternos hasta que un policía se ofreció como rehén. Arcángel le abrió las esposas a Pastrana y le pidió que se las pusiera al agente y caminó hacia un bosque de pinos en la parte trasera de la casa, siempre apuntándole.

Los policías le confesaron a Pastrana que habían llegado allí de casualidad, buscando al procurador. En la vía principal detuvieron un *jeep* que los llevó al pueblo. Pastrana recuerda que las gentes salieron a saludarlo y un campesino le regaló su carriel. En el parque principal, mientras se anunciaba la liberación, llegó el policía que se había ofrecido como rehén. Los medios de comunicación presentaron al agente como un héroe nacional.

Arcángel caminó unas dos horas por entre bosques de pinos hasta llegar a la casa donde tenían encaletado al procurador. Le informaron que el retenido estaba herido y no quiso ni mirarlo. Por radioteléfono informó de la situación a Pablo. «Desháganse del procurador», ordenó secamente. Un poco más tarde la Policía encontró el cadáver.

El de Pastrana no fue ni el inicio ni el fin de los secuestros. Pablo tenía su mira puesta en la clase política por la que se sentía traicionado. Ya había secuestrado a Federico Estrada, el senador que había organizado la reunión del ex presidente López con los capos de Medellín en el hotel Intercontinental. «Todos los políticos recibieron la plata para las campañas y nos dieron la espalda», le dijo Pablo al senador y lo comprometió a impulsar una ley de sometimiento para los narcos y le anunció que pronto lo liberaría. En libertad el senador se olvidó de sus compromisos y meses más tarde murió abaleado en las calles de Medellín.

Y quiso también pasarle cuenta de cobro al ex presidente Belisario Betancur, quien se había refugiado en el anonimato después de su tormentosa presidencia. «¿Qué pasó con la colaboración que le brindamos para la campaña?», preguntaba Pablo. Lo consideraba un gran traidor, incluso, según cuenta Arcángel, le tenía preparada una jaula en un lugar selvático, cerca de Nápoles, donde lo pensaba encerrar hasta convertirlo en una «bestia de monte». Lo intentó matar con 500 kilos de dinamita que le instaló en un Mercedes Benz pero que se resistieron a explotar, intentó secuestrar a su hija María Clara, pero ella, en una acción osada, se les escapó saltando con su carro el carril separador de una gran avenida.

Al general Miguel Maza Márquez —quien le seguía los pasos a Pablo y lo denunciaba sistemáticamente en los medios de comunicación—, el presidente Barco lo nombró director del Departamento Administrativo de Seguridad (DAS) y una vez posesionado se afianzó como su enemigo público más visible y le sobrevivió a tres cimbronazos violentos «porque Dios es muy grande».

Para decidir la muerte de Maza se reunieron en el apacible embalse de El Peñol Pablo, el Mexicano y otros capos. El general recuerda el primer atentado como si fuera el guión de una película. Asistió el sábado a un acto social en el que el general Vargas Silva, para entonces subdirector de la Policía, le informó de la detención de Wanumen, un capitán del Ejército al que le habían encontrado informes de inteligencia dirigidos al Señor de las Flores, como llamaban al Mexicano, donde se referían a Maza. En esa reunión los generales acordaron que el día martes darían declaraciones de prensa para tratar de neutralizar la amenaza. Maza salió preocupado y se recluyó en su casa.

El lunes 30 de mayo de 1989, día festivo, desde su oficina, llamó a Alberto Romero, su oficial de inteligencia, para pedirle que hablara con Wanumen: «Dígale que nosotros lo podemos favorecer a cambio de información». No obtuvieron respuesta. Al salir de las dependencias del DAS, su vehículo blindado se varó y al día siguiente, en la mañana, al salir de su casa lo esperaba un Ford grande y viejo, sin blindaje. En la carrera séptima, sobre la calle 56, al general lo envolvió un ruido ensordecedor. El viejo carro se elevó y cayó estruendosamente. En cuanto pudo, Maza salió de entre las ruinas del automóvil, en medio de una llamarada de diez metros de alto y una inmensa humareda gris, con su corpulencia intacta. Y, todavía aturdido, vio cadáveres cercenados, heridos que gemían, carros destrozados y la lluvia de vidrios desgajándose de los edificios.

El general —sangre guajira— no se amilanó, al contrario, se llenó de indignación y ese mismo día subió el volumen a sus denuncias y entregó a los medios de comunicación informes sobre el paramilitarismo.

«En Puerto Boyacá, base de esta organización, tienen una gran infraestructura: una clínica, una imprenta, una droguería, una armería y un centro de comunicaciones. Cuentan también con 30 pilotos y una flotilla de aviones y helicópteros, 120 vehículos, principalmente camperos, buldózeres, motoniveladoras y lanchas y planchones para el transporte fluvial. Henry Pérez, el Mexicano, el esmeraldero Víctor Carranza y Escobar seleccionaron cincuenta hombres que, entrenados por mercenarios ingleses e israelíes, se convirtieron en comandos de elite.»

Ese amplio valle del Magdalena Medio era escenario de una guerra irregular entre guerrillas y paramilitares. Una buena parte de la vida erosionada en villas y comarcas terminaba en el río de la Magdalena que desde entonces y por décadas pasó cargado de lodo y muertos.

«¿Cómo se salvó el general Maza de ese cimbronazo?», se preguntó Pablo asombrado de su suerte, sin sorprenderse del sacrificio de inocentes. La muerte de transeúntes desprevenidos, que a los ojos de todos aparecía como atroz, él la entendía como consecuencia lógica de la guerra. «En toda guerra muere gente inocente, pero al final se logra el objetivo, amilanar al gobierno, poner a la gente de rodillas, vencer; los gringos vencieron al Japón matando miles de inocentes de Hiroshima», razonaba.

En Nápoles se sentía seguro porque mantenía un centinela en río Claro en la carretera hacia Medellín y otro sobre el río Magdalena, en la salida a Bogotá. Los paramilitares de su amigo el Mexicano y Henry Pérez también lo protegían. Y desde la base aérea de Palanquero le informaban sobre vuelos sospechosos que se produjeran en la región. De bluyines, camisa de manga corta de pequeños cuadros azules, recién bañado, se sentó con sus abogados a discutir algunos expedientes y a darles instrucciones cuando Arcángel lo interrumpió: «Viene una caravana de camiones militares por la autopista». «Fresco que ésos van para Bogotá». Unos minutos más tarde, Arcángel entró de nuevo sobresaltado. «Patrón, los camiones están entrando hacia Nápoles». «Fresco, que entonces vienen a ver el zoológico y luego siguen». En realidad los camiones se parquearon en el zoológico. Pablo ordenó que se hicieran sándwiches para ofrecerles a los soldados y siguió tranquilo en su reunión.

Tan tranquilo se sentía que más tarde realizó una reunión que tenía prevista con el Mexicano, Kiko Moncada, el Negro Galeano y otros capos. Se sentaron al aire libre. Se reunía la cúpula en pleno porque en lo que seguía —darles duro a altos dignatarios del Estado y de la política—, tenían que estar unidos. Pablo armaba con sus dedos su acostumbrado cilindro miniatura de papel, mientras decidían sobre la muerte del periodista Jorge Enrique Pulido, al que calificaban como aliado de la DEA, de un magistrado de la Corte Suprema de Justicia y del general Maza. Luego comentaron sobre el asedio de Valdemar Franklin Quintero. «Tenemos que *chuliarlo* ya», dijo el Mexicano herido en su honor, porque el coronel había detenido a su hijo. «De ése nos encargamos nosotros», dijo Pablo y ordenó al Tití, uno de sus matones, organizar la vuelta. Por último, hablaron de las elecciones presidenciales. «Si dejamos que Galán se trepe a la Presidencia nos jodemos todos, ya le llegó la hora», comentó Pablo, mientras jugaba en la boca con su cilindro de papel. Ahora Galán, férreo moralizador, enemigo de los narcos, con su fuerza política crecida, reunificado al partido liberal, sería el candidato único y casi seguro presidente de Colombia.

Si alguno de ellos no estuvo de acuerdo en que Galán fuera eliminado no lo dijo. Quizá porque a todos les fascinaba esa ebriedad colectiva de la guerra —de sentirse en capacidad de desafiar todos los poderes—, o quizá porque el temor reverente a Pablo les impedía presentar sus diferencias.

Luego vino la comida y, después de un breve reposo, la fiesta. La última fiesta en la que el grupo, más o menos completo, estuvo reunido. Hacia la una de la mañana un grupo de mujeres jóvenes y vírgenes, como ellos las preferían, que habían llegado en una avioneta en las horas de la tarde, desfilaron desnudas alrededor de la piscina. Pablo, en sus acostumbradas chanzas, había instalado en algunos de los cuartos sistemas de cámaras. Y grababa cuando sus socios se metían a las piezas a los deleites del sexo. Luego, ver las grabaciones, en extraño voyerismo, hacía parte del goce colectivo.

Arcángel permaneció atento toda la noche a los requerimientos de su patrón —porque le gustaba atenderlo bien—; debió, sin embargo, dedicarse a enterrar armamento en canecas. Por instrucción del propio Pablo, habían hecho huecos selva adentro para enterrar metras, pistolas, revólveres y municiones. Preparativos para una guerra intensa que se veía venir.

Entrada la noche, antes de partir, Pablo le pidió que se quedara para enviar una merca. En compañía de algunos trabajadores señaló la pista con mechones. Los prendieron al momento en que aterrizaba la avioneta con el motor casi apagado. El que manejaba la avioneta conocía esa pista al detalle. En el hangar descargaron dólares, cargaron coca y el aparato decoló.

Contaban con que Galán se encontraba en plena campaña política y por más que lo cuidaran, en cualquier calle, en cualquier plaza de las ciudades que visitaba, hallarían el momento y el ángulo para matarlo.

Tras la muerte de Lara Bonilla se habían presentado nuevos *rounds* de confrontación entre los narcos y el Nuevo Liberalismo. A Luis Carlos Galán lo unía a Alberto Villamizar, además del nexo político, el hecho de ser concuñados. Estaban casados con dos hermanas Pachón. Galán con Gloria, y Villamizar con Maruja. Por eso estuvieron muy unidos en esa coyuntura donde las amenazas del narcotráfico abundaron.

Villamizar recuerda que ante las amenazas de extradición, el parlamentario José Elías Náder presentó un proyecto de ley que dejaba sin vigor la ley del Tratado de Extradición. La discusión debía desarrollarse en las comisiones constitucionales de Senado y Cámara. En el Senado se había elegido presidente de la Comisión a Alberto Santofimio Botero, y en la Cámara se candidatizó a Jairo Ortega Ramírez. «Si nombran a Jairo Ortega, el socio político de Pablo, en la Cámara nos imponen ese proyecto de ley, usted tiene que candidatizarse para presidir esa Comisión», le dijo Galán. Villamizar movió cielo y tierra y en una reñida votación ganó la presidencia.

Quince días después, Villamizar, que no portaba armas y sólo se acompañaba con un conductor asignado por el Congreso, arribaba a su casa, contigua a la de Galán, en la calle 105 con carrera 19, cuando sintió algo así como el sonido de un terremoto, y su carro Mercedes Benz balanceándose. Fue un segundo después cuando se percató del hombre que se disponía a soltarle una segunda ráfaga. Le pidió a su conductor que arrancara, pero éste, arredrado, se bajó del carro con las manos en alto y gritando: «¡No me maten!».

Villamizar seguía esperando la segunda ráfaga. Pero al pistolero la subametralladora se le había encasquillado. Y antes de que otro sicario, que se encontraba cerca, pudiera actuar salió el portero de su casa y simulando estar armado los confundió. Un grupo del DAS, que por coincidencia se encontraba en el sector, acudió al oír los disparos y los hizo huir. El sicario que había disparado huyó a pie porque el compañero que lo debía esperar en una moto lo abandonó. Una patrulla motorizada lo dio de baja a las pocas cuadras.

Villamizar se miró al espejo y contempló incrédulo su palidez y sólo entonces se percató de que entre su abrigo había quedado una munición que, tras atravesar las gruesas latas del carro, le había producido una pequeña laceración en la espalda, al pie de la columna.

«Para qué se meten con Villamizar; han debido matar es a Galán», dijo José Elías Náder. Uno de sus hombres le llevó ese comentario a Galán y éste, en un estado de cólera, con el temperamento propio de los de la región santandereana, se fue al Congreso y lleno de rabia le dijo a Náder: «Sea macho, si me quiere muerto, hágalo usted mismo».

La furia con la que Villamizar reaccionó al atentado fue duradera. Con quince escoltas que le asignaron desde entonces para su seguridad se sintió a salvo. Como presidente de la Comisión ni siquiera sometió a discusión el proyecto de ley que abolía la extradición.

«Están muy alzados, pues vamos a ver quién termina ganando la partida», dijo Pablo, quien vio en el Nuevo Liberalismo un gran obstáculo para sus propósitos. Y se empeñó en destruirlo; cuando remató la tarea asesinando a Galán, en 1989, empezó, de alguna manera, su propio fin.

Para darle muerte, Pablo contactó a Ricardo Prisco —quien tenía entre sus filas a dos ex soldados expertos en manejar *rockets*— y le entregó una cédula con el nombre de Pacho Herrera para que a su nombre comprara un carro que se utilizaría en el operativo. (Pablo intentó varias veces involucrar a los capos de Cali en sus atentados para tratar de enfrentarlos con las autoridades.) Los sicarios sabían que Galán iría a la Universidad de Medellín y se instalaron con su *rocket* en un lote baldío. Esta vez Galán se salvó porque se retrasó en un almuerzo y una vecina alcanzó a alertar a las autoridades sobre la presencia de gente extraña. Los atacantes alcanzaron a huir al ser informados de que la Policía se aproximaba.

El coronel Valdemar Franklin Quintero telefoneó a Galán para pedirle que no asistiera a su cita en la universidad. «Por su cabeza están ofreciendo doscientos millones de pesos, acabamos de neutralizar un atentado», le dijo. «Me declaro realmente ofendido, —comentó Galán a la prensa—, porque todo sube menos el precio de mi cabeza que sigue costando lo mismo desde hace una década».

La desactivación de este atentado se sumó a los motivos que tenía Pablo para detestar a Franklin. Ya les había arrasado laboratorios en el Magdalena Medio, hostigado públicamente y detenido al hijo de su amigo el Mexicano en el aeropuerto de Medellín. Pero Pablo tenía sobre todo una espina clavada por el coronel: una tarde de lunes, cuando regresaba con su familia de Nápoles a Medellín, sus hombres detectaron un retén de la Policía. Pablo cambió de carro, dejó la familia atrás y pasó en un automóvil Renault 18 blanco ametrallando. Cuando el carro con la familia arribó al retén, Victoria, Manuela y Juan Pablo fueron detenidos y trasladados al Comando de Policía Antioquia, donde Franklin impidió que se le llevara un tetero a Manuela. Cuando los liberaron en la madrugada, Pablo pidió a sus hombres que le llevaran al niño a La Cascada.

La Cascada era una de las caletas preferidas de Pablo, unas oficinas suntuosas ubicadas en un inmenso lote en los límites de El Poblado y Envigado. Cruzaba una pequeña corriente de agua que habían aprovechado para hacer una cascada artificial. Pablo despachaba desde un inmenso escritorio de diseño moderno, un vidrio grueso asentado sobre unos pilares de piedra. Allí recibió a Juan Pablo con una subametralladora en la mano, lo abrazó y lloró con dolor y rabia. «El coronel Franklin va de difunto, lo juro», dijo.

En Bogotá, Pájaro cantoneaba a los magistrados y se reía de su indefensión. Los veía salir con un policía detrás a montarse en un autobús de transporte público. El magistrado del Tribunal Superior Carlos Valencia, que llevaba un difícil proceso contra el Mexicano por la muerte del presidente de la UP, Jaime Pardo Leal, y contra Pablo por la muerte del director de *El Espectador*, Guillermo Cano, tenía el privilegio de utilizar una vieja camioneta y que lo custodiaran dos guardaespaldas.

Pablo había sido implacable con los funcionarios judiciales. Con ellos la muerte era la última etapa de un proceso en el que se alternaban el intento de soborno, las amenazas y hasta la seducción. Su abogado Humberto Buitrago, viejo vecino de barrio, se especializó en averiguar los gustos de los jueces para enredarlos y complacerlos con juego de azar, mujeres y regalos. Si ese galanteo no funcionaba, entonces el trabajo pasaba a manos de los sicarios. Era lo que llamaban la ley del metal: «¿Quiere plata o quiere plomo?».

La primera juez asesinada por los narcos en Medellín el 20 de octubre de 1981, fue Ana Cecilia Cartagena. Desde entonces asesinaron un número tan alto de jueces y magistrados que obligaron a modificar el sistema de Justicia. Se acabó con los jurados de conciencia y obligaron a establecer sistemas especiales que se denominaron a lo largo del tiempo Jueces de Orden Público y Jueces sin Rostro.

A Mariela Espinosa Pablo le siguió imponiendo a lo largo de los años la sentencia: le robó o incineró los carros, y en alguna ocasión envió una foto y la hizo publicar en el periódico *El Colombiano*, con la siguiente leyenda: «Se busca a la juez Mariela Espinosa, quien sufre trastornos mentales y desapareció de su casa desde hace una semana, se agradece a quien suministre información».

Pero en noviembre de 1989, cuando se desempeñaba como magistrada del Tribunal Superior de Medellín, hombres de los Priscos la asesinaron. La mataron en completa indefensión cuando arribaba a su casa en la calle 44 A con la carrera 77.

Pablo le cobró, trece años después, el haberlo procesado por el asunto de la cocaína decomisada en Itagüí en 1976.

Para la Justicia, 1989 fue especialmente sangriento. Asesinaron en Medellín al magistrado Héctor Jiménez, al juez de Instrucción Bernardo Jaramillo —a quien llamaban Exterminio, por ser un juez implacable con los narcotraficantes— y al fiscal Gabriel Jaime Vélez.

En Bogotá, Pájaro seguía al magistrado Carlos Valencia. Como el Palacio de Justicia continuaba en ruinas, Valencia tenía su oficina a unas tres cuadras de la Plaza de Bolívar. Para camuflarse, durante las semanas que duró el cantoneo, Pájaro se hizo amigo de uno de los tantos travestis que frecuentaban el sector para que lo acompañara durante largas y frías horas. Los guardaespaldas de Valencia se reían de él: «Pobre marica», decían al verlo día y noche en el aparente galanteo.

El grupo de Pájaro recibiría ciento cincuenta millones de pesos por el operativo. Un secretario del Tribunal informó que el magistrado se aprestaba a firmar el proyecto de resolución de acusación contra el Mexicano. Para acelerar el operativo, el Mexicano ofreció cincuenta millones de pesos más si lo mataban antes de que firmara la resolución.

Cuando el magistrado salía, en la noche, tomaba al azar cuatro posibles rutas. En los cuatro recorridos los hombres de Pájaro le cronometraron los tiempos que tardaba de un semáforo a otro y seleccionaron dos lugares para esperarlo. Hasta que llegó el día.

A las siete de la noche el primer grupo dio el aviso: «Va para allá». En el semáforo dos hombres camuflados como vendedores ambulantes dispararon; uno, por detrás, contra los guardaespaldas y otro, por la derecha, contra el magistrado. Valencia se dobló sobre sus piernas para protegerse y entonces el sicario, para asegurarse, lo ametralló por la ventana.

Pájaro no supo en ese instante que Valencia, antes de salir de su despacho, había firmado la resolución de acusación contra el Mexicano. Al día siguiente sus colegas del Tribunal, con el dolor vivo, sin leer sus consideraciones, la aprobaron.

Los hombres de Pablo seguían tras las huellas del coronel Franklin. Calle Pichincha, en los alrededores del estadio de fútbol de Medellín. 7 y 50 de la mañana. Cuando el automóvil Mercedes de color blanco llegó a la esquina detonó una carga de dinamita. A los pocos minutos Pablo escuchó en la radio la noticia de la explosión y se sintió reconfortado, pero minutos después escuchó con sorpresa que había matado al gobernador de Antioquia, Antonio Roldán. Una coincidencia de rutas y el color del automóvil causó el error que Pablo convirtió en un arma contra el Cartel de Cali. Ordenó a un estafador que se presentara a la Justicia y denunciara a algunos participantes laterales de la acción y señalara al caleño Chepe Santacruz como autor intelectual del hecho.

Era la primera vez que a los hombres del Cartel les funcionaba una bomba, típica modalidad terrorista, para eliminar a alguien. «El terrorismo es la bomba atómica de los pobres, me toca utilizarlo aunque vaya contra mis principios», repetía Pablo. Un ingeniero electrónico criollo, cansado de las fallas de los aparatos extranjeros, experimentó con los transmisores y los motores de los avioncitos de aeromodelismo, hasta inventar un detonador que no sólo era infalible sino que funcionaba a más de mil metros del objetivo, aumentando considerablemente la seguridad de los responsables de estos actos.

El 18 de agosto de 1989, a las 6 y 10 de la mañana, Franklin Quintero salió de su casa con un conductor y un escolta. Pocas cuadras más adelante, frente a un semáforo, desde dos automóviles

les dispararon con armas de largo alcance, causaron la muerte del comandante de la Policía y heridas de gravedad al agente que se desempeñaba como escolta. También dispararon contra las residencias aledañas para espantar a los posibles testigos. Semanas atrás, el coronel había trasladado el grupo de sus escoltas a otras labores. «No quiero que maten a gente humilde», había dicho en reiteradas ocasiones.

Esa tarde, antes de salir a una manifestación en la ciudad de Soacha, cerca de Bogotá, Galán habló a los medios sobre la muerte del coronel:

> «Los hechos recientes, la muerte del coronel Franklin Quintero y del magistrado Valencia, están diciendo que cualquier persona que luche por erradicar nuestras condiciones de injusticia y atraso social está en grave riesgo. Ésta será una campaña difícil. Los enemigos de la democracia son cada vez más sofisticados. Pero seguiremos adelante. Sabíamos que no era fácil.»

Soacha, sur de Bogotá, en medio de una manifestación masiva, de altoparlantes con consignas, Galán se mueve entre escoltas y seguidores. Sube a la tarima. Galán inicia su discurso. Lo que sigue queda grabado en una cámara y ha sido repetido una y mil veces: Galán, vibrante en su oratoria, cuando tiene sus manos arriba recibe la descarga de una Ingram 380. En medio de las ráfagas, la imagen se sacude pero el camarógrafo, con un arrojo inesperado, sigue grabando. La multitud en pánico, al mismo tiempo, corre en estampida y se arroja al piso… Galán cae.

Galán sabía que su muerte —carapálida y guadaña en mano— lo andaba buscando. Se lo había dicho el astrólogo Mauricio Puerta que la vio en su carta astral y le recomendó cuidarse de las traiciones y estar alerta en agosto. Hacía poco le habían informado que el edificio donde vivía con sus padres en Bogotá sería volado. Decidió cambiarse para alejarles los riesgos. Se pasó a vivir a la calle 86 con la carrera 20. Y cuando ni siquiera su familia tenía el número del teléfono, la primera llamada que recibió fue una amenaza.

Había respondido en una entrevista de radio que quería vivir noventa años, pero se veía nostálgico, como si cargara una larga conciencia de la muerte. Esa nostalgia la percibieron todos sus hermanos en la celebración de sus 46 años. Lo hallaron ensimismado y distante. Cuando le preguntaban quién podría matarlo, mencionaba a los narcos, a algunos políticos, a los militares y por último a la guerrilla. A la Toya, su hermana, le dijo mientras se miraba una de las líneas de su mano —costumbre heredada de su padre— que veía una cosa horrible. Por esos temores le aconsejaban que se exiliara. «No necesitamos más mártires, necesitamos inteligencias vivas al servicio del país», le decían. Salió para Inglaterra pero a los seis meses, aunque sentía el aleteo de la Parca, dijo que no le podía fallar al pueblo y regresó. Es como una adicción a la política. Se bajó del avión y se montó, en un gesto desafiante, en un carro descapotado que recorrió la avenida 26 hasta el centro de la ciudad. El sufrimiento de su familia prosiguió.

Antes de salir para la manifestación de Soacha, el señor Torregrosa, su jefe de seguridad, le asegura a Galán que la seguridad de la plaza está garantizada. Que las personas de adelante que iban a tener pancartas eran del DAS y habría doscientos policías cuidando.

Gloria Pachón, la esposa de Galán, y sus hijos se encuentran en el apartamento cuando reciben la noticia de que algo ha pasado en Soacha. Conservan la esperanza de que esta vez, como muchas otras, se trate de un falso rumor. Confían en que él llamará, como en otras ocasiones, a decir: «Tranquilos, todo está bien». Lo buscan por cielo y tierra, nadie da información. En la radio escuchan noticias contradictorias; que Galán ha muerto, que está herido, que... Abordan una patrulla de la Policía que se mantiene parqueada en la puerta de su casa y lo buscan hasta que por fin lo ubican en el hospital de Kennedy.

Los familiares logran entrar a empellones en medio de los centenares de personas agolpadas en la puerta del hospital batallando con curiosos y porteros. Galán ha muerto desangrado. Los funcionarios judiciales quieren llevarse el cadáver para Medicina Legal pero ante la rotunda oposición de la familia realizan la necropsia en el mismo hospital. Recibió nueve impactos, pero sólo uno fue mortal. Gloria, su hermana, mira el chaleco antibalas. Tiene en la parte inferior una especie de pellizco minúsculo formado por el proyectil cuando Galán agitaba sus brazos en su gesto característico. «Si hubiera tenido las manos abajo ese proyectil, el de la herida mortal, en la aorta abdominal, quizá no hubiera entrado», piensa ella.

Gloria cree que a la persona que muere, sobre todo de manera violenta —circunstancia en la que el difunto queda muy impactado—, conviene acariciarla y hablarle para que su espíritu despegue más fácil. Toma las manos de su hermano con infinito amor, se las calienta, le acaricia brazos y piernas mientras susurra frases en las que le desea feliz viaje. Ella queda con una sensación especial en las manos y confiada en que su espíritu ha tenido un desprendimiento más sereno... A su lado, don Mario Galán, un hombre austero y asceta, llora por primera vez frente a sus hijos, mientras la madre le habla a su hijo muerto como a un bebé. Unas contemplaciones que su alma sensible debe haber acogido con plenitud. Ya a los 18 años, Galán escribía, en un precoz ensayo sobre Edgar Allan Poe, acerca de la transmutación del alma. Y narraba en un tono místico y de manera delicada la muerte temprana de una de sus hermanas... Cuando Gloria Pachón, su mujer, entra, le toma las manos y se sorprende de que aún las tenga tibias. Lo visten. Le ponen una corbata oscura que tiene unas rayitas, con los colores de la bandera de Colombia, mientras todos le siguen hablando. De repente caen en la cuenta de que han olvidado las medias. Piensan en sus pies helados y algunos se quitan las medias para ofrecérselas.

Del hospital salen con el féretro a las cuatro de la mañana. En las casas de la ciudad se han izado banderas de Colombia y cantidad de carros forman una caravana de tristeza. En medio de la rabia, su familia se admira de la solidaridad pacífica de sus seguidores. «Si Galán hubiera sido violento, si hubiese sido incitador como Gaitán, el líder liberal de la primera mitad del siglo xx, que predicaba contra las oligarquías, se hubiera producido otra destrucción de Bogotá», dice Gloria. Y recuerda que en ese siglo xx los tres líderes más importantes del Liberalismo —Uribe, Gaitán y Galán— murieron violentamente sin llegar a ser presidentes de Colombia.

Pablo se encontraba en Aguasfrías, en las montañas al occidente de Medellín. Miró los informes de la televisión. Sabía que la arremetida sería dura, pero el hecho de que muchas personas influyentes estuvieran involucradas en el magnicidio lo tranquilizaba.

En la convención de un sector del partido liberal en Antioquia y en muchos directorios del país se celebraba socarronamente esa muerte. Pero, en medio del caos, el escenario político dio un giro inesperado cuando en el Cementerio Central Juan Manuel, el hijo adolescente de Galán, dijo: «El legítimo heredero de las banderas de mi padre es César Gaviria y él debe ser el presidente de Colombia...». Y su consigna, ante un país horrorizado y sensibilizado, convirtió a Gaviria, jefe de debate de la campaña, en candidato liberal y en presidente del país.

Al día siguiente del magnicidio el gobierno había allanado 920 propiedades, decomisado 744 armas, retenido 1.128 vehículos, 106 aviones y 19 helicópteros.

Pablo no se replegó, sus hombres dinamitaron las sedes del periódico *El Espectador* en Bogotá y de *Vanguardia Liberal* en Bucaramanga como una retaliación contra los medios de comunicación que lo denunciaban como el gran demonio nacional.

La Policía detuvo de inmediato a Jubiz Hasbum y a otros hombres como presuntos responsables de la muerte de Galán. Para afianzar la acusación, la oficina de inteligencia de la Policía pegó afiches en Soacha ofreciendo gratificaciones a quienes identificaran a los responsables. Una decena de personas, con versiones contradictorias, que se aparecieron a reclamar las recompensas, reconocieron a Hasbum y sus presuntos cómplices. El general Maza presentó un organigrama de la supuesta organización criminal y el juez avaló las pruebas. Hasbum y los otros sindicados fueron absueltos años más tarde por la Justicia pero murió de un infarto recién salido de la cárcel.

Algunos detalles de la muerte de Galán se descubrieron gracias a que los enemigos del Mexicano entregaron información a las autoridades militares y lo comprometieron como uno de los protagonistas del magnicidio.

La fama y la riqueza del Mexicano habían crecido como espuma. Conocido como el jefe del Cartel de Bogotá, guardaba millones de dólares en canecas bajo la tierra, sus casas tenían desde grifería de oro hasta papel de baño con figuras de Boticelli, importado de Italia. En Pacho, su pueblo natal, cuadrillas de hombres armados que recorrían las calles guardaban la seguridad. Fanático de la lealtad, también era implacable con los traidores. Primero los sometía a un suplicio que consistía, por ejemplo, en amarrarlos a un árbol al pie de hormigas y luego, una vez obtenida la información, arrojarlos vivos a un lago con cocodrilos. Financiaba obras públicas, premiaba a las reinas de belleza y construía una iglesia. Era apático a la vida social pero lo visitaban periodistas deportivos y una famosa actriz de la televisión que más tarde, acosada por sus pecados, se convirtió a un credo evangélico. Propietario del club Millonarios, de la capital de la República, jugaba con las estrellas de su equipo partidos de fútbol en la cancha de su hacienda.

El Mexicano —vicioso azarado, fascinado con las guerras, con muchos frentes de batalla abiertos— poco disfrutó de su ilimitada fortuna. Al momento de su muerte aún se guerreaba con las FARC, lo perseguían la DEA y el Cuerpo Elite de la Policía Nacional; y en su condición de socio de Pablo, también era enemigo del Cartel de Cali.

El Mexicano pretendía unir y hegemonizar militarmente la zona de las esmeraldas con el territorio paramilitar del Magdalena Medio. Como los esmeralderos se le opusieron, les declaró la guerra y asesinó a Gilberto Molina, su primer patrón.

Pablo Elías Delgadillo, un esmeraldero, ex socio del Mexicano, examinó la foto de la portada de la revista *Cromos*, tomada en el momento mismo de la muerte de Galán: mientras la multitud se desata en estampida y reina el caos, al pie de la tarima un hombre de sombrero blanco que permanece impávido sosteniendo una pancarta, le llama poderosamente la atención. «A este hombre lo conozco», pensó y buscó en su memoria. Era un *guaquero* —minero de la zona de esmeraldas— y por sus antecedentes intuyó que estaba implicado en el magnicidio. Entregó información a la Brigada militar y ayudó a capturarlo. A través de este detenido llegaron a Rueda Rocha —ex guerrillero, convertido en paramilitar, trabajador del Mexicano— organizador del operativo en el parque, y la madeja empezó a desenredarse.

Como habían fracasado en el atentado de Medellín, ubicaron las próximas metas de la gira presidencial de Galán. Se movería en Soacha y Villeta, territorio del Mexicano. En el operativo participaron hombres de él y de los grupos paramilitares que contribuyeron a financiar el atentado. Los hombres de Rueda Rocha se apostaron en la plaza. Desde una casa cercana le llevaron el arma al disparador, éste se cubrió tras una pancarta que portaban dos de sus cómplices. Como el candidato tenía chaleco antibalas había que dispararle desde abajo. Una bala explosiva de 9 mm tipo *dum dum* lo hiere en el bajo vientre y le destruye seis centímetros de la arteria aorta. Otros grupos de sicarios permanecieron al acecho a la salida de la tarima y al pie del carro del candidato. Si aun así Galán hubiera escapado en Soacha, le tenían preparado otro atentado dinamitero en la vecina población de Villeta y uno más en el estadio de la ciudad de Barranquilla. La sentencia era imparable.

Juan Manuel Galán, el hijo del político, escribió un libro sobre la lucha y la muerte de su padre en el que afirma que el narcoterrorismo «más que una lucha de un grupo de delincuentes contra la posibilidad de ser juzgados en otro país fue la expresión más violenta del intento de una clase social por ser reconocida y por encontrar un lugar en la sociedad colombiana».

Galán, el hijo, presenta su propia percepción de los hechos:

«Antes de su muerte, Galán se había reunido con el general Maza para insistirle en mejorar la logística de su equipo de seguridad. Maza no mejoró nada y sólo se limitó a cambiar al jefe de escoltas por un señor de apellido Torregrosa, que desde el inicio tuvo un comportamiento sospechoso, generó desde el inicio malestar entre el cuerpo de escoltas, les bajó la moral, dividió al grupo, utilizaba los carros para cuestiones personales, enviaba la mitad de los hombres como avanzadas a los sitios de manera innecesaria; y alguna vez lo escucharon hablando en inglés desde los teléfonos de la oficina de mi papá.

»Los propios miembros del equipo le pidieron a mi padre que intercediera ante Maza para que removiera a Torregrosa. Maza dijo que era un hombre de su entera confianza y que metía la mano a la candela por él. Ante esa garantía mi papá medio se tranquilizó.

»El jefe de escoltas siempre debe estar al lado del personaje, sin embargo, al revisar las grabaciones del día de la manifestación en Soacha, se ve cómo Torregrosa se va retrasando en la medida que Galán camina por entre la multitud y no sube a la tarima como era su deber. Cuando mi papá cae abatido, los guardaespaldas se demoran en recogerlo y allí mismo pierde el setenta por ciento de su sangre. Lo recogen en estado de *shock*, pero no lo llevan al cercano hospital de Soacha sino que salen con él para un distante puesto de salud de Bosa. Ni siquiera al hospital, lo llevan a un centro de salud sin recursos, de donde lo deben remitir al hospital de Kennedy. Con su aorta abdominal rota se desangra...

»Allí en el hospital, Juan Lozano, secretario privado de mi papá, vio a Torregrosa hablando por teléfono. Torregrosa se asustó y botó el teléfono. Lozano tomó el auricular y escuchó al otro lado una voz que preguntaba: "¿Ya está muerto? ¿Se murió?"

»Los otros escoltas, incluso los heridos, nos contaron lo que había sucedido. Pero Torregrosa se desapareció bajo la protección de Maza. Creo que fue enviado a Venezuela.

»También nos enteramos de que ninguna de las medidas de seguridad anunciadas se cumplió: no había policía vigilando la plaza, no se prohibió la pólvora ni el consumo de licores, la tarima estaba mal ubicada, etc.

»Maza Márquez y el general Peláez, de la Dijin, montaron todo el tinglado de falsos detenidos y desviaron completamente la investigación. Ocultaron que los autores materiales del atentado eran paramilitares entrenados por mercenarios en el Magdalena Medio y que eliminaron a una cantidad de militantes de la Unión Patriótica. Entrenados en el batallón Bárbula de Puerto Boyacá. Por eso nosotros calificamos estos hechos como una conspiración.

»Mucha gente se pregunta: si Maza era enemigo de Pablo Escobar ¿por qué creemos que fue cómplice de estos hechos? Muy sencillo. Para matar a mi papá, los Carteles de Cali y Medellín, a pesar de que ya estaban en guerra, se pusieron de acuerdo. Por eso la gente corrupta al servicio del Cartel de Cali colaboró con el atentado. Y me parece que claramente Maza estaba comprometido con el Cartel de Cali.

»Eso explica por qué esa complicidad del DAS, previa al atentado, desarticulando la escolta, durante el atentado diciendo que había seguridad cuando no la había, y posterior al atentado conduciendo las investigaciones por un camino equivocado y fabricando pruebas falsas. Así se perdieron unos años que se aprovecharon para desaparecer pruebas, para matar a los autores materiales del crimen, que eran paramilitares.

»Los otros participantes de la conspiración fueron algunos políticos del partido liberal que durante años sirvieron a los narcos, que les votaron sus leyes, que buscaron tumbar la extradición varias veces.

»La muerte de mi papá se aceleró después de que la convención liberal de mitad del 89 había aprobado la consulta popular para la elección del candidato único a la Presidencia de la República. Eran precandidatos Hernando Durán Dussán, Ernesto Samper y Luis Carlos Galán. Una encuesta reciente le había dado a mi papá el 70 por ciento de favorabilidad. Algunos políticos corruptos que veían peligrar sus oscuros intereses intervinieron en la conspiración. El único político que un juez recomendó investigar fue Alberto Santofimio pero la Fiscalía no ha encontrado méritos para desarrollar la investigación.»

Los hermanos Rodríguez Orejuela no sólo se eximen de cualquier responsabilidad, sino que aseguran que Alfonso Valdivieso, primo de Galán, fue advertido por ellos de que el atentado se iba a producir.

Gloria Pachón, la viuda de Galán, y su hijo Juan Manuel siguen haciendo preguntas que no encuentran aún respuestas claras.

«¿Por qué la Policía inculpó a personas inocentes? ¿Por qué fue cambiado de manera extraña el jefe de escoltas de Galán poco antes del atentado? ¿Por qué se aseguró que se habían tomado medidas de seguridad en la plaza de Soacha sin que esto fuera cierto? ¿Por qué y como se fugó Rueda Rocha de la cárcel de La Picota y en qué circunstancias fue asesinado posteriormente?»

La familia Galán quería a Pablo vivo porque quizá, como lo anunció en una de sus últimas cartas, estaba a punto de revelar otras partes de la verdad sobre esta muerte. «Si yo pagué para matar a Cano, lo reconoceré, si di plata para lo de Galán, también; pero si los que están contra mí tuvieron que ver en eso también pagarán. Será el esclarecimiento total», había escrito.

¿Qué llevó a Pablo a intervenir en el asesinato de este hombre en quien muchos colombianos veían una posibilidad de redención? Pero, sobre todo, ¿qué pasaba en la cabeza de estos hombres que no medían las repercusiones de sus acciones, que no tenían conciencia de los límites? Galán sería un férreo enemigo del narcotráfico, ya que su propuesta se cimentaba en la renovación moral. Pero puede ser que el móvil más fuerte haya sido la venganza. ¿Podía Pablo perdonarle a Galán el haberlo expulsado de su campaña, y de alguna manera haberlo acusado públicamente, cerrándole el camino de la acción política que tanto lo entusiasmaba?

Algunos, analizando la muerte de Galán, concluyen que a Pablo no se le puede mirar sólo como un enemigo del Estado, insisten en que en alguna medida actuó como brazo armado de un poder real y sórdido paralelo e intrincado con el poder formal. Sus acciones en algún momento sirvieron a una clase política, a militares y a policías que viven de la corrupción y que les interesaba detener a Galán. Y rematan esta reflexión con una frase lapidaria del caricaturista Carlos Mario Gallego (Mico): «Cómo sería de corrupta la clase política colombiana que corrompió a Pablo Escobar».

Personas allegadas a Pablo, para explicar estos hechos, repiten que se rodeó mal. Darío, un *chef* que le sirvió durante varios años, afirma con inteligencia: «Siendo Pablo tan fanático, como lo fue, de las mafias italianas, si hubiera tenido un *consigliori*, el consejero sabio de todos los clanes, podría haber medido sus actos. Un *consigliori* no le hubiera permitido meterse a la política, el gran error que le torció el destino». Él respondía que quería ocupar un cargo importante para ayudar a la gente, pero se sabía, dicen sus defensores, que los políticos no le permitirían estar en el poder para servir a los necesitados. Un *consigliori* tampoco le hubiera permitido hacer guerras sin límites. Él se rodeó sólo de guerreros. Sus estados mayores los componían personas jóvenes, de baja formación académica, de origen popular, que crecieron en medio de la guerra pero que además vivían de ella. «Una mano de aduladores que le quemaban incienso:

usted es un putas, no se deje joder, hágale, Patrón», dice Arcángel. «Lo empujaban porque se lucraban de sus errores, se enriquecían con la guerra. "¡Patrón, hágale que usted es un putas! ¡Hágale que usted no se las puede dejar ver!" Y el Patrón se tragaba el cuento y decía "hágale" y los bandidos se ponían felices porque eso significaba plata para su bolsillo», continúa.

Desde la muerte de Galán, Pablo se jugó entero en el escenario de la guerra sin medir límites ni consecuencias.

Capítulo VII

El general Hugo Martínez Poveda —hombre alto y apuesto, de hablar pausado y apariencia tranquila— se encontraba en su oficina en la Dirección de la Escuela General Santander en Bogotá, cuando recibió una llamada en la que le notificaban su nombramiento como comandante de una fuerza especial para combatir a Pablo.

El general, hasta entonces, sólo había tenido relación tangencial con el tema del narcotráfico. Había oído por primera vez de Pablo cuando, a inicios de los años ochenta, en los medios de comunicación se hablaba de un benefactor que construía canchas de fútbol y regalaba casas a los pobres. En esa época de esplendor del narcotráfico lo nombraron jefe de Inteligencia de la Policía en Cali. El general se preguntaba por qué no capturaban a los líderes del Cartel de Cali si los veía pasear tranquilos por las calles. Y encontró que, como le sucedió a él mismo, cada vez que un nuevo oficial llegaba a su cargo preguntaba: «¿Qué hay en contra de Fulano?». No había nada. La información de los organismos de inteligencia había sido vendida a los mafiosos y los expedientes estaban desaparecidos. Preguntó a los jueces y a los tribunales si había órdenes de captura y para su sorpresa ni los Rodríguez, los más conocidos narcotraficantes de la región, eran requeridos por la justicia. En palabras del general: «En esa época los bandidos penetraron a la Policía, al Ejército, a los jueces y a los políticos, y cuando la sociedad se dio cuenta ya estaban crecidos».

De Cali pasó a dirigir la Escuela de Policía en Barranquilla. A mediados de 1988, asumió como comandante de la División de Policía del departamento de Caldas. En este período conoció de varios episodios relacionados con los enfrentamientos de los carteles. El general descubrió que un helicóptero que cayó en los límites de Caldas y Antioquia pertenecía a la Policía, que era piloteado por un teniente activo contratado por el Cartel de Cali para atacar la hacienda Nápoles y que se había caído por exceso de peso.

Como director de la Escuela de Policía General Santander le correspondió darle la noticia de la muerte de su padre al hijo de Valdemar Franklin, cadete de la institución. «A su padre lo acaban de matar en Medellín», le dijo y lo vio desmoronarse y constató cómo ese dolor suyo se extendía a la institución. La muerte de Franklin equivalía para la Policía, en alguna medida, lo que la muerte de Galán para el país: la gota que rebosó la copa.

Tras las muertes de Galán, de Franklin, del magistrado Valencia, del procurador y del gobernador de Antioquia Los Extraditables, en una carta del 23 de agosto de 1989, dirigida a una estación de radio con veinte kilos de dinamita, ratificaron «la guerra absoluta y total al gobierno y la oligarquía industrial y política, a los periodistas que nos han atacado y ultrajado, a los jueces que se han vendido al gobierno, a los magistrados extraditadores, a los presidentes de gremios y a todos los que nos han perseguido y atacado».

El presidente Virgilio Barco —quien tartamudeaba al hablar— replicó con firmeza: «Colombia, óigase bien, está en guerra. Esto no es una simple expresión retórica. El país está en guerra contra los traficantes y los terroristas. Ni el gobierno ni el país reposarán hasta haber ganado esta guerra». E inició la ofensiva más seria e intensa contra el llamado narcoterrorismo que se hubiera desarrollado en el país. Con ese fin ordenó la formación de la Fuerza Elite de la Policía, un cuerpo especial dedicado a combatir al Cartel de Medellín y a someter o dar de baja a sus dos cabezas sobresalientes: Pablo y el Mexicano. Barco, sabiendo que tanto la estructura del Ejército como de la Policía estaban infiltradas y que en esas condiciones sería imposible detener a los capos, decidió que la Elite se integraría con oficiales de excelente hoja de vida y se dirigiría desde Bogotá.

Martínez dedicó a la lucha contra Pablo, minuto a minuto, cuatro años de su vida. Obtendría grandes satisfacciones pero al final saborearía como trago amargo el retiro de la institución y el fin de su carrera de oficial.

En septiembre de 1989 se instaló con un grupo de oficiales de su estricta confianza en la Escuela de Policía Carlos Holguín, en la ciudad de Medellín. Puso en un papel los datos fragmentarios con los que contaba. Lo que se denominaba el Cartel de Medellín era una asociación de exportadores de coca —que incluía, entre otras familias, a los Ochoa, los Galeano, los Moncada y los Tomate— que tributaban impuestos a Pablo. El Mexicano, a quien se consideraba de este cartel, operaba con autonomía y gran poder militar como jefe de un grupo satélite, en Bogotá y en la zona esmeraldífera de Boyacá.

En la organización, la exportación de cocaína la manejaba Gustavo Gaviria, y John Jairo Tascón, Pinina, era el jefe militar. Pinina controlaba las oficinas —como llamaban a las grandes bandas— que operaban en diferentes zonas de la ciudad, como la de Ricardo Prisco, en Aranjuez; la Kika, en Castilla, y el Chopo, en La Estrella. A su vez, estas oficinas coordinaban bandas de sicarios con una larga experiencia en todo tipo de actividades criminales.

La dificultad para los oficiales del Cuerpo Elite consistía en que Pablo se movía en zona que comprendía el Valle de Aburrá —Medellín y siete municipios aledaños, un área metropolitana de unos tres millones de habitantes—, y una franja rural que saliendo de este valle, por las montañas del oriente, pasaba por los municipios de El Retiro, Guarne, Marinilla y El Peñol —en la altiplanicie de oriente—, y Granada, San Carlos, San Luis —en la vertiente montañosa que declina sobre la extensa y espesa selva hacia el Magdalena Medio, donde se ubicaba la hacienda Nápoles—. Pablo conocía al detalle la geografía de esa selva y se movía en ella, acompañado de sus hombres de confianza, utilizando una serie de refugios construidos a lo largo de los años.

Los hombres de la Fuerza Elite buscaron contactos, hicieron seguimiento, grandes e inútiles movimientos de tropa, sin resultados, hasta que apareció una pista confiable.

Pablo, tras la muerte de Galán, se había refugiado en la finca El Oro, aguas arriba por el río Cocorná. Allí recibió a doña Hermilda, a María Victoria y a sus hijos, en un encuentro, como siempre amoroso y lleno de dedicación. Pablo saludó a su madre, abrazó y besó a su mujer, saludó a Juan Pablo y luego Manuela se le abalanzó. «Móntame a caballito», le dijo la niña. Pablo jugó con ella hasta quedar exhausto.

Juan Pablo, curioso, deambulaba entre los guardaespaldas, mientras su padre le decía: «Usted tiene que ser un verraco, un hombre». El niño, desde pequeño, andaba en su moto y en carro, osado, sin miedo. Aprendía de su padre, que quería formarlo como un digno sucesor de su imperio, la fascinación por las armas y el vértigo. Una costumbre que incluso algunos de sus hombres le criticaban. «A nuestros hijos hay que alejarlos de todo esto, hacerlos estudiar», —le decía el Chopo, haciendo de consejero. El Arete aún hoy lo defiende: «Pablo sabía que el niño iba a estar envuelto en la guerra y le enseñaba a defenderse, a que estuviera en la jugada. ¿Qué otro patrimonio le podía dejar Pablo? No le podía ocultar la verdad».

Cuando Pablo no podía ver a sus hijos gastaba largas horas de sus noches insomnes grabándoles mensajes que les enviaba con sus correos. Y en realidad quiso tanto a sus hijos que, en alguna medida, perdió la batalla final por defenderlos.

En la noche, doña Hermilda le consultó problemas y le pidió instrucciones que acató, como de costumbre, al pie de la letra. «Él me obedecía cuando estaba pequeño, pero después se cambió el papel, yo le pedía consentimiento para todo». Pablo sufría de mamitis —como le dicen los paisas al exagerado apego a la mamá— y no importando las circunstancias ni los riesgos, mandaba a buscarla con frecuencia. Y ella gustosa tomaba cuatro o cinco carros, cruzaba ríos, desafiaba serpientes y animales de toda clase y amanecía en una estera para estar a su lado.

En la noche despertó asustada. Pablo prendió una vela. Vieron una inmensa tarántula roja. «Ay, por Dios, ¿ese animal se lo comerá a uno?» «No, mamá, esas son amiguitas mías, duerma tranquila»[1]. Esa confianza, esa seguridad de su hijo le permitía superar ese y todos los miedos que la vida ofreció en abundancia en esos tiempos de persecución.

Al día siguiente Pablo despidió a su familia porque llegarían Jorge Luis Ochoa y el Mexicano y en esas condiciones la seguridad se complicaba. Y los salvó del primer susto que les dio el general Martínez.

El general ha olvidado algunos detalles pero recuerda los hechos clave del operativo: intercepta una comunicación en la que Pablo le pide a Mario Henao que le lleve a María. Éste a su vez llama a un entrenador de voleibol que habitualmente los visitaba para hacerles espectáculos disfrazado de mujer y para llevarles música y jóvenes deportistas como damas de compañía. «El Patrón quiere que le lleve a María», le dijo Henao. El general sigue esa pista como una pequeña esperanza. Pide a la liga de voleibol una lista de jugadoras. Intercepta el teléfono de mujeres Marías, hasta que el entrenador llama a una de ellas y le anuncia que viajará a donde el Señor. Ocho elites vestidos de paisano, en diferentes vehículos, cambiando de posiciones, hacen el seguimiento desde Medellín.

Entrando en el territorio de Puerto Triunfo abandonan la autopista y continúan por una carretera sin pavimento hasta Estación Cocorná. En el pequeño puerto ubicado sobre el río Magdalena, el entrenador y la chica abordan una lancha y toman río Cocorná arriba. Los elites no pueden seguirlos pero ya tienen ubicado el territorio. Salen rápido porque seguramente los han detectado. Si los descubren los matan. En Puerto Triunfo encuentran un campesino que, motivado por la recompensa del gobierno, se ofrece a colaborar. «Hombre, yo sé dónde está Pablo Escobar porque he visto que allá hay fiestas y mucho movimiento». «¿Cómo hacemos para que nos

---

[1]   Ana Victoria Ochoa, *op. cit.*

lleve?». «Yo no voy por allá porque me matan, si quieren les señalo dónde está el sitio desde un helicóptero», les dice.

Martínez estudia dónde ubicar seis helicópteros que le proporcionan para el operativo. Tiene presente que no puede volar sin autorización por encontrarse en la zona una de las principales bases de la Fuerza Aérea, pero también sabe que desde la propia torre de control de la base le informan a Pablo de todos los movimientos. Entonces, los sitúa en el puerto de Barrancabermeja, el sitio más cercano desde donde puede volar río arriba a baja altura sin que lo detecten los radares.

El Mexicano sale de la finca El Oro en la tarde, Jorge Luis Ochoa —acompañado de su mujer—, Roberto, Mario Henao y Pablo se quedan. Disfrutan la noche, en realidad parecen en *picnic*, no en guerra. El Osito se acuesta temprano porque tiene previsto madrugar con Jorge Ochoa a marcar un ganado en una finca vecina. Mientras duerme, Pablo le pone una tarántula de plástico, cuando se despierta se pega tremendo susto. Su hermano ríe.

Hacia las siete de la mañana, cuando el Osito y Ochoa se disponen a salir, les avisan desde Puerto Berrío que río Magdalena arriba va una caravana de helicópteros. Le tocan la puerta a Pablo, que sigue durmiendo. «Hermano, levántese que vienen seis helicópteros en caravana». «Esos no vienen pa'cá, esos van pa' Bogotá», les responde. El Osito, sin embargo, alerta a los de seguridad: «Estén listos, hermanos, por lo que pueda pasar». Al momento les informan de nuevo por radio que por Río Claro bajan como 25 camiones con policías. «Pablo, pilas». «¿Qué horas son?» pregunta, «Las siete y pico». «Todavía me queda un rato más pa' dormir, a las ocho me puedo levantar», dice. Un poco más tarde se levanta y desde el baño se le escucha cantar el *Corrido de Lucio Vásquez*. Al salir se sienta a la mesa y pide desayuno. «Pablo, los helicópteros vienen para acá, ya avisaron por el radio de Nápoles que vienen es pa' este lado, vámonos de aquí», le insisten. «Ah, esperate a ver», dice mientras empieza a sentir el sonido de los helicópteros.

«Con el campesino a bordo —cuenta el general Martínez— volamos río Magdalena arriba, viramos a la derecha por el río Cocorná. El campesino mira pero no encuentra el sitio. Desde arriba todo es diferente, dice al ver un paisaje de un verde infinito donde se pierden los detalles. Cuando por fin señala el sitio, el piloto me advierte que estamos siendo impactados. Los tiros se oyen como cuando totea maíz. Abrimos fuego para evitar que nos sigan disparando y vemos correr gente por todas partes. En el sitio nos impiden aterrizar unas cuerdas atadas a palos altos. Buscamos sitios alternos. Aterrizamos casi a tres kilómetros de la casa y eso nos demora, por lo menos, media hora. Cuando llegamos encontramos unas sesenta personas rendidas tiradas en el piso, algo así como veinte fusiles y equipos de radio. Las personas capturadas no dan información, pero decomisamos material escrito, listas de personas a las que les pagaban dinero, listas de teléfonos y códigos.

»Aunque Pablo Escobar, Jorge Luis Ochoa y otros personajes escapan, puedo decir que en ese momento iniciamos en serio nuestro trabajo contra el Cartel de Medellín. Con el fuego que se hizo desde los helicópteros caen dos personas que disparaban con fusiles en la pradera, y dicen que murió un tercero, dentro del agua.»

Pablo había mandado clavar unas guaduas con cuerdas en la parte descubierta que rodea la casa. Desde arriba parece que se puede aterrizar, pero cuando los helicópteros están cerca deben volver a levantar vuelo. Esas cuerdas, según el Osito, los salvan. Pablo, apenas ve los helicópteros saca el fusil y les dispara.

«Nosotros nos tiramos a un monte, que está dígase a setenta, ochenta metros —cuenta el Osito—. En un momento de esos, con un helicóptero dando bala, eso es como una hora para uno. Íbamos así: primero yo, después, ahí pegado, Pablo, detrás Jorge y su mujer, Icopor y luego otros hombres. A Mario, que apenas empezaba a salir de la casa hacia el río para tratar de abordar una lancha, táquete, le dieron. A mí me salva un árbol inmenso que me cubre de la tanda de bala. Si el helicóptero se queda ahí, estacionado en el aire, nos mata, pero debía levantarse y dar la vuelta para volver y, en una de esas, aproveché para cambiarme de árbol e irme encaramando, poco a poco, a un filo, que se me acabó ligero. Arriba hay otro helicóptero parqueado disparando. Pero sale a tanquear y aprovecho para pasarme a un potrero abierto y camuflarme. Ahí, cubierto con helecho, siento los helicópteros dando bala a la loca, quemando bala incesantemente sobre el bosque.»

Pablo, Icopor, Jorge Luis Ochoa y su mujer salen por un corte de pasto *kingrass*, que acostumbraban sembrar cerca de sus caletas para cubrir la retirada. Pasan un caño con el agua hasta el cuello y luego caminan monte arriba bajo la lluvia de bala. Tras caminar varias horas paran a descansar. La mujer de Ochoa siente ruidos. «Ahí está la Policía», advierte. Al observar con cuidado, ven a unos treinta metros una patrulla de policías con agentes de la DEA. Se acuestan sobre un tapete de hojas secas para camuflarse. Hasta que la patrulla parte, cada ruido que hacen les parece un trueno. Siguen la marcha, la mujer de Ochoa lo jala y se tercia el fusil de Icopor que ha sido derrotado por la fatiga. Pablo camina duro y busca a Mario por el radio, sin obtener respuesta. En la noche deshacen el camino andado, y hacia las ocho cruzan por el frente de la finca El Oro. Pablo, con su extraordinario sentido de la orientación, guía al grupo por el camino en contravía.

El general Martínez los escucha por el radio. Pero en una noche oscura, en una zona desconocida, sus posibilidades de operar son limitadas. Pablo conoce el terreno y camina evadiendo los puestos de control hacia la retaguardia de sus perseguidores. Pasan el río y se meten hacia Nápoles y de ahí salen en caballos a unas cuevas detrás de las parcelas California, en la margen izquierda de la autopista Medellín-Bogotá, donde se ponen a salvo.

El Osito, en las carreras, se había desperdigado definitivamente del grupo.

«Yo sigo en el monte y le digo a mi acompañante: "Hermano, vea la policía allí, pero estese quietecito", pero más susto le dio —narra el Osito—. Se tiró por encima de un alambrado y entonces al reventar las cuerdas, hizo ruido y los policías nos dispararon. Yo no sé cómo nos salvamos. Yo me tiro por un peñasco así, en la nalga, rodando. Cuando llegué abajo estaba sin bluyín y sin nalgas. Por la noche llegamos a una casa campesina y nos brindan comida y una ducha. La señora me cura las heridas y me regala una camisa y un pantalón. Seguimos buscando la autopista. En la mañana le digo al otro muchacho: "Vaya a esa casa y diga que nos hagan desayuno". Y le ordenó a la Muñeca que lo siguiera hasta el filo, que esté atento por si le echan mano a ese muchacho y que me avise para salir corriendo. Regresan con un reconfortante desayuno: huevos con arroz, arepas, queso y chocolate. Como a las diez de la mañana pego la hamaca de dos árboles, uno grandísimo, y me echo a dormir.»

La Policía escucha las conversaciones en los radios. Piensan que los han dejado por el afán. Pero, según el Osito, los han dejado a propósito.

«Para que nos despejen la carretera Medellín-Bogotá yo digo por radioteléfono que vamos por tren a Puerto Berrío. Y la Policía sale para allá. Cuando salimos para Medellín encontramos la autopista despejada. Cuando ya estábamos tranquilos en una casa, oíamos en la radio y veíamos en televisión a los oficiales: los tenemos cercados… y nosotros muertos de la risa, ahí tomando café. Pero después me dio un dengue que casi me mata. Me duchaba, se me quitaba la fiebre, me acostaba y a los cinco minutos estaba con fiebre alta, entonces volvía a la ducha, me ponían suero, me ponían de todo y no me valía nada.»

Al día siguiente, el general Martínez interceptó una comunicación de Pablo en la que reclamaba a los oficiales de la base aérea por no haberle avisado de la llegada de los helicópteros. «No nos dimos cuenta por dónde se metieron, el radar no los captó», le respondieron.

Pablo —ternura escasa, sangre helada— lloró cinco días la muerte de Mario. Nunca, ni antes ni después, Arcángel lo vio tan triste. La Fuerza Elite no identificó a Henao y lo sepultó como N.N. en el municipio de Cocorná. Éste fue el primero de una serie de golpes dramáticos que sufriría la familia Henao.

Mario, el hermano mayor, en medio de la efervescencia revolucionaria, alcanzó a ser activista de izquierda en la universidad y a leer textos de marxismo y psicoanálisis. Pero el mundo de la calle, al que se metió con Pablo y Gustavo, se lo chupó. En su prosperidad se hizo famoso por sus rumbas, por sus compras desmesuradas cuando viajaba a Estados Unidos o a Europa, pero sobre todo era singular entre ellos porque nunca dejó su pasión por los libros y los intelectuales. Alguna vez se emocionó tanto escuchando un concierto de una pianista que, enterado de su difícil situación económica, le envió, de manera anónima, un costoso piano a su humilde apartamento. Por sus arrebatos de intelectual apoyó una editorial en Medellín donde se publicaban libros de importantes pensadores de la región y el país, y tertuliaba largamente con algunos de ellos.

Mario había sobrevivido a otras muertes. Su corazón quiso fundirse un día que se trepó con una sobredosis de droga a una avioneta. Como metía tanto vicio y tanto licor, el corazón se le volvía desganado para bombear. Al final no lo mató el desmadre de su vida sino las balas que del cielo le dispararon los hombres del Cuerpo Elite.

Dos de diciembre de 1989. Pablo cumplía cuarenta años. No pudo celebrarlos al lado de sus hijos, su mujer y su madre, como era su deseo. Arribó con sus hombres, Arcángel, el Chopo, el Arete y Otoniel a una finca en Sabaneta, propiedad de Guillermo Zuluaga, conocido dentro de su gremio como Cuchilla. Cuchilla era un joven discípulo de Elkin Correa, oriundo de La Estrella, hijo del peluquero del pueblo, estudiante del colegio de los curas salvatorianos y jugador de fútbol de las divisiones inferiores. Tenía una peculiaridad tenaz: manejaba a 140, 180, y a esas velocidades, con una sola mano armaba un varillo. Y tenía también fama de ser un *man* agrio que le gustaban las mujeres bonitas o los jóvenes de buena estampa. Se convertiría en un bandido de primer nivel.

Esta noche, sin hembras, conversaron y escucharon música. El Patrón tomó agua mineral, se fumó su acostumbrado varillo y habló largamente. La conversa se interrumpió cuando llegó Bernardo Jaramillo, el presidente de la Unión Patriótica. Jaramillo —hombre alto, bigote, espíritu alegre— había aceptado reunirse con Pablo, por invitación de su abogado Guido Parra, para buscar una solución a la guerra que enfrentaban Fidel Castaño y el Mexicano contra las FARC y la UP. Pablo seguía alternando la guerra abierta con la búsqueda de salidas negociadas y, en este contexto, tenía interés en parar esa confrontación.

A Jaramillo, sentado frente a frente en una larga mesa, lo impactó la personalidad de Pablo, su hablar pausado y su don de mando.

—Yo soy un tipo con inclinaciones de izquierda —siguió hablando Pablo—. Pero en ciertos momentos me han hecho inclinar a la derecha. Por ejemplo el ELN por ahí me colocó en una casa dos kilos de dinamita. Me ponen a pelear por pendejadas y nunca he querido pelear con la izquierda, entre otras cosas, porque yo no soy terrateniente y no cultivo ni proceso coca, mi negocio es el transporte, no me meto con nada más.

Jaramillo lo miró con atención, tratando de encontrar la verdad, más que en sus palabras, en sus gestos. Pablo siguió hablando de la situación del país y las perspectivas.

—Aquí nos achacaron la muerte de Galán a todos, y como somos una familia, entonces todos nos vamos a la guerra. Yo le voy a colocar cien bombas a Bogotá para que la oligarquía sepa lo que es la guerra —dijo con contundencia—. Aquí ya se declaró una guerra y esta guerra va a durar, por lo menos, hasta que termine el gobierno de míster Barco.

—Pues yo no creo que las bombas sean la solución, eso es terrible—, le dijo Jaramillo.

Pablo replicó airado:

—No, no, no, si los oligarcas me tienen correteando, yo los pongo a corretear a ellos. O todos en la cama o todos en el suelo. La guerra va en serio y duro. Eso no es que la guerra es solamente en Antioquia y en Puerto Triunfo. El otro mes le voy a meter bombas a Bogotá, así que cuidado por donde camina.

En ese momento Jaramillo lo percibió prepotente y desmedido. Pensó, para sí, que cuando se tiene tanto dinero, tanto poder y la capacidad de decidir sobre tantas cosas y tantas vidas, la relación con la realidad se pierde. El poderoso crea su propio mundo, una especie de realidad virtual, y no hay manera de aterrizarlo. Siguió escuchándolo.

—La única posibilidad de una solución negociada es con el siguiente presidente —continuó Pablo—. Con Gaviria no hay nada que hacer, él va a continuar la terquedad de Galán. Santofimio es mi amigo, pero no va a ganar. Entonces la única posibilidad es con Samper. A mí no me gusta, pero de todas maneras hay que apoyarlo. Yo hablé con Santofimio y él dijo que lo apoyaría. De pronto ustedes lo apoyan, y yo me consigo un poco de votos y le metemos el billete a eso y le buscamos una salida a la situación. Y estaría dispuesto, si me dan las garantías, a ir a hablar con las FARC y después hablar con el Mexicano para arreglar todos los problemas.

Pablo iba poco a poco llegando al punto neurálgico. La guerra del Mexicano contra la Unión Patriótica.

—El Mexicano le estaba preparando un atentado pero yo lo paré. Yo le recomiendo que se salga de los escoltas del DAS, que esos lo venden por cinco millones de pesos. Haga como yo, vea estos muchachos, me conocen desde la infancia, han sido mis amigos de toda la vida, se hacen matar por mí.

—Nosotros no tenemos esas posibilidades—, le dijo Jaramillo.

Pablo obvió el comentario y siguió:

—El otro problema es Fidel Castaño. Es que ustedes cometieron la cagada de secuestrarle al papá, pedirle un billete grande y matarlo. Fidel vino a preguntarme qué hacía, y yo le dije: «Pues por la familia hay que hacer lo que sea, pague si tiene plata». Fidel me dijo que no pagaba ni un peso y me mostró una carta de respuesta amenazante, en la que decía que si le hacían algo al papá les declaraba la guerra a muerte. Yo le dije: «Si yo soy de las FARC y me llega esta carta, mato inmediatamente al viejo». Y claro, se lo mataron. De ahí que se volvió obsesión de su vida matar comunistas. Pero si llegamos a un acuerdo, yo me encargo de que Fidel respete el acuerdo y si no está de acuerdo, yo lo hago respetar.

Fidel Castaño, imbuido en su fiebre anticomunista, se mantenía, al mismo tiempo, leal y lejano de Pablo. Utilizando su aparato militar, había desarrollado una gran ofensiva contra la UP y los defensores de derechos humanos. La lista es larga: el senador Pedro Nel Valencia, el diputado Gabriel Jaime Santamaría —asesinado en el propio recinto de la Asamblea Departamental— y Luis Felipe Vélez, el presidente del sindicato de maestros. También fueron asesinados los médicos, defensores de derechos humanos, Héctor Abad Gómez y Leonardo Betancur cuando asistían al sepelio del dirigente sindical.

Él era un hombre rico —tenía más de cincuenta mil cabezas de ganado— y como llevaba una vida austera gastaba una inmensa parte de su riqueza en su guerra, a la que contribuyeron secretamente ricos tradicionales afectados por las guerrillas. Cultivó, a lo largo de los años, vínculos con el Ejército, la Policía y el DAS. Mientras los narcos gastaban plata en obras sociales o consumos suntuosos, Fidel lo hacía en generales que le brindaban información, cobertura y, en ocasiones, ponían a sus hombres a participar en acciones de exterminio.

Arcángel define a Fidel como un hombre frío para pensar, caliente para actuar.

«No miraba desde la barrera, se encargaba directamente de sus operativos. Era prevenido, veía hasta por detrás. Si estando en algún sitio se sentía inseguro, salía en lo primero que hallaba, en autobús, en taxi... Su decisión de acabar con la guerrilla, a la que consideraba el gran mal del país, la aplicó de manera implacable. Era cruel, se volvía locuaz hablando de cómo, por ejemplo, al atrapar a un guerrillero o a un colaborador, lo mejor era quebrarle las piernas con un bate.»

En su finca Las Tangas, en el departamento de Córdoba, las autoridades hallaron decenas de cadáveres de campesinos en fosas comunes.

Fidel apreciaba a Jorge Luis Ochoa y lo asesoraba en asuntos de tierras y ganados, asuntos que manejaba a la perfección. Cosa similar sucedió con el Negro Galeano, convertido para entonces en un narcotraficante próspero y gran propietario de tierras. Fidel tenía intereses distintos a los de Pablo, por eso se miraban con respeto y con recelo, pero lo apoyaba en sus tropeles porque la desestabilización era parte de su negocio y una manera de lograr reconocimiento.

Jaramillo entendió que Pablo quería una paz entre los narcos y la guerrilla para facilitar un acuerdo político en torno a la candidatura presidencial de Samper. Confiaba en que él, una vez asumiera el poder, posibilitaría una solución negociada con los narcotraficantes. Jaramillo se comprometió a enviarle prontamente una respuesta. Luego, en tono liviano, hablaron de cosas triviales, comieron fríjoles y vieron un noticiero de televisión. Hacia las diez de la noche lo llevaron a su hotel de Medellín.

De regreso a Bogotá, Jaramillo presentó la propuesta a los dirigentes de la UP. Todos se mostraron interesados en la posibilidad de tener un respiro en la guerra. Así no se llegara a un acuerdo en función de la candidatura de Samper, valía la pena parar el enfrentamiento entre las FARC, el Mexicano y Castaño, que originaba parte de la matanza de los militantes de la UP. Enviaron la propuesta a Jacobo Arenas —guerrillero anciano, gafas oscuras, doctrina ortodoxa—, quien era para entonces el ideólogo y real poder de las FARC. Pero el abogado Guido Parra, siempre deseoso de protagonismo, filtró la información a la revista *Semana* y el proceso se abortó. «No negociamos con bandidos», respondió Arenas, cerrando así cualquier posibilidad de distensionar ese conflicto.

Aquella noche, una vez Jaramillo se hubo retirado, Pablo conversó largamente con su amigo Elkin C. Hacia días no lo veía porque él, medio retirado, se había dedicado al fútbol y a los toros y, según le contó, se había matriculado en la universidad para estar cerca de hombres jóvenes. Había disparado tanto en su vida, que su corazón buscaba reposo.

Por eso Cuchilla, su pupilo, había ganado protagonismo en la organización; había adquirido poder y suficiente dinero para ser accionista del Cúcuta Deportivo, un equipo de fútbol de primera división, y promover a jugadores como Faustino Asprilla, quien se convertiría en una de las glorias del fútbol colombiano.

En diciembre, Pablo realizaría grandes operativos. El más importante contra Maza, su gran enemigo público, que lo denigraba día y noche. Pablo, aunque no le daba demasiada importancia desde el punto de vista militar —sabía que el DAS era un organismo inoperante e infiltrado— lo tenía entre ceja y ceja por bocón y por provocador. «¿Qué hizo Maza en el DAS? ¿Para qué sirve esa institución? ¿Dónde están los detenidos y los resultados de las investigaciones sobre algunos de los muertos famosos?», se preguntaba Pablo.

Maza tenía las siete vidas del gato y Pablo le gastó por lo menos tres. El general se sienta al escritorio y por instinto repara en un paquete que le entregan; al ver que está sellado con un papel plástico le ordena al estafeta que lo lleve al Grupo de Explosivos. En los patios del DAS lo examinan sin cuidado. El paquete explota y destroza a los agentes. Luego, incluso, se dijo que un desechable —como llamaban los narcos a sus *kamikazes*—, un piloto con sida, se estrellaría contra el DAS. Vuelve y juega. El 2 de diciembre de 1989, el general madruga y pasa por el mercado callejero, ubicado frente al edificio del DAS; los hombres de Pablo, que lo esperan al frente con un autobús cargado de dinamita, no están en sus puestos y pierden unos segundos que le permiten al general subir a la oficina. El conductor arranca el bus, con seis toneladas de dinamita para que se estrelle contra el edificio, pero un furgón transportador de valores se atraviesa y lo desvía unos metros. La explosión se produce a las 7 y 33 minutos. Una columna de humo de 200 metros, como un hongo atómico, se ve desde toda la ciudad. El general ve derrumbarse el mundo, al bajar por las escaleras del edifico ve muertos y mutilados, y afuera mira el paisaje triturado por la explosión: cincuenta muertos, seiscientos heridos y centenares de locales destruidos.

A unas cuadras, el Arete, el hombre de Pablo que participa en el operativo, siente que la onda explosiva lo levanta del piso, pero no alcanza a ver la devastación. Un desechable, que apenas sí sabía manejar, condujo el autobús y, por su torpeza, se llevó por delante varias ventas callejeras. Y, según cuenta el Arete, «prendió, no se sabe con qué instrucciones, un equipo de sonido que era en realidad el detonante».

Dice Maza Márquez:

«Pablo Escobar era un paranoico que confundía el mundo real con el subreal, que pasaba de hombre bueno, bondadoso, a ser un hombre cruel y sanguinario con mucha facilidad. Un hombre que nació en medio de limitaciones económicas, de insatisfacciones y por eso se identificó con los muchachos de las comunas. Allá fue creando una personalidad *sui generis* cargada de rencores. En la medida en que fue teniendo dinero y poder, en vez de crear una especie de anticuerpo hacia esos vacíos, más bien los alimentó.

Él quiso ser más poderoso que los industriales Ardila Lülle y Santo Domingo. Vivió para el dinero. Como decía un filósofo: fue un hombre tan pobre que lo único que tuvo fue dinero. Yo sé que él me respetó por dos cosas: primero, porque no me pudo matar y, segundo, porque nunca tuvo un elemento que probara mi deshonestidad. Lanzó propaganda acusándome de ser amigo del Cartel de Cali, se valió de todos los medios para conseguir pruebas que certificaran su posición, le encargó a sus amigos políticos que buscaran milímetro a milímetro evidencias contra Miguel Maza. Pagaron para hacer un rastreo de mi vida social y profesional y llegaron a la conclusión de que no tenía sombra. Escobar vivió frustrado en cuanto a Maza. Cuando se tomaba sus tragos se volvía obsesivo con Maza, decía que había que destruirlo como fuera. Pero ni a él ni al Mexicano, que se arrodillaba a proclamar su odio contra mí, se le dieron las cosas.»

Unos días después del atentado llegó la revancha para el general Maza. Un cuerpo especial de agentes asignados a la persecución del Mexicano reportaron los primeros éxitos. En operaciones llamadas Apocalipsis I —así como el inicio del fin— detuvieron a un número significativo de sus hombres, le restaron movilidad en su zona de control y le dieron golpes significativos a su infraestructura. Lo pusieron a correr bases. El seguimiento tras la liberación del hijo de Gacha, detenido por el coronel Franklin Quintero, y la información entregada por los esmeralderos, contribuyó a la labor de inteligencia. Y desde adentro de la organización el Navegante, un hombre infiltrado por el Cartel de Cali, que llegó a coordinarle envíos de coca en la costa caribe, informaba los detalles necesarios para el asalto final.

El Mexicano huye durante varios días por su zona del Magdalena Medio; Pablo le insiste que no salga de su territorio, pero él se moviliza hacia el mar Caribe.

El general Maza se encuentra en una ceremonia de ascensos en la Escuela Militar de Cadetes cuando recibe las informaciones definitivas del Navegante: le asegura que el Mexicano, su hijo Fredy y algunos de sus guardaespaldas se encuentran en Cartagena. Ordena el traslado de treinta hombres al comando aéreo de Barranquilla y alistan dos helicópteros. La noche que le van a dar el golpe, el Mexicano —instinto felino— huele el peligro, y en la noche, con su hijo y sus guardaespaldas aborda un yate y se pierde en el mar. Las autoridades, por la descripción dada por el Navegante, rastreando la zona con helicópteros, ubican la lancha. El piloto confiesa que lo ha dejado en la finca El Tesoro, en el balneario de Coveñas, y que se dirige a una isla cercana a recoger a un grupo de paramilitares para reforzar su seguridad. Se realiza un operativo envolvente sobre la finca. El Cuerpo Elite tiene la misión de llegar por aire en dos helicópteros artillados, mientras que la marina cubre un eventual escape por agua. A la media mañana del viernes los dos helicópteros sobrevuelan El Tesoro. Con altavoces le piden al Mexicano que se entregue. Nada se mueve. Sólo se ve un camión Chevrolet de color rojo. Hacen el simulacro de abandonar la zona. Los helicópteros empiezan a replegarse, uno hacia Tolú y el otro hacia Coveñas. El que va hacia Tolú sobrevuela de nuevo la finca. Los elites se dan cuenta de que el camión rojo ha partido. Lo siguen por la carretera. A la altura de Tolú lo ven tomar la ruta que conduce a la ciudad de Sincelejo y un poco más adelante detenerse. Se bajan su hijo y cuatro guardaespaldas que abren fuego contra la aeronave. La Policía responde con sus ametralladoras. Dos de ellos caen. El helicóptero desciende y deja en tierra a varios hombres de la Fuerza Elite, que dan de baja a los otros guardaespaldas sobrevivientes y al hijo del Mexicano. El camión se vuelve a detener al ver una patrulla de infantes de marina. El Mexicano y su guardaespaldas se internan en un platanal, en una finca llamada La Lucha. Desde el otro helicóptero, que se ha sumado a la persecución, disparan sobre los fugitivos y ellos responden con fusiles R-15. El artillero del helicóptero apunta al guardaespaldas y lo ve caer, luego dispara sobre la mata de plátano que le sirve de parapeto al Mexicano y con una bala calibre 7.62 le alcanza la cabeza.

El Mexicano persiguió la muerte de manera tan incansable que no dio tiempo para que se concluyera una capilla enchapada en mármoles que mandó construir en Pacho, su pueblo, en homenaje al Divino Niño, donde quería que lo velaran. En la foto que difundió el gobierno aparecen en fila Gacha, su hijo y sus hombres, mugrosos y ensangrentados, tirados sobre el piso, una imagen tan frecuente en la historia nuestra. Quedó tan desfigurado que se requirió de pruebas dactiloscópicas para establecer su identidad. Pero, una vez resueltas las dudas, le dan el parte de victoria al país.

Las imágenes transmitidas por los medios de comunicación no se compadecen con el mito. Su entierro en una fosa común, en un ataúd regalado por un sacerdote; la muerte —encarnada en un cadáver sucio e irreconocible— hizo ver demasiado patético a un hombre como el Mexicano, que había adquirido aura de invencible. Igual de patéticos se verían Pablo unos años adelante, tirado sobre un tejado, y los hombres del Cartel de Cali: el poderoso don Gilberto Rodríguez, que manejaba hilos gruesos del poder, llorando frente al director nacional de la Policía y soltando una sentencia: «Ningún delincuente ha logrado jamás derrotar un Estado», o Santacruz Londoño, rogando a las autoridades que no lo sometieran al espectáculo de los medios de comunicación para que los periodistas dieran detalles sobre su vida, sus gustos, sus amantes y una psoriasis que lo abochornaba.   A todos ellos la muerte y la cárcel los devolvía del mundo de los mitos al de los mortales. Pero, con algunos de ellos, la memoria popular ha sido tan generosa que considera incluso su muerte como una mentira de los poderosos y espera ansiosa su reaparición.

La muerte del Mexicano fue el primer éxito de la estrategia del Cartel de Cali de entregar información a las autoridades. (El político conservador Romel Hurtado, acusado de enriquecimiento ilícito, alegó como colaboración con la justicia el haber sido intermediario entre los Rodríguez Orejuela, el general Maza y el ministro de Defensa, Óscar Botero, en la entrega de información que contribuyó a la derrota del Mexicano y de Pablo.)

El Navegante, hombre clave de esta operación, publicó un libro donde narró en detalle la manera como se infiltró y entregó la información a la Policía y se acogió a un sistema especial de protección de testigos en Estados Unidos.

Los gobiernos colombianos —sometidos en términos absolutos al mandato estadounidense— repitieron lo que decían los presidentes Reagan y Bush: «La droga es el gran enemigo de la humanidad». Para ellos, sobre todo después del derrumbe del Muro de Berlín, desaparecido el fantasma del comunismo, las drogas tomaron relevancia como enemigo público y como eje de las relaciones con Colombia y otros países latinoamericanos.

Pero el narcotráfico, como un monstruo que se nutre de látigo, se creció con la llamada guerra contra las drogas. Los resultados reales de esa guerra se miden en las ganancias de los bancos, en la sangre que corre y en la corrupción de las instituciones. Por eso, el Nobel Milton Friedman dijo al presidente Bush, al final de los años ochenta:

> «Usted no está equivocado en el fin que persigue, su error está en no reconocer que las medidas que usted favorece son una fuente del pecado que lamenta. Estados Unidos está imponiéndole un enorme costo a Colombia, Perú y otros países, asesinando literalmente a miles y miles de personas y todo eso sólo porque no podemos fortalecer nuestras propias leyes. Por esa razón acabamos con miles de vidas y ponemos a esos países en una situación en la cual no pueden mantener verdaderas democracias. ¿Cómo se puede justificar?, le he hecho esa pregunta a mucha gente, y hasta ahora no he encontrado la primera respuesta satisfactoria.»

Sólo en pocas ocasiones, por la presión de los narcos, diferentes gobiernos colombianos intentaron una salida dialogada del conflicto. Uno de estos diálogos se originó en diciembre de 1989 con el secuestro de Diego Montoya, hijo de Germán Montoya, secretario general del presidente Barco. «Tengo la certeza de que lo secuestraron Los Extraditables», dijo el general Maza, y le recomendó buscar personas en Medellín que pudieran ayudarlo. Montoya contactó a Santiago Londoño, y por intermedio de él a su hermano Diego, para que lo aconsejaran en el manejo de la situación. Se trataba de establecer si en realidad Los Extraditables eran responsables del secuestro.

«Sí lo tenemos, y esta vez lo tenemos para negociar; ustedes verán si se meten en esto, no nos vamos a dejar poner conejo», les dijo categóricamente Gustavo Gaviria y les recordó la negociación anterior en la que Germán Montoya había incumplido.

Se refería a hechos ocurridos en 1988. Joaquín Vallejo había publicado un artículo en el periódico en el que planteaba el diálogo como un medio para superar la guerra con el narcotráfico. Guido Parra lo buscó para pedirle que explorara un acercamiento con el gobierno. Vallejo pensó que podría utilizar su condición de ex ministro, de líder regional y de padrino de bautismo de Pablo para buscar un acercamiento. Se reunió primero con el Mexicano, los Ochoa —Jorge Luis, Juan David y Fabio— y Pablo. Los narcos le hablaron de su deseo de llevar una vida tranquila, de la situación de sus familias y se quejaron del trato arbitrario que las autoridades les daban. El Mexicano dijo en tono presumido que, si llegaban a un arreglo, entregaría al gobierno algo más grande que la Empresa Colombiana de Petróleos.

Vallejo se reunió luego con Germán Montoya para hablarle de la posibilidad de diálogo. «¿Pero tú si crees en estos señores?», le preguntó Montoya. Ellos, por la tranquilidad, están dispuestos a sacrificar muchas cosas, están dispuestos a entregar armas, laboratorios, aeropuertos y cinco mil hombres que se pueden poner al servicio del Estado para acabar con la guerrilla. Vallejo lo consideraba un arreglo razonable. «Quizá habría que cerrar un poco los ojos, taparse un poco la nariz, pero no importaba porque si ellos arreglaban, se acababa el narcotráfico», dijo. Montoya dejó entrever alguna posibilidad.

Guido Parra se entusiasmó cuando unos días después escuchó un discurso del presidente Barco en el que planteaba el diálogo como forma de solucionar diferentes formas de violencia.

Un borrador de acuerdo, redactado por Vallejo, retomaba las propuestas hechas en 1983 por los narcotraficantes al presidente Betancur, pero consideraba además, la posibilidad de una amnistía patrimonial. Montoya, por medio de Vallejo, aconsejó que el Cartel hiciera *lobby* en las altas esferas de Estados Unidos. Según Guido Parra, el Cartel lo intentó, pero contrataron una firma de segunda clase y el proceso se estancó.

El presidente Barco, en algún momento, por motivos que Vallejo no conoce suficientemente, dijo: «No más diálogo, la única opción es que esos señores se entreguen». «¿Eso fue realista?», se pregunta Vallejo, y responde:

«Para mí fue una torpeza. Barco supeditó la continuación de las conversaciones a la opinión de Estados Unidos. Tal vez Barco, como conocía más la idiosincrasia del gobierno estadounidense, dijo: "esto no me lo aprueban y voy a pasar a la historia como un vendido al narcotráfico". Seguramente fue eso, el temor a Bush. La historia juzgará.»

Cuando la prensa publicó la información sobre estos contactos, Montoya los negó. Las acciones del gobierno contra los narcos siguieron en pie.

En este diciembre de 1989, Pablo sumó al secuestro de Diego Montoya el de 17 personas de acaudaladas familias de Medellín. Con estos ases en la mano, se dispuso de nuevo a presionar la negociación. «Vamos a ver cómo se porta Montoya ahora que le tenemos a su hijo amarrado», dijo.

Santiago Londoño White, quien ya había sido mediador en el gobierno de Betancur, a pesar de los temores y de la resistencia de la familia, aceptó ayudar. Según siguió sosteniendo tiempo después, además de la amistad que lo unía a la familia Montoya, creía poder demostrar que «una salida negociada con los narcotraficantes le convendría más al país que una guerra intensa y sin fin». Germán Montoya le sugirió que se hiciera acompañar en las gestiones del empresario antioqueño J. Mario Aristizábal.

A Santiago y J. Mario, Pablo les dijo: «Quiero una salida negociada, pero les debo aclarar que mi capacidad ofensiva no está menguada». Lo escucharon con atención. J. Mario se sentía en un callejón sin salida, hasta que, dándole vueltas al asunto, pensó en la fórmula más elemental: «Los narcos no sólo debían desmontar el negocio, sino entregarse a la Justicia, al fin de cuentas no tienen que pedirle permiso a nadie para hacerlo», les dijo, y sugirió además que, para ambientar el diálogo, anunciaran una tregua unilateral.

Pablo acogió la idea del sometimiento. Con gran habilidad política entregó un sofisticado laboratorio en las selvas del Chocó, un helicóptero y un autobús cargado de dinamita, y liberó a varias personas secuestradas, hechos que presentó como gestos concretos de paz. Además, llamó a Guido Parra y le advirtió: «Mandé a matar a Low Murtra porque firmó algunas extradiciones, le encargamos la tarea a una gente de la ETA, y como esa gente es clandestina, no hemos podido localizarla, díganle al ex ministro Low que busque protección mientras logro parar la orden».

Pablo, obsesivo e implacable con quienes declaraba sus enemigos, los perseguía el tiempo necesario y los buscaba aun en los sitios más recónditos. Así le había sucedido a Enrique Parejo, quien había firmado, como ministro de Justicia, las primeras extradiciones de colombianos a Estados Unidos. Acosado por múltiples amenazas, se retiró del ministerio y asumió como embajador en la Cortina de Hierro. En Budapest, el 13 de enero de 1987, en la puerta de su casa, un hombre le disparó tres tiros en la cabeza, a los cuales sobrevivió milagrosamente. El gobierno atribuyó el hecho a una retaliación de las mafias organizadas a las que él había combatido enérgicamente.

Enrique Low Murtra, tercer ministro de Justicia en la mira de Pablo, había sido nombrado embajador en Suiza para ampararlo de las amenazas de los narcos. Este 16 de enero, Germán Montoya logró encontrarlo: «Busque protección porque hay un atentado en marcha contra usted». Low Murtra, desconociendo que Pablo, su victimario, era quien lo salvaba, regresó a su casa y logró que el gobierno suizo le asignara una escolta.

Con estos gestos, las conversaciones se abrían camino. Los ex presidentes Pastrana y López Michelsen, y el arzobispo primado, monseñor Revollo, que hacían parte de la comisión llamada de Notables, como correspondencia, sugirieron que se diera un trato menos riguroso a los narcos.

El presidente Barco convocó al general Maza, al entonces ministro del Interior Carlos Lemos, al general Botero, al director de la Policía y a Germán Montoya a un Consejo de Seguridad para discutir el asunto y generar un consenso favorable. A la sesión asistieron Santiago Londoño y J. Mario Aristizábal. La mayoría de los asistentes miraba con simpatía la posibilidad de una salida negociada, pero el general Maza se opuso férreamente: «Es un imposible moral oír a esos voceros, lo siento mucho pero Escobar ha querido matarme, le ha hecho mucho daño al país, yo no considero que ese diálogo sea bueno para Colombia».

Barco neutralizó su intransigencia y acordaron seguir el proceso. Pero su propia opinión pareció cambiar tras la realización de una cumbre antidrogas de los países andinos en Cartagena, con la asistencia del presidente Bush. Bush definió el tráfico de drogas como el problema interno más grave de Estados Unidos, como un asunto de seguridad nacional. Se comprometió con estrategias de cooperación y desarrollo, que nunca se llevaron a cabo, para sustituir cultivos en los países andinos, pero sobre todo comprometió a los presidentes en su política de guerra frontal. Barco se olvidó del diálogo y se alineó de nuevo en la política de mano dura. A pesar del escepticismo, Santiago Londoño, en un último esfuerzo solitario, convenció a Pablo de que liberara a Diego Montoya, con el estricto compromiso de que él seguiría oficiando de mediador.

La información sobre las negociaciones se filtró a un noticiero de televisión. El periódico *El Espectador* le hizo eco titulando en primera página. Por segunda vez Germán Montoya negó los diálogos y los redujo a contactos humanitarios para liberar a su hijo. Pablo explotó en ira.

> «Lo que sí me preocupa es ver las gentes gazmoñas que se escudan tras las falsas morales y pretenden tapar el sol con las manos —escribió Pablo—. Como nuestro presidente míster Barco, que declara con voz estentórea que está luchando contra los narcos y por debajo de la mesa no vacila en hacer arreglos con ellos y después se desgañita gritándonos a todos que él no negociará nunca con ellos. ¡Sinvergüenza! ¡Descarado!»

Pablo amenazó a los intermediarios Santiago Londoño White y J. Mario Aristizábal. Fueron necesarias muchas gestiones para convencerlo de que ellos habían obrado de buena voluntad y que no eran responsables de este nuevo engaño del gobierno.

En 1991, unos meses antes de someterse a la Justicia, Pablo —obsesivo con sus enemigos— le soltó de nuevo la muerte a Low

Murtra. El Chopo le dijo que habían ubicado al ex ministro. Ahora, al verlo desprotegido —está muy fácil, le dijo el Chopo—, como por no dejar, Pablo le ofreció cien millones por ese trabajo. «Es fácil y hará bulla», dijo. El 30 de abril lo mataron a la salida de la Universidad de la Salle, a unas cuadras de la Plaza de Bolívar, donde se desempeñaba como decano.

Tres enviones contra tres ministros de Justicia, dos muertos y uno salvado de milagro. Así era Pablo con sus enemigos. «A mí el que me las hace, me las paga», decía. Arcángel recuerda que alguna vez le mostró la foto de un hombre. «Es uno de los treinta secuestradores de mi padre, el único que queda vivo; lleva seis años en la cárcel y estoy esperando que salga para cobrársela».

Gaviria, de quien Pablo suponía que, como sucesor de Galán, sería intransigente en la lucha contra los narcos, se salvó milagrosamente de estallar dentro de un avión comercial sobre los cielos de Bogotá.

Fue un atentado ordenado por Pablo, pensado fríamente para desestabilizar, sobre el cual se tejieron muchas versiones. Se dijo que se seleccionó ese vuelo porque cubría la ruta de Cali y allí viajaban unos hombres al servicio de los Rodríguez Orejuela, y porque el avión pertenecía al Grupo Santo Domingo, uno de los grandes grupos empresariales del país. (Las autoridades establecieron que la persona que portaba la bomba en el avión se registró como Pedro Santodomingo.) Gaviria, al final, no abordó y escapó de que su nombre figurara al lado de las 120 personas muertas.

El Arete, un tiempo después, cuando se entregó a la Justicia, confesó su participación en la elaboración de una de las dos bombas —un explosivo gelatinoso que se activa con estopín y batería— que se prepararon para este atentado. El suizo —como llamaban a las personas que llevaban engañadas a los operativos— portaría la bomba y la activaría, suponiendo que encendía un aparato con el que grabaría la voz de su vecino de silla.

Los peritos investigadores descubrieron que se había utilizado un explosivo con dispositivo barométrico activado por el cambio de altura. El hombre que lo llevaba en el avión aparentemente no sabía lo que portaba. Fidel y Carlos Castaño fueron vinculados a la investigación pero, posteriormente, fueron desvinculados por falta de pruebas.

Unos días después del atentado contactaron de nuevo a Diego Londoño y lo llevaron a una pequeña casa, a unos kilómetros de la población de Santa Rosa de Osos, en una fría meseta al norte de Medellín, donde se encontraban Pablo, Kiko Moncada, el Negro Galeano y Jorge Luis y Fabito Ochoa. Habían invitado a Londoño para insistirle en la búsqueda de una salida negociada. «¿Cómo vamos a hablar de diálogo después de que ustedes vuelan un avión?», les preguntó Londoño White. Algunos de los asistentes intentaron negar la responsabilidad en los hechos, pero el propio Pablo la asumió: «Que sufran como propia la violencia que hemos sufrido con nuestras familias», dijo en tono de justificación. «Yo veo muy difícil hacer contactos, creo que deben buscar otros caminos», les dijo Londoño antes de retirarse.

En esa campaña presidencial la lista de candidatos asesinados la siguieron Carlos Pizarro, del M-19, y Bernardo Jaramillo, el presidente de la UP.

Bernardo Jaramillo, a principios de 1988, visitó Europa y presenció el resquebrajamiento del mundo socialista. De regreso a Colombia, planteó a su movimiento la necesidad de tomar distancia frente a actitudes y comportamientos de las FARC. Afirmó públicamente que «ninguna guerrilla en el mundo terminaba haciendo secuestros, que la guerrilla debía mostrar voluntad de paz y que la guerra en Colombia, como método para solucionar los conflictos, ya se había agotado».

Pero los paramilitares, incapaces de entender el debate interno y lo que significaba la ruptura de Jaramillo, no paraban la ofensiva contra la UP. En el aeropuerto Eldorado de Bogotá, un sicario suicida soltó la ráfaga de una Ingram 380 contra uno de sus líderes nacionales, José Antequera. De rebote hirieron a Ernesto Samper, para entonces precandidato presidencial del liberalismo, que de casualidad se encontraba saludando a Antequera. (Es una condición de las municiones que una vez disparadas no se sabe sobre quién caerán.) Antequera murió pero Samper se salvó. Como en su vientre quedaron algunas municiones que los cirujanos no pudieron extraerle, él, más adelante, las exhibió varias veces por el mundo, sobre todo cuando fue acusado de recibir dineros del narcotráfico para su campaña presidencial, para presentarse como víctima del narcotráfico.

Carlos Lemos Simmonds —característico hombre de derecha—, aún siendo ministro, había declarado que el presidente de la UP era vocero de las FARC. «El ministro me ha colgado una lápida en el cuello», dijo Jaramillo a los medios de comunicación. Palabras premonitorias. Él y su mujer, Mariela Barragán, tomarían unos días de descanso en el mar. Llegaron rodeados de escoltas al puente aéreo de Eldorado de Bogotá. Cuando caminaban por el pasillo, de manera sorpresiva, un joven desenfundó una subametralladora Ingram 380 y soltó una ráfaga. La inmensa humanidad de Jaramillo se derrumbó. Mariela se tiró encima para protegerlo. Tras inmovilizar al agresor, los escoltas, con gran esfuerzo, llevaron al dirigente a un hospital. En el carro, Jaramillo, intentando sobreponerse, le dijo a su mujer: «Abrázame, que me voy a morir, estos hijueputas me mataron».

El general Maza Márquez responsabilizó del crimen a Pablo. Al homicida, un joven de las barriadas populares de Medellín, a quien por ser menor de edad y no poder ser penalizado, lo liberaron a los pocos meses, después apareció muerto en el baúl de un automóvil.

Carlos Pizarro, finalizando 1990, había firmado un pacto de paz con el gobierno, para reinsertar al M-19 en la vida civil. Se convirtió en un líder de enorme popularidad y en candidato a la Presidencia de la República. Ahora, abrazado a su mujer, contemplaba con estupor el cadáver de Jaramillo. Se dispuso, a pesar de los riesgos, a continuar su campaña política. El 26 de abril de 1990, a primera hora de la mañana, Pizarro subió de último al avión de la aero-línea Avianca que se dirigía a la ciudad de Barranquilla. Estaba vestido con ropa de tonos claros, uno de sus doce guardaespaldas llevaba su ya famoso sombrero. Saludó a la tripulación y a los pasajeros con la sonrisa que lo caracterizaba y atendió a las auxiliares de vuelo que le indicaron el lugar donde debía sentarse: al fondo, en la fila 23.

A los siete minutos del despegue, un hombre moreno de unos veinte años, de buzo verde y pantalón gris, pasó hacia el baño posterior. Al minuto salió y disparó con una ametralladora Ingram 380 a la cabeza de Pizarro. Un guardaespaldas, que reaccionó tardíamente, disparó con rabia y dolor contra el sicario. «Las características del crimen [un sicario suicida que dispara contra su víctima delante de un centenar de personas y luego se resigna a morir bajo las balas de los guardaespaldas] nos dan la certeza de que se trata de un trabajo del narcotráfico», dijo la Policía.

Los Extraditables rechazaron públicamente los asesinatos de Bernardo Jaramillo y de Carlos Pizarro. Y el propio Pablo, antes de su muerte, responsabilizó a Fidel Castaño de toda la ofensiva contra la izquierda: «Lo que pasa es que matar a un concejal de un pueblo es muy fácil, o a un líder de la izquierda, cuando se maneja con dinero al hombre del DAS que pone los guardaespaldas», escribió en una carta a uno de sus abogados.

Alejo —el hombre del M-19— viajó hasta Tierralta, en las sabanas caribes del departamento de Córdoba, donde Castaño había instalado su cuartel general. Allí, recorriendo la enorme hacienda, le preguntó: «¿Usted mató a Pizarro?». «Sí, pero ahí hubo más gente», le respondió Castaño, y no quiso hablar más del tema. Al parecer de Alejo, ya Fidel estaba distanciándose de Pablo y poniéndose al servicio de los militares y los oligarcas de derecha.

Fidel Castaño —con múltiples expedientes por su responsabilidad en matanzas en zonas campesinas— controlaba amplias zonas en el norte del país y había consolidado relaciones con sectores de las Fuerzas Armadas. Castaño se especializó en atentados con sicarios suicidas, hombres jóvenes que en el mundo de las bandas se conocían como *desechables*, a quienes entrenaba en una finca disparando con subametralladoras Ingram 380 contra cocos rodando. Todos se asombraban de que aquellos jóvenes participaran en operativos en los que no tenían posibilidades de sobrevivir. En realidad, en la mayoría de los casos, se trataba de personas engañadas, suizos.

Castaño, hasta entonces, en apariencia, mantenía relaciones cordiales con Pablo. ¿Se enteró Pablo de que se preparaban acciones contra ellos? Algunos afirman que en realidad ambos, con intereses distintos, jugaban a la desestabilización, y todas estas muertes le interesaban por aquello de que «en río revuelto, ganancia de pescadores». Pero Alejo piensa que aunque Pablo ya se había vuelto turbio, denso, espeso, no sabía que a Pizarro lo matarían.

A Pizarro lo despidieron con un sepelio multitudinario. La Plaza de Bolívar, a reventar, con banderas azules, blancas y rojas del M-19 y globos de los mismos colores que contrastaban con la tristeza que se acompasaba con una lluvia menuda y perenne. Su ataúd lo adornaron con claveles rojos y estampitas del Divino Niño. Hacía 49 días los hombres del M-19 habían disparado al cielo por última vez sus armas y habían iniciado su tránsito a la vida civil confiados en que no tenían grandes enemigos a la vista. Tras los homenajes y un desfile silencioso bajo la lluvia Pizarro fue sepultado en el Cementerio Central, al lado de Luis Carlos Galán, de Jaime Pardo Leal y de Bernardo Jaramillo. Si la muerte de Galán frustró uno de los intentos de renovación más serios desde los partidos tradicionales, la muerte de Jaramillo y Pizarro frustró los intentos más serios de renovación de la izquierda colombiana.

Medellín se convirtió en un territorio de muerte, de guerras entrecruzadas: bandas que enfrentaban bandas, milicias que ejecutaban a delincuentes, grupos de sicarios asesinaban policías, grupos que exterminaban a jóvenes en las esquinas de los barrios pobres. El Ejército, en su intento por desvertebrar 180 bandas del Cartel de Medellín, utilizó los colegios como prisiones y detuvo a miles de jóvenes que debían demostrar su inocencia para ser liberados. Sectores de la sociedad que veían la guerra como un problema de los barrios pobres recibieron un toque de alerta cuando un grupo de sicarios asesinó, en el exclusivo bar Oporto, a un grupo de jóvenes, hijos de prominentes industriales y comerciantes de la ciudad.

Incluso oficiales que en el pasado le habían recibido dinero a Pablo enfilaron contra él. Como respuesta, a lo que consideraba una traición, el Chopo propuso pagar por policía muerto. Pablo acogió la idea y estableció tarifas. Si se trataba de un policía común la recompensa sería de dos mil dólares, y si se trataba de un miembro del Cuerpo Elite la suma ascendía a cinco mil. La noticia se difundió por los corredores de la delincuencia, y las bandas de sicarios de los barrios se dieron a la tarea de cazar a los policías que vivían en sus zonas. En los primeros meses de 1990, murieron 250 policías. Los bandidos se acercaban a las oficinas exhibiendo recortes de periódico, donde aparecían las noticias de las muertes, para cobrar la recompensa. En este carrusel de la locura llegó a suceder que los policías se vendían unos a otros.

Todos esos fuegos entrecruzados produjeron ese año seis mil muertes en la ciudad de Medellín. Si donde cayó cada muerto se pusiera una cruz cristiana, la ciudad, sólo con los cincuenta mil muertos de la década de los ochenta, habría dado la imagen de un camposanto gigantesco. Una especie de apocalipsis que algunos consideran un anuncio de lo que será el futuro de muchas grandes ciudades en el mundo. Territorios vastos sin Dios ni ley y un Estado impotente para controlar la situación.

El alcalde disimulaba, con medidas de emergencia, su impotencia. Adoptó normas como la obligación de transitar en las noches con las luces interiores de los carros encendidas y prohibir a los conductores de motos usar casco protector y llevar pasajeros. Pero eran más eficaces las acciones del terror que, con amenazas de masacres, imponían un pánico colectivo.

Pablo, por su parte, en un manuscrito, describió la situación de Medellín mezclando elementos de lucha de clases y presentando la acción del Estado como una agresión a la región.

«¿Por qué en las altas esferas del actual gobierno todos miran hacia Antioquia y nos señalan con el dedo cada vez que estalla una bomba, se produce una masacre, se desboca la violencia? —preguntaba Pablo—. ¿No hay mucho de gratuito en ese odio? ¿Por qué Maza Márquez nos tiene ese odio tan especial y nos señala con dedo acusador por todo lo malo habido y por haber? »¡Diariamente los medios registran los asesinatos de policías en Medellín! Esta noticia es tan dolorosa que nos debe llenar de congoja a todos. Lo que no registran es que simultáneamente en los barrios aparecen muertos hasta una veintena de muchachos en matanzas que nunca se aclaran. La explicación más general es que fue una lucha entre pandillas, un ajuste de cuentas, etc. Hay otra explicación mucho más cruel y más cierta. Una institución los está aniquilando. Hay una organización que sale de noche y *fumiga* inmisericordemente a todos los muchachos que ve en las esquinas, en las calles, en los cafés, en las cantinas, etc. Esa organización actúa aparentemente de buena fe, dizque para limpiar la ciudad. Porque se le enseñó que los narcotraficantes eran sicarios de la peor especie y que todos los muchachos de los barrios pobres formaban parte de esa calaña a la cual había que extinguir. Mientras las cosas sigan como van, el abismo que separa a las clases pobres y a los agentes de Policía seguirá ahondándose y en vez de un agente muerto por día, la cifra seguirá creciendo. Actualmente dizque hay cuatro mil agentes de policía en Medellín y doscientas escuelas de sicarios que tienen media docena de afiliados cada una. Estas cifras no son ciertas, y este engaño nos va a perjudicar a todos. No son 1.200 las personas que se oponen a las acciones de exterminio de la Policía. Somos y debemos ser todos. ¡Por ahí no es la cosa, si en una familia hay una oveja negra o en un barrio un sicario… no hay que exterminar a toda la familia o todo el barrio!

»Debemos ponerle coto a la masacre de los muchachos y de los agentes de la Policía que también pertenecen a esas mismas barriadas. Para ello debemos parar, ya, ahora, esta prédica de odio que se les está inculcando desde lo alto. Se impone que desde las cúpulas se cambie toda la retórica violenta y opresiva que están lanzando contra Antioquia, contra las gentes de sectores marginados, contra todos nosotros que tenemos que sufrir los desmanes de los encuentros entre estos dos sectores polarizados de nuestra sociedad que tan ligados deberían estar por tener las mismas raíces.»

El coronel Naranjo, mirando desde el presente, piensa que en términos prácticos la Policía justificó las críticas que hacía Pablo y que, de alguna manera, contribuyó a deslegitimar la lucha del gobierno contra el Cartel de Medellín. Analizando este período, comentó:

«Cuando muere Galán, y el establecimiento, el presidente Barco, se lanza a la ofensiva, la Policía actúa de una manera emocional, reactiva, que hace que la estrategia no fuera lo suficientemente racional para canalizar todo el poder institucional. Es con el paso de los años como esa estrategia se va depurando.

»Se operaba en un medio hostil. Pablo Escobar, que se quería asimilar a la figura de Robin Hood, no solamente había obtenido cierta legitimación, sino que había sido convertido en un mito invencible, todopoderoso y no delatable. Ese medio hostil suponía actuar en dos líneas: una, penetración con procesos de inteligencia, para ir conociendo el funcionamiento del Cartel y, otra, presión y hostigamiento permanente no sólo sobre el cartel sino también sobre sus núcleos de apoyo. Eso significó que la gente en Medellín, la gente buena, también pagara un costo muy alto porque la Policía no podía discriminar quién era o no simpatizante de Pablo Escobar. Esas tareas de presión se reflejaron también sobre la población.

»La llegada de personas como el general Martínez, con otras instancias del gobierno, le permite a la Policía perfilar una estrategia más articulada. Y a medida que se racionalizaba la estrategia de la Policía se hacía demencial la estrategia de Pablo Escobar. Dos procesos contradictorios, antagónicos, que finalmente terminaron produciendo unos resultados muy costosos para el país en términos de vidas humanas, en términos del clima de convivencia, y en términos de la creación de unos valores alrededor de los postulados que mantenían funcionando el régimen.

»La Policía actuó sin sentido, sin planificación, se recurrió al uso de la fuerza como elemento básico y entonces desembocó en una estrategia que partió de un ataque contra los niveles medios y bajos del Cartel de Medellín, donde el último en ser aniquilado fue el jefe. Distinto al caso de la lucha contra el Cartel de Cali, desarrollada unos años después, donde no enfrentamos niveles bajos y medios, sino directamente la cúpula.

»En un primer momento, la gente le creía más a Pablo que a la autoridad y la gente lo hacía sobre una base cierta: había una Policía que se comportaba de una manera agresiva con el ciudadano. Pero esa agresividad no estaba predispuesta sobre el pueblo normal sino que era una tarea de presión para cerrar los espacios sociales de Pablo en Medellín. Mucha gente que saludaba a Pablo, que lo recibía en los clubes, ante la presión se separó. Así, le fuimos cerrando espacios de movilidad, de sociabilidad, de alianza económica con sectores que en el pasado no se sentían amenazados por la autoridad y eso, digamos, dio resultados.

»Ese punto de equilibrio se rompe cuando Pablo recurre al terrorismo. Es evidente que la sociedad, después de una campaña terrorista, termina transfiriendo la responsabilidad al gobierno que no la protege. Ésa fue la habilidad de Escobar en ese tiempo. Y en eso, hay que decirlo claramente, él superó toda la capacidad institucional de la Policía y del Estado utilizando el terrorismo.»

En Cali, Cartagena, Bogotá, Medellín y Pereira explotaron 18 carros bomba con un saldo de 93 muertos, 450 heridos y más de 3.000 millones de pesos en pérdidas. El general Martínez confiesa que se sentía poca cosa para parar esa máquina infernal de muerte. Pablo, al inicio, miraba a los hombres de la Elite con desprecio, sin percibirlos como amenaza y sólo a medida que avanzaron los operativos y le pisaron los talones, los valoró como enemigos.

«Cinco millones de dólares o algo así mandó a ofrecerme, pero como no logró un arreglo entonces nos metió carros bomba —dice el general—; infiltró un sicario en el Comando, mandó atentados a mi familia. Le pagó a gente de menor rango de la Elite y logró conseguir información y afectarnos las operaciones y, sobre todo, se propuso sacarnos a punta de bombas. Nos mató a unos 35 hombres en tres atentados en una semana. Los mandos de la Policía en Bogotá pensaron en retirar el Cuerpo Elite de Medellín. Pero nosotros pedimos que nos dejaran seguir trabajando. Entonces, para dar la señal de que la pelea no era con un oficial o con un grupo sino con el Estado, pasamos de cien a trescientos.

»Escobar centró su interés en los mandos. Averiguó nuestros antecedentes, consiguió las hojas de vida y, para hacernos ver como criminales, nos acusó de secuestros y torturas. Era su trabajo, estaba defendiéndose, evitando la captura.

»A Escobar lo observé por varios años, no como a un enemigo personal, sino como a un enemigo del Estado y lo consideré un delincuente, con mucho poder, pero un delincuente, un secuestrador, un narcotraficante. Él nos veía tal vez como nosotros lo mirábamos a él, como en una carrera. ¿Quién llegaría primero? Si nosotros actuábamos con profesionalismo, con trabajo serio y responsable, ganaríamos. Estaba considerado que podíamos ser nosotros los muertos y que él ganara. Los oficiales debían salir y sabían que en cualquier momento les podía estallar una bomba, pero tenían que dar ejemplo. A medida que avanzábamos fuimos perdiendo el miedo inicial.»

Pinina, el jefe militar, encabezó la lista de las bajas que sufrió el Cartel de Medellín. Aun cuando antes de morir por poco logra que un policía infiltrado diera muerte al general Martínez. Fue, como en otros casos, una especie de mano a mano en el que se impuso el general.

El operativo duró tantos meses y demandó tanta paciencia que Martínez, recordándolo, lo define como una artesanía. Para su rastreo sólo contaban con fotos de mala definición. Los Elites interceptaron una comunicación donde Pinina anunciaba la visita a un familiar en Envigado. Desplazaron varios vehículos hacia el sector. El general, escuchando las comunicaciones que habitualmente le interceptaban al cartel, detectó una llamada que le hacían a Pinina. «¿Oiga, usted dónde está?», le preguntaron. «Por acá, llegando al supermercado». «Mire, regrésese y pase por el lado del carro azul, cerca del resalto, en la esquina de abajo, esa gente va a ser de aquélla», le dijeron. «Si esa gente es, vamos a montarla», dijo Pinina tras dar la vuelta, y comenzó a hacer llamadas y a dar instrucciones. Reunió en diez minutos a unos sesenta hombres con fusiles. «Están armando una cosa contra ustedes, cambien de sitio», advirtió el general por radio a sus hombres. Cambiaron de sitio y al momento escuchó: «Están en la esquina de arriba, vamos a darles». Al ver a sus hombres rodeados, el general les ordenó que se retiraran.

Pinina se evaporó un tiempo. En un allanamiento a un apartamento de Carlos Aguilar —el Mugre— encontraron nuevas pistas. Una libreta les permitió, comparando números conocidos con desconocidos, descifrar la clave e identificar a otros del Cartel. Interceptaron un teléfono de Pinina, asignado a una finca en el municipio de La Estrella, hasta que tuvieron la certeza de que él estaba allí. Allanaron, pero en esa casa no había nada, ni siquiera teléfono. En un primer momento pensaron que habían perdido la única huella, pero Pinina no se enteró del operativo.

El general Martínez concluyó que Pinina utilizaba un teléfono de ondas de servicio rural, al que le había hecho una adaptación hasta convertirlo en teléfono móvil. Lo escucharon hablar tres meses más sin poder ubicar el lugar de origen de la señal, porque en esa época no contaban con equipos de rastreo. Pinina, cuidadoso, sólo mandaba mensajes a *bípers*, datos en clave, nunca daba números ni direcciones que permitieran ubicarlo. Sin embargo, los oficiales identificaron alias, áreas de trabajo y parte de la estructura de la organización.

El gobierno, para apoyar las acciones de la Policía, había lanzado un plan de recompensas. A quien diera información que permitiera la captura de Pablo, Gustavo Gaviria, Otoniel, el Mugre, Palomo, Popeye, Tyson, Arcángel, el Osito, Pinina, la Kika o el Chopo se le recompensaría con una cifra que podía ascender a dos millones de dólares. Todos eran hombres de importancia en el Cartel de Medellín. Sin embargo, llamaba la atención que otros hombres, como Cuchilla y Pájaro, claves en la estructura y responsables de la mayoría de los secuestros, no aparecían en la lista.

Los oficiales esperaban que el ofrecimiento de dinero ayudara a captar informantes. Arcángel dice que los anuncios de recompensas, que se pasaban incesantemente por radio y televisión, los atormentaron, los hicieron sufrir y los obligaron a distanciarse de amigos y familia. A Pablo y Jorge Luis Ochoa los azararon tanto que, cuando estaban juntos, se turnaban para entrar al baño, mientras uno de los dos montaba guardia con una metralleta terciada. Aunque, al final de esta historia, todos los personajes están muertos o detenidos, en ese momento los hombres fueron leales a Pablo y a su organización. Lo que quebró a algunos de estos guerreros indómitos no fue el dinero, sino la tortura o la amenaza de muerte. Algunos llevados a condiciones extremas «se estallaron, se volvieron nenas que colaboraron dócilmente».

Para contrarrestar el efecto de las recompensas, Pablo instruyó para que, desde los barrios, se saturaran las líneas de teléfonos con informaciones falsas. Se supo, por ejemplo, de profesores de colegios que les pedían a los alumnos que llamaran a decir disparates.

«La ubicación final de Pablo no se produjo por información de la CIA o la DEA —afirma el general Martínez—. Pero hay que reconocer que en la lucha contra el Cartel, desde 1989, participaron organismos estadounidenses, como el grupo Delta Force que entrenaba a los hombres de la Elite; tres tipos de la CIA que recogían información y capacitaban a policías, entre ellos a mi hijo, para vigilancia electrónica. Los gringos también apoyaron con la técnica Centra Spike —con equipos especializados que operaban desde un avión— para detectar y ubicar comunicaciones radiadas. En la ciudad, el equipo daba una ubicación aproximada. No es verdad que diera información exacta de la casa de donde se emitía la señal. Así se probó en todos los operativos que hicimos. Eso fue mejorando pero podía oscilar entre quinientos y mil metros de diámetro... Hacer triangulación en Medellín es más complicado por las montañas, por el reflejo, por la cantidad de antenas... Además, los gringos eran gente despistada. Cuando empezaron a hacer escucha todos los días, decían oír a Pablo cuando en realidad hablaba, por ejemplo, un camionero o cualquier persona con acento paisa.

»Los terrenos donde sería ubicada posteriormente la cárcel de La Catedral los conocimos en 1990. Con ayuda de información captada desde el avión —incluida una fotografía satélite— desarrollamos en ese sitio, en las montañas de Envigado, un gran operativo para buscar a Escobar. Tardamos 48 horas en reconocer el terreno. A las once de la noche rodeamos el área, utilizando diversos sistemas de camuflaje, íbamos a operar a las tres de la mañana, pero a la medianoche, para nuestra sorpresa, por radio, Pinina le avisó: "Patrón, lo tienen ubicado y me dicen que van por usted". "Tranquilo, mijo, muchas gracias, avíseles a los demás amigos". Un operador del avión gringo que nos acompañaba fue testigo de ese momento. Cuando al amanecer por fin llegamos a la casita —que había sido reforzada con un muro interior de piedra y cemento—, el rastro estaba frío, pero encontramos información, cuentas de aportes para la guerra, los gastos, nombres de personajes, alias, etc.

»Yo sabía que tenía adentro informantes pero nunca había tenido una evidencia directa. Entonces se trasladó el 90% del personal. Pero, cosa curiosa, en el 10% que quedó estaba el informante.»

El general se enteró un tiempo después de que uno de los infiltrados se escondió en la penumbra, afuera de su habitación, para dispararle con una pistola con silenciador. El homicida, conocedor de la habilidad del general con las armas, sabía que si no le pegaba de una, él lo podría matar. Al darse cuenta de que el silenciador no le permitía apuntar bien, decidió aplazar la operación hasta el día siguiente.

«En la mañana llamé al coronel Aguilar, segundo al mando, y le pedí que organizara el traslado de algunos hombres, en una operación de rutina a un centro comercial —narra el general Martínez—. Diez minutos después Pinina estaba alertando a todos los delincuentes. "Cuidado, van por alguien a un centro comercial", les decía. Me dio susto, de verdad susto, saber que a los minutos el Cartel sabía lo que yo le había dicho a mi segundo. Yo salí y le dije a Aguilar: "O es usted, o usted descubre quién es". Y me fui para Bogotá dispuesto a renunciar.

»El mayor Aguilar se quedó haciendo averiguaciones. Sólo lo había escuchado dar la orden del centro comercial un policía auxiliar, que estaba en su oficina. Se trataba de un muchacho acucioso que hasta el momento no había dado margen de sospecha. Decidió tenderle una trampa. Habló con otro oficial de un supuesto operativo, de manera que el sospechoso escuchara. Y seguro la pantomima salió tan falsa que el auxiliar se dio cuenta de que era una treta, se sintió pillado y de una vez les dijo: "Yo cuento todo, pero no me vayan a hacer nada". Aguilar me llamó, "lo tenemos", me dijo y yo me regresé. El auxiliar confesó que trabajaba en llave con un subteniente que había muerto esos días en un operativo contra los hombres de Escobar, y que tenían al frente del cuartel un apartamento adonde llevaban información. Y confesó que había recibido plata para matarme. Al tipo lo llevaron detenido a una estación del Cuerpo Elite en Bogotá pero lo dejaron fugar.

»Una vez aclarada la situación, parte del personal que había sido trasladado regresó a Medellín.

»Después de los intentos fallidos en la persecución de Pinina, la empleada doméstica nos dio la clave para el operativo final. A escondidas, llamó por ese teléfono a su novio —continúa el general—. Establecimos la dirección, localizamos al novio, lo interrogamos y entre presiones y ofertas de plata logramos que dijera dónde trabajaba su novia. "Yo la he acompañado hasta cerca pero no sé cuál es el edificio", dijo. Cuando caminaban, a una cuadra de distancia, la muchacha se asomó por la ventana y gritó: "¡Hola!" "Esa es mi novia, la van a matar", dijo el hombre asustado a los oficiales sin siquiera mirarla. Se retiraron y de inmediato iniciamos el montaje del operativo. Colocamos grupos de reacción en sitios equidistantes y medimos los tiempos de desplazamiento, de tal manera que cuando diéramos la orden nuestros hombres sólo tardaran cinco minutos en rodear el edificio. El Cartel nos detectó uno de los puestos, ubicado frente a la Estación de Policía de El Poblado, y lo dinamitó. Mataron a mucha gente pero el oficial que se situaba allí, vestido de civil, se salvó porque, al no encontrar el lugar se estacionó en otro sitio. Contra lo esperado, al día siguiente, Pinina habló por teléfono. Establecemos que está en el apartamento. Rodeamos el edificio, entran nuestros hombres, suben al tercer piso, la puerta es blindada, la dinamitan, requisan todo y no lo encuentran. Por fuera, uno de los hombres ve cuando Pinina se cuelga del alero de una ventana, le ordenan que se suba, Pinina toma una pistola que lleva en el cinto, le disparan, cae al sótano y muere reventado.

»Estos operativos los desarrollaba el Copes, un grupo de la Elite altamente entrenado en asaltos de este tipo. Y muchas veces lo acusaron de obrar por fuera de la ley. Incluso, unos años después, algunos de estos hombres debieron responder por la muerte de un sujeto porque, según los denunciantes, era inconcebible que tuviera cuarenta impactos en su cuerpo. Debimos explicar que el grupo estaba entrenado para soltar ráfagas de treinta tiros como las dispara una Mini Uzi, un Galil o un R-15, en términos de segundos. Ellos lo hacían sin siquiera hacer una posición de apuntar. Sólo sacando el arma de lado, ya disparaban al blanco. Cómo son las cosas, los entrenamos para hacer operativos y cuando los hacían ordenaban detenerlos.»

Pablo estaba en una cabaña de madera y zinc en Aquitania, plena selva del Magdalena Medio, cuando le avisaron de la suerte de Pinina. Su corazón de acero no se alteró, asumió esta muerte como un acto normal en la vida de los guerreros. Desde allí, mientras caminaba por ríos y laberintos del Magdalena Medio, a pesar de los golpes, hacía crecer su fama de hombre invencible. Seguía jugando con ases en la mano: cuando los infiltrados en las Fuerzas Armadas lo informaban de operativos en su contra generalmente salía de su refugio, se desplazaba a un municipio vecino y luego regresaba a la zona de Nápoles, donde se movía con soltura.

A Pablo le venían rastreando sus movimientos en la zona. El general Martínez recuerda que, *escaneando* el área desde un avión, escuchó voces. Después, desde un helicóptero, dispararon con una ametralladora punto 60 en vuelo rasante sobre una cabaña ubicada en un pequeño cerro, y sobre los alrededores, preparando las condiciones para aterrizar. Dos personas salieron corriendo. Al aterrizar, encontraron una vivienda con paneles solares, nevera, viandas, una caja de agua mineral y un horno microondas. Se trataba de una cabaña con las comodidades básicas que Pablo había mandado construir, en un sitio alto, en plena selva, donde se recibiera la señal de televisión, para ver el Mundial de Fútbol.

En Aquitania, el 3 de julio de 1990, lo visitó Henry Pérez, jefe de los paramilitares de la región, para llevarle un millón de dólares que algunos amigos le enviaban como contribución para la guerra. Pérez informó a la Elite el paradero de Pablo. Y de inmediato, en el operativo llamado Apocalipsis II, le montaron un cerco envolvente.

Ese día se sentía en el Cuartel de la Policía mucha tensión. Al duro aislamiento de la familia que sufrían los policías se sumaban las frecuentes noticias de las muertes de los compañeros. Todos adentro pensaban que podrían ser los próximos, la dinamita y los sicarios acechaban. Entre la tropa no faltaba un *torcido* que por ganarse un billete le informaba al Cartel los recorridos y los sitios de control que se instalarían, así le pudieran tocar parte de las esquirlas. El general resalta que, a pesar de la amenaza, sus hombres nunca se negaron a salir a la calle a prestar su servicio. Se requería valor, mucho valor, cuando hasta en un parqueadero al frente del cuartel de Policía se había descubierto en esos días una poderosa carga de dinamita.

El capellán del cuartel ofició misa temprano y luego dialogó en privado con varios policías porque, por el estrés, requerían de asistencia espiritual. El general, poco religioso, se dedicó a escuchar las comunicaciones que salían por los teléfonos de la escuela. Sus hombres hablaban con sus familias para pedir la bendición de sus madres. Los familiares les decían que se retiraran, que pidieran traslado, pero no hubo nunca quien lo hiciera y dijera tener miedo.

Partieron hacia las siete de la noche. Sólo el general y el coronel Aguilar sabían que se dirigían hacia Puerto Triunfo. Unos kilómetros antes de Nápoles se estacionaron. A las once de la noche, a pie, en medio de la lluvia, a oscuras y en completo silencio para no ser detectados, unos cien policías tomaron la carretera hacia la población de

Aquitania. Aunque sólo eran unos veinte kilómetros, por las medidas de seguridad, tardaron hasta las cinco de la mañana. En los bordes de la carretera había varias cantinas de dinamita listas para ser explotadas. Pero por la oscuridad y el agua ninguno de los vigías de Escobar se quedó en su puesto de guardia.

Llegaron a un sitio equivocado. Ahí perdieron varias horas dando vueltas. «Ahí está, hay que cogerlo», insistía Henry Pérez. Pablo Escobar, a pesar de que los operativos se desarrollaban a unos diez kilómetros de su refugio, sólo se enteró poco antes de las diez de la mañana.

Hacia las once de la mañana, guiado por baquianos de la zona, un grupo de la Elite llegó al refugio de Pablo. Pero él y sus hombres ya habían huido. El general ordenó que los helicópteros sobrevolaran el área y ametrallaran los posibles puntos de salida.

El rastro estaba caliente, encontraron huellas frescas y comida recién hecha. Era una cabaña con tres habitaciones. En la principal, con baño y una cama, según los indicios, dormía Pablo —debajo de la cama encontraron una culebra muerta a tiros— y en las dos habitaciones adicionales dormían sobre tablas el Osito, Otoniel y sus hombres. El general durmió esa noche en la cama de Pablo. Escuchó los indescifrables ruidos de la selva, pensó largo tiempo en su huidizo objetivo. Era como si de alguna manera estuviera luchando contra una sombra o un fantasma, que no daba la cara, que no combatía, que simplemente corría de escondite en escondite. No dejó de sentirse poca cosa, medio impotente, frente a ese enemigo poderoso y esquivo.

Entre tanto, Pablo dormía en otra cabaña llamada La Supersecreta donde creía estar a salvo a pesar de sentir el sobrevuelo de los helicópteros. Pero temprano sus vigías le informaron que los Elites se dirigían por las trochas de la selva hacia su caleta. «Éstos vienen muy bien informados, lo mejor es salir de la zona», le dijo al Osito. Y salieron a marchas forzadas. La Elite llegó unos minutos después a la Supersecreta, una cabaña ubicada selva adentro, al pie de una quebrada llamada La Cristalina, debajo de inmensas ceibas cartagenas que impedían que se viera desde el aire, y sólo se podía llegar por caminos fundidos en la selva.

«Estábamos entre la selva, debajo de árboles de más de treinta y cuarenta metros, de raíces tan grandes como esta pieza. Donde no los lleven, allá hubiéramos estado toda la vida —asegura el Osito— Allá, junto a Aquitania, teníamos colchones, radios, televisor, comida y todo lo necesario; un delicioso chorro de agua para bañarnos, un charco para pescar, pero nos *sapiaron*. Pablo le dijo a un muchacho: "Regrese a la carretera en la moto a ver si hay policías para este lado, si en una hora no viene ya no nos encuentra aquí". Como no apareció, escondimos todo, cargamos una mula con comida y ropa y salimos. ¿Qué había ocurrido con el muchacho? Que la Policía lo había colgado de los pies en un helicóptero hasta hacerlo cantar. Los llevó a la primera y la segunda casa, pero nosotros ya íbamos en una tercera casa, metida por una quebrada, adentro de la selva. Nos habían metido por ahí diez aviones, cuarenta helicópteros, por ahí cinco mil hombres de la Policía y el Ejército. Entonces Pablo aplicó una de sus salidas raras. En vez de seguir selva adentro, nos devolvimos, deshicimos los pasos. Ellos nos buscaban por el lado izquierdo de la autopista y nosotros cruzamos para el margen derecho.»

Guiados por un muchacho de la zona, caminaron Río Claro hacia abajo hasta que llegó la noche. En la oscuridad, y con la lluvia descuajada, armaron un improvisado techo con unas hojas de palma, se recostaron contra una roca e intentaron descansar. «Peguémonos bien que el calorcito de los tres nos ayuda», dijo Pablo. Cuando el Osito dormía, Otoniel jalaba la hoja para su lado; cuando el Osito despertaba, jalaba la hoja para el otro lado, así pasaron la noche, jalando la palma y mojándose. Hacia las cuatro de la mañana sintieron un estruendo y vieron una sombra que pasó sobre ellos; en un primer momento pensaron que era un helicóptero que se había caído o algo así, pero, al amanecer, vieron, en el fondo de la cañada, una roca inmensa que se había desprendido y que de manera milagrosa había pegado en la punta de la piedra donde estaban recostados. Al día siguiente, siempre por entre la selva, bajaron al río Samaná. En la noche tiritaban de frío, y en el día los ahogaba el sofoco y la humedad. Caminaron dos días sin comer. Vieron culebras, osos hormigueros, osos perezosos, ranas venenosas, verrugosos y otros animales raros. Empezaron a subir en busca del altiplano del oriente, para acercarse a Medellín. A las once de la noche llegaron a una casita campesina y tocaron a la puerta. «Señor, ábranos». «¿Quiénes son ustedes?». «Nosotros somos la guerrilla», dijo el guía. «No». «Sí, ábranos». Cuando abrió y los vio, dijo: «Ah, ustedes son la comitiva de Pablo Escobar. ¿Qué quieren?». «Que nos haga una comida, con gallina o alguna cosa». «Listo». El campesino agarró yucas, plátanos, mató una gallina y les cocinó un sancocho. Comieron con ansiedad. A las cuatro y media de la mañana se tiraron en el corredor a dormir un rato y, aclarando el día, retomaron el camino.

Pablo por primera vez había probado lo amargo de la guerra. Al final de la travesía llegaron al municipio de El Peñol y la fiebre lo tumbó a la cama. Unos días después, aún convaleciente, lo llevaron por carretera a una finca de los Priscos en Copacabana, al norte de Medellín. Al inicio, el médico Conrado Prisco le recetó droga como para un catarro, pero el malestar no paró. En sueños febriles se veía con su mujer, sus hijos y su mamá —la altiva y hermosa Hermilda— paseándose en la Plaza de Bolívar como importante político de la nación, ovacionado por la multitud; se veía jugando como un niño en las montañas de Envigado; y en ocasiones, indefenso, abrazado al vientre protector de su madre.

Tras una semana de fiebre, se vieron obligados a consultar otro médico quien le diagnosticó paludismo. Antes de terminar su recuperación Pablo concluyó que Henry Pérez, el jefe de las autodefensas, había guiado a la Fuerza Elite en su persecución.

Hacía unos días Pérez le había reclamado a Pablo por moverse con protección del ELN. «Usted no puede apoyarse en la guerrilla que tanto hemos combatido», le dijo. «En mi guerra usted no se meta», le respondió Pablo. Un espía de Pablo va a Puerto Boyacá y constata que Pérez se mantiene rodeado de más de veinte hombres. Un joven hizo una propuesta que Pablo acogió. «Yo lo mato y ustedes le dan cien millones de pesos a mi mamá». Así sucedió: Henry Pérez murió, el joven de inmediato fue acribillado y su madre recibió el pago.

Desde entonces, perdido el apoyo paramilitar, Pablo no regresó a las selvas del Magdalena Medio. Descubrió que su mejor refugio sería la selva de cemento, la ciudad de Medellín.

El general Martínez, analizando los operativos realizados, había llegado a la conclusión de que Pablo y sus hombres no enfrentarían en combates abiertos a la Policía. Cada vez que los rodeaban, corrían como conejos y sólo atacaban a policías solitarios o con explosiones dinamiteras. Para cercar a un hombre tan escurridizo tendrían que afinar el trabajo de inteligencia, interceptando comunicaciones o buscando informantes.

Con esa estrategia, el general asestó un nuevo golpe. El segundo muerto importante de sus entrañables fue Gustavo de Jesús Gaviria, el *partner* de Pablo, la carne de su uña, el hombre con el que creció, con el que se hizo bandido y con el que se enriqueció. Gaviria guerreaba aunque no era fanático de la confrontación. Alguna vez dijo: «Yo no debo a las autoridades pero me llega el reflejo de mi primo». No le gustaban algunas de las cosas que hacía Pablo, pero tampoco se atrevía a criticarlo.

En alguna medida, Gaviria, más maquiavélico, prefería el bajo perfil; sin embargo, al mismo tiempo era un hombre cruel. Se recuerda que un cirujano plástico le hizo un implante de cabello —vanidad de vanidades— porque se sentía muy *desentejado*. El tratamiento no funcionó, por cosas de la ciencia o de Dios, y Gaviria decidió matar al médico. «No olvides que es familiar tuyo», le recordaron. Y fue el único motivo por el que le perdonó la vida; sin embargo, lo obligó a abandonar el país.

«¿Por qué a Gustavo no lo recuerdan como a Pablo? Quizá por tacaño», se pregunta y se responde Arcángel. Dicen que hacía cuentas con recibos y centavos y todo. «Venga a ver, aquí falta un piquito, este restico», decía. Que nunca les dio oportunidad, aseguran sus trabajadores. «Amarrado no, no quería ganar fama repartiendo plata, simplemente no botaba», afirman otros.

En contraste con Gaviria, Pablo tenía mucha gente a su servicio, y para todo era amplio. Que hay que comprar tal cosa, «no pregunte, compre lo que necesite»; que sobró algo en una cuenta, «llévese para usted ese piquito, dejemos eso así». Despilfarraba, su fortuna no tenía sentido para acumularla sino para compartirla, dicen algunos, porque con sus obras de beneficencia y su espíritu guerrero buscaba quedar anclado en la memoria como un gran héroe. Pero Pablo no sólo repartía la de él sino la de otros. «¿Verdad que Gustavo es un hombre más rico que usted?» le preguntaron alguna vez. «No sé, pero el día que necesite su plata también me la gasto», respondió. Y de seguro lo habría hecho, como lo hizo con otros narcos a los que arrebató sus fortunas y luego eliminó.

A Gustavo Gaviria primero le llegó la muerte que el zarpazo de su alma gemela. Según la versión del general Martínez, los oficiales escuchaban comunicaciones en las que se hablaba del Señor, alguien importante dentro de la organización. No era Pablo, de eso estaban seguros porque ya le conocían la voz, se trataba de otro personaje que decía: «Mire, necesitamos colocar un giro en Cartagena», y ¡pum! sonaba la bomba al otro día. Un hombre con poder y ramificaciones para decidir sobre operaciones de narcotráfico. A quien acudían los comerciantes de la droga para pedirle cuotas en los embarques de cocaína. Se trataba de Gustavo de Jesús Gaviria.

Gaviria —liso, muy liso— no se citaba con nadie, todo lo movía por medio de comunicaciones con alias, códigos y claves; y aunque producía llamadas, no lograban saber siquiera el número de su teléfono. Cuando se lo descubrieron le montaron un operativo. A las seis de la tarde, las unidades llegaron a su famoso búnker en Envigado, encontraron todas las señales de que ese era su centro de operaciones, pero él no estaba. Explorando el terreno, más o menos un kilómetro arriba, encontraron una casa, con un teléfono inalámbrico, desde donde detectó el operativo y se escapó.

«Escobar instruyó que se cambiaran códigos, teléfonos, nombres, alias, y nosotros quedamos en cero —cuenta el general—. Cada operación fracasada servía para que ellos mejoraran su seguridad interna. Durante seis meses no volvimos a saber de Gustavo Gaviria. Pero los técnicos —que ya conocían su voz— lo volvieron a escuchar. Es curioso, sus hombres nunca pudieron llamarlo de forma diferente, siempre el Señor. Averiguamos a través de la Empresa de Teléfonos sobre el domicilio correspondiente, montamos la segunda operación y de nuevo fracasamos. Resulta que como el Cartel había infiltrado a la Telefónica, la información que nos habían aportado no correspondía a la realidad. El nuevo fracaso nos obligó a revisar los procedimientos. Nos tocó entrar a la Empresa de Teléfonos como mafiosos, conseguir gente y pagarle. Y con uniformes, escaleras y cascos, como funcionarios de la empresa, salimos a buscar la línea acompañados con técnicos. Un jueves santo llegamos al frente de su caleta en el barrio Laureles. Vigilamos varios días con *scanner* las emisiones de radio y nos cercioramos de que no tuviera seguridad externa o en casas vecinas.

»En la casa sólo sale y entra una señora. Gustavo Gaviria habla el domingo a las dos de la tarde y, seguro de que está ahí, doy la orden. Cuando Gaviria detecta el operativo corre a llamar, a pedir auxilio a la Policía. "Sí, señor, ¿quién habla?" le preguntan. "No, mire, mire, es que me van a matar, hay mucha gente alrededor de mi casa, me van a matar, me van a matar". "Déme la dirección, señor". No sabe la dirección, la está buscando. Afuera, los elites rompen una reja, luego ponen explosivos en las chapas. Cuando se rompe la puerta, él sale corriendo con una carabina en la mano. Seguramente piensa que han llegado sus enemigos naturales, los mafiosos del Cartel de Cali. Abre fuego y es dado de baja.»

El jefe de seguridad de Gaviria le aseguró a Pablo que lo había entregado uno de sus hombres. (Un oficial corrupto les dio el nombre del informante y lo mandaron ejecutar.) Y le aseguró, además, que el señor Gaviria había salido gritando con las manos en alto pidiendo que no lo mataran. Pablo, con la tristeza reflejada en su rostro, le pidió a uno de sus abogados instaurar una demanda penal contra la Policía. No sólo perdía a su amigo entrañable, perdía el manejo de una red amplia de tráfico y la garantía del flujo de efectivo. En adelante, Pablo estaría acosado siempre por el tema de la iliquidez.

A Gaviria lo enterraron en la noche en medio de una pequeña romería y las canciones de un mariachi. Su hijo, Gustavito, el tercer Gustavo Gaviria, que ensayó ser presentador de televisión, que estudió en Europa y que hablaba varias lenguas, heredó el imperio y juró seguir los pasos de su padre. Y esos pasos también lo llevaron a una pronta muerte.

Algunas personas dicen que Pablo asistió al sepelio de Gustavo Gaviria, otras lo niegan. De todas maneras, ya para aquel tiempo, él era como un fantasma que aparecía y se escabullía de maneras sorprendentes, heroicas y cómicas y por un don de ubicuidad era visto al mismo tiempo en sitios distantes. Es curioso que, a pesar de los golpes, iba reforzando esa especie de halo que cubre a los bandidos, a los que la leyenda popular les atribuye pactos con poderes sobrenaturales.

«En cierta ocasión —recuerda doña Hermilda— Pablo estaba sentado escribiendo en su oficina en El Poblado, cuando llegaron cien policías. "Buenos días, señor". "Buenos días, señores, sigan, bien puedan", les respondió Pablo. "Vea, usted nos hace el favor y nos dice dónde se encuentra Pablo Escobar". "Ah, sí, con mucho gusto", les dijo y fue a la puerta y gritó: "Pablo, te necesitan"; y por ahí derecho se voló. En otra ocasión huía y se encontró, en un campo sembrado de maíz, a una anciana desyerbando, y le dijo: "Vea, présteme una ropita y el azadón que yo ahorita le pago". Cuando llegó la Policía: "Vea, señor, usted no ha visto pasar por aquí a un tipo de tal y de tal manera". "Yo qué me voy a fijar en nada, si yo estoy aquí pendiente de mi agricultura y yo estoy sembrando aquí mi maicito", les dijo y los despistó. Eso, creo, que son pruebas de inteligencia.»[2]

Al decir de sus amigos, como en la canción ranchera *No me sé rajar*, Pablo no conocía los nervios. Cuentan que en otra ocasión, por el pueblo de San Luis, en plena persecución, estando en una casa campesina, cercana a un río, lo alertaron: «Viene un destacamento de la Policía». Y muy orondo respondió: «Cuando empiecen a pasar el río nos vamos». Otro día, estando en su casa de Nápoles, le dijeron: «Patrón, hay un carro bomba en la portada de la hacienda». «No se preocupe que aquí no caen sino las arenitas», dijo. Él esperaba hasta el último segundo porque sentía un inmenso placer en el peligro y viendo la cara de terror que ponían quienes lo rodeaban.

Al salir les decía a sus hombres: «No corran, lento, lento se llega lejos». Y él caminaba despacio, con las manos atrás, como el menos afanado de los mortales. Esa tranquilidad suya se debía en parte a que siempre tenía perfectamente diseñada su salida.

---

[2] Ana Victoria Ochoa, *op. cit.*

Al parecer del general Martínez, Pablo contaba historias fantasiosas de sus fugas para hacer crecer su mito y para desmoralizar a sus enemigos. Pero, en realidad, le tocaba correr duro y botarse, y embarrarse y verse cerca de la muerte. Nada de payasadas, de disfraces. Mantenía un morral con equipo de fuga y un equipaje liviano con dos o tres millones de pesos. Aunque algunos fantasiosos aseguran que Pablo se desplazaba hasta en carros funerarios, realmente lo hacía en camperos, autobuses y taxis, con un sistema elemental: enviaba adelante dos carros con equipos de comunicaciones camuflados en el radiorreceptor. Si veían algún riesgo, cantaban zonas y Pablo cambiaba de ruta. Manejaba y andaba a tan alta velocidad que un día, bajando por la carretera de Las Palmas, Otoniel y el Mugre, que lo seguían en un campero, se voltearon. Otoniel perdió un ojo y el Mugre quedó con una cicatriz que le marcó para siempre su frente.

Pablo no se hizo cirugías, como tanto se especuló, pero sí se disfrazaba incluso de mujer. Una de las empleadas recuerda alguna ocasión en que lo vistió de falda negra, suéter *beige*, peluca de pelo negro, largo y ondulado y uñas postizas. Y se ríe recordando la imagen: llevaba además una canasta y caminaba simulando una cojera, que lo hacía ver como una señora adulta, gorda y desvalida.

Deambulaba por numerosas propiedades suyas y de sus amigos. Tenía una cadena de caletas amplias y dotadas —con camas, neveras y alimentos— que se accionaban con sofisticados dispositivos electrónicos que se abrían, por ejemplo, accionando una estufa de gas. Pero el general cree que Pablo no estuvo metido en una caleta de este tipo esperando que pasara un día. Su temperamento no lo resistía. Aun en épocas de persecución seguía acostándose a las seis de la mañana. Resolvía todos los asuntos de su organización después de las siete de la noche. Mantenía un block de papel rayado en el que anotaba todo. Detalles e instrucciones precisas. «Vea, abogado, no olvide llamar a la señora del detenido, y le dice que reclame una remesa semanal en tal dirección, no se olvide de elaborar el alegato para Fulanito…».

Procuraba que en sus escondites no le faltara su comida preferida: huevo revuelto con plátano maduro y agua de panela con queso. A las tres de la mañana se devoraba inmensas comidas que lo volvieron un hombre obeso, a pesar de lo cual no perdía su buen estado físico, arrastraba bien sus kilos por valles y montañas. Tampoco le faltaban su vareto de marihuana y mujeres de compañía.

Capítulo VIII

En el Cuartel del Cuerpo Elite los oficiales evaluaban permanentemente: habían eliminado lugartenientes clave de Pablo. Tenía limitadas sus posibilidades de comunicación pero él mantenía, ahora a través del Chopo, el control de la delincuencia en Medellín. Una nueva ola de secuestros, con la que doblegó al Estado, les mostró que el capo mantenía su capacidad operativa.

César Gaviria —el heredero de Galán— se había posesionado como presidente de Colombia el 7 de agosto de 1990 y tras medirle el pulso al país —cansado de carros bomba, magnicidios y secuestros— estudió fórmulas para tratar el narcoterrorismo. Sabía que el asunto era cómo transar con Pablo en el tema de la extradición sin que el Estado colombiano apareciera ante la comunidad internacional brindándole impunidad. Rafael Pardo, miembro del gabinete, sugirió como fórmula que los narcos que se entregaran a la Justicia no serían extraditados. El presidente Gaviria retomó la propuesta y le introdujo algunas modificaciones. Como era inaceptable que la Justicia colombiana no los pudiera procesar por falta de pruebas, propuso que, además de la entrega, para no ser extraditados debían confesar un delito que le permitiera a un juez iniciar un proceso. Por la entrega y la confesión habría rebaja de una tercera parte de la pena. El Consejo de Ministros aceptó la propuesta con dos restricciones. La primera: sólo tendría aplicación para delitos cometidos con anterioridad a la vigencia del decreto. Y la segunda: sólo se inhibiría la extradición por los delitos que se confesaran. Con esta condición se buscaba evitar que se salvaran de la extradición confesando delitos menores.

El presidente hizo la presentación pública de la propuesta el 5 septiembre. El gobierno de Estados Unidos la aceptó con leves reservas, el país la asumió con esperanza, pero a Pablo no lo convenció y continuó los secuestros.

No se sabía aún que el 30 de agosto habían secuestrado a Diana Turbay, hija del ex presidente liberal Julio César Turbay, y a un equipo de periodistas de su noticiero de televisión compuesto por Juan Vitta, Hero Buss, Richard Becerra, Orlando Acevedo y Azucena Liévano. No los llevaron a la fuerza, a Diana Turbay la engañaron con una supuesta entrevista con el jefe guerrillero del ELN. Los trasladaron en carro de Bogotá a Medellín, cruzando el Magdalena Medio, Puerto Triunfo y la hacienda Nápoles, y una vez llegaron al lugar de cautiverio en las afueras de Medellín les confesaron que se encontraban en poder de Los Extraditables. Unos días después, el hombre responsable del operativo le contó a Diana, de manera desparpajada, los intentos de secuestro que le habían hecho y el nivel de detalles que tenían sobre su vida, la de los compañeros del noticiero y sus familiares.

En el lugar de reclusión los vigilantes, jóvenes de barrios populares, alquilaban películas de acción y las veían hasta altas horas de la noche. Juan Vitta recuerda en sus memorias del secuestro que la cinta favorita era *El Padrino* y que, de tanto que la repetían, aprendió muchos de sus diálogos de memoria. «Encontraban en ella conexión con una especie de submundo al que pertenecían y una sublimación, cuando no una justificación, de la forma de vida que habían escogido».

Pablo ordenó retener de nuevo a Diego, el hijo de Germán Montoya. Los hombres de Pablo estaban en los preparativos. Alquilarían un apartamento en el edificio donde vivía Montoya. En el sótano eliminarían a sus guardaespaldas y lo sacarían dentro del baúl del carro. Pero se presentaron dificultades para rentar el apartamento. Por esos días le pasaron a Pájaro el dato de que dos hermanas de Germán Montoya tenían un restaurante y andaban sin protección. Cuando fueron a secuestrarlas sólo encontraron a una de ellas, Marina Montoya.

La lista de retenidos la siguió Pacho Santos, el editor general del periódico *El Tiempo*, el diario más influyente del país.

«Creo que esto apenas comienza —dijo Juan Vitta—; con Francisco Santos ahora tienen dos ases en la mano. Lo de Marina Montoya es pura y física venganza contra su hermano Germán. Esta pobre señora va a pagar el *conejazo* que le puso su hermano a los narcos[1].»

El abogado Guido Parra, de nuevo en escena, hacía de vocero público y trataba de darle sentido político y juridicidad a lo que Pablo exigía a punta de pistola, dinamita y retenciones. Es también para esta época cuando adquiere papel protagónico Alberto Villamizar, quien tenía a esta altura un largo expediente con Pablo. Se había salvado milagrosamente de un atentado pero vio morir a Rodrigo Lara y cuando venía en un avión de Indonesia, adonde había sido enviado como embajador en un forzoso exilio, mataron a Luis Carlos Galán.

En su exilio, Villamizar no estuvo tan tranquilo. A esa embajada llegó Marta González, una juez que se encontraba sentenciada por Pablo. A Villamizar le correspondió anunciarle el asesinato de su padre en Bogotá. Las autoridades detuvieron a un colombiano que iba con la intención de matarlo. Se trataba de un narco que la Fiscalía incluso ya daba por muerto. Ante el absurdo de tener que andar escoltado en tierra lejana prefirió regresar a Colombia.

A veces él piensa que si hubiera estado en Colombia habría ayudado a evitar la muerte de Galán. Ya para entonces empezaba a entender que la guerra frontal contra los narcos, con un Estado que no ayudaba, era una guerra imposible para el Nuevo Liberalismo. La muerte de Galán le abrió las heridas y desde el momento en que se vinculó de nuevo al Parlamento volvió a la confrontación directa.

En diciembre de 1989, con el ministro de Gobierno Carlos Lemos, y un pequeño grupo de parlamentarios debió enfrentarse a un proyecto de reforma constitucional que abría boquetes de impunidad para los narcotraficantes. Fue tan vehemente en sus ataques que Pablo le mandó decir que él ya estaba perdonado pero «que se

---

[1]   Juan Vitta, *Secuestrados. La historia por dentro*, Santillana, Bogotá, 1996, p. 98.

callara la jeta». Cuando Gaviria anunció su política de sometimiento, Villamizar, aún dolido con la muerte de Galán, dijo: «La única solución para salir de este atolladero es extraditar a Escobar».

Ahora, noviembre de 1990, se enfrentaba al secuestro de su esposa, Maruja Pachón, y de su hermana Beatriz Villamizar. El comando de Los Extraditables las habían abordado en las horas de la noche en un parque, al oriente de Bogotá; un camión militar que pasaba por el sector le hizo pensar a Pájaro que lo habían detectado, pero mostró un brazalete del DAS y el camión siguió su camino. «Así funciona Bogotá, ciudad inundada de una barahúnda de burócratas y séquitos armados: se saca un brazalete de un organismo oficial y todos abren paso», dice Pájaro. Para dejar estupefactas a las mujeres sin darles chance de gritar o hacer escándalo mataron a quemarropa al conductor.

A Beatriz Villamizar, pensando que era una simple secretaria convertida en testigo incómodo, la iban a matar. Maruja, para salvarla, les dijo que era la hermana de Alberto Villamizar. Al consultarle a Pablo, éste ordenó mantenerla en cautiverio.

Pablo sabía que la familia Villamizar y la familia Pachón, de la que hacía parte la viuda de Galán, Gloria Pachón, por su cercanía al presidente Gaviria se constituían en un excelente medio de presión. A Maruja y a Beatriz las llevaron, en la propia ciudad de Bogotá, a la misma caleta donde recluyeron a Marina Montoya. Una casa a la que le pintaron las ventanas posteriores simulando que una luz permanecía prendida. Una pareja, con dos hijos que hacían de caleteros, y ocho jóvenes, de a cuatro por mes, se turnaban la vigilancia.

El presidente Gaviria le dijo a Villamizar: «Le voy a enviar a dos hombres para que usted escoja: si quiere intentar un rescate por la fuerza, entiéndase con el general Maza, y si quiere buscar otra salida, entiéndase con Rafael Pardo». Villamizar, desde el primer momento descartó cualquier salida de fuerza y se consagró en los primeros meses a buscar contactos y en los siguientes a hacer de mediador entre el gobierno y Pablo. Por ello, quienes antes lo consideraban un cruzado antimafia —como la DEA y algunos sectores de la Policía— empezaron a considerarlo sospechoso. E incluso poco a poco Maza le fue retirando sus escoltas.

La dificultad de la negociación consistía en que Pablo consideraba la posibilidad de ser indultado. Aunque algunos de sus abogados le insistían que esa idea no era viable, él, terco como una mula, se mantuvo hasta el final de su vida en esa perspectiva. Por eso desde que Los Extraditables reconocieron tener en su poder a Pacho Santos, mediante llamada al periódico *El Tiempo*, rechazaron el decreto de sometimiento y reclamaron ser tratados como guerrilleros. Al parecer del asesor presidencial Rafael Pardo, el tratamiento político, y en consecuencia que se les diera indulto, era una idea inaceptable para el Estado y sobre todo invendible para la comunidad internacional. Juan Vitta, lleno de desencanto, les dijo a sus compañeros de cautiverio:

> «Estos son unos hampones, unos hijueputas, lo único que quieren es que les den el mismo trato que a un grupo guerrillero. Quieren amnistía política. Si ya lo han dicho algunos como el tal Parra: Los Extraditables son una organización político-militar o algo así por el estilo. Aspiran a que se los trate como a guerrilleros. Como si fueran del M-19, y eso jamás va a pasar. ¿Te imaginas la entrega de armas de estos asesinos? ¿Te imaginas que después de cometer toda clase de delitos comunes, para auxiliar a unos narcotraficantes, ahora el gobierno tenga que inventarles un plan de reinserción a estos mierdas?»

Al final de 1990, de manera espaciada, liberaron a Juan Vitta, Hero Buss, Azucena Liévano y Orlando Acevedo, pero se mantuvo cautivo al resto.

Convencidos de los beneficios del sometimiento, los miembros del clan Ochoa decidieron entregarse. Según relatan sus familiares, cuando Fabito decidió someterse a la Justicia, en diciembre de 1990, Kiko Moncada —inconforme pero sumiso hombre de Pablo— lo buscó para notificarle que si se entregaba lo matarían. La razón era simple: el sometimiento afectaba la unidad en torno a la lucha por un indulto, en el que Pablo seguía empecinado. El propio día del sometimiento algunos familiares le advirtieron a Fabito de los grandes peligros. Ni las amenazas ni los temores lo hicieron desistir. Le había escrito una carta al ministro de Justicia donde le decía: «Prométame que no me extraditará y que no me va a salir con *leguleyadas* para joderme, y me entrego». Su decisión tenía un argumento contundente: sabía que no lo buscaban para detenerlo, sino para matarlo, y veía en los decretos expedidos por el presidente Gaviria una oportunidad única. Marta Luz Hurtado, directora de Instrucción Criminal de Medellín, recogió personalmente en momentos y lugares diferentes a los tres hermanos Ochoa —Fabito, Jorge Luis y Juan David—. Los recluyeron en la Cárcel de Máxima Seguridad de Itagüí, donde se dedicaron a fabricar artesanías de cuero y a hacer de mediadores decisivos para la entrega de Pablo.

Medellín se había hecho famosa en Colombia por la manera especial como sus calles se adornaban para la Navidad. Este diciembre de 1990, la romería incesante de gentes caminaba la avenida La Playa, las orillas del río y el cerro Nutibara, para ver los alumbrados —miles de luces de colores formando figuras—; hacían ver la ciudad en completa calma. A sus 41 años Pablo vivía en un apartamento en el centro de la ciudad, cerca de La Playa y salía a caminar con Juan Pablo, Manuela y María Victoria como un parroquiano del montón, camuflado en el paseo festivo de miles de habitantes.

Entre el final de este año y el inicio de 1991 se entremezclaron hechos que al mismo tiempo indicaban la posibilidad de un final de la guerra y su agudización. Pablo perdió, en una sola racha, a los hermanos Prisco. La cadena empezó cuando Armando Prisco se enfrentó a un grupo armado —supuestamente una patrulla de la Dijin— y al agotar sus municiones, el último tiro se lo pegó en la sien. Los atacantes lo dejaron y los medios de comunicación difundieron la noticia de su muerte. Pero en realidad otro hermano Prisco, médico, lo llevó a la clínica, y milagrosamente lo salvó. El milagro de su resurrección quedó guardado en secreto.

Manicomio, uno de los hombres de Armando Prisco, convencido de que su patrón había fallecido, se gastó veinte millones de pesos que le tenía guardados. Para su desgracia, su patrón se recuperó y como debía responder por la plata, sintiéndose acosado, decidió colaborar con la Policía. Empezó *sapiando* la finca de Llano Grande donde se recuperaba. Lo mataron. Luego entregó, en el barrio Conquistadores, a Ricardo Prisco, el jefe del grupo, quien también murió;

y para terminar, los condujo adonde Jorge Humberto Vásquez, el hombre encargado de guardar a Diana Turbay y sus compañeros.

Pacho Santos, aun encadenado, se consideraba un secuestrado bien tratado. Sus captores le mandaban plata para jugar remis, le conseguían periódicos, revistas y lo dejaban ver televisión. Desde el inicio había pedido que le informaran lo que sucediera para no estar a ciegas, y le cumplieron. «Mire, se jodió esta vaina —le dijo su cuidandero—, hubo una masacre contra unos Priscos y el Patrón está verraco, va a empezar a matar rehenes, primero Marina, segundo Richard, tercero Beatriz, cuarto Maruja, quinto Diana y sexto usted, uno cada ocho días, pero no se preocupe que el Patrón asegura que este gobierno no aguanta más de tres muertos».

Pablo seguía su ofensiva. El 16 de febrero de 1991, a las 6 y 15 de la tarde, finalizó la corrida en la Plaza de Toros La Macarena. Las faenas habían sido ambientadas con los pasodobles de la banda Marco Fidel Suárez. Afuera de la plaza, como de costumbre, empezaba el remate de corrida: bullicio, mujeres bonitas y hombres bordeando la ebriedad, en medio de casetas con fritangas y ventas de licores. Un hombre de Pablo estaba listo para detonar un carro bomba estacionado a unos metros de la plaza, cuyo objetivo era volar a un grupo de la Policía para vengar la muerte de los Priscos. El hombre vio transitando en su carro a la mujer de un hombre de Pablo. Esperó a que pasara y, segundos después, cuando hundió el detonador, sintió un ruido sordo y seco. La oscuridad escondió el carnaval callejero. A través del humo se dibujaba un holocausto, una multitud histérica, cuerpos mutilados, casetas tiradas en el piso, un hombre incendiado, como tea humana, corriendo como alma en pena, personas atrapadas debajo de carros destruidos e incendiados y decenas de hombres y mujeres en el piso, medio heridos, medio muertos, medio vivos. Un olor acre, de carne quemada, invadió la atmósfera.

Tres músicos de la banda Marco Fidel Suárez, que por años habían hecho gozar a Pablo y a muchos otros con sus ritmos alegres, se marcharon a la eternidad. A esta banda los narcos la llevaron al apogeo mientras los acompañaron en sus faenas y sus rumbas interminables, retribuidas con pagos generosos, y también la llevaron a su fin. Aparte de los muertos, siete músicos más quedaron heridos y Danilo, el director, que incluso perdió una pequeña porción de su masa encefálica, quedó por años sin memoria.

En los barrios pobres de la ciudad de Medellín bandas armadas de jóvenes ejercían un poder abusivo y un estricto control territorial. El Estado, su Policía —por ineficiencia, por corrupción y por arbitrariedad—, no garantizaba la protección de los ciudadanos. Habitantes de estos barrios vinculados a la guerrilla formaron las llamadas milicias populares —agrupaciones armadas compuestas especialmente por jóvenes, que enfrentaron con eficacia a homicidas, atracadores, violadores y drogadictos—. Estas milicias controlaron extensas zonas y acrecentaron su popularidad cuando actuaron como autodefensas contra los escuadrones de exterminio que, con el propósito de combatir las bases de apoyo de Pablo, subían a los barrios altos a masacrar pobladores.

Lucho —40 años, cuerpo fornido, voz de adolescente ansioso— daba la cara por las milicias y era, con Pablo, figura pública de las guerras que soportaba la ciudad. Pablo, que sabía cuándo combatir y cuándo transar, quería establecer un pacto de paz con las milicias con las que hasta entonces sus bandas habían perdido hombres y territorios. La oficina de la Kika y Tyson, en el barrio Castilla, había sufrido muchas bajas, y la gente de su confianza de los barrios altos de la Comuna Nororiental había muerto o estaba acorralada o exiliada por sus ataques.

Pablo, que ya tenía suficiente con la confrontación contra el Cartel de Cali, el gobierno y los gringos, se reunió con Lucho a principios de 1991. Ambos sabían que los primeros acuerdos no podrían ser de largo alcance. Los dirigentes del ELN, guerrilla a la que pertenecía Lucho, tenían vivo el recuerdo de la guerra sucia en Medellín, en la cual cayeron sindicalistas, estudiantes, militantes de izquierda y defensores de derechos humanos, de la cual responsabilizaban a Fidel Castaño, a quien consideraban un hombre de Pablo, y no parecían dispuestos a grandes concesiones.

De su parte, Pablo todavía respiraba por la herida que le había infligido el ELN, cuando en diciembre de 1987 había ejecutado a once de sus hombres y destruido a su paso un centro de comunicaciones, en una finca ubicada en Belén Aguasfrías, zona rural de Medellín. Por ello al inicio de esa reunión, dominada por la tensión y la desconfianza, le reclamó por unos muchachos que las milicias le habían eliminado.

—Hombre, Pablo, qué pena —le dijo Lucho—, nosotros fusilamos a la gente de la banda La Caseta que trabajaba para los Priscos, por cochinos, la cosa es muy sencilla: estos muchachos se mantenían con un hijueputa fusil R-15 atracando los supermercados, haciendo fechorías y *güevoniando* aquí en la Comuna, entonces nosotros eso sí no lo aceptamos.

—¿Cómo así que la gente mía asaltaba pobres con esos fierros? —preguntó Pablo—. Nosotros se los damos para que ganen duro en los barrios ricos, en El Poblado, para que hagan vueltas de diez, veinte millones de pesos, ¿cómo así? A mí me queda difícil controlar tanta gente, uno no sabe qué hacen ellos con los fierros, pero si se ponen a robar a la comunidad, hermano, hay que darles.

Luego, como en cualquier reunión de paisas, las anécdotas afloraron. Recordando las épocas en que ambos estudiaban en el Liceo de la Universidad de Antioquia, las pedreas y el agite estudiantil, el ambiente se animó y la tensión quedó atrás. Y Pablo, poco a poco, con habilidad de diplomático, empezó a hacer hincapié en el terreno común: «Yo soy un tipo antioligarca, antiimperialista y me identifico con ustedes. No estoy de acuerdo con que maltraten a la gente más pobre y por eso la labor de las milicias me parece bonita».

Hacer amistad con las milicias, una especie de caricatura de la guerrilla, le daba a Pablo para su sueño de ser reconocido como un insurgente. Acordaron una tregua entre las milicias y las bandas que le eran leales a Pablo, lo cual se celebró con fiestas en los barrios. Desde entonces Pablo se imaginó un gran movimiento armado en el que incluiría a las milicias, un proyecto que más adelante empezó a gestar pero que no tuvo tiempo de realizar.

Villamizar despertó el 24 de enero y escuchó un comunicado de Los Extraditables donde informaban que hacía una semana habían ordenado la ejecución de Marina Montoya y que se extrañaban de que los medios no hubieran informado. «Si los hombres encargados de la orden la perdonaron, la familia tiene la palabra; si cumplieron la orden, entonces la Policía tiene la palabra», decía el comunicado.

Esperaba que apareciera el cadáver de Marina Montoya cuando Hernando Santos llamó a Villamizar para informarle que Diana había sido rescatada. Pero una hora después lo llamó el ex presidente Turbay y le dijo que su hija estaba herida de muerte y que Richard Becerra había sido liberado y se encontraba sano y salvo.

Los hechos habían sucedido hacia las once de la mañana, en una finca en las afueras de Medellín. Cuando Diana Turbay y Richard Becerra sintieron la balacera, sus guardianes no procedieron a ejecutarlos, como tanto les habían anunciado, les dijeron «corran», mientras ellos mismos huían. Diana y Richard cruzaron un sembrado de maíz en medio de la plomacera. Diana se derrumbó, no pudo levantarse, sintió una humedad tibia recorrer su cadera. La sangre le salía a borbotones. «Corra», le dijo a Richard, pero él se quedó a protegerla. La Policía los recogió y los montó en un helicóptero. Llegó viva a una clínica en Medellín, pero murió a los pocos minutos.

Becerra le narró posteriormente a doña Nidia —su madre— que al subir al helicóptero encontró esposado a Humberto Vásquez, uno de los hombres encargados de cuidarlos durante el cautiverio. Con esta evidencia reafirmó en ella la convicción de que el gobierno no sólo se había demorado innecesariamente para modificar la política de sometimiento, sino que, además, afirmó que los oficiales tenían conocimiento sobre el paradero de su hija. «Averigüe si el hombre que estaba esposado es el mismo que apareció muerto días después», le dijo doña Nidia al presidente.

Los oficiales lo negaron y aseguraron que simplemente realizaban una operación de rutina y que el hombre encontrado muerto era un campesino que había sido detenido para interrogarlo y que posteriormente fue dejado en libertad.

Pero el oficial Lino Pinzón fue sancionado por haber llevado a un hombre que bajo tortura confesó el sitio donde retenían a Diana Turbay, posteriormente haberle dado muerte y ponerle un arma para hacerlo aparecer como muerto en combate. La familia del occiso ganó una millonaria demanda a la nación.

Pablo descubrió la traición de Manicomio y ordenó que lo ejecutaran. «A como dé lugar», dijo. Manicomio se había perdido unos días y, por petición de la Policía, llamó al hombre de relevo en el mando de los Priscos para invitarlo a una reunión donde intentarían capturarlo. Aceptó acudir a la cita. Manicomio llegó puntual con su mujer y su hijo, que usaba como escudos, pero no alcanzó a reaccionar cuando los Priscos dispararon sin contemplación contra él y su mujer. Al segundo aparecieron cuatro carros camperos con policías de civil, pero los Priscos, unos quince en total, habían ido armados con fusiles R-15, preparados porque sabían que se trataba de una emboscada, y lograron huir.

Santos vio en la televisión a la multitud que saludaba con pañuelos blancos el féretro de Diana Turbay, cuando entraba a la Catedral Primada, en la Plaza de Bolívar. A la misa asistieron el embajador de Estados Unidos, los ex presidentes Turbay, López y Pastrana y el presidente Gaviria. Rumbo al cementerio se cubrió el ataúd con la bandera de Colombia y la llovizna cubrió de un gris sólido la ciudad.

Al día siguiente apareció el cadáver de Marina Montoya. «Mátenla y bótenla», había ordenado Pablo a sus hombres. Cuando la sacaron de la casa, aunque le dijeron a Maruja y a Beatriz que la liberarían, todos, incluso ella, tenían el convencimiento de que iba hacia la muerte. La metieron en el baúl del carro y salieron, en el mar de carros de Bogotá, hacia el norte. Pájaro, «con pesar de matar a esa viejita que pagaba los errores de su hermano», al llegar al sitio se retiró un poco para no oír nada, mientras su compañero la ejecutaba usando dentro del baúl una pistola con silenciador.

El cuerpo de Marina Montoya fue sepultado como N. N. en un cementerio popular de Bogotá. Hay quienes afirman que la Policía ocultó el cadáver porque las características de la víctima y la manera como murió —un tiro de gracia en la nuca— hacían evidente su identidad. Probablemente la Policía temía que el estupor generado por esta muerte obligara al gobierno a suspender las actividades ofensivas contra el Cartel.

Villamizar, ante esta noticia, hizo cuentas: si Marina Montoya había sido ejecutada hacía ocho días, en las próximas horas ejecutarían a otro rehén. En poder de Escobar sólo quedaban su hermana Beatriz, su esposa, Maruja, y Pacho Santos. Él estaba convencido de que la próxima víctima sería Beatriz. Desesperado habló con el presidente Gaviria y Rafael Pardo.

«Ustedes se inventaron la política de sometimiento a la Justicia, pero los decretos expedidos hasta ahora no son lo suficientemente claros —explicó Villamizar—. Dejan abiertas puertas como intento de fuga, delitos desde la prisión, como causal de extradición, para salvar a Beatriz se necesita un decreto que diga que si Escobar se entrega a la Justicia y confiesa un delito no debe ser extraditado.»

Guido Parra, el abogado de Pablo, quería actuar sobre seguro, sabía que su propia vida estaba en juego y rechazaba decreto tras decreto. Finalmente, el 26 de enero, con dos rehenes muertos, Gaviria expidió un nuevo decreto en el que textualmente se decía que quienes se entregaran y confesaran un delito no serían extraditados por ninguna razón.

Parra había prometido al gobierno y a los familiares, a través de Villamizar, que con esa modificación liberarían a los rehenes. Sólo liberaron a Beatriz. Con el incumplimiento de la promesa perdió toda credibilidad con Alberto Villamizar. Pablo aseguró que él nunca había hecho tal compromiso.

Parra empezó a percibir el aleteo de la muerte, y por alguna razón intuía que no lo mataría la Policía, su más evidente enemigo, sino el propio Pablo. Y conocía la razón: aunque Pablo le había advertido que destruyera los originales de las cartas que escribió a propósito del secuestro de Pacho Santos, Parra, haciendo caso omiso, le regaló a Hernando Santos, director de *El Tiempo*, los originales, que se constituían en una prueba judicial contundente. Entonces salió del país y sólo se supo de nuevo de su paradero cuando tres años más tarde la muerte lo alcanzó.

El presidente Gaviria sabía que Maza se opondría a cualquier concesión al Cartel de Medellín. Lo citó al Palacio de Nariño para explicarle las variaciones de la política de sometimiento. Maza no sólo ratificó su desacuerdo sino que le advirtió: «Estos tipos lo van a llevar a usted y a todo el país a consecuencias desafortunadas, se están dando muchas cosas que me hacen pensar que esto va para un colapso jurídico». Ante esta postura, el presidente lo llamó a calificar servicios, y Maza, aún hoy, cree que para él fue mejor marginarse de esas decisiones que califica «como lo peor que le ha podido pasar a la tradición jurídica colombiana».

En cambio Hernando Santos —padre de Pacho Santos, férreo enemigo, en el pasado, de los diálogos y de las concesiones a los narcos— se sentó diligente a discutir con los abogados de Pablo hasta los puntos y las comas de los nuevos decretos que expediría el gobierno para la entrega de los narcos. Actuaba como fiel representante de una aristocracia ecléctica, que siempre ha puesto por encima de los principios sus conveniencias.

Los decretos de sometimiento se reforzarían con la convocatoria de una Asamblea Constituyente en la que Pablo puso un empeño especial, para cerrar definitivamente el camino de la extradición. La Constituyente, como un camino para reformar la anquilosada Constitución Nacional, había quedado consignada en los acuerdos de paz entre el M-19 y el gobierno de Barco. Pero el empujón definitivo para su convocatoria lo dio la ola terrorista que sumergió al país en una profunda crisis institucional. Pacho Santos lo dice de esta manera:

«El hecho de que hubiera puesto en jaque al Estado muestra lo débil que es nuestro Estado pero también muestra lo poderoso, lo inteligente y lo agudo que era Escobar. Lo que la guerrilla había intentado durante cuarenta años este tipo lo hizo en tres o cuatro: abrir las compuertas hacia una democratización del país con una nueva Constitución.»

En el objetivo de lograr que la Constituyente prohibiera la extradición, coincidieron las diferentes cofradías mafiosas. Tanto amigos como enemigos de Pablo movieron influencias y dinero para comprar votos entre los constituyentes y salvarse por siempre de la eventualidad de ser juzgados en otro país.

Simultáneamente, Pablo amagaba con someterse. Hacia marzo envió una comunicación en la que decía estar dispuesto a liberar rehenes, entregar explosivos, pedir públicamente el desarme de grupos de sicarios y someterse si a cambio se destituía a veinte miembros de la Policía, encabezados por el coronel Óscar Peláez Carmona, y se brindaban salvoconductos para que los guardaespaldas de su familia portaran armas y carros blindados. Pablo quería a esa veintena de policías destituidos porque sus familiares y socios se quejaban de su arbitrariedad, de la cual no escapaban ni las mujeres.

El gobierno se negó a considerar las destituciones. Aceptarlas, a pesar de ciertas evidencias de procedimientos irregulares, equivalía a desmoralizar la tropa y entregar un trofeo al enemigo. Pero en cambio le ofreció a Pablo la búsqueda, en común acuerdo, de un lugar de reclusión seguro. De todas maneras los ofrecimientos del gobierno parecían caer en el vacío.

Las peticiones desmedidas llenaban de desesperanza a Alberto Villamizar, sobre todo cuando, rotos los contactos con Guido Parra, el camino parecía volverse un laberinto sin salida. Afianzó entonces sus contactos con los Ochoa, recluidos en la cárcel de Itagüí. Les argumentó que si la guerra no paraba podría llegar como un remolino hasta su presidio y llevárselos. Ellos lo sabían y por eso ofrecieron tímidamente sus oficios, pero la respuesta inicial de Pablo fue concisa: «Con ese hijueputa del Villamizar no hay nada que hablar, puede poner a los 35 millones de colombianos de rodillas y yo le mato a su mujer».

Villamizar siguió yendo y viniendo —en total lo hizo 38 veces—, buscando una salida que parecía imposible. Y prontamente descubrió que lo mejor que podía hacer era andar sin escoltas. En Medellín debía buscar otro tipo de apoyo y de protección y lo encontró en la familia Ochoa, especialmente en las mujeres, que se convirtieron en una especie de ángeles de la guarda, y además lo animaban a vencer el escepticismo.

En abril, una luz celestial apareció en el laberinto. El cura Rafael García-Herreros —anciano venerable, personaje de la televisión colombiana, gran benefactor social— leyó, en su popular programa *El Minuto de Dios*, un mensaje que a muchos pareció un desvarío senil:

«Me han dicho que quieres entregarte, me han dicho que quieres hablar conmigo. Oh mar de Coveñas, a las cinco de la tarde cuando el sol esté cayendo ¿qué debo hacer? Él está cansado de su vida y con su bregar y no puedo contarle a nadie mi secreto.

Sin embargo, me está ahogando la incertidumbre. Dime, ¡oh mar!: ¿podré hacerlo? Tú que sabes toda la historia de Colombia, tú que viste a los indios que adoraban esta playa, tú que oíste el rumor de la historia: ¿deberé hacerlo? ¿Me rechazarán si lo hago? ¿Me rechazarán en Colombia? ¿Si lo hago se formará una balacera cuando yo vaya con ellos? ¿Caeré con ellos en esta aventura?»

Fue a don Fabio, el patriarca del clan Ochoa, a quien se le ocurrió que el cura García-Herreros sería un excelente medio para que Pablo se convenciera del beneficio del sometimiento. «Es una tabla de salvación lanzada por Dios», dijo. Un santo podía ser un medio para atraer a un guerrero, sobre todo a un guerrero creyente, como Pablo.

Don Fabio Ochoa sabía, además, que el cura debía convencer a la familia de Pablo, especialmente a Victoria, y a su tropa. Porque en algún momento había entenido que debía entregarse pero los que lo rodeaban sentían demasiados temores y lo mantenían tan azarado que él, en ocasiones, desechaba totalmente la idea. Pablo, por su parte, vio en el cura un bálsamo para la angustia de sus personas cercanas, una oportunidad única para lograr buenas condiciones para su sometimiento y garantía para la negociación.

Villamizar acogió la idea y convenció a García-Herreros, un viejo amigo de la familia y cucuteño como él, de que se entrevistara con Pablo. La familia Ochoa coordinó el encuentro. El cura burló retenes y seguimientos de todo tipo para reunirse con Pablo el 18 de mayo de 1991, en una casa cerca a Sabaneta. Desde el saludo García-Herreros trató a Pablo como una oveja descarriada a la que debía llevar de nuevo al redil. Pablo, por su parte, lo trató con consideración: lo creía un santo, un hombre cabal, merecedor de todo su respeto. Unos veinte hombres estaban con Pablo, todos ellos se arrodillaron para pedirle la bendición. Desde entonces García-Herreros —cuya alma ya caminaba hacia los cielos— se convirtió en el símbolo de las negociaciones, mientras Villamizar, ahora aceptado por Pablo, hacía las veces de negociador real. Para que sirviera de enlace Pablo le envió un hombre al que llamaban el Médico —un tipo grandote, más bien rubio—.

Sumando datos y la información entregada por Beatriz, Villamizar tenía relativamente localizado el sector de Bogotá donde tenían recluida a Maruja, pero temía el desarrollo de cualquier operativo que pusiera en riesgo la vida de ella. Por esto, prácticamente enclaustró a Beatriz para que no hablara con autoridades.

Pablo se dejó llevar de la mano de García-Herreros. Incluso, como un gesto, le hizo llegar una carta de su hija Manuela en la que ella le pedía que ayudara a proteger a su papá y a su familia. Y renunció a peticiones como la destitución de mandos de la Policía y se concentró en las características del sitio de reclusión. No aceptaba la cárcel de Itagüí, donde estaban recluidos los Ochoa, porque la consideraba vulnerable a atentados. Fue en ese momento cuando la Alcaldía de Envigado ofreció al Ministerio de Justicia la cárcel de La Catedral.

Los contactos sufrían una serie de altibajos que llevaron a Villamizar a tal exasperación que en una de sus visitas a la cárcel explotó con los Ochoa: «Díganle a Escobar que qué más quiere, que los libere o que nos matemos». Pablo, que debió comprender la irritación de Villamizar, le mandó decir que se tranquilizara, que la liberación se produciría rápido.

Algunos de sus hombres le preguntaron a Pablo: «Si los suelta, ¿a usted quién le va cumplir?». «El doctor Villamizar, su palabra es oro en polvo», les respondió. El 20 de mayo de 1991, en Bogotá, quedaron libres Maruja Pachón y Pacho Santos. Villamizar sabía que Pablo los liberaría pero lo que logró fue evitar que los utilizara como escudos humanos hasta el momento de su sometimiento. Desde entonces la comunicación entre Pablo y Villamizar se hizo básicamente por teléfono.

Un poco antes de la entrega el cura, que había causado sorpresa por los términos generosos que utilizaba para referirse a Pablo, sorprendió en una de sus homilías, en su programa de televisión, acusándolo de pornógrafo y abusador de menores; lo señaló como un hombre que estaba en manos del demonio. Pablo —con su orgullo herido— entró en cólera y la entrega quedó en suspenso.

¿Quién habría azuzado al cura para que dijera tal cosa?, Villamizar nunca lo supo. Podría ser parte de su estado mental. El cura, a sus 83 años de edad, tenía lagunas conceptuales, se iba y volvía. Tampoco descartaba que cualquiera, alguien entre tantos que no querían que Pablo se entregara, lo hubiera azuzado a decir tales locuras. Villamizar debió llevar al cura a que se entrevistara con Pablo. El cura se disculpó y atribuyó el problema a la edición que habían hecho de su programa.

Y el 19 de junio de 1991, luego de que la Constituyente prohibiera la extradición de nacionales, el guerrero se entregó.

Capítulo IX

Pablo no sólo había definido su sitio de reclusión y cambiado las leyes para ser juzgado, logró además atribuciones por medio de la Alcaldía del municipio de Envigado para seleccionar la mitad de los cuarenta guardianes. A su parecer, debían ser todos antioqueños. También decidió quiénes asistirían a la entrega y le negó la entrada a los periodistas.

Villamizar y Pablo habían acordado los detalles del operativo. Pablo exigió que ese día no podía haber «ni siquiera un pájaro en los cielos de Medellín». Y combinando su fe en el cura García-Herreros con su pragmatismo, exigió que Villamizar estuviera presente: «Yo no me voy solo con el padre en ese helicóptero, lo tumban y me toca irme cogido de la mano con él para los cielos; no, a mí me cubre usted también», dijo.

Villamizar le informó que también querían asistir el procurador Carlos Gustavo Arrieta y el director de Instrucción Criminal, Carlos Eduardo Mejía. «Que vengan pero los montamos en otro helicóptero». Arcángel piensa que Pablo mandó a estos funcionarios para usarlos como señuelo. «Si hubiese un atentado, les dispararían a ellos que saldrían primero».

El día de la entrega, a las cinco de la tarde, los periodistas —que habían esperado por días en las montañas del oriente de Envigado— se bajaron vencidos por el cansancio. A esa hora, desde la terraza de la Gobernación partieron dos helicópteros. El primero despegó con el director nacional de Instrucción Criminal, el procurador y un camarógrafo oficial a bordo, y voló directo a La Catedral. El segundo partió con el cura García-Herreros, Alberto Villamizar, Luis Alirio Calle, único periodista invitado para la entrega, y el Médico, el hombre enlace de Pablo.

Para Villamizar, que estaba convencido de que el aparato lo volarían, fueron cinco minutos interminables de vuelo hasta la loma del Tesoro, entre El Poblado y Envigado, donde el aparato aterrizó en una cancha de fútbol. Vio, por lo menos, a cien hombres haciendo un cerco de seguridad que había sido dispuesto por el Osito; y se sorprendió de que algunos se acercaron al helicóptero y lloraron al despedir a Pablo.

Pablo subió al helicóptero acompañado por el Mugre y Otoniel, y saludó amablemente. El helicóptero despegó. Pablo se sorprendió al ver al Médico, su enlace con Villamizar. «Usted se quiere hacer matar, usted ¿qué está haciendo aquí?». «Por fin te conozco, hombre Luis Alirio», dijo seguidamente al saludar al periodista Luis Alirio Calle. Lo había invitado a la entrega porque lo admiraba, así se lo dijo. Le gustaba el tono de homilía y la férrea honestidad con que presentaba cada día en su noticiero de televisión informes en los que hablaba de la solidaridad, la paz y la esperanza. Villamizar vivió cinco minutos más de agonía.

Por la ventanilla, Pablo observó a Envigado, su pueblo, a La Paz, su barrio, y las montañas donde había jugado de niño y donde de adulto había guerreado con un Estado que a su parecer lo perseguía injustamente. Calle prendió la grabadora y él empezó a hablar: «Dígale al presidente que yo no lo voy a defraudar en nada. Él sabe que la gente va a empezar a calumniar, que voy a delinquir desde aquí y todas esas cosas...»

Para los medios de comunicación y la opinión ciudadana la cárcel había brotado de la nada, ni existía, ni se sabía de planes para construirla. Pero en realidad desde 1989, pensando en una negociación, por instrucciones de Pablo, Guido Parra había acordado, con el alcalde de Envigado, su construcción en un terreno de su propiedad que le garantizará seguridad. Se trataba de una montaña de difícil acceso que permanecía buena parte del tiempo cubierta por la niebla.

Villamizar visitó la construcción y todo le pareció normal, «era una cárcel de verdad», pero se encontró con que Pablo había hecho enchapar un baño con baldosín italiano. «Quiten esa vaina, esto es una cárcel», dijo Villamizar. Pero le pareció razonable que Pablo se opusiera a la construcción de un muro que rodeara el penal, porque no quería quedarse sin paisaje.

Antes de la entrega los periodistas examinaron la penitenciaría con detalle. Una construcción amplia, cómoda, con excelente visibilidad pero austera, donde sólo se veía concreto. Era difícil de atacar por tierra o por aire; hacia atrás, un empinado y espeso bosque de pinos, inhóspito e infranqueable. Por delante, un descenso vertical por el que se encontraba la única vía, una carretera angosta y empinada de catorce kilómetros, que llevaba al casco urbano de Envigado. Desde la prisión, dada su ubicación, se detectaba todo movimiento en varios kilómetros a la redonda. Las celdas tenían rejas y mesas y camas tubulares, una cocina construida en cemento rústico, una parrilla eléctrica y un fogón de gas de dos puestos. No había ninguna ostentación.

La cárcel contaba con dos anillos de seguridad. El primero era una malla electrificada de cuatro mil voltios, custodiada por el Ejército. El segundo estaba a cargo del cuerpo de guardias penitenciarios. En sentido práctico, tal como se vio después, Pablo había logrado un acuerdo en el que se trataba más de proteger a los reclusos del penal, de evitar ataques externos, que de impedir su fuga.

En lo que sería la cancha de la cárcel aterrizó el helicóptero. Pablo bajó y ayudó a descender al cura García-Herreros. Cuando empezó a caminar hacia la edificación vio que el camarógrafo de la Gobernación estaba grabando y con voz perentoria le ordenó apagar el equipo.

En el recuerdo de Marta Luz Hurtado, la directora de Instrucción Criminal de Medellín, Pablo quedó como un hombre cortés, que hablaba con propiedad y reflejaba serenidad. Ella, para levantar el acta de sometimiento, se limitó a hacerle las preguntas de rigor, pero al momento de tomarle las huellas se le escapó una pregunta impertinente: «¿Usted se hizo una cirugía en los dedos?». Él se rió y extendió las manos. Con excepción de su barba, no tenía ningún cambio físico. Vestía un bluyín desteñido, tenis y una camisa de cuadritos azules. La reseña lo describe así: 1,70 de estatura, robusto, pelo crespo, abundante bigote, nariz dorso-recta, de papada gruesa, abundantes cejas, ojos negros. Entregó una pistola Zig Sauer y le pidió a Villamizar que firmara el acta de entrega como testigo. El ambiente estaba tenso, con gente caminando de un lado a otro; sobre las siete de la noche escucharon una avioneta que sobrevolaba el penal y se produjo un momento de pánico. Falsa alarma.

Pablo se negó a conceder entrevistas directas a centenares de reporteros del mundo entero. Sólo respondió por escrito algunos cuestionarios que le remitieron. Para grabar el comunicado, que enviaría a los medios, se encerró en la celda y leyó un párrafo y escuchó la grabación, preguntó: «¿quedó bien?» y leyó el siguiente. No quería voz insegura o de duda:

> «A siete años de persecución, de atropellos y de luchas, deseo sumarle todos los años de cárcel que sean necesarios para contribuir a la paz de mi familia, a la paz de Colombia, al fortalecimiento del respeto por los derechos humanos, al fortalecimiento del poder civil y al fortalecimiento de la democracia de mi querida patria colombiana.»

La primera foto en la reclusión la logró, unos días después, el periódico *El Colombiano*. Lo sorprendieron con teleobjetivo en un corredor del penal. Lucía una ruana blanca y barba larga, pero no se lograba ver que había aumentado en los dos últimos años cerca de veinte kilos.

Villamizar se comunicó con Rafael Pardo para informarle que todo había salido bien; luego se le acercó a doña Hermilda, quien lloraba desconsoladamente, y le dijo: «A Pablo no le va a pasar nada, no se preocupe, le doy mi palabra». Pablo le agradeció el gesto y por primera vez se sentó a hablar con él cara a cara. Ambos sabían que tenían esa conversación pendiente. «Le pido disculpas por lo que le he hecho, sepa que ni yo ni ninguno de mis hombres volveremos a tocarlo a usted o a su familia», le dijo Pablo. Los hombres de Pablo quedaron tan impactados con este gesto que varias veces le dijeron a Villamizar: «A usted es a la única persona a la que el Patrón le ha pedido disculpas».

Pablo les solicitó a sus hombres que se retiraran y conversó a solas con Villamizar sobre los episodios que los habían enfrentado en el pasado. «Yo contra usted no tenía nada pero sus amigos de la Cámara me dijeron que había que darle. ¿Quiénes? No, yo no le voy a dar nombres pero usted sabe quiénes eran».

Villamizar salió de La Catedral para la cárcel de Itagüí a agradecerle a los Ochoa lo que ellos y sus mujeres habían hecho para facilitar la entrega. Luego aceptó la invitación de algunos hombres de Pablo para salir a tomar unos tragos y recorrer la ciudad. Lo intrigaba conocerlos, saber sobre sus vidas y sus maneras de pensar. La ronda terminó a las siete de la mañana. En la casa de La Loma, propiedad de los Ochoa, que le había servido de cuartel general, se echó a dormir el día completo y finalizando la tarde partió para Bogotá.

Al parecer del general Martínez, Pablo se entregó porque estaba menguado militarmente, porque había perdido a Gustavo Gaviria, a Pinina y a parte de sus hombres. El coronel Naranjo afirma:

> «Cuando él impuso unas condiciones y se entregó, la Policía no se sintió totalmente burlada. Alguna gente cree que la Policía no recibió bien esa entrega. Pero entendíamos que si se entregaba era lo mismo que haberlo capturado y en todo caso la institución no estaba en capacidad de contener más el terrorismo. La Policía descansó cuando se entregó. En general, esa primera fase fue irracional. La gente creía que sólo la Policía —y no el conjunto de la sociedad y de las instituciones— era responsable de combatir a Escobar.»

En los días siguientes se entregaron otros hombres, entre ellos Popeye, Arcángel, Angelito, Valentín, Icopor, Palomo, Juan Garra, Juan Urquijo y el Osito. En la cárcel permanecían también algunos amigos que, sin estar registrados como detenidos, tenían allí su caleta. «Porque afuera la situación está peligrosa», decían.

La primera en arribar el primer domingo de visitas fue doña Hermilda. Llegó con tamales y los platos que más les gustaban a sus hijos. También llevó imágenes religiosas para decorar una pequeña capilla que Pablo había hecho construir. La arregló de manera especial porque un poco más tarde llegaría el padre García-Herreros.

El sacerdote, al que Pablo le alababa su santidad, llegó a visitar a sus ovejas descarriadas hacia el medio día. Confesó a Pablo, al Osito y a algunos de sus hombres. Luego ofició una misa a la que asistieron todos los internos y sus familiares. En gratitud por estos gestos y por la colaboración que el cura había prestado para su entrega, Pablo le donó algunos recursos para obras sociales.

Hacia el mes de septiembre, antes de salir como embajador para Holanda, el presidente Gaviria citó a Villamizar al Palacio de Nariño. Él asistió acompañado de su esposa Maruja y su cuñada Gloria Pachón. Gaviria le dijo a Villamizar:

«Escobar confesó su participación en exportación de cocaína a Francia, delito por el que ya lo había condenado un tribunal de París, y va tocar soltarlo dentro de unos pocos meses porque no hay manera de condenarlo por otros delitos, no hay pruebas, la única persona que puede convencerlo de que confiese un delito de importancia es usted.»

La verdad es que el Estado colombiano tenía detenido al más grande criminal en la historia del país, y uno de los más conocidos en el mundo, y no podía condenarlo a una pena que diera credibilidad.

Villamizar, en los días siguientes, subió a La Catedral a plantearle la situación a Pablo: «Si usted no se queda en la cárcel por lo menos diez años, esto no aguanta, usted sale pero afuera se enciende todo porque ni Estados Unidos ni el país se aguantan que usted quede libre rápidamente». «¿Cuántos presidentes cree que me tengo que quedar?», preguntó Pablo. «Por lo menos tres, Gaviria, el siguiente y otro más, por lo menos diez años», le dijo Villamizar.

Pablo, aunque en ese momento no lo dijo, aceptó el razonamiento. Seguidamente le preguntó a Villamizar quién, en adelante, haría de contacto entre él y el gobierno. Villamizar se comprometió a buscar con el gobierno quién hiciera ese papel.

Unos días después, Pablo se levantó al mediodía, se bañó, se vistió de bluyín, camisa manga corta, reloj de color zafiro. Desayunó y se dispuso a discutir con sus abogados el asunto de su condena. Su abogado Salomón le pidió un minuto para ofrecerle una enorme pulsera de oro. Pablo la miró con detenimiento. «Primero que todo no tengo con qué comprársela, pero, además, si se la compro todos van a decir que yo soy mafioso», le dijo con una tranquilidad pasmosa para rechazar la compra. Y es que a Pablo, por su apariencia, nadie lo podría haber calificado como mafioso, en alguna medida era un hombre escueto y simple en sus maneras de ser y de vestir. Tras las risas de los presentes y sin darle más vueltas al asunto empezó la conversación sobre los procesos jurídicos que debía enfrentar. Algunos de sus abogados se quejaron del trato que él les daba. El escalafón de prioridades lo había definido así: primero mi familia, luego mis amigos y después los abogados. A pesar de su inconformidad, en su presencia, todos medían sus palabras y aun sus conceptos jurídicos. Porque él, condenado al encierro, se dedicó a conocer las leyes, los códigos de procedimiento y hasta las jurisprudencias de la Corte Suprema de Justicia y opinaba con gran propiedad. Pero, a pesar de sus conocimientos, confiaba más en la fuerza. Por eso le parecía normal pagar quince millones de pesos a un malandro, pero creía excesiva la misma suma para un abogado.

En este punto, tal como se planteaba, Pablo pensó que purgaría su pena en unos diez años y que podría salir a disfrutar su inmensa fortuna y lograr que sus hijos desarrollaran una vida normal y pudieran ser famosos y prósperos dirigentes de la sociedad.

Despidió a sus abogados e hizo seguir a Lucho, el Miliciano. Lucho había subido con el mismo sistema que utilizarían centenares de personas durante el año que funcionó la cárcel. Se contactaba a los hombres de Pablo en Envigado, en un pequeño camión en un doble fondo se acomodaban hasta veinte personas de todas las gamas: personajes del mundo deportivo, sacerdotes, políticos, mujeres, gente que le quería pedir favores, y pasaban por el retén militar sin ser requisados.

Pablo lo saludó como a un viejo amigo. Lucho vio unas cajas de cartón llenas de billetes. «Es que el comandante de esta base militar cambia cada mes, y al que llega le doy 30 millones de pesos para transarlo», le explicó Pablo y le mostró un regalo enviado por uno de los oficiales del Ejército: una copia de un álbum —el árbol de la organización de sicarios del Cartel— que los militares tenían para controlar la entrada de personas a La Catedral.

Al momento de la comida, Lucho se asombró al ver la bandeja especial, un plato exorbitante que contenía fríjoles, arroz, chorizo, huevo, carne molida, ensalada, plátano maduro y morcilla, que devoraba Pablo mientras conversaba: «Vea, hombre Lucho, usted está bien ubicado. La gente más leal es la gente de las comunas. En cambio la clase más corrupta que hay en Colombia son los políticos, y ahí los cobijo a todos». La conversación afianzó pactos de paz entre este grupo miliciano y los hombres de Pablo. Lucho, que había iniciado su tránsito de guerrillero a bandido, se comprometió a cuidarle secuestrados, y Pablo, como gesto de amistad, le regaló veinte subametralladoras Uzi.

Cuando Lucho salió, le informaron a Pablo que habían detenido a unos sospechosos en las afueras de la cárcel. «Tráiganlos para investigarlos», dijo. Tras corroborar en un juicio extrarrápido que eran hombres que espiaban para el Cartel de Cali, los mandó ejecutar. Este hecho lo alertaba con sus enemigos de Cali que seguían creciendo por sus influencias en las cúpulas del Estado y la Policía.

Él —obsesivo y paciente con sus enemigos— los mantenía entre ceja y ceja. Había mandado hombres suyos a entrenarse como pilotos en Estados Unidos, pensando en hacerles atentados aéreos. Una de estas acciones, dirigida a bombardear una casa que habitaba Miguel Rodríguez en el barrio Ciudad Jardín de Cali. El helicóptero se cayó en las afueras de Cali y, según cuenta el propio Rodríguez, esto lo salvó de la sorpresa que le tenían preparada. Ello gracias a informantes que ya habían logrado infiltrar en el Cartel de Medellín y que sabían de la operación.

En septiembre de 1990 envió a Tyson con la instrucción precisa de matar a Pacho Herrera. «Ojalá muera con los guayos de fútbol puestos», le dijo Pablo, mofándose del fanatismo de su enemigo por el fútbol. Quince hombres atacaron por sorpresa la finca Villa Legua cerca de Cali. Murieron 22 personas, pero Herrera no se encontraba. El sobreviviente se consagró a derrotar a Pablo. Sin embargo, años después, cuando Pablo ya era difunto, a Herrera, que se había entregado a las autoridades, lo mataron en la cárcel cuando terminaba de jugar un partido. Desde el otro lado, Pablo sonrió de ver cumplido su antiguo deseo: verlo morir con los guayos de fútbol puestos.

La guerra no daba tregua. Al inicio de su sometimiento en La Catedral, los Rodríguez, los capos de Cali, le habían ofrecido un pacto de paz y tres millones de dólares de indemnización. Algunos de sus hombres le pidieron a Pablo que considerara la propuesta. Pero otros, como el Chopo, se opusieron. «No, Patrón, usted ya está seguro, usted desde aquí los puede doblegar». Pablo pidió cinco millones de dólares y se cerró en esa cifra —como quien defiende un orgullo— y la negociación se frustró.

Por eso hay quienes afirman que a Pablo lo mataron sus propios compañeros que lo orientaron mal, que lo metieron en guerras inoficiosas, los bandidos que le decían: «Guerra total, Patrón». Claro, porque guerra significaba vueltas de cien o doscientos millones de pesos. Pablo era como el sacerdote de un clan guerrero y sus súbditos morían por él con desprendimiento, pero a su vez ellos lo llevaron al sacrificio.

Arcángel abogó ante Pablo para que recibiera a Claudia, que quería divorciarse de su esposo, un traqueto de la organización. La habían recogido a la una de la mañana en Envigado y, tras muchas esperas y paradas, llegó a las cinco, cuando la rumba aún estaba prendida. Tal vez había subido el día más inoportuno, estaban celebrando la Fiesta de la Virgen de las Mercedes, que en Colombia es la patrona de los presidiarios. Al llegar vio mujeres bailando en tanga y en brasier, a algunos de los hombres meter perico con cierto pudor, medio escondidos de su gran Patrón que, desde un rincón, dominaba el panorama. Y aunque le hizo señas para que esperara, como a las seis de la mañana se marchó a dormir sin atenderla.

Arcángel, desde que la había conocido, sentía un cariño especial por esta mujer a la que veía como un ángel indefenso. Recuerda que, teniendo sólo trece años, se convirtió en la novia de este traqueto que ya para entonces contaba 35. Era común que algunos bandidos buscaran jovencitas, sin contaminación, para hacerlas sus mujeres oficiales. Es una búsqueda obsesiva de la pureza y de un material que pudieran moldear a su entero gusto. A esa edad, Claudia, con su cuerpo menudo, no perdía la apariencia de adolescente, a pesar de los esfuerzos que hacía para elevarse la edad con tacones y maquillajes. Cuando se casó a los quince años, con Pablo como padrino, ya había vivido lo de una vieja. Ingresó al selecto grupo de las señoras del mundo narco. Aquellas que merecen la admiración y el respeto de quienes las rodean y acceden al dinero, a las joyas, a los carros de lujo, a los viajes, a una vida de fantasía a la que en un primer momento no se le ven los costos.

Pero el terror empezó prontamente. Claudia recuerda cómo una noche, celebrando su cumpleaños, con su marido y su familia, fueron víctimas de un atentado. Miró, en medio de las ráfagas, cómo se deshacían los brazos de su cuñada y cómo caían guardaespaldas de lado y lado. Aunque quedó ilesa físicamente, se sumió en autismo que se prolongó por meses.

Pablo se levantó, como de costumbre, a la una de la tarde. Claudia seguía esperando, pero él se dedicó a leer los diarios y las revistas. Luego, a pesar de la lluvia, se puso un uniforme similar al de la selección alemana con el número nueve a su espalda y unos guayos Nike blancos y negros para jugar fútbol como lo hacía casi a diario. Para la festividad de las Mercedes subieron jugadores del Atlético Nacional y del Deportivo Independiente Medellín. En el partido lo acompañaban los doce prisioneros, los guardianes y algunos jugadores mundialistas, entre ellos el arquero René Higuita, ídolo nacido en la barriada popular, que despertaba una admiración especial en Pablo, quizá por ser un transgresor de la manera de jugar al fútbol, por su fama de arquero líbero y loco, y por haberse atrevido a hacer la figura del escorpión tapando en el estadio de Wembley, Inglaterra. Pablo jugaba, a pesar de su peso y de una rodilla afectada, tres o cuatro horas, hasta que los contrincantes, deseosos de descanso, se dejaban vencer para poder terminar el partido.

Pablo se gastó una hora más en el baño antes de que Claudia lo viera aparecer por el corredor jugando con un pájaro, un azulejo domesticado, que se posaba sobre el hombro de los reclusos. Tenía puesta una ruana de lana que el cura García-Herreros le había llevado de regalo. Cerca de las cuatro de la tarde por fin la recibió. Acudía a él como jefe de la organización pero, además, como padrino de su matrimonio. Pablo, aunque la había visto pocas veces, la escuchó con tanta atención que a ella le inspiró la confianza de un viejo amigo.

«Usted sabe que yo me casé de quince años. Viví una vida horrible, nunca pasé ocho días en mi casa —empezó a contarle la historia—. Era de aquí para allá, que nos van a detener, acompañada día y noche por un séquito de guardaespaldas. Año y medio que parecieron como quince años. Cada día vivía tantas cosas al mismo tiempo que se hacía eterno. Esa patota de hombres y el uno llegaba un día con la esposa y al otro día con la moza y armas van, armas vienen, ese teléfono no dejaba de sonar, el televisor no se podía prender porque aparecían los avisos de recompensa. No, no, yo quedé como ¡uy!, como impregnada de eso. Esa vida tan agitada, ese ajetreo, qué cansancio, me volví como un esqueleto.

»Quedé en embarazo, tuve un aborto porque me caí por unas escalas después de una discusión, pero para él no había razones, la idea del divorcio lo emputó, y pasó de las amenazas a los hechos, alguna noche abalearon la casa de mi madre, entonces decidí irme para Cali y allá sufrí otro atentado.»

«¿Y entonces?», le preguntó Pablo. «¿Entonces, qué hago pues?». «Ah, no, quédese aquí viviendo conmigo». «¿Usted es que es bobo? Yo venir aquí a hacer de sirvienta». «¿Y entonces qué hago yo pues niña?, ¿Usted por qué es tan loca?». «Yo salgo de aquí y en la esquina caigo como un pollo». «¿Cuál pollo? Dejá de hablar así. ¿A vos no te pica volver con él?». «No, ni loca».

Desautorizar a uno de sus hombres, en un asunto como la relación con su esposa, no era su costumbre. Pero a él, desde el inicio, esa relación le pareció extraña. Un hombre de 35 años casado con una niña de quince era una desproporción. Además, para Pablo, el apoyo de Arcángel también pesaba. «Usted ha afrontado muy bien las cosas, tuvo la capacidad de salir, son muy poquitas las personas que tienen esa capacidad, le voy a ayudar», le dijo. Y le cumplió. Le mandó razón al hombre y al final se calmó.

Claudia aún hoy piensa que Pablo «era malo porque se creía Dios —la justicia la hago yo y punto—. Pero que se equilibraba a no ser malo del todo ni bueno del todo, a los malos les gustaba porque era malo y a los buenos porque era bueno, le gustaba a todo el mundo, a mí me gustaba por el sentido de justicia que tenía».

Claudia salió cuando la fiesta se reanudaba. Una orquesta de música tropical había empezado a sonar y vio a uno de los reclusos disfrazado de mujer que improvisaba un *show*.

Con regularidad, funcionarios del Ministerio de Justicia y de la Dirección Nacional de Prisiones visitaban la cárcel. Una y otra vez Pablo les pedía condiciones para estudiar y trabajar, y eventualmente reclamaba un médico y una trabajadora social. Mientras hacía esas peticiones afianzó su propio sistema de vigilancia, logró el control de los cuatro flancos del penal, instaló puestos de control a lo largo de la carretera de acceso e inició, con el visto bueno del director, Homero Rodríguez —un ex militar especializado en Israel, al que llamaban Rambo—, la transformación del penal en club. Ante la posibilidad de un bombardeo por parte del Cartel de Cali —porque se había detectado la compra de cohetes con los que se presume destruirían el penal—, Homero les autorizó la construcción de chalets debajo de los árboles y permitió, además, que se les incluyeran lujos como *jacuzzis*.

El cuerpo central de la cárcel, presentado al inicio con escuetos camarotes de tubos, se convirtió en un amplio salón de juegos con dos mesas de billar, aparatos de gimnasia, una ruleta, mesa con juegos como ajedrez y parqués y varias motocicletas. Las habitaciones quedaron, como denominador común, con cama doble, biblioteca, baño bien terminado, sauna, equipo de sonido, nevera, televisor y videocasetera.

Pablo hizo cambiar la reja por una puerta corrediza y unió dos celdas para instalar su pieza y su oficina. En un salón tenía un pequeño santuario, bar, nevera, mesita, sala, cocina y cuadros originales de importantes pintores; usaba como pisapapeles unos soldaditos, regalo de la mujer de un oficial, alrededor de los cuales se creó la fábula de que simbolizaban a las personas que quería eliminar. En la alcoba tenía cama doble, biblioteca, una chimenea y un clóset que daba a una caleta —en la que guardaban armas—, y un baño con tina. En un pasillo, a un lado de la celda, estaba el tablero de control de las luces, de la sirena y de la electricidad de la malla exterior. A todo el frente, una terraza desde la que se divisaba Medellín y, a pocos metros de ahí, la casa de muñecas, construida para que su niña Manuela jugara.

Aparte de sus familiares, sólo Papocho y el Limón —el matón fiel que murió a su lado y que ahora lo acompaña en el barrio de los acostados— podían ingresar sin autorización a la habitación. Le hacían antesala numerosas personas que pasaban poco a poco a su oficina. Pero, además, gastaba largas horas respondiendo de su puño y letra las cartas que diversas personas le enviaban. A un periodista de Medellín le expidió una especie de salvoconducto para que lo presentara a unos sicarios que lo amenazaban. A una estudiante de comunicación, de ilustres apellidos, que quería hacer un libro sobre su vida, le escribía proponiéndole aplazar la idea del libro pero entablar amistad. A una periodista de televisión le escribió varias cartas de carácter muy personal en las que le contaba las intimidades de su vida afectiva, le hablaba de lo que lo emocionaban los dibujos que su hija Manuela le hacía llegar, de los largos viajes que la niña hacía para verlo en épocas de persecución, y le confesaba que había escrito algunos poemas y le pedía que le enviara algunos libros de Tolstoi.

Así por el estilo, escribió centenares de cartas. Siempre con lapicero barato, en papel de block rayado, dejando de sangría casi la mitad de la página. Si tenía dudas sobre alguna palabra consultaba el diccionario. Si alguna vez debía enviar, por los afanes, una comunicación con errores, pedía perdón. Firmaba sus cartas, les adicionaba la huella digital y las metía en el tradicional sobre de franjas rojas y azules.

Pablo tenía la ilusión de estudiar derecho o periodismo, pero su solicitud la rechazaron varias universidades. Por esa pulcritud al escribir, según Pacho Santos —ex secuestrado, jefe de redacción de *El Tiempo*—, hubiera sido un excelente periodista: le sorprendía su sintaxis y su ortografía. «Como jefe de redacción no le habría cambiado una coma a sus cartas y comunicados, él escribía en un lenguaje sencillo, directo, perfectamente coherente y no decía una palabra más de lo que tenía que decir».

El 2 de diciembre de 1991 Victoria le celebró su cumpleaños en la cárcel, con una comida, un grupo de música de cámara y algo de licor. Ella, que se había cultivado para no ser una rica ordinaria, logró imponer un toque de sobriedad, así fuera por un día, en aquel antro donde abundaba música plebeya, zorras y vicio. A él, hombre de la guerra, manojo de instintos crudos, ese toque, el temple, la serenidad y el amor de su mujer, lo contactaba con un mundo soñado y lejano al que ya difícilmente podría pertenecer.

Para Victoria, desde luego no era un secreto que en La Catedral abundaban las visitas de mujeres de tacones altos, exuberantes siliconas y pelos teñidos de rubio subido. Arcángel recuerda sobre todo las visitas de las reinas. Una señora cercana a la organización del reinado nacional les hacía los contactos y cobraba una comisión de un millón de pesos por cada reina que los visitaba. Esta señora nos decía «tengo tales y tales, deben plata y se acuestan por tanto. Ese año subió un grupo numeroso, cada una cobró tres millones de pesos, las que quedaron amañadas subieron de nuevo».

Consumir reinas o divas de la farándula, que también les ofrecían en tarifas que oscilaban entre los cinco y los doce millones de pesos, tenía para ellos, desde el punto de vista social, el símbolo exacto de acceso a un nivel superior, llegar a lo que antes se sentía inalcanzable y a lo que para la mayoría seguía siendo privilegio de príncipes. Como ratificando la teoría de Bataille según la cual, desde el punto de vista del erotismo, si la belleza es apasionadamente deseada es que en ella la posesión introduce la mancha de lo animal. Es una belleza deseada para ser ensuciada, para alegrarse de profanarla[1]. Para poder afirmar, como lo hace Arcángel, que «las reinas son unas zorras vagabundas, quedan aguantando hambre después de participar en el reinado y dan su sexo por unos millones». Cuanta mayor es la belleza y su condición social, más profunda es la mancha y el placer de mancillarla.

Para la celebración de la Navidad de 1992, Pablo se vistió con el gorro ruso, traído por doña Hermilda en un paseo a Moscú —que

---

[1] Georges Bataille, *El erotismo*, Tusquets, México, 1997, p. 150.

él quería convertir en un símbolo de su identidad, «como lo ha sido la boina para el Che Guevara», decía— y un buso rojo comprado por Victoria en España. Escucharon música mientras los niños veían a algunos de los reclusos elevar globos de papel de colores que se perdían en la oscuridad de la noche. Y cenaron pavo relleno, caviar, salmón, trucha ahumada y ensalada rusa.

La Catedral constituía un mundo repleto de imágenes y símbolos de un reino. Un mundo donde Pablo logró reunir una simbología religiosa católica, un sentido de la familia y de la jerarquía y unos rituales fastuosos propios de los jefes primitivos o feudales. Pero un reinado que llevaba implícito un pensamiento totalitario que, sumado a cierta conciencia de la autotrascendencia, llevó a Pablo a desmanes definitivos. Se creía el dueño y señor de lo que se movía en Colombia. Y todos sus hombres lo secundaban en ese pensamiento. Por eso su estadía en la cárcel, en vez de servirle para redefinir su futuro, le sirvió para engolosinarse con su grandeza. Y su aparato, que vivía de la guerra, no soportaba la inactividad.

«Cuando había guerra había plata», dice Arcángel. «Un secuestrado daba para repartir, el Patrón pedía comisión pero a veces les decía: "Todo para ustedes". Por eso le decíamos: "Hágale, patrón" y le soplábamos la hoguera de la guerra, la hoguera que al final se lo devoró.»

Guezú, un caricaturista de Medellín, había enviado a propósito de la entrega una caricatura al periódico *El Tiempo*, llamada *La epístola de Pablo*, en la que aparece con alas y aura de santo, con su característico mechón de pelo, elevándose hacia el cielo, mientras el padre García-Herreros lo bendice. Pablo, encantado con la caricatura, lo buscó para encargarle la edición de un libro con las que se habían publicado sobre él. Mientras conversaban, Guezú reparó que en las paredes de la habitación colgaban enmarcados los afiches en los que se ofrecían 200 millones de pesos por información que facilitara su captura.

El caricaturista se recorrió el país buscando el material para el libro. El trabajo final de selección lo realizó con el propio Pablo. Tirado en la cama, con los pies descalzos, miraba una a una las caricaturas y aceptó que incluyera algunas en las que se le atacaba y aportó otras, como una publicada en la revista *Hustler* de Estados Unidos, en la que él aparece en la cárcel La Catedral, a la que llaman Club Medellín, con un vareto en la mano, tres nenas semidesnudas y disparando a un televisor donde aparece la imagen del presidente George Bush. El pie de foto dice: «Pablo, deja algo para nosotros». Además le encomendó que le buscara una caricatura de Velezefe, publicada por el año 1984 en el periódico *El Colombiano*. «Donde estoy montado en una jirafa», le dijo sonriente. Se trataba de una caricatura en la que las tropas del Ejército están allanando la hacienda Nápoles y una de las enormes jirafas del zoológico esconden su cuello en una nube. En la cabeza del animal, arriba de la nube, está trepado Pablo.

Guezú lo recuerda como «un hombre analítico, observador y egocéntrico, que era feliz con que hablaran de él bien o mal, feliz con figurar, con que lo mencionaran en los medios». (*Semana* publicó en julio de 1991 un dibujo suyo en la portada y mandó contactar al dibujante para que le hiciera una réplica.) Esa obsesión por la imagen lo llevó a archivar lo que salía publicado sobre él. Su secretario privado le manejaba una pieza repleta de artículos y libros. Además editó un video, una especie de autobiografía, donde narró la acción social que desarrolló en los años ochenta, y cómo el Estado y hombres como Lara Bonilla, Guillermo Cano y Galán se interpusieron en su camino. Al parecer de Guezú, por esa egolatría, Pablo se dejó seducir por la adulación y se dejó devorar por la idea de la grandeza. Pablo se buscaba en la historia. Leía los episodios de la vida republicana de Colombia en el siglo XIX y se encontraba con un país lleno de caudillos que desangraban al país para llegar al poder. Miraba las guerrillas y no las sentía tan lejanas.

«¿Qué hubo del libro?», preguntaba Pablo con insistencia, exasperado por los retrasos. Cuando por fin estuvo listo, Papocho —uno de sus asistentes, que un tiempo después apareció muerto— delató la edición y unos agentes del DAS intentaron decomisarla. Pablo debió transarlos para que al final el libro, en edición de lujo, pasta forrada en cuero café, con su firma y su huella dactilar en relieve, saliera a la luz pública. Lo envió a cerca de cuatrocientos personajes de la vida nacional y a los periódicos, la radio y la televisión.

La larga guerra había dejado a Pablo descapitalizado. Por eso, desde La Catedral —sitio inigualable para estos propósitos— siguió traficando y secuestrando. Su poder continuaba siendo el grupo de sicarios que secuestraban, cobraban cuentas y mataban, desplazándose a cualquier lugar del mundo. Allí, en su principado, llegó incluso a imaginar el secuestro del industrial Julio Mario Santo Domingo. «Eso es difícil, ese *man* se la pasa en Nueva York, Patrón», le dijo Arcángel. «Eso no es problema, lo alzamos, lo metemos a una caleta de coca en Queens y los ponemos a que nos tiren la plata aquí en un pueblo de las afueras de Medellín» —replicó Pablo, como si ya tuviera pensado hasta el último detalle del operativo. El plan probablemente se frustró por los acontecimientos que siguieron.

Afuera de la cárcel las guerras menudas seguían. El Negro, Fernando Galeano, le pagó al Chopo —el nuevo rey de los bandidos— cien millones de pesos para que matara a Jorge Mico. El veterano maestro de matones gozaba de la gratitud de Pablo por haberle enseñado el mundo de los contrabandistas. Pero Mico abusaba, se había vuelto insoportable incluso para sus amigos. Todos los años se ganaba a punta de pistola el concurso de la asociación de caballistas. Acostumbraba decirle al director: «O mi caballo gana o usted se muere». Este año llevó un caballo con una güeva sintética. El director consideró abusiva la petición, se negó y murió.

Pero Jorge Mico perdió el año, se ganó el sufragio porque se metió en predios prohibidos, se atrevió a extorsionar a la familia Galeano. El Chopo —que superó al maestro— llegó a su finca y le pidió que le mostrara los caballos. Mico se engolosinó hablando de sus equinos y el Chopo lo ejecutó a mansalva en una pesebrera. Lo hizo, desde luego, con la venia del Patrón; nada se movía en Medellín sin el consentimiento del Gran Señor de La Catedral.

Pero el Chopo —matón paranoico— se salió de casillas y mató a Carrochocao y a varios hombres del combo del Mugre. «Me están delatando en la Brigada, Patrón», dijo para justificarse. Pablo temía una guerra interna entre sus bandidos y realizó su propia investigación. Sus hombres en la Brigada le entregaron una grabación con la voz de los delatores del Chopo. «Mugre, vamos a escuchar, si usted resulta involucrado yo no sé qué vamos a hacer...» Escucharon con atención. «Es la ex mujer del Chopo», dijo Mugre. Sí, su ex mujer, cansada de atropellos, lo denunciaba cada que podía. Como lo había hecho tras la muerte del ministro Lara Bonilla, y como lo seguiría haciendo a pesar de la nueva zamarreada que le pegó. El Chopo, a pesar de las sucesivas traiciones, no la mató por una razón de peso: era la madre de sus hijos.

El 19 de junio de 1992 Pablo celebró su primer año en La Catedral. Se dijo que había asistido a un partido del Envigado Fútbol Club, pero, según Arcángel, no es cierto. «Claro que podía salir, pero no sólo no salió sino que le prohibió a todos que lo hicieran. "Se los pillan en un retén y me dejan a mí aquí colgado de las güevas", decía».

A Pablo, en medio del confort, le preocupaban sus enemigos del Cartel de Cali y sus bombas papaya, compradas en El Salvador —que lo mantenían alerta frente a la posibilidad de un bombardeo—. Sabía que no tenía enemigos más poderosos, especialmente por la cantidad de oficiales que habían conquistado. Le preocupaban además las diferencias que habían surgido con los capos amigos, como los Ochoa, los Moncada y los Galeano.

Al momento de su entrega había acordado con ellos que él lo hacía para sanearlos a todos, pero que quienes quedaran afuera contribuirían con plata. A inicios de 1992, el Negro Galeano había visitado la cárcel. «Las rutas exitosas me las debe a mí», le dijo Pablo como haciéndole una advertencia. Los Moncada y los Galeano le escribieron una carta donde se comprometían a entregar una cifra mensual pero le pedían mayor independencia y autonomía. También se habían opuesto a la decisión adoptada por Pablo de secuestrar para financiar la guerra.

Algunos de sus hombres aseguraban que esta familia caminaba hacia la traición. El instinto de guerrero de Pablo se alertó. Amarraron a uno de los hombres de Moncada y le pillaron una agenda con teléfonos de Cali. Interceptaron sus teléfonos: «Los estamos bloqueando económicamente», le decían al contacto con Cali. Descubrieron que los Moncada y los Galeano se habían reunido con personas de Cali en el hotel Mi Rey, en La Pintada, población del departamento de Antioquia.

El momento para actuar llegó por la vía menos pensada. En un barrio de Itagüí, la tierra de los Galeano, una joven, novia de un bandido de barrio, empieza a aparecer en las rumbas con billetes de veinte y cincuenta dólares. Le cuenta a sus amigos, bandidos de barrio, que en su casa guardan una plata y que ella aprovecha cuando su papá los saca al sol para robarse algunos. Los bandidos deciden asaltar la casa y se encuentran con el tesoro de Alí Babá: una pieza llena de dólares. Y aunque se llevan toda la caleta saben que se han metido con un pez gordo y prefieren darle la noticia a Tití, su jefe inmediato, quien a su vez le pasa la onda al Chopo. A éste se le abren los ojos al ver veinte millones de dólares, entre los cuales hay billetes pudriéndose a los que deben echarles talco para despegarlos.

El Negro Galeano llama a los hombres de Pablo para que le ayuden a recuperar el botín. Está seguro de que por unos millones moverían cielo y tierra para encontrar su tesoro. «Tranquilo, llavecita, en estos días hablamos», le responden. Cansado de esperar, el 3 de julio, Galeano sube a La Catedral a reclamar. «Ya sabemos dónde está la plata, se la vamos a devolver, pero estamos muy pobres, colabórenos con la tercera parte», le propuso Pablo. Y el Negro, que por años había sido sumiso frente al Patrón, por primera vez le habla duro. «Ni por el putas, me devuelven hasta el último centavo», le dice en tono desafiante. «Entonces le queda decomisada», le replica Pablo y de inmediato lo encañonan. Pablo, que sabe que es el momento de mover fichas y neutralizar los peligros que lo acechan, ordena que suban a Kiko Moncada. Su tropa cesante, deseosa de sangre, azuza. «¡Hágale, Patrón!» Los acusados, sorprendidos con la reacción, ante la inminencia de la muerte, imploran, ofrecen: que entregan las propiedades, que se van del país, que se meten a la cárcel con ellos. Nada vale, los judas no tienen perdón, deciden matarlos. Los llevan a un sótano donde tienen una pequeña cárcel. Moncada y Galeano piensan que es pesadilla, que todo pasará pronto. No conciben que Pablo, el hombre con el que que han compartido largos años de negocios y luchas, con el que han sido incondicionales, les pague con la muerte. Al momento siguiente, recordando cómo el Patrón ha eliminado en el pasado a sus amigos, piensan que esos cuervos que ellos ayudaron a criar irremediablemente les sacaron los ojos y que para justificarlo repetirán a los cuatro vientos que ellos son unos traidores.

Después de que Pablo da la orden de ejecución y los llevan detenidos a una cárcel dentro de la cárcel, le informan que afuera están los familiares de los Galeano, acompañados por funcionarios de la Procuraduría. «No, Patrón, esta vuelta está caída, no mate esos *manes*» —le dice uno de sus hombres. Pablo lo piensa unos segundos. «Corra, dígale a aquellos *manes* que paren». Cuando el emisario va llegando al sitio siente los disparos. Pablo se asusta, se confunde por un momento, pero reacciona con vigor: «Dígale a los de la Procuraduría que si entran les damos bala».

Ahora sabe que debe enfrentar a los miembros de ambas familias. Ordena la cacería: «Que no quede ninguno vivo», le dice al Chopo. En menos de 96 horas elimina a más de quince jefes y mandos medios. Retienen y matan a sus hermanos, Mario Galeano y William Moncada; amarran a los contadores y a los testaferros para que firmen los traspasos de las escrituras de las propiedades. Rafael Galeano negocia para que le devuelvan los cadáveres de sus hermanos.

Mauricio Restrepo, que llevaba cerca de cuatro años huyendo de Pablo, al verlo encerrado en La Catedral, tomó su venganza. Alquilaba avión y le pagaba a un piloto para que, a pesar de que el espacio aéreo de la cárcel era restringido, la sobrevolara una y otra vez, para despertarle a él y a sus hombres el fantasma de un bombardeo. Los atormentaba y sentía que había ganado una pequeña batalla. Tras enterarse de las muertes de La Catedral, Restrepo hizo lanzar desde una avioneta, sobre Medellín, volantes en los que decía que Pablo asesinaba a sus amigos.

Chapulín, que había sobrevivido a varias andanadas de Pablo, lideró la formación de un grupo compuesto por hombres que saben que Pablo los ejecutará tarde o temprano; el grupo se conoció como Los Doce del Patíbulo, y decidieron colaborar con la Justicia.

El fiscal De Greiff les escucha narrar los acontecimientos recientes de La Catedral y de Medellín. A los doce les da libertad e inmunidad a cambio de entregar información y testificar contra Pablo. El fiscal, el ministro de Defensa, el de Justicia y el presidente discuten la situación. Deciden tomarse la cárcel y trasladar a Pablo. Saben que no se trata de una acción sencilla y movilizan tropas especiales desde Bogotá.

Los pocos sobrevivientes de los clanes Moncada y Galeano, Bernardo, el jefe militar, que no es de la familia pero es de estricta confianza, y algunos del grupo Los Doce del Patíbulo, empiezan a gestar la resistencia militar contra Pablo.

Pablo había sentenciado a Guido Parra por desleal. Su mujer, esperanzada en encontrar el lado blando de Pablo, sube a La Catedral para implorarle perdón para su marido. Cuando la atiende, Pablo recibe la noticia de que el viceministro de Justicia está en las puertas del penal y que el gobierno se tomará la cárcel.

«Ni el Ejército, ni la Policía pueden ingresar al penal, esa función sólo la pueden cumplir los guardianes», dice Pablo y llama de urgencia a sus abogados. No pueden llegar porque encuentran la subida bloqueada. «Es una operación de rutina», explica el viceministro. «Ustedes me van a sacar de aquí, pero yo de aquí salgo sólo muerto», replica Pablo. Intentan comunicarse con el presidente, pero no pasa al teléfono. Pablo da por cancelada la conversación y los funcionarios se disponen a retirarse. «Estos hijueputas están tramando algo, dejémoslos aquí que ellos son nuestra garantía», le propone a Pablo uno de sus hombres. Y de inmediato los convierten en rehenes. Desde la Presidencia le ordenan al general Pardo Ariza, el comandante de la Brigada Militar, que refuerce el anillo de seguridad.

Cuchilla —el matón de fina estampa— le pide a los abogados que averigüen qué está pasando. Los abogados acuerdan verse en la casa de Guido Parra. Desde allí logran comunicarse con La Catedral. «Hagan la mayor bulla posible», les instruyen. Se comunican con la periodista Gloria Congote. «Hay cosas raras, van a allanar La

Catedral», le dicen, y la periodista suelta la noticia. Hacia las diez y media de la noche la mujer de Guido Parra, que había salido por la malla, llega a su casa. Por eso en muchos medios se especuló que Pablo se había volado disfrazado de mujer.

«Yo voy para la pieza», dice Pablo, y deja al viceministro con dos de sus hombres. En su casa, Juan Pablo, entre tanto, llama a las cadenas de radio. «Mi papá se encuentra en un túnel debajo de la prisión y quiere negociar». A las once y media se pierde la comunicación con La Catedral. Se especula que hay un avión de la DEA listo. Afuera, el general Pardo Ariza sigue paralizado. La noche está cargada de niebla y lluvia. El Osito, al sentir el sobrevuelo de aviones, apaga las luces del penal. Hacia la medianoche los abogados restablecen la comunicación con La Catedral. «Se voló» es lo único que dice Arcángel al otro lado de la línea.

Pablo salió hacia las doce de la noche. Ordenó que se quedaran los hombres con limitaciones físicas y los que estaban más sanos penalmente. Él y los hombres restantes salieron por un camino que recorrían con frecuencia. Se metieron por un hueco del muro —hecho con anterioridad— y luego pasaron la alambrada arrastrados por el piso. Salieron sin un tiro. Caminaron hacia abajo. Y un par de horas más tarde, ya en la madrugada, las tropas especiales se tomaron el penal. Buscaron túneles, pero todo fue inútil. Desde la distancia, los fugitivos escucharon radio y oyeron explosiones en la cárcel. Al día siguiente se encaletaron en otra finca en Envigado. Pablo dejó a algunos de sus hombres, como el Mugre, Tato Avendaño y el Arete, para que tomaran su propio camino; otros tantos siguieron con él.

Doña Hermilda, abordada por los periodistas, explicó el motivo de la fuga: «A Pablo ya le tenían el avión listo para mandarlo a que lo torturaran en Estados Unidos». El Osito dijo: «Sabemos que no era orden del presidente matarnos, pero los mandos medios están interesados y después dicen que los enfrentamos, mejor nos fuimos». Las autoridades desplegaron operativos intensos, pero una frase del viejo don Fabio Ochoa resumió la situación: «Después de conejo ido ¿para qué palo en el nido?».

Capítulo X

Hacia el 15 de noviembre de 1993 Pablo empezó a vivir en una casa de dos plantas en el barrio Los Olivos, un típico sector de clase media al occidente de la ciudad. Lo acompañaba una prima que hacía de empleada doméstica y estafeta. Habían transcurrido unos dieciséis meses de la fuga de la cárcel, en los que había resistido como una fiera la implacable persecución. Y faltaban unos sesenta días para que fracasara la predicción del astrólogo Mauricio Puerta que había dicho, tras hacerle la carta astral, que Pablo moriría antes de que finalizara el año 1993.

El astrólogo había hecho la predicción recién sucedida la fuga de la cárcel. Pablo, como no quería ni siquiera a los astros fuera de su control, lo mandó buscar para que le aclarara su predicción y le recomendara cómo hacerle el quite. Al no encontrarlo buscó a otro astrólogo que desmintió la fatídica predicción. Pero Puerta tendría la razón. Pablo, a estas alturas, era un hombre que vivía de su gloria, que no sabía que las fuerzas que él mismo desató lo llevaban inevitablemente a la derrota. En este lugar empezó el conteo regresivo e imparable hacia su muerte, que sucedería el 2 de diciembre siguiente.

En los días que siguieron a la fuga de Pablo, en julio de 1992, las autoridades examinaron palmo a palmo La Catedral y sus alrededores. Dijeron haber encontrado restos de los cadáveres de Kiko

Moncada y el Negro Galeano en la cancha de fútbol, pero Pablo aseguró que se trataba de residuos de filtros y cal. Hay quienes, aún hoy, aseguran que esos cuerpos fueron destazados y hasta asados; y otros más que están enterrados por El Retiro. En la indagatoria Comanche, uno de los hombres de Pablo, afirmó que los mató por fuera de la cárcel por 200 millones de pesos y que abrió sus cuerpos, les metió piedras y los arrojó al río Cauca.

El ministro de Defensa visitó La Catedral y la definió como «un grotesco monumento a la corrupción». El fiscal general de la Nación, Gustavo de Greiff —figura escuálida, de pipa—, compartió su opinión:

«Esto no era un penal sino una finca de recreo. Se encontraron fotografías de fiestas en las que se ve a los guardias sirviéndoles alimentos y bebidas a los reclusos y sus invitados, un recluso disfrazado de mujer; prendas íntimas femeninas, videos pornográficos. Allá era tan fácil salir como entrar. Es increíble lo que vimos: pretendidas celdas de los reclusos que eran en realidad apartamentos con todas las comodidades posibles. El señor Escobar en realidad tenía tres apartamentos: uno en la parte principal del penal, otro en la parte superior y otro en las famosas cabañas construidas entre un bosque de pinos. Había casas anexas a la sede central y otras cabañas fuera del perímetro de la cárcel adonde los reclusos podían ir en cualquier momento. Se encontraron radio-transmisores y armas distintas a las inventariadas para la guardia.»

Lo decían como cosa nueva, pero desde el 23 de enero de 1992 funcionarios de la Procuraduría habían informado sobre las irregularidades que sucedían en La Catedral. También lo habían hecho los oficiales de la Fuerza Elite, que durante el tiempo que Pablo estuvo detenido le escucharon las comunicaciones y les advirtieron a los ministros: «A La Catedral ingresa gente sin autorización, desde allí ha reorganizado la red de narcotráfico, se secuestra y se ordenan atentados, incluso se rumora con insistencia que Pablo sale de su caleta a la ciudad».

Nadie reaccionó. Quizá el gobierno Gaviria se hizo el sordo porque en ese momento tenía la economía destrozada por una acelerada apertura económica y el país apagado por una falta de previsión del sistema eléctrico, y su único trofeo, el único de mostrar, era Pablo en la cárcel.

Al parecer de Pacho Santos:

«El gran error del gobierno Gaviria fue olvidarse de quién era ese señor, no apreciar a quién tenía en la cárcel, no darse cuenta de que Escobar era el bandido de los bandidos y que siempre iba a ser así. Pablo era un bandido en el alma, no podía hacer nada distinto de lo que hizo. Era inevitable que acabara como acabó. Era su razón de ser, era una cosa natural, su esencia genética, o no sé... pero eso fue lo que lo llevó a la tumba. Es que ése era un gran bandido, un término muy lindo. No sólo asesino, es un sinvergüenza que si le puede robar un dulce a la mamá se lo roba, eso es ser bandido. Que es capaz de hacer desde la cosa más chiquita hasta la cosa más grande sin ningún problema.»

El general Martínez no se sorprendió con la fuga. Ya se había asombrado cuando se enteró de que a Pablo lo recluirían en La Catedral, y en ese entonces preguntó: «¿Pero cómo así, lo van a llevar a su refugio natural, donde se escondió por lo menos cinco meses mientras lo perseguíamos?». Se refería a que ese terreno había sido una finca de la cual escapó a intensos operativos por el mismo lugar que huyó de la cárcel La Catedral. A su parecer antes y después La Catedral fue una caleta.

El gobierno y el país pasaban una vergüenza internacional, pero el general vio en la fuga una nueva oportunidad para derrotarlo. Pablo sabía más de ellos, sin duda. En la cárcel allegó mucha información sobre el Cuerpo Elite. Pero los policías también conocieron más de él. Los agentes, que procedían en su totalidad de otras regiones, cuando llegaron a Medellín, a final de 1989, no conocían ni las direcciones, ni los nombres de los barrios de la ciudad. Pero en ese momento, a tres años de perseguir el fantasma, se movían con soltura hasta en el último rincón de la región, conocían caletas, modos de operar, y a amigos y enemigos del capo. El general, sin embargo, reconoce que lo que siguió no fue tarea fácil. Eliminaron casi toda la organización y, aun así, tardaron casi un año más para darle de baja.

Mauricio Restrepo se sintió frustrado. Él había hecho sobrevolar una y otra vez la cárcel para trazar mapas, durante largas jornadas había observado con telescopio las rutinas de los internos, y estudió las características de helicópteros y explosivos hasta que elaboró un detallado plan para bombardearla. Su plan de matar a Pablo y a sus hombres se frustró con la fuga.

Pablo, por su parte, se sentía tranquilo. Su estrategia básica era sencilla y efectiva: no permitía que ni aun las personas más cercanas, ni sus hermanas, conocieran su paradero. Si se veía con alguien en un lugar, cuando esa persona salía, de inmediato se movía. «De pronto lo cogen de las *güevas* y aquí los trae», decía.

Tras la fuga se había escurrido con sus hombres hacia una finca abajo de La Catedral, donde se refugiaron la primera mañana. Se camuflaron en un pequeño, pero espeso bosque. Estaban a punto de capturarlos pero el convencimiento de las autoridades de que habían salido hacia el municipio de Caldas, en dirección estrictamente contraria, los hizo desistir de la búsqueda. En la tarde siguiente Pablo dejó en libertad a los hombres que quisieran abandonar la guerra. Algunos, como el Mugre y el Arete, se replegaron y buscaron refugio cerca al mar. Los que decidieron quedarse siguieron a Pablo por montañas que conocía al dedillo.

«El sábado, después de volarnos de La Catedral —narra el Osito—, estábamos en una caletica por Camasuelta en El Poblado. Pablo había hablado una hora para una cadena radial. Les dijo: "Vea, no me busquen que yo ya estoy en la calle, no gasten pólvora en gallinazos. Yo me volé de allá porque me hicieron ir. Yo no me quería ir". Entonces detectaron la llamada. Empezaron los helicópteros a volar por ese lado. El domingo, por ahí a las cuatro de la tarde, nos tocó meternos al monte. Pablo oía el partido de fútbol entre Nacional y Medellín en un radiecito pequeño. "Patrón, ahí están los helicópteros", le gritaba Popeye. "Quedate quietecito, hombre, que el Medellín va a meter gol, *güevón*". "Patrón, es que ya vienen encima. Esperate, esperate, esperate… ¡gol, gol, gol!". Y se puso a cantar el gol ahí. Así era él.»

Estaba gozón, no percibía la magnitud del huracán y se lanzó de inmediato a la ofensiva. En agosto de 1992, 18 días después de su fuga, explotó un carro bomba en el centro comercial Monterrey, en Medellín. Luego siguieron explosiones en diferentes lugares del país con centenares de heridos y muertos, e inmensos daños materiales. La soberbia le anestesió el cerebro. Le dio uno de los males más grandes del guerrero: subestimar al enemigo. No se dio cuenta de que sus viejos y nuevos enemigos, aliados en su contra, tenían el poder suficiente para derrotarlo. Algunos de sus hombres le habían advertido de lo grave que sería matar a sus amigos, pero él no hizo caso. El sindicato de bandidos lo adulaba, lo azuzaba y se beneficiaba de su locura.

Luego se alejó un poco de Medellín. A los tres días Pablo llegó a El Tablazo —la vereda donde había nacido— y le pidió a María, una empleada suya que saliera a comprarle desodorante Aramis, pañuelos blancos, papel higiénico Pompón y algunas cosas de mercado. De allí se desplazó hacia el embalse de El Peñol, donde tenía dos fincas a su disposición. Primero estuvo en La Manuela, almorzó lentejas, arroz, tajadas de plátano maduro y huevos fritos, y atendió personas —que llevaban con los ojos vendados— hasta el amanecer. Salió por uno de los túneles de la propiedad y fue a la otra casa.

Pasó por el barrio El Lorito, en el casco urbano de El Peñol. Allí María recibió el encargo de comprar bluyines, camisas, ropa interior, una pantaloneta blanca, unas botas plásticas número 39 y una ruana beige. Al día siguiente, siguiendo su costumbre, despidió a su empleada y luego, sin decir nunca adónde iba, tomó un vehículo.

Llegó a la población de La Ceja y se guardó en la casa de unos trabajadores suyos a quienes les tenía una confianza especial. Hasta allí hizo traer a María para que le preparara lengua de bovino sudada. Al finalizar la tarde, salió con sus trabajadores y unos músicos de la región a dar una serenata a doña Hermilda quien cumplía años y se encontraba en una finca de los alrededores.

Regresó a Medellín. Pasó por diferentes casas y edificios, entre los que se pueden citar Los Búcaros y Montevideo.

Pablo, acostumbrado a que en los juegos y en la vida siempre ganaba, ahora iba acumulando pérdidas irreparables. Elkin C. —pionero del sicariato, matón desalmado, conversador extraordinario, compañero de muchos años de guerra— había muerto el 1° de noviembre, a sus 46 años. Por cosas de la vida y del corazón, este hombre de gatillo y pólvora se quedó dormido en el quirófano mientras le cambiaban una válvula. Veinte días después lo siguió al más allá Cuchilla, su íntimo. Lo secuestraron, lo llevaron a Cali y lo molieron sin remordimiento en un trapiche de caña.

Durante varios meses, Pablo se movió en la zona céntrica de la ciudad. En diferentes ocasiones pasó al lado de soldados y policías a quienes saludaba cordialmente. Vivió en Prado, un barrio tradicional de casas que habitaron en otros tiempos los aristócratas de la ciudad y de calles tapizadas por las flores amarillas que caían de los árboles de guayacán. Según escribió el Osito, en una ocasión, entrando a una casa que le servía de caleta, fue sorprendido por unos atracadores. Inerme, ante la amenaza de un revólver, sin poder decir «no se atrevan, yo soy el gran Pablo», le dijo a su acompañante que les entregara un paquete que llevaban en la silla trasera del carro. Los asaltantes huyeron en una moto. Pablo solo atinó a decir: «Esta ciudad se ha vuelto muy insegura» y de inmediato cambió de refugio.

El Osito y Pablo se veían con alguna frecuencia, bajo extremas medidas de seguridad. Pablo le pidió al Osito que se entregara para que desde la cárcel le sirviera de enlace con las autoridades. El 1º de octubre de 1992 se vieron por última vez. El Osito lo llevó a las casas que le iban a dejar y le presentó a sus empleados. En una de estas casas desayunaron huevos, arepa y café. Con un fuerte abrazo y la promesa de verse pronto salió con nostalgia a encontrarse con la directora de Instrucción Criminal para someterse de nuevo a la Justicia.

También se reentregaron el Tato Avendaño, Popeye, Otoniel, Gustavo González y el Mugre. Pablo los prefería entregados, no quería que, detenidos o dados de baja, fueran mostrados como trofeos por sus enemigos. Porque sus hombres, en una implacable ley del Talión, empezaron a aparecer muertos en las calles de la ciudad. Por eso Pájaro, convencido de que la Policía lo mataría, se resistió a un allanamiento en un apartamento de El Poblado. Mientras se atrincheraba, se comunicó con sus compañeros y les pidió que llamaran al Ejército y la Procuraduría. Los policías lograron entrar hasta la sala de su apartamento, desde el baño disparaba a lo Rambo y mató a uno de los agentes. Sólo cuando llegó el Ejército se entregó. El argumento de legítima defensa sirvió para que, un tiempo después, la justicia sentenciara que ese homicidio lo había cometido en defensa propia.

Para Victoria la fuga de Pablo significó el fin de la tranquilidad que le produjo tener a su esposo recluido —el poderlo ver varias veces a la semana—, y el inicio de la incertidumbre de la guerra cuyos caminos escabrosos ya conocía. Se veía peregrinando de caleta en caleta con sus hijos y sufriendo día y noche por la posibilidad de que Pablo muriera. Esa certeza de que lo más cercano que tenía su marido era la muerte hacía que no desaprovechara ninguna de las posibilidades de encuentro. Ahora volvían a tener la relación fugaz de la clandestinidad, casi como amantes. Sin embargo, a veces las citas se frustraban: el 2 de diciembre de 1992, en su cumpleaños 43, no lo pudo acompañar.

Aunque la casa de Los Olivos, su último refugio, también tenía vista hacia atrás, Pablo prefería mirar por las ventanas de adelante, hacia un paisaje un poco más amplio, con algo de movimiento. Algunos carros y uno que otro transeúnte pasaban a lado y lado de la canalización. En las largas horas de espera muchas cosas le venían a la cabeza. Recordó un reciente paseo con su mujer y sus hijos a una finca de San Luis, en un lugar solitario al borde de la selva. Fue un pequeño reposo en medio de la guerra, donde disfrutó una quebrada de aguas transparentes en la que se bañó y jugó largamente con sus hijos. Este paseo fue, por decirlo de alguna manera, su último oasis.

Luego, entre sus desvaríos, pensó en el final de Turi Giuliano, en el libro de Puzzo *El siciliano*: es Pizziota, uno de sus hombres, quien lo traiciona y lo mata, y quien llama a los *carabinieri* —la policía italiana— para que reclamen ante la opinión mundial el triunfo: ¡El terrible bandido ha muerto! Y pasa por su cabeza, y por su cuerpo, como un escalofrío, el convencimiento de que su final será similar.

De todas las deserciones sentía como mayor amenaza la de los hermanos Fidel y Carlos Castaño. Sabía que era con ellos, estrechamente ligados en ese momento al Cartel de Cali y a las autoridades, con quienes estaba perdiendo la guerra. El deterioro de las relaciones tenía su historia. Fidel Castaño se había convertido, tras las muertes del Mexicano y Henry Pérez, en el líder más destacado del paramilitarismo en el país. A pesar de que las autoridades judiciales lo requerían por masacres contra comunidades campesinas, sus nexos con importantes sectores de las Fuerzas Armadas le habían permitido no sólo seguir libre sino, además, crecer militarmente.

Según Arcángel, «los Castaño habían tomado distancia y llevaban con la doble faz al Patrón». Él les pedía que le ayudaran con actos terroristas y ellos los organizaban pero simultáneamente los delataban. Así sucedió con un atentado que organizaron en el aeropuerto de Medellín. Se trataba de que un sicario suicida abaleara indiscriminadamente, frente a los *counter*, a los ejecutivos que se desplazaban a Bogotá. Los Castaño organizaron la acción pero le informaron al DAS. El sicario fue abatido antes de que la Ingram 380 soltara la primera ráfaga.

Unos meses antes de fugarse de la cárcel, Pablo, consciente del peligro que le representaban los Castaño, decidió matarlos. Los invitó a La Catedral para arreglar amistosamente sus diferencias. El Chopo los ejecutaría en la estrecha carretera de regreso a Envigado. Pero ellos olieron el peligro. Los Castaño sabían de ese asedio y mantenían una aparente tranquilidad, pero tomaron medidas para protegerse. El plan se frustró porque sólo subió Carlos, y Pablo sabía que tenía que matarlos simultáneamente. Tras la muerte de Galeano y Moncada, Fidel encontró la gran oportunidad de enfrentarse abiertamente al Patrón.

Con sus entrañables pasando a ser difuntos o traidores, Pablo caminaba hacia un callejón sin salida. Si se entregaba, con su rango de negociación disminuido, tendría que hacer concesiones impensables para él. La cárcel ya no sería, como en el pasado, una garantía de seguridad. Pero tampoco tenía condiciones para prolongar indefinidamente su lucha. Sin embargo, como su mito empezaba a desvalorizarse, realizó acciones para mantenerlo vivo. Reunió a unos 250 hombres en la discoteca El Conde, en las lomas entre El Poblado y Envigado. Salieron en una caravana de sesenta carros cargados de armas y dinamita, y recorrieron diversos sitios de Medellín. Montaron un retén en la carretera de Las Palmas, mataron a un policía, desarmaron a escoltas del presidente de una importante compañía y amenazó con cobrarles impuestos. Luego, la caravana se dirigió al occidente de la ciudad, por el sector de Bulerías, en busca de la casa del capitán Posada, de la red de Inteligencia de la Policía. Pablo les dijo a sus hombres que este oficial, a quien bautizó Cortapollo, detenía a jóvenes de las comunas y los torturaba con un aparato de despresar pollos y luego los mataba. Los vehículos bloquearon las vías de acceso. Dinamitaron la casa y mataron al capitán. Los expedientes dicen que en la caravana iba su hijo Juan Pablo.

En la retirada, por el barrio Belén, también dinamitaron la casa donde, unos días antes, la Fuerza Elite había dado muerte a Tyson, la primera pérdida importante del Cartel después de la fuga. Intentaba cagarse en los triunfos de sus enemigos, se sentía invencible. A Tyson su familia lo enterró de manera discreta. En la Sala de Velaciones Villanueva cerraron las puertas al público y a otros difuntos. A las seis de la tarde las puertas del cementerio de San Pedro se cerraron y la multitud se dispersó. Hacia las ocho de la noche llegó el cortejo fúnebre.

El balance de la familia no es alentador: dos muertos y tres detenidos —dos en Colombia acusados de actividades terroristas y la Kika, que se estripó ingresando a Estados Unidos—. Las autoridades lo detuvieron y lo condenaron a varias cadenas perpetuas. A los meses de su detención pidió perdón por todos sus actos y se convirtió a un culto evangélico. Caso similar al de Julio Mamey, sicario convertido a Jesús y a la DEA, que hoy es un importante pastor en Estados Unidos. A los guerreros que viven en el fragor del combate, en la cresta de la ola, la pólvora les hace hervir la sangre, la muerte les produce un éxtasis extraño y la victoria les da un sentido de trascendencia que les impide detenerse. En cambio, ese mismo guerrero, obligado a la quietud, condenado a mirarse a sí mismo, vive experiencias que, en ocasiones, limitan con el misticismo. Las culpas se crecen hasta convertirse en fantasmas. Así le sucedió a un capo que mandó matar a una amante infiel. «Tengo que matarla», le dijo a un compañero de celda. «Pues qué más da, entre 500 muertos y 501 no es mucha la diferencia de la candela que nos pondrán en el infierno», le respondió. No sólo la mató a ella sino a su novio y a sus cómplices. Pero luego, al enterarse de que todo era mentira, de que se trataba de un chisme, se hundió en un trance de depresión y arrepentimiento. Algunos entran en una fase mística como una forma de renacimiento y oran y rezan, en alto volumen evangélico, tratando de exorcizar sus fantasmas.

Ni Pablo ni sus hombres, ni aun en La Catedral —circo romano, con emperador, lujuria y muerte como espectáculo—, tuvieron reposo. Allí se gozaron el hecho de haber derrotado un Estado y manejaron la prisión como un veraneadero.

Arcángel, recluido en la cárcel de alta seguridad de Itagüí, al lado de los hermanos Ochoa, afianzó vivir su propia metamorfosis. Los Ochoa colgaron en el comedor del pabellón un cuadro del cura García-Herreros al que convirtieron en santo de su devoción. Además, contrataron maestros en el arte de la talabartería y montaron un taller en el que trabajaron una buena cantidad de internos.

Arcángel reaprendió, en el tallado del cuero, el arte de la paciencia y de la vida sosegada. Se impuso a sí mismo una disciplina: se levantaba a las cinco de la mañana, hacía gimnasia, desayunaba, se iba al taller en las mañanas, en la tarde compartía algún juego con los compañeros y luego de cenar se retiraba a su habitación a leer antes de dormirse. Retomó una noción de la familia, de la mujer y hasta del dinero. Antes podía despilfarrar millones. Ahora cada peso era ganado y gastado a conciencia. Pensaba en su Patrón, «en su linda sonrisa», en la seguridad que le brindaba y lo deseaba a su lado. Sabía que en ese momento la guerra podría llevarlo a la destrucción, estaba convencido de que así Pablo tuviera acciones ofensivas, todo se volvería contra él como un bumerán.

El 27 de diciembre se produjo otra explosión, en la calle San Juan, en el occidente de Medellín, en la que murieron cuatro policías y 46 quedaron heridos. En la noche, de barba larga y con la hija Manuela en sus hombros, caminó en medio de la muchedumbre, por la avenida La Playa, en el centro de la ciudad, contemplando los alumbrados navideños.

Le seguía dando vueltas a la idea de una reentrega, pero al mismo tiempo escribió una carta al fiscal general de la Nación, De Greiff, anunciándole la fundación de un grupo denominado Antioquia Rebelde. Sacudiéndose de marcas como Los Extraditables pretendía ganar *status* político para la nueva negociación.

En la carta afirma:

«Denunciar a autores de secuestros, torturas y masacres no tiene sentido, porque todo el mundo lo sabe. A los policías criminales nadie los busca ni los sanciona porque trabajan para el gobierno, y al gobierno, ávido de medallas en su lucha contra el narcotráfico, sólo le sirven las medallas de Medellín. Así éstas se consiguen utilizando métodos de barbarie. Mis abogados han sido allanados y saqueados, encarcelados, amenazados y cargados con armas, con droga y con dinamita para ser mostrados como delincuentes y terroristas. Frente a estas circunstancias no me queda otra alternativa que descartar la lucha jurídica y emprender la lucha armada organizada. Por ello deseo comunicarle mi determinación de fundar y liderar un grupo que se denominará Antioquia Rebelde. Como en anteriores ocasiones, estaré siempre atento al diálogo y a la búsqueda de la paz, pero de hoy en adelante las condiciones de ese diálogo serán las mismas que se emplean para todos los grupos rebeldes llamados subversivos o guerrilleros.»

Se trataba de revivir la memoria regionalista del departamento de Antioquia y luchar por un proyecto separatista. Alguna vez se le oyó decir que quería volar el puente sobre el río Magdalena, para separar definitivamente a Antioquia de Bogotá. Con cosas así soñaba. Mencionaba un móvil político como objetivo de su lucha, pero era una consigna tardía y anquilosada, con la que buscaba que fuera tratado como delincuente político.

«Pablo nunca tuvo preconcebida una meta superlativa alrededor de toda la lucha que dio —dice el coronel Naranjo—. Él nunca pretendió que la campaña terrorista estuviera encaminada, por ejemplo, a legalizar el narcotráfico, era simplemente el desafío al Estado. ¿Para qué? No se sabe. Lo que lo sitúa en un perfil anarquista. Si uno estudia bien su perfil puede concluir que era el terror por el terror sin una meta específica. Él era un revanchista social. Y el narcotráfico fue su instrumento para cobrarle a la sociedad y al establecimiento lo que sentía como injusto. Quería reivindicar un sentido de clase… pero eso no está expreso, no está elaborado, pueden ser especulaciones que uno elabora hoy… Era típicamente anarquista.»

En enero de 1993, con el liderazgo de Fidel Castaño, se oficializó públicamente la alianza antiEscobar, bajo el nombre de los Pepes (Perseguidos por Pablo Escobar). Pablo sabía que lo atacarían con la misma fórmula que él había inventado cuando creó el grupo MAS, para lograr la liberación de Marta Nieves Ochoa, secuestrada por el M-19. Castaño había sido alumno de esa escuela y, enfrentado por más de una década a las guerrillas, había cultivado buenas relaciones con las Fuerzas Armadas, con las que compartía un desenfrenado espíritu anticomunista.

Pero no se trataba sólo de Castaño, Pablo apenas sospechaba que a la formación de los Pepes habían confluido sus tradicionales y nuevos enemigos: funcionarios del Estado colombiano, grupos empresariales, el Cartel de Cali y los sobrevivientes de los clanes Moncada y Galeano. Era una alianza de tal tamaño que Carlos Castaño dio alguna vez la definición más ambigua y más precisa sobre su composición: «Del presidente para abajo todos éramos Pepes».

La Fiscalía General de la Nación entregó perdones judiciales a unos cincuenta narcotraficantes que en ese momento se comprometieron a colaborar con la justicia, es decir, a luchar contra Pablo.

Mauricio Restrepo asegura, además, que muchos grupos desarticulados se apropiaron de la bandera de los Pepes para ejecutar de cuenta propia acciones contra Pablo.

«Escobar tenía muchos enemigos, los dolientes de sus miles de víctimas. No olvide que sólo en Medellín él mató a cerca de mil policías. Cuando empezó el accionar de los Pepes, muchos de esos enemigos anónimos tomaron esa lucha como propia. Claro que hubo un grupo que podríamos llamar de elite que se conectó con las autoridades y con gente de Cali y le propinó los golpes más duros, pero lo que hubo contra Escobar fue una gran resistencia social.»

Podríamos decir que Pablo olvidó un principio elemental de la guerra que dice que se debe atacar al menor número de personas que representen el mayor numero de intereses. Él, soltando la muerte como una vacaloca, se granjeó la enemistad de diversos sectores.

El alto gobierno, los altos mandos y los agentes estadounidense en la Embajada vieron en los Pepes una gran oportunidad. Sabían que aunque tuvieran que condenarlos públicamente, en sentido práctico, ese grupo salido de las entrañas del Cartel, utilizando las mismas armas de su enemigo, tendría una enorme capacidad para minarlo. Estaba claro que desde la institucionalidad, así existiera tolerancia, no se podía llegar a los extremos a que podía llegar un grupo ilegal.

Los Pepes operaban con patente de corso. En residencias Tequendama en Bogotá, propiedad de las Fuerzas Armadas, Castaño recibía a las personas y las interrogaba con una pregunta sencilla: «¿Con Pablo o contra Pablo?». Quienes seguían fieles al Patrón eran amarrados y expropiados, quienes lo combatían recibían propiedades y beneficios.

Los Pepes quemaron una de las casas de la familia Ochoa como parte de su estrategia para obligar a definirlos contra Pablo. Cuando iban a destruir la segunda propiedad, Mauricio Restrepo se puso delante de los hombres. «Para hacer algo contra los Ochoa me tienen que matar primero». Logró detener el operativo y se fue adonde Fidel Castaño: «Si va a atentar contra mis amigos, máteme de una vez porque yo no lo voy a permitir».

Luego Restrepo llevó a las mujeres del clan los Ochoa a hablar con algunos capos de Cali para distensionar la relación.

Sobre ese asunto Pablo escribió: «Yo sé que existe una llamada de Fidel presionando a Jorge para que se voltee en mi contra. Tú sabes que Jorge es un hombre serio y leal y no se voltea porque sabe que yo he actuado con justa razón. Además los caleños entregaron a Jorge en Palmira cuando éste les hacía la visita».

Quizá si no hubiera sido por la ayuda de Restrepo, los Ochoa no hubieran podido mantener ese fino equilibrio entre Pablo y sus enemigos que les permitió sobrevivir a la guerra.

En Medellín, Carlos Castaño lideraba las operaciones militares. Operaban con ventaja, conocían su infraestructura, su gente y sus movimientos. Los Pepes dinamitaron propiedades —como la famosa discoteca Camasuelta— casas lujosas, fincas y la colección de carros antiguos. Hombres y mujeres asociados a Pablo fueron retenidos, torturados, tirados a las carreteras, desaparecidos o, en la llamada Operación Ruana Verde, arrojados desde helicópteros, en las selvas de Chocó.

El general Maza, años después, seguía afirmando que ese grupo era el que verdaderamente había derrotado a Pablo.

«A Escobar lo debilitó haber matado a sus amigos, más que las bajas que nosotros le cometimos —insiste el general Maza—. Porque por haberse enfrentado a sus amigos se formaron los Pepes, que actuaban por fuera de la ley y le conocían todos los caminaderos. Haber peleado con ellos fue el peor de sus errores. Encontró la respuesta de unos enemigos que a la final resultaron más poderosos. Cuando Pablo Escobar asesinó a sus lugartenientes, algunos narcotraficantes como Ospina Baraya —Chapulín—, Guillo Ángel y Molina Yepes declararon ante la Fiscalía y ayudaron a desvertebrar esa organización. También ejercieron un papel muy importante los de Cali y los antiguos enemigos del Mexicano. Escobar, con la decisión de matar a sus lugartenientes, volvió a unir lo que había dividido. Lo único cierto es que los Pepes, con Fidel Castaño a la cabeza, acabaron no solamente a Escobar, sino a toda la organización.»

Pablo, como reacción a la ofensiva de los Pepes, hizo activar carros bomba en Cartagena y Bogotá. Hombres del Chopo explotaron una camioneta al pie de un puesto de control de la Fuerza Elite, en la carretera de Las Palmas, cerca del hotel Intercontinental. La prensa habló de nuevo de sicarios suicidas, pero en realidad la carga explosiva la detonaron a distancia. El conductor de la camioneta era uno más de un grupo de los que llamaban desechables que un hombre de Pablo había recogido entre los mendigos callejeros de la ciudad. A estos hombres —basuco vivo, alma exasperada, no futuro— los tenían por un mes, los aseaban, alimentaban, y si era necesario les enseñaban a conducir, para usarlos en actos terroristas. Contra lo esperado, el retén de los Elites no detuvo el carro. Sin embargo, ellos, antes de que aumentara la distancia, activaron el explosivo. Con la idea de sicarios suicidas, el fantasma de Pablo seguía vivo.

«Si suenan bombas no es culpa mía —escribió Pablo en una comunicación a uno de sus abogados—. La gente está muy brava por lo de las torturas. Y la gente no ve un arreglo a esto, y todos los días desaparece gente en los barrios pero para acabarnos tendrán que tirar una bomba atómica sobre Medellín y con el peligro de que podamos salir de las cenizas. Que no crean más en ficticios partes de victoria de la Policía ya que ellos no tienen tiempo de hacer inteligencia porque amanecen trasnochados por estar robando y quemando fincas. Varias de las propiedades que han quemado no son mías. La de El Tablazo en Rionegro la quemaron sólo porque se llamaba Manuela, pero es que la hija del dueño también se llama así. La de Fredonia tampoco era mía, yo no colecciono fincas. La Manuela de El Peñol se la quemaron al gobierno porque estaba confiscada. Lo mismo que las bodegas de carros.»

El Chopo se mantenía como su gran soporte. Según relato de uno de sus allegados, en el tiempo en que era más buscado caminaba con tranquilidad por el centro de la ciudad, iba al cine Metro Avenida a ver Fuerza Delta, con Chuck Norris, y concertaba sus citas en lugares públicos. Vivía en un edificio en pleno centro de la ciudad que sólo conocen dos o tres de sus hombres, el mismo edificio donde funcionaba clandestinamente la redacción del periódico *El Espectador*. El Chopo había sido encargado de eliminar en Medellín hasta el último rastro del diario de los Cano, de don Guillermo Cano, que osó denunciar a Pablo y aplaudir la extradición, por eso mató a sus gerentes y amenazó a sus redactores. Por cosas curiosas de la vida, o por lo maquiavélico de Pablo, en la sede del barrio Prado, que *El Espectador* debió abandonar por las amenazas, las autoridades hallaron treinta kilos de base de coca, químicos e implementos para el procesamiento de cocaína. Carlos Mario Correa, sobreviviente del exterminio y único cronista que mantuvo la presencia de *El Espectador* en Medellín, se instaló de manera clandestina en un céntrico edificio.

Boliqueso, trabajador del Chopo, cuidador de secuestrados —sicario famoso por su tamaño, al que le dicen el Estrangulador porque ahorcaba gente con una sola mano—, estaba agrediendo a una muchacha en la calle 70. Una patrulla del Ejército que pasaba por el sitio lo capturó con un arma. No lo conocían pero una extraña intuición hizo que los oficiales llamaran al general Martínez. «Tenemos un hombre grande y corpulento, 1,85 de estatura, queremos que venga a ver si lo reconoce». El general lo identificó de inmediato. Boliqueso se quebró y la Fuerza Elite se apoyó en él —que sabía lo hecho por cada sicario— para desmantelar el Cartel. Y de él arrancó una cadena de delaciones.

«Cayó toda el ala terrorista, los que colocaban las bombas. Unos 16 tipos que no eran miembros del Cartel de Medellín, sino contratistas coordinados por el Chopo —relata el general Martínez—. Se señalaban uno al otro. Entre ellos se detuvo al Tití y a Juan Caca. Los conducían al cuartel del Bloque de Búsqueda cuando decidieron hablar. El que llamaban Juan Caca estaba convencido, como lo estaban la mayoría de segundos de Pablo Escobar, de que si la Policía los cogía, los mataba y por eso tenían la consigna de que había que resistirse. Por eso es que la mayoría se hacían matar, porque creían que los buscamos para matarlos y no para capturarlos. Entonces en el trayecto ese señor dijo: "No me vayan a matar, yo les colaboro". "¿Dónde está el Chopo?". "Yo los llevo a donde está". Estaba en el último piso de este edificio. El fiscal y el delegado de la Procuraduría, que nos acompañan, de inmediato expidieron la orden de allanamiento.

»Los hombres subieron al último piso. Cuando rompieron la puerta con un explosivo comenzó a salir fuego de adentro. Pero fuego, es decir, en ráfaga. La gente esperó. Le lanzaron una granada, todo quedó en silencio, iban a ingresar y nuevamente salió fuego. El Chopo disparó hasta que agotó la munición. Ingresó uno, ingresó el otro, disparando, gente muy preparada para eso. El primero que ingresó le puso al Chopo, en todo el pecho, una ráfaga de metralleta.»

Los cronistas subieron en romería al piso veinte y vieron un apartamento que sólo tenía de extraño manchas de sangre en las paredes. Luego bajaron al primer piso. El cuerpo abatido lo habían puesto en un patio. Los periodistas se abalanzaron a fotografiarlo. Carlos Mario Correa miró: estaba en posición de crucificado, con su torso desnudo —se le ve un águila tatuada—, con sudadera y sin un zapato. Y allí vino a saber que ese señor, con apariencia de hombre rico, que con frecuencia se encontraba en el ascensor, era en realidad al Chopo, que hacía meses que lo buscaba afanosamente para matarlo.

Desde su refugio de Los Olivos, a quince días de su muerte, Pablo miraba pasar al frente un caño de aguas negras y le sobraba tiempo para pensar. Añoraba reencauzar su vida, especulaba sobre lo que hubiera sucedido con ella si en vez de un capo del narcotráfico fuera un dirigente guerrillero, como Iván Marino o Jaime Bateman, a quienes tanto admiró. Vagaba en sus imaginaciones, pero a estas alturas su proyecto de formar el grupo Antioquia Rebelde se había desvanecido, entre otras cosas, porque Lucho el Miliciano, su condiscípulo de estudio, que podría haber sido clave en la formación de su guerrilla, había sido detenido y ahora se encontraba en la cárcel de Itagüí junto a los Ochoa y Arcángel.

Sin embargo, apegado a esta idea como una oportunidad de resurrección, en ese mismo momento Pablo rastreaba contactos, haría el esfuerzo para que un grupo guerrillero lo acogiera, estaba dispuesto a hacerse su militante. La verdad es que una cosa era lo que él sentía y pensaba, pero el Pablo Escobar que todos conocían no tenía reversa posible ni manera de reconducir su vida. Estaba condenado a un deambular solitario.

En julio, buscando una reentrega, el fiscal De Greiff se reunió en la cárcel de Itagüí con el Osito y el abogado Roberto Uribe. Acordaron que Pablo se entregaría y sería confinado allí y que por ningún motivo sería trasladado. Sin embargo, en declaraciones posteriores, el fiscal modificó su posición y la reentrega se frustró.

En realidad casi nadie quería a Pablo en la cárcel. Recién fugado de la cárcel el propio Pablo había llamado a Alberto Villamizar, a su embajada en Holanda, para pedirle que facilitara una nueva entrega. Villamizar llamó a Rafael Pardo y concluyó que el gobierno no tenía interés en una reentrega, que no había reversa posible y que Gaviria se jugaría entero para someter a Pablo.

317

Hoy, diez años después, cuando le preguntamos a Villamizar por la política de sometimiento a la Justicia del presidente Gaviria, la fuga de Escobar y su muerte posterior dice:

«Galán no creó el Nuevo Liberalismo para enfrentarlo al aparato criminal más poderoso de la época, pero cuando las circunstancias lo exigieron no lo eludimos y solos y sin ayuda del Estado denunciamos y enfrentamos. Al asesinar Escobar a Galán acabó con el Nuevo Liberalismo pero esto también le costó la vida a él. La política de sometimiento de Gaviria fue acertada, la diseñó sin presiones, ni contraprestaciones de ninguna clase, antes de los secuestros de los años noventa. El Cartel de Medellín se sometió y con la entrega de Escobar el narcoterrorismo se acabó. La gran falla fue la manera como manejaron la permanencia de Escobar en la cárcel, absolutamente irresponsable, como si fuera un delincuente común y corriente. Luego de su fuga la pasividad y casi complacencia del gobierno frente a la aparición de los Pepes tuvo graves consecuencias para el país por el fortalecimiento del Cartel de Cali. Pero lo verdaderamente doloroso son los muertos que la fuga de Escobar causó, cientos de colombianos murieron con las balas y con las bombas que Escobar volvió a utilizar en su desesperado camino hacia su viaje final.»

Por esos días un general del Ejército, que colaboraba con la Fuerza Elite, afirmó en los medios de comunicación que preferían a Pablo muerto y no detenido. Los Pepes tampoco lo querían reentregado y por eso, para dejarlo sin aire, se lanzaron a cortarle todos los apoyos legales. Empezaron a matar a sus abogados. El 16 de abril retuvieron a Guido Parra y a su hijo. Parra pidió a sus captores que le permitieran hablar con Fidel Castaño para decirle que Pablo Escobar también los había condenado a muerte. Pero ese diálogo no fue posible, y Parra y su hijo murieron.

En los meses siguientes cuatro abogados más al servicio de Pablo fueron baleados. Al capitán Betancur, el famoso hombre de los cantoneos, los Pepes también se lo llevaron. Apareció muerto.

Pablo intentó defenderse. Mató a Oswaldo Trujillo Blanco, hijo de Griselda Blanco —la veterana Reina de la Coca, que seguía detenida en Estados Unidos—, por ser de los Pepes. Patadas de ahogado. La organización se le desmoronaba y algunos de sus hombres vendieron todo, arreglaron papeles y salieron del país.

También querían bloquearle los secuestros que se habían convertido casi en su último respaldo financiero. Antes Pablo operaba con toda la ventaja porque cuando secuestraban a alguien en la ciudad los afectados buscaban su colaboración. Él se comprometía a averiguar en el mundo de los delincuentes. Cuando no eran sus hombres los que tenían al amarrado, ubicaba a los pillos responsables y les preguntaba: «¿Cómo va la negociación?». «Va en tanto». «Vea, déjenlo ahí en ese punto que yo me encargo, suéltenlo». Después llamaba a la familia: «Mire, ahí se le organizó el asunto, pero a esa gente hay que pagarle, yo les sirvo de fiador, yo les presto la plata».

Según el coronel Naranjo, la imagen de Pablo fue cambiando desde que la gente empezó a identificarlo como el principal secuestrador de la ciudad. Cada vez que secuestró originó una alta vulnerabilidad y nuevos enemigos.

Boliqueso les señaló a Juan Fernando Londoño White, un hombre de unos treinta años, como cabeza visible de los secuestros de la organización. La Policía allanó las oficinas de LG y M y de Londoño White y Cía., indagando por el acusado. Todos los hermanos Londoño White concurrieron para dar la cara. No existía ningún Juan Fernando Londoño White y que ninguno de los miembros de la familia era menor de 30 años.

A Diego Londoño White y a uno de sus hermanos los llevaron a Bogotá para un reconocimiento. «No, no son ellos», dijo Boliqueso a las autoridades. Diego explicó que el citado Juan Fernando era un impostor cuyos apellidos reales eran Toro Arango, y se trataba de un ex empleado de su hermano Luis Guillermo. Toro Arango, conocido en el mundo de los delincuentes como la Monja Voladora, utilizó la información de su trabajo y su relación social con la familia Londoño White para conseguir información y pasarla al Cartel para iniciar secuestros.

Los hermanos Londoño quedaron libres, y la persecución de las autoridades se centró en torno a Toro Arango, quien ante el acoso se entregó, por medio de un oficial de la Armada, en residencias Tequendama en Bogotá. Toro Arango se reunió con el fiscal, y a pesar de que existía orden de captura en su contra, éste lo dejó en libertad a cambio de que colaborara con las autoridades. Convertido en informante, condujo a los Pepes a una finca de Llanogrande donde se hallaba Diego Londoño White. Ante la presencia de hombres armados, Londoño se echó a rodar por unos potreros para esquivar los disparos y huyó, mientras su casa era incendiada. Posteriormente, Toro Arango, ante el intento fallido contra Diego Londoño, orientó al grupo en el secuestro de su antiguo patrón Luis Guillermo Londoño White. Diego Londoño, sabiendo que era a él a quien buscaban, trató de canjearse por su hermano. Pero Luis Guillermo apareció muerto.

Los Pepes querían muerto a Diego Londoño White porque conocía muchos hechos y personajes vinculados con Pablo y ahora con los Pepes, y se convertía en un testigo incómodo, y porque en el pasado, en dos ocasiones, había oficiado de intermediario entre los narcotraficantes y el gobierno y temían que volviera a propiciar contactos para una nueva entrega de Pablo. Pero ya tampoco Pablo confiaba en él, nadie confiaba en nadie. Ante el asedio pidió protección a la justicia. El fiscal De Greiff, aspirando su habitual pipa, le dijo que esperara un poco, y a los dos días le respondió con una orden de captura. Londoño se entregó a las autoridades y los cargos precisos en su contra aparecieron meses después cuando estaban por vencerse los términos legales de su detención. Hombres de Pablo, que lo consideraban un sapo traidor, lo involucraron en secuestros y en el envío de varios kilos de cocaína. Según consta en el expediente, después los testigos se retractaron, y afirmaron que habían declarado instigados por la Fiscalía, pero aun así Londoño enfrentó largos y engorrosos procesos judiciales.

Pablo le había escrito al Osito pidiéndole un teléfono móvil y un hombre de confianza para que lo acompañara. Le envió al Limón y con él un teléfono marca National y una advertencia: «No lo use, me he enterado de que tienen equipos muy sofisticados para rastrear llamadas».

Efectivamente la Elite había logrado pericia en el rastreo de llamadas con un equipo Thompson, donado por el gobierno francés.

El sistema funcionaba con tres estaciones ubicadas en forma de un gran triángulo que cubría toda la ciudad. Una en La Estrella, otra en La Catedral y la tercera en el cerro El Volador, hacia el centro de la ciudad. Cada equipo recibía señales y daba un plano con coordenadas sobre el sitio de donde se emitía, con una aproximación de cinco a seis manzanas. Para evitar filtraciones de la información, los equipos los operaban hombres confiables y especializados, entre los que se encontraba un hijo del general Martínez.

Pablo no sólo enfrentaba la amenaza de la tecnología, también la de los espíritus. El Comando Elite recibía ofertas de personas dispuestas a ayudar para localizar a Pablo. Recibieron propuestas de numerólogos, mentalistas y esotéricos que proponían, por ejemplo, que los hombres que buscaban a Pablo se alimentaran sólo con comidas blancas para cargarse de energía, hacer un ritual en un día de luna llena y aprovechar a una mujer que tenía contactos con el más allá para indagar su paradero. Otro más propuso traer un equipo de Alemania que leía el aura de las personas. El Centro de Atención de la Policía recibió 86 mil llamadas y diez mil cartas por el estilo. El general Hugo Martínez era esquivo a estas propuestas. Sobre todo porque los veinte oficiales que evaluaban día y noche la información descubrieron que por lo menos el treinta por ciento de los mensajes eran emitidos por el propio Cartel de Medellín. Pero un coronel de su equipo ensayó, con fe pero sin éxito, algunos de estos caminos.

El Osito tenía razón en sus temores. A Pablo —fantasma trashumante— la Elite le atrapaba cartas, mensajes, pero no lo escuchaba. Después de 16 meses de silencio en sus comunicaciones radiales y telefónicas, por fin, cuando se enteraron de que había conseguido un teléfono, retomaron la vigilancia del espacio radioeléctrico.

Para evadir el rastreo, Pablo, recurriendo a invenciones de técnicos del Cartel, fracturaba la comunicación con dos estaciones. Del lugar de origen se transmitía a un equipo desde el que reemitía la señal. Por ello la Policía llegaba con frecuencia a sitios de retransmisión. Además él, conocedor del sistema de localización, lo evadía movilizándose cuando hablaba. «No se le olvide que tienen que moverse permanentemente», advertía a sus hombres.

Aún así, con este equipo lo ubicaron en las montañas de Aguas Frías, en el occidente de Medellín. Llevaba varios días en esta zona en la que se había movido en 1991, antes de someterse a la Justicia. Por la quietud y la intensa ceba, su peso aumentaba aceleradamente. Comía fritos de harina, como buñuelos y hojuelas, y tomaba agua de panela. En la tarde, con su tradicional ruana, se paraba en el corredor a ver la ciudad, se metía su varillo de marihuana y miraba cómo a la penumbra que invadía la ciudad la salpicaban millones de luces.

El general envió a sus hombres por tierra. Luego partió en un helicóptero. A las cinco de la tarde se tomaron el lugar. Encontraron veinte millones de pesos, una muchacha que al parecer hacía de dama de compañía y huellas de que había estado allí. Pablo, al sentir los helicópteros, se había botado por un despeñadero y se quedó camuflado hasta que llegó la noche. El cerco para evitar la fuga, en el que participaron unos ochocientos policías, no fue suficiente.

Pablo, aprovechando la llegada de la noche, caminó por las montañas del occidente hasta el barrio San Javier, donde al día siguiente lo recogió una hermana en un Renault 4. Atravesó la ciudad por la avenida San Juan, y a la altura del Centro Administrativo la Alpujarra, en medio de un torrencial aguacero, se bajó, cruzó por en medio de policías que vigilaban la Alcaldía y la Gobernación, y tres cuadras más adelante se encaletó en el sector de La Bayadera, donde permaneció unos días. Luego pasó a vivir en el sector de Suramericana.

Después de Aguas Frías, Pablo aprendió que lo detectaban con mayor facilidad en las zonas rurales, que debía refugiarse en el área urbana. Se movilizaba en carros modestos y taxis. Trazaba un recorrido, una persona monitoreaba, y él lo seguía, generalmente solo, en un carro. Contaba con un grupo de ocho estafetas que se citaban en sitios tan inusuales como los cementerios. Según relató su hermano Roberto, los domingos se organizaba, se pintaba con los colores del Medellín o de Nacional, se ponía pantaloneta y gafas y caminaba hasta el estadio.

En esta brega los oficiales obtenían éxitos importantes que la opinión pública, acosada por el terrorismo, consideraba exiguos. Los constantes fracasos hicieron que el director general de la Policía, el general Silva, incluso ordenara el retiro del equipo de rastreo de llamadas. Fue el coronel Aguilar quien le pidió que hicieran una prueba para demostrar la utilidad del equipo. Él mismo se escondió y empezó a realizar llamadas hasta que los miembros de la Elite, utilizando el equipo, lo localizaron en inmediaciones de la Plaza de Toros de la Virgen Macarena.

Como complemento del equipo Thompson usaban uno marca Telefunken alemán instalado en una unidad móvil. (Ese equipo había sido comprado por el Ministerio de Comunicaciones cuando el M-19 interfería la señal de televisión para emitir mensajes revolucionarios.) Los Elites entrenaban con operaciones simuladas para afianzar su dominio del equipo y en ese juego lograr incluso ubicar el objetivo a pesar de que estuviera en movimiento.

La empleada que lo acompañaba en la casa de Los Olivos dice que empezó a ver a Pablo callado, que no hacía comentarios y que estaba muy preocupado por la familia. Sin embargo, cuando llegaba alguno de sus hombres él se mostraba tranquilo y le transmitía confianza. «Pronto saldremos de ésta», le decía. De otra parte, seguía con buen apetito: tomaba jugo de naranja con zanahoria; comía dulce de remolacha, arroz, huevo, arepas de maíz de mute traídas de La Ceja, y torta de zanahoria con piña de El Carmen de Viboral.

Pablo, dándole vueltas a la posibilidad de un nuevo sometimiento, escribió a las autoridades:

«Yo aceptaría la cárcel de Itagüí, la de Jorge y la de Fabito, pero con una condición: que ofrezcan recompensas en televisión por los del Cartel de Cali. Yo sé que así ellos se presentarán y se acaba el problema. Ellos son terroristas porque colocaron la bomba del Mónaco y la del gobernador. También le pagaron a los policías para que colocaran las últimas bombas de El Poblado. Ellos aprovechan estos momentos para darles plata a los policías, pero ellos no tienen capacidad para pelear con el Estado. Yo sé que ellos se presentarían y así el gobierno demostraría que la guerra no es parcializada. Yo voy a dar una entrevista a uno de los principales periódicos del mundo y voy a decir que el gobierno no busca a Fidel Castaño, a pesar de que ha matado a dos mil personas de la UP y a pesar de estar condenado a treinta años por haber enterrado vivos en su propia finca a decenas de campesinos de Urabá. Si se persigue al Cartel de Medellín, hay que perseguir también al de Cali y si se persigue a la guerrilla también se debe perseguir a los paramilitares. Lo que pasa es que matar a un concejal de un pueblo es muy fácil o a un líder de izquierda, cuando manejaba con dinero al que les ponía los guardaespaldas del DAS. Y si se arregla esto y se hacen unos cambios o depuración en la Policía, los caleños sólo quedan con su corbata, con su fútbol y con sus farmacias.

»Si me presento estoy dispuesto a confesar todo y en eso se van a ver involucrados los que participaron y permanecen anónimos porque ahora están aliados con algunos de los que persiguen. Si va a haber justicia, que sea para todos. Les recomiendo conseguir una fotografía del señor Carlos Castaño Gil (hermano de Fidel). Las declaraciones y los testimonios contra este señor partirán en dos la historia jurídica de Colombia. Esta fotografía se debe conseguir rápido porque él ya debe estar tratando de borrarla en Registraduría, pasaportes, patentes, libreta militar y otros. En el DAS cuenta con la colaboración de Alberto Romero y con éste movió a su antojo a los guardaespaldas del DAS para poder asesinar a Jaramillo, Pizarro y demás de la izquierda. Si yo pagué para matar a Cano, lo reconoceré, si di plata para lo de Galán, también; pero si los que están contra mí tuvieron que ver en eso también pagarán. Será el esclarecimiento total. Se aclarará todo, incluso que quería volver a atentar contra Samper porque éste coqueteaba mucho con algunos de la izquierda.

»Respecto a mi familia propongo lo siguiente: yo ya tengo el permiso de salida ya que tengo mi firma autenticada en una notaría. Además, ellos saldrían con la mamá. Pero ellos sólo saldrían hacia los Estados Unidos porque en Europa hay mucha discriminación hacia los latinos. Yo creo que se puede hablar con la embajada y que ellos colaboren con la paz de Colombia otorgándole visas a mi familia. Clinton es un defensor de los Derechos Humanos. También necesito cinco soldados para cuidar a mi papá que es un campesino enfermo y viejo que cultiva la tierra y que no le debe nada a nadie, que no viaja y que vive en una humilde casa en el pueblo. Otra alternativa para la familia: yo los podría concentrar en un solo edificio pero con la protección de veinte soldados en un edificio y otros quince para acompañar a los que deseen salir. Yo creo que con cuarenta soldados se arreglaría eso.»

Las autoridades no respondieron y, por el contrario, las acciones contra la familia continuaron. Los Pepes habían retenido a Nicolás Escobar Urquijo, hijo del Osito, matado a Carlos Arturo Henao, hermano de Victoria, y ahora asediaban a toda la familia Escobar.

Sus hijos intentaron salir hacia Estados Unidos y en el aeropuerto de Medellín Inmigración los devolvió por falta de la autorización escrita del padre. Al día siguiente la Embajada les suspendió la visa y puso como condición la presentación de los padres para otorgarla. Sin apoyo, y ante tanta vulnerabilidad, Pablo decidió concentrar a sus hijos, su esposa, su madre y personas allegadas en el edificio Aires del Campestre.

La niña Manuela, a quien llamaban cariñosamente Terremoto, se había vuelto propensa a depresiones. Pero su tristeza no vencía el amor por su padre. Lo tenía como personaje central en su juego de muñequero: «Vamos a hacerle el desayuno a mi papá, a mi papá le va a gustar mucho tomar esto…» Le mandaba esquelas con dibujos que ella hacía y textos que dictaba y que su madre o sus allegados le escribían: «Eres mi cielo, quiero verte pronto». Las cartas las enviaban a un bar en Envigado y seguían una larga cadena de intermediarios: se las entregaban a un señor, a una señora del servicio, a un taxista, a un conductor de bus… Cuando llegaba carta de regreso Manuela saltaba de alegría. «Cuando tengas quince años espero hacerte la mejor fiesta del mundo, no quiero que tengas que visitarme a mi tumba», le escribía Pablo. En los días finales Manuela le envió la siguiente nota: «Tomé la decisión de irme del país porque así puedo ayudarte a solucionar los problemas. Papi de mi corazón, aquí te mando la bandera que te gusta tanto [de Colombia]. Tú eres un papá que ilumina el mundo. Te adora, tu corazón». La nota tiene un dibujo de la hacienda Nápoles, con el zoológico, la casa, la portada con el avión, varios ositos y la foto de Pablo en la parte superior.

El 2 de octubre doña Hermilda resultó herida después de un atentado con *rockets* contra el edificio. Victoria le escribió al Osito:

«Estoy superpreocupada por lo que pasó. Nos tiraron una granada de misil. Gracias a Dios no explotó. Cayó en un apartamento desocupado, pero donde caiga en nuestro apartamento nos mata. Cuña: yo estoy supertriste. Cuando uno ve la muerte tan de cerca es muy triste. Pero trataré de tener valor para esperar. Te cuento que veo la salida muy complicada. El fiscal dice que la condición de que los otros países nos reciban es que se entregue tu hermano. Conclusión: no veo posibilidades de salida.»

En adelante el drama de su familia, en la que los Pepes encontraron el talón de Aquiles de Pablo, crecería hasta llevarlo a cometer los errores que permitirían su derrota.

Ni el Osito, recluido en una cárcel de máxima seguridad, escapó de la guerra. Terremoto, su más hermoso caballo, y el mejor de Colombia en todos los tiempos, según el parecer de algunos especialistas, fue secuestrado, capado y abandonado en las afueras de la ciudad.

Luego lo atacaron directamente y él interpuso una tutela ante las autoridades judiciales para impedir que la dirección de la cárcel le abriera su correspondencia. Los jueces le consagraron ese derecho. Una mañana, cuando asistía a misa, lo llamaron para que recibiera un sobre. Salió pensando que se trataba de unos expedientes que la Fiscalía debía remitirle. Empezó a abrir con cuidado el paquete pero cuando descubrió que se trataba de una bomba ya era tarde. La explosión lo levantó hasta el techo. Cayó al piso y, sin saberse vivo o muerto, se arrastró hasta la reja para pedir auxilio. La dirección de la cárcel se tomó tres largas horas para analizar si lo trasladaban al hospital. Aunque sobrevivió, quedó prácticamente invidente y con grandes limitaciones auditivas. Ese mismo día, en horas de la mañana, se había dañado el equipo de rayos x con el que se debían revisar todos los paquetes que entraban al penal.

Los Pepes incluso llegaron a considerar la posibilidad de volar con un misil todo el bloque del penal donde se encontraban recluidos los hombres de Pablo. Se abstuvieron sólo porque unos oficiales del Ejército, importantes para ese trabajo, no colaboraron.

Ante la creciente presión, algunos trabajadores de confianza desertaron. Si un día había quince hombres, al otro día aparecían sólo nueve. «¿Qué pasa con el Flaco? ¿Qué pasa con Garrincha?». «Ah, ¿sabe qué? Le tuvimos que pegar porque se torció». Cada vez era menos gente. Ya no les importaba que se les ofreciera un millón de pesos, huían porque también se sentían desprotegidos.

«Te extraño tanto, me estás haciendo tanta falta. Me siento débil —le escribió Victoria a Pablo—. A veces se apodera de mi corazón una soledad inmensa. ¿Por qué la vida nos tiene que separar así? Me duele tanto el corazón. ¿Ves posibilidad de verte o no me ilusiono con eso? ¿Cómo estás? ¿Cómo te sentís? Yo no te quiero dejar, mi amor, yo te necesito mucho. Quiero llorar contigo porque hoy me siento triste. Son las ocho a.m. y pienso en ti, en lo mucho que te quiero. Terremoto te reclama todo el tiempo. En estos días recortó tu foto grande de la revista *Semana* y la pegó en el cuarto y te dice: "Mi negro, te quiero mucho".

»¿Cuándo te voy a volver a ver? Mi amor, sé que como María tengo unas obligaciones, pero como esposa otras. Lucharé con todas las fuerzas de mi corazón por ti. Te lo prometo. Nuestra historia tendrá que continuar. Te abrazo fuerte, te beso, te necesito.

»Tu amor».

«Mi amor, un beso —le respondió Pablo en un tono tranquilo—. No te preocupes que todo saldrá bien y llegará el momento en que todos podamos estar juntos como lo merecemos. Yo estaré muy pendiente de ustedes. Los quiero y los recuerdo mucho.

»Te quiere, tu esposo».

Él percibía su agotamiento, la muerte lo rodeaba, y buscando espacio para maniobrar, en una carta al gobierno acusó al comandante de la Fuerza Elite:

«Ya saben que el general Martínez es el que colocó las bombas contra ellos y a mi hermana que está en embarazo la amenazó con matarla en cualquier país en que se esconda. Si algo de esto ocurre, mi respuesta será una bomba de diez mil kilos en el estadio o en cualquier sitio concurrido y no tendré ningún inconveniente en adjudicármela públicamente y que recuerden que el general Martínez es terrorista que trabaja para el gobierno.»

Por radio, a sabiendas de que el general lo escuchaba, Pablo repetía: «Voy a matar a ese hijueputa, y voy a matar hasta su última generación, si su abuela está muerta la desentierro y la vuelvo a matar...». Y ordenó poner al pie del edifico donde vivía la familia del general en Bogotá un carro bomba.

«Doña Hermilda era una señora muy creyente, de carácter, que organizaba reuniones de grupos de oración, que las utilizaba al mismo tiempo como un medio de sostener la buena imagen de Pablo Escobar —dice el general—. Ella estaba atenta de todos los demás. Estaba pendiente de los ingresos, de la distribución de las cosas, de los intereses económicos; sin que fuera narcotraficante era complaciente con lo que hacían sus hijos... y en algunos momentos azuzadora, alcanzó a dar gritos de desespero para que se cobrara venganza...

»Doña Hermilda me denunció a mí por instrucciones de su hijo. Aseguró que yo había lanzado un *rocket* a su edificio. Ella defendía a ultranza a su hijo, en cambio la señora Victoria le decía que no pusiera bombas.»

La impunidad con la que actuaban los Pepes obligó a que algunos funcionarios de Estados Unidos se curaran en salud. Joe Toft, director de la DEA para Colombia, envió un telegrama, el 3 de agosto de 1993, a las autoridades de su país. Decía: «A estas alturas, según el fiscal De Greiff, los oficiales de la Policía estaban ya probablemente involucrados con los Pepes y en algunas circunstancias la jefatura de los Pepes estaba dando órdenes al Bloque de Búsqueda».

Hay quienes afirman que no sólo sabían sino que lo toleraban, y que incluso Carlos Castaño y don Berna, el jefe militar de la familia Galeano, vivían en un apartamento al frente de las instalaciones del Cuerpo Elite. Y desde allí se movilizaban a coordinar operaciones en las que eliminaron a unas 300 personas que servían a Pablo.

El gobierno por lo menos debió reconocer que en una ocasión se produjo una acción conjunta entre la Fuerza Elite y los Pepes. Se trató de un operativo en el río Cauca, liderado por Fidel Castaño, en el que uno de los oficiales de la Policía falleció. En esa ocasión el gobierno anunció medidas.

El general Martínez años después se ratificaba en que el Bloque de Búsqueda no tuvo relaciones directas con los Pepes.

«Dentro de esa organización estaban las familias de las personas que Pablo Escobar había asesinado en La Catedral. Esa gente se contactó con el Cartel de Cali. Y los de Cali le dicen: "Vengan nos ayudan a pelear contra Escobar". Los abogados del Cartel de Cali presentaron a varios señores de esos a la Fiscalía y se produjo un escándalo porque varias personas, reconocidos narcotraficantes, que habían figurado dentro de la organización del Cartel de Medellín, andaban con un salvoconducto expedido por el fiscal general de la Nación.

»Como decía el general Maza, para combatir la delincuencia no se trata con monjas. Yo personalmente nunca hablé con jefes del Cartel de Cali. El Cartel de Cali no necesitaba infiltrar al Bloque de Búsqueda porque se mantenía enterado de lo que hacíamos. Yo supe que gentes del Cartel de Cali tenían grabaciones que nosotros recopilábamos, que nosotros enviábamos a la Dirección de la Dijin, del DAS, a los juzgados. ¿Cómo les llegaban? No lo sé, pero las tenían. En las comunicaciones que les captábamos en Bogotá y Medellín sabíamos que estaban enterados de quién moría, quién estaba capturado, sin necesidad de estar adentro. Las informaciones que daban los de Cali en muchas ocasiones eran erróneas.

»Ellos colaboraron para buscar pruebas en contra de Los Extraditables. Había sicarios produciendo hechos violentos. La táctica era atacar a Escobar, a su familia y sus bienes, para que él sintiera el daño que estaba haciéndoles a los demás. Eso produce intranquilidad en todos los estamentos, en la Fiscalía, en la Policía, que secretamente celebraban que lo atacaran pero que públicamente decían que estaba mal y que la Policía estaba involucrada.

»Yo no sé qué pasó con un informe que le entregué al ministro y los dos comandantes de Fuerza, en el que se reseñaba la información que había captado sobre los Pepes. En el que se señalaba a los miembros principales de la organización, entre ellos Fidel y Carlos Castaño, y el orden cronológico de los delitos que habían cometido. Pasados dos años me llamaron a declarar en la Fiscalía en el proceso contra los Pepes, ahí declaré lo que le estoy contando y volví a entregar el informe para que hiciera parte del expediente.

»Yo pienso que si alguien les ayudó a ellos pudo haber sido la Fiscalía. Nosotros, como Bloque de Búsqueda, recibimos información

del Cartel de Cali y de los Pepes a través de la Fiscalía. Lo que sí
es cierto es que los miembros de los Pepes se conocieron y que yo
sepa no hay condenados. O las autoridades se hicieron las sordas
o ellos obraban de tal manera que no hubo lugar a pruebas...»

Después del atentado de Altos del Campestre contra su familia
Pablo se consumió en la ira y la impotencia. Pasó entre dos y tres días
en un edificio a tres cuadras de Altos del Campestre. Allí hizo llevar
a Juan Pablo y, quizá por primera y única vez, le habló con un tono
reflexivo: «Si yo pudiera echar la vida para atrás lo haría y enderezaría
muchas de las cosas que hice, pero no puedo. Usted tiene que salir
adelante, esmerarse, estudiar, ser un punto de apoyo para la familia».
La manera como habló tuvo cierto tono de despedida, pero luego
siguió conversando sobre otros asuntos con serenidad.

En ese mismo apartamento le pidió a una empleada que viajara a
Bogotá a conseguirle una mujer virgen. La pedía desde Bogotá para
evitar que le hicieran seguimientos. Le llevaron una adolescente rubia
de quince años a la que le pagó tres millones de pesos por entregarle
su pudor y su gracia.

Para proteger a los familiares ordenó, a través del Limón, que
un grupo grande se trasladara a una hacienda en San Antonio de
Prado, en las afueras de Medellín. Allí mujeres y niños trataban de
mantenerse reunidos en la sala para espantar el miedo. Sin embargo,
gritaban de susto con el golpe de una ventana o viendo mover la
rama de un árbol. Se sentaban a almorzar con desgano, de pronto
sentían un ruido de helicóptero, y ¡pum! todos a las caletas por los
ductos del aire acondicionado. Se quedaban tendidos y en silencio
hasta que pasaba el ruido.

Los abogados acordaron con el fiscal De Greiff que Pablo se
sometería a la justicia cuando su familia fuera recibida en un país
extranjero. Los oficiales del Bloque de Búsqueda, convencidos de
que el punto vulnerable de Escobar era su familia, pidieron que se
revisara la medida. Se corría el riesgo de que Pablo, una vez tuviera
a su familia tranquila en Alemania, descargado de la preocupación
de su seguridad, reactivara su aparato terrorista.

Mientras el avión de Lufthansa volaba hacia Francfort con los Escobar y con un agente de la DEA, que en secreto los vigilaba, el presidente Gaviria reunió a su consejo de seguridad. Allí presentaron un informe del Cuerpo Elite en el que se afirmaba que la capacidad de movimiento de Pablo se reducía a un círculo pequeño y que se fracturaba, cada vez más, su comunicación con la familia:

> «De la carta dirigida al fiscal general de la Nación y de los análisis grafotécnicos se concluye que Pablo Escobar enfrenta un problema de inseguridad, de depresión e incoherencia. Es un hombre que se considera en franca derrota, pero no deja de ser peligroso. A Escobar se lo ha visto trasladándose en un R-4 beige con un teléfono móvil. En el interior de un furgón entre los municipios de Girardota y Medellín. Que iba en un caballo desde el municipio de Caldas hasta El Retiro. Utiliza las horas pico para confundirse dentro de la población. Quiere dar la sensación de que permanece en centros distantes de la ciudad pero en realidad se ubica en zonas neurálgicas de alta presencia de Fuerza Pública. Después de la muerte del Chopo se mantiene en un solo sitio. Sigue a seis mujeres amigas. Se vigilan estrictamente quince sitios donde el capo supuestamente se refugia. La familia Ochoa hace esfuerzos para que el capo se someta. Si lo logran saldrían favorecidos para negociar.»

Acatando la solicitud de sus oficiales de la Fuerza Elite, el gobierno pidió a los alemanes que negaran el asilo a los Escobar y los regresara a Bogotá. Y la lógica de los oficiales funcionó: el desespero por defender a su familia llevó a Pablo a cometer errores que lo condujeron a la derrota.

Victoria y sus hijos se alojaron en residencias Tequendama, bajo protección de la Policía. Mucha gente en el país se indignó por el despliegue de hombres dedicados a proteger la familia del criminal y por las comodidades que se les brindaban. En medio de la angustia, en su casa del barrio Los Olivos, Pablo sabía que no se trataba de un privilegio sino de una trampa. Y una trampa que no podía eludir. Ya no vigilaba su entorno, miraba desde una ventana y daba vueltas ansiosas. Desde pequeño, con su natural don de mando había estado acostumbrado a ser jefe de gallada , luego, como jefe de bandidos, contó por años con un séquito incondicional y un volumen de dinero capaz de mover cualquier voluntad, y una inmanencia en su poder que le aseguraba muchas fidelidades. Ya no contaba con un batallón de hombres dispuestos a morir por él, estaba solitario. Doña Hermilda —madre instintiva—, conocedora de la desazón de su hijo, para tranquilizarlo le leyó un mensaje a través de los medios de comunicación:

«Para mi hijo Pablo, donde quiera que esté: todos te queremos mucho, sabemos que por tu seguridad no podremos verte, y confía en el Santo Niño de Atocha, en María Auxiliadora, que con las almas del purgatorio son tus fieles guardianes. Mil abrazos de todos y recibe la bendición de tu mamá, Padre, Hijo y Espíritu Santo.»

Los Pepes anunciaron una tregua en sus acciones, y un poco después amenazaron con reactivarse. Pablo escribió una carta a Miguel y Gilberto Rodríguez Orejuela, Carlos y Fidel Castaño, José Santacruz Londoño, Pacho Herrera y al general Hugo Martínez, a quienes consideraba la cúpula de los Pepes:

«El comunicado producido por ustedes está lleno de mentiras y falsedades. Prometen reaparecer pero la verdad es que siempre han estado activos. Los Pepes aparecieron por primera vez el 13 de enero de 1988 colocando una bomba en el edificio Mónaco. Han colocado carros bomba en El Poblado y han arrojado centenares de cadáveres al río Cauca. Han asesinado sacerdotes, sindicalistas, campesinos y candidatos presidenciales. Dicen en su comunicado que nunca han atacado a mi familia y yo les pregunto: ¿por qué le pusieron una bomba a mi señora madre? ¿Por qué secuestraron a mi sobrino Nicolás? ¿Por qué torturaron y ahorcaron a mi cuñado Carlos Henao? ¿Por qué intentaron secuestrar a mi hermana Gloria? El fiscal dice que el Cartel de Cali no existe. El gobierno sabe que el grupo de la Dijin [la inteligencia de la Policía que opera en Antioquia] es el brazo militar de los Pepes. A mí me han allanado diez mil veces, a ustedes nunca. A mí me han confiscado todo, a ustedes nada. El gobierno nunca les aplicará la Justicia sin rostro a los policías criminales y terroristas. El general Martínez colocó revólver y dinamita en el carro de uno de mis abogados para que apareciera como terrorista. ¿Qué puede esperarse de gente como ustedes que ni siquiera respetan el honor ni la verdad?

»Saludos Pepes

»Pablo Escobar Gaviria»

En la sala de radiocomunicaciones del cuartel de Policía, el general Martínez pasaba revista y peleaba con los técnicos porque se quedaban estacionados escuchando chismes en las comunicaciones interceptadas. En ese caso, el cambio de los métodos de acción sería definitivo, y los allegados a Pablo, entusiasmados, pensaban que ganarían la guerra. Era cuestión de esperar unos días: Martínez estaba en la cuerda floja.

En realidad el general, cansado de largos años de lucha, había pedido desde hacía meses ser relevado. Sentía que por su familia, a la que había relegado totalmente, y por él mismo, debía buscar nuevos caminos, y pidió ser enviado a un curso para lograr un ascenso. La Dirección de la Policía, a pesar de que consideraba su retiro como una gran pérdida, aceptó su renuncia y nombró un nuevo comandante. Ante los hechos de esos días del final de noviembre, con la certeza de que le estaba pisando los talones al fugitivo, Martínez pidió unos días más, sólo unos días más.

Pablo, en una cadena de errores, desde el regreso de su familia de Alemania, marcó por teléfono seis veces a residencias Tequendama en Bogotá. El recepcionista, un oficial de la Policía, de inmediato alertaba a la Elite en Medellín. En las primeras llamadas, muy cortas, le insistió a Juan Pablo que buscara asilo en algún país. El equipo de radiogoniometría ubicó el origen de la llamada por los alrededores del estadio de fútbol de Medellín. Allanaron algunas casas de su propiedad, no encontraron nada, pero sabían que se encontraba en la zona.

«Comenzamos a hacer trabajos sobre el área —cuenta el general Martínez—. Entonces yo vi que con la experiencia en el empleo de los recursos técnicos era la mejor oportunidad que se me iba

333

a brindar. Pero debíamos superar los errores anteriores que se daban sobre todo por la presión de los jefes, del mismo Ministerio, que decían: "Si ya está ubicado hay que operar porque de pronto no se produce otra comunicación". Al final atendieron nuestra insinuación. Esperar era la clave. Si se producían otras comunicaciones haríamos una localización efectiva. Al día siguiente vino la segunda comunicación. Como ya teníamos gente operando en el sector, estuvimos por cogerlo en movimiento, pero él sabía que no podía pasar de tres minutos y cortó. Así se dieron unas cuatro comunicaciones en un término más o menos de ocho días, hasta cuando viene la última.»

El 1° de diciembre, la víspera de su cumpleaños, sus hijos y Victoria lo felicitaron por teléfono. Según el Osito, él, para compensar la soledad, envió a su empleada a comprar lasagna y champaña. Con ella y el Limón se sentó a la mesa en las horas de la noche. En la madrugada del 2 de diciembre llegó doña Hermilda. Le llevó torta para celebrar su cumpleaños y un antiácido para una gastritis que lo tenía fatigado. Él la abrazó, recibió las cartas que le enviaban sus hijos y le habló con amor: «Estoy orgulloso por ti, por tus declaraciones. Eres una mujer valiente, inteligente y con mucha dignidad…»

El Osito cuenta que su hermano preparó a su madre para los acontecimientos que venían: «Debes estar tranquila, yo salgo de ésta y si no es así debes estar preparada porque el día que me cerquen prefiero suicidarme, yo no me dejo llevar de los gringos». Seguidamente le comparte planes que a nadie más confiará: en los próximos días saldría de la ciudad, se integraría a un frente guerrillero y se internaría en la selva. Ella sabía que si lo había decidido, sería lo mejor, y se limita a desearle suerte y a entregarle una estampa del Niño Guardián, del Niño Jesús de Atocha. Es 2 de diciembre y al salir el alba ella se despide.

Pablo se levanta al medio día. Sale en el taxi que mantiene estacionado en su casa y hace una llamada. Un escrito, en el que le indicaba al hijo lo que debía responder en una entrevista, está con letra alterada como si lo hubiera hecho en el carro, en cambio la parte final se nota, por la letra firme, que la escribió ya sobre una mesa en casa.

A las 12 y 30 abalean a Gustavito Gaviria, hijo de Gustavo Gaviria, cuando se desplazaba por el sector de Zamora, al norte de Medellín. Tenía toda la riqueza y la inteligencia y, sin embargo, el mundo de los bandidos se lo tragó. A esa hora Pablo abandona su plato, se quita los zapatos, siente desasosiego y llama de nuevo a su familia. Es extraño, él, que les insistió hasta el cansancio a sus hombres que usaran el teléfono sólo para emergencias, abusa de las llamadas. Y a ellas se dedica hasta que siente un tropel en la puerta de la casa.

Ese día, según relata el general, su hijo había amanecido trabajando. Se acostó a las siete y él mismo lo despertó a las diez. «Vaya usted a operar los equipos», le dijo. Un conductor y un oficial auxiliar lo acompañaban en el vehículo.

Hacia la una de la tarde, en un par de ocasiones Pablo fracasa en su intento por comunicarse con su familia en residencias Tequendama. Se identifica como periodista. Pero precisamente en la mañana su familia ha dado la orden de no pasar llamadas de periodistas. Mientras se distrae con un pequeño rollito de papel, en un tercer intento habla con su mujer y su hijo durante dos minutos veinticinco segundos. Al colgar siente que no tiene respuesta clara para ellos, que los ha metido en un juego en el que no tiene chance de ayudarlos.

En el Comando de la Fuerza Elite el equipo de triangulación lo ubica entre las carreras 70 y 80 y las calles 50 y 33. «Con los equipos dispuestos de detección y ubicación en la zona, si vuelve a comunicarse y habla más de dos minutos podríamos capturarlo». El carro que transporta la unidad móvil de rastreo se moviliza por el sector de Los Olivos y se estaciona en la canalización de la quebrada, al pie de una cafetería donde los hombres bajan a comer buñuelos.

El técnico alerta: «Está hablando». El carro baja despacio bordeando la canalización. La señal indica que está a unos cincuenta metros. En el primer puente cruzan la quebrada y se regresan por la otra orilla.

«El equipo Telefunken daba una señal muy exacta. Hugo hace una verificación dándole vuelta a toda la manzana —narra el general Martínez—. La ubicación da con cero error. Hugo comienza a llamar a la central y no le contestan. Yo estaba cargando el radio y lo escuché. "Tengo ubicado el objetivo, lo estoy viendo a través de una ventana". "Así le toque a usted solo no lo vaya a dejar ir", le digo. "Sí, sí, pero que vengan rápido". Él se quedó al frente de la casa, puso al otro policía detrás de la casa y mandó al conductor en el carro a encontrar a nuestros hombres al centro comercial Obelisco, que queda a unos tres minutos del sitio.

»Pablo está tan inocente que empieza otra llamada. El Bloque de Búsqueda llega a Obelisco y de allí toma camino al refugio de Escobar. Cuando la Policía llega a la casa, Escobar, que todavía está al teléfono dándole instrucciones a su hijo Juan Pablo, dice: "un momentico". Ya estaba el tropel de gente rodeando la casa. Dos hombres llegan a la puerta, cuatro establecen un pequeño cerco y los doce restantes cubren un área más extensa. Ellos van transmitiendo por radio lo que va ocurriendo. Primero rompen con un explosivo la puerta. Ahí adentro ven el taxi estacionado pero no hay nadie. Buscan por todos los rincones del primer piso y suben al segundo piso. Siempre protegiéndose de que puedan disparar o detonar una bomba. Suben al segundo piso, ven el teléfono... ven una ventana. Se asoma un policía y ve a Escobar en el techo recargado contra la pared. Escobar le dispara y el policía se arroja al piso para protegerse. El coronel Aguilar, en una falsa alarma, grita por radio: "Auxilio, auxilio apóyenos, mi coronel, apóyenos, nos están matando, hay un hombre herido".

»Por el tejado delante de Escobar iba el Limón y le disparan. Cae al piso. Escobar va con dos pistolas en la mano: una Zig Sauer de 9 mm y otra pistola pequeña calibre 22 niquelada, de cacha negra... Le dan un tiro de fusil que le atraviesa el tronco. Otro en la pierna y otro en su oreja izquierda que le sale a la altura de la oreja derecha. Cuando el mayor Aguilar grita: "¡Viva Colombia!" entendemos que han sido capturados o dados de baja. Escobar se derrumba sobre el caballete. Más o menos ocho minutos me demoro en desplazarme al sitio con la Fiscalía, con la Procuraduría y con todos los funcionarios que nos acompañan para este tipo de operaciones. Lo veo ahí en el techo, y a pesar de que habíamos estudiado su cara y analizado fotos de todas las formas, le aseguro que me lo habría podido encontrar en la calle y no lo hubiera conocido. Pero estoy absolutamente seguro de que es él, no hay lugar a equivocación. Cuando le hago saber a mi general Gómez que acaba de ser dado de baja Pablo Escobar no me pregunta ni siquiera: "¿Está seguro?".»

Tras 499 días de persecución, Pablo queda derrumbado sobre el techo con sus 115 kilos y con sus pies descalzos. Viste bluyín y camiseta azul oscura con ribetes rojos en las mangas y en su billetera cargaba una pequeña estampa del Divino Niño. La noticia se propaga por todo el país y rebota hacia el mundo entero: ha muerto el gran capo del narcotráfico, el criminal mayor.

En medio de una nube de periodistas llega doña Hermilda. De momento, al ver el cadáver del Limón, se alivia y piensa que su hijo sigue vivo. Otra vez han fallado, jamás podrán derrotarlo, alcanza a pensar, pero unos segundos más tarde ve arriba el cuerpo de su hijo.

«Una madre antioqueña debe tener muchísimas calidades, querer mucho a sus hijos y encarrilarlos por el bien, a ver si así, de esa manera, podemos tener paz en Colombia y en todo el mundo —dice doña Hermilda a los periodistas, sin perder la calma—. He sufrido tanto que prefiero ser una pordiosera, eso sí, una pordiosera muy limpiecita, una viejita por ahí encorvada pero bañadita todos los días; y cocinar en una parrilla o en un fogoncito de leña, más bien que haber pasado por las tristezas y por los calvarios que he pasado. La felicidad no consiste en el dinero, y si Dios es bueno y nos da dinero hay que saberlo compartir para que Dios nos perdone lo malo que hagamos.»[1]

En éste, como en otros episodios de la vida de Pablo, abundan las versiones y los rumores. Hay quienes aseguran que Escobar fue herido y rematado a quemarropa por un agente apodado el Boliviano. Y su hermano Roberto insiste en que se suicidó al verse acorralado. Esa fue su última victoria, dice. Otros más aseguran que Carlos Cas-

---

[1] Ana Victoria Ochoa, *op. cit.*

taño integraba el grupo que tomó por asalto la casa de Los Olivos. Sea como haya sido, tanto los agentes del Bloque de Búsqueda como los agentes de la DEA celebraron. Se tomaron fotos posando con el cadáver como un trofeo. Agarran a la víctima por la camisa, sonríen, hacen con sus dedos la señal de la victoria y le cortan pedazos de la cabellera y del bigote para guardarlos como recuerdo.

El presidente Gaviria da parte de triunfo. El presidente de los Estados Unidos y el mundo entero lo felicitan. En la embajada estadounidense en Bogotá los agentes adornan la oficina con confetis y serpentinas y ponen un gran aviso: «P.E.G. DEAD», como telón de fondo de la celebración.

En el refugio de los familiares un joven contestó el teléfono. Y al recibir la noticia se paró y gritó: «Está muerto nuestro Pablo Escobar». La gente se enloqueció, gritó, tiró cosas, se dio golpes... «¡Se murióoo! ¡Lo mataron! Se acabó todo, estamos muertos, nos llevó el putas». Cuando sonaron dos detonaciones secas se silenciaron pensando que habían llegado sus enemigos. «Se nos metieron, se nos metieron», gritaron mientras se escondían. A la media hora alguien que salió a explorar, encontró en la pesebrera, tirado en el piso, muerto a Michuca, un pelado al que apreciaban mucho. Se había disparado en la cabeza tras conocer la muerte de su ídolo el Gran Patrón. Como el primer tiro no lo mató, tuvo valor para aplicarse el segundo. Nadie lo quería ver.

Doña Hermilda, quien llegó de urgencia en las horas de la tarde, le rezó un padrenuestro, y luego salió para la velación de su hijo a Jardines Montesacro. En Bogotá, Victoria, para huir a la turba de periodistas, se fue al hotel Santana, donde pasó la noche en vela rumiando su tristeza. Quería, desde luego, ir a despedir a su Míster —como le decía con frecuencia a Pablo—. Por ello desde la media noche pidió que buscaran a su peluquero. Entre las cinco y las seis de la mañana le cortaron el pelo y la peinaron; cuando se sintió lista empezó a tramitar con el gobierno su viaje a Medellín.

A esa misma hora en Jardines Montesacro, a pesar del frío y de la lluvia, se formaba una fila infinita de personas que querían ver a Pablo. Hacia las nueve de la mañana la marea era inmensa. La muchedumbre —que portaba carteles que decían: «Pablo, que tu muerte sea semilla de paz», «El pueblo está contigo», «Te queremos, amén», «Paz en tu tumba…», «Jesús te lleve a la Gloria…»— representaba a parte de la nación excluida que más allá de su conciencia, por una fuerza oscura, primaria y telúrica, simpatizaba con ese hombre que había desafiado con crueldad todos los poderes.

Con el paso del tiempo, algunos de los oficiales, como Lino Pinzón, Hugo Aguilar y Danilo González, presentados como héroes al momento de la derrota de Pablo, han sido llamados a retiro por los nuevos mandos de la Policía. Algo similar sucedió con el general Martínez que unos años después se mostraba desengañado del trato recibido y decepcionado de la llamada guerra contra el narcotráfico, tras conocer hechos como el perdón judicial del presidente Clinton a narcotraficantes y ver la constante resurrección de los carteles y un mercado de consumidores siempre activo.

Fidel Castaño desapareció de la escena pública. Dicen que lo mataron las FARC en una emboscada. Su hermano Carlos heredó su empresa contraguerrillera. Por el tipo de relaciones que llegaron a manejar, por la impunidad con la que actuaron, la guerra contra Escobar fue el origen, en el sentido político, del gran fenómeno paramilitar que vivió Colombia. Quizá por ello Joe Toft dijo: «No sé cuál sea la moraleja de la historia, espero que sea: el fin no justifica los medios».

El presidente Ernesto Samper Pizano (1994-1998), cuestionado por la financiación de su campaña con dineros del narcotráfico, para congraciarse con el gobierno de Estados Unidos detuvo a los capos del Cartel de Cali, que habían sido activos socios del Estado en la lucha contra Pablo y habían financiado su campaña. Lucho, el Miliciano, fue expulsado del ELN y un tiempo después hombres del narcotráfico lo secuestraron y desaparecieron.

Juan Pablo alcanzó a decir a los medios de comunicación, en medio de su dolor, que vengaría la muerte de su padre. Fue reacción de momento porque dentro de sí tenía el convencimiento de que su padre había muerto sólo para permitir que ellos pudieran vivir con tranquilidad. Y desde ese momento, con su alma completamente transformada, se convirtió en un hombre amante de la paz, dedicado a cuidar a su familia y a prepararse en los campos de los sistemas y de la arquitectura.

Los tres —Victoria y sus dos hijos— salieron a peregrinar por el mundo, cargando como una cruz el pasado al que los ata Pablo, en busca de un lugar para rehacer sus vidas. Sólo Mozambique, el lejano país africano, los recibió en un primer momento. Juan Pablo quería estudiar pero vio las universidades y desde el primer momento supo que allí no podrían vivir. Con nuevas identidades, dadas por el gobierno colombiano, lograron instalarse en Argentina donde tuvieron, por fin, cinco años de reposo y anonimato. Esta placidez se rompió cuando a Victoria y a Juan Pablo los detuvieron por el supuesto delito de lavado de dinero.

A Victoria la cárcel le sirvió para asimilar su pasado. Se preguntaba: «¿Cómo viví tantos años en la nube?». «¿Cómo arrastré a mi familia a este precipicio?». La nube era el mundo aislado de la realidad en el que reinaba la palabra de Pablo. Ella, a veces, le hacía reclamos y él le negaba los hechos o le presentaba argumentos que le recuperaban la confianza en la justeza en las acciones. Tras la muerte de Pablo, escuchando una y otra vez los relatos, debió convencerse de la faceta oscura de su marido que en alguna medida desconoció y que, quizá, obnubilada por el amor se negó a ver.

Ella desde siempre supo que no habría espacio para la venganza en su corazón. Habló con buena parte de los enemigos para hacerles saber que de ella sólo podrían esperar paz. Visitó a los hermanos Rodríguez en Cali. Ellos le ofrecieron respaldo, incluso para controlar a algunos bandidos que querían arrasar con lo poco que les había quedado. Ella le pidió a don Miguel que aconsejara a Juan Pablo, y éste, solícito, se sentó con tono de padre a recomendarle al travieso joven pautas para una nueva vida.

Juan Pablo, en medio de las disputas por las propiedades, con una madurez que la sorprendió, le pidió a su madre que no derramara ni una sola lágrima por un bien material. «Estamos jóvenes y enteros, y podemos salir adelante», le dijo.

En Argentina, Juan Pablo salió prontamente de la prisión. Ni el escándalo pudo frustrar su exitosa carrera profesional. Su madre debió esperar un tiempo largo a que la Justicia le resolviera su situación. La pequeña Manuela, al momento de la muerte de su padre, había dicho: «Mi papá me engañó, me dijo que no se iba a morir y se murió». Unos años después, en plena adolescencia, la puso en crisis la imagen de un padre que fue terror del mundo y que dista mucho del Pablo, íntimo y cariñoso, que conoció. No entiende por qué la persiguen como a una hija del mal y por ello a veces prefiere levar anclas y desprenderse de la realidad.

El Osito anhela salir de la cárcel y clonar a su caballo Terremoto para multiplicar sus descendientes. Los hipopótamos del zoológico de la hacienda Nápoles andan sueltos. La hacienda, la cárcel y las propiedades de Pablo han sido horadadas por los humildes en busca de sus tesoros. Algunos de sus edificios de lujo se han convertido en centros de rehabilitación de drogadictos. Nuevos carteles han surgido y han sido desmantelados. Otros más los han relevado.

Danilo, el director de la banda Marco Fidel Suárez que tocó para Pablo y después voló por los aires con una de sus bombas, ha recuperado la memoria y pensando en todo lo que le tocó vivir sólo atina a decir: «No es justo».

El día del entierro, el Ejército rodeó el cementerio para impedir que entrara más gente. Adentro, dos mil personas que hacían fila, para ver y tocar al difunto, al darse cuenta de que jamás llegarían, en medio de vivas irrumpieron violentamente en la capilla. Mientras el cura, despavorido, saltó por una ventana, la ola humana tomó el ataúd y trató de sacar al difunto de su cajón. Por petición de la familia, a las 3 y 40 de la tarde unidades del Ejército recuperaron el ataúd y lo regresaron a la capilla. Siguió pacíficamente el desfile infinito. Victoria, Juan Pablo y Manuela llegaron rodeados de guardaespaldas. Victoria alguna vez había dicho a los periodistas que le preguntaban ansiosos sobre su marido: «Yo no vivo con un mito». Esta tarde, más allá de las leyendas, su dolor era tan elemental como el de cualquier mortal, el de una mujer qué había perdido al hombre que amaba. Le acarició las manos y dijo: «No hay nada que hacer, hemos perdido la guerra, ahora tendremos que comprar la paz». Tras su personal y silencioso homenaje salió corriendo para no ver cómo la masa enterraba a otra cosa que no era estrictamente su hombre.

En medio del delirio el ataúd descendió. Mucha gente se quedó ahí, impávida, rumorando despacito, mientras doña Hermilda les hablaba:

> «Pero si algo hizo mal hecho Pablo fue porque lo persiguieron en extremo, y yo me consuelo con lo que decía Nuestro Señor Jesucristo: "Bienaventurados los que padecen persecuciones por la Justicia porque de ellos es el reino de los cielos". Pablo fue uno de ellos…»

Cuando llegó la noche todos se dispersaron. Arcángel no pudo asistir al sepelio de su Patrón, pero cuando salió de la cárcel, un año después, corrió a visitarlo y desde entonces se propuso cuidarlo hasta el final de sus días. Y allí sigue como testigo de una peregrinación incesante de hombres y mujeres que buscan la certeza de su muerte o esperan su resurrección porque lo creen un guerrero invencible que sólo se ha camuflado en la muerte para evadir a sus enemigos.

En este nuevo aniversario veo llegar a doña Hermilda y a los habitantes del barrio Pablo Escobar, que aún encienden velas como un tributo al Cristo de corona de espinas, sangrante y doliente, y a Pablo, a quien siguen considerando su benefactor. Escucho decir: «Fue un hombre bueno», «Yo no creo que lo hayan matado, creo que él se suicidó, él mantenía una pistola a su lado», «Él tenía un doble y a ése fue al que enterraron…». Pero Arcángel —que sigue mirando el mundo desde la tumba, en medio del mar de cruces— sabe que su Patrón era mortal, definitivamente mortal. Y lo recuerda preguntándose: «¿Qué significaría la muerte de Pablo Escobar?» Y sobre todo recuerda su respuesta: «¡Nada! ¡Absolutamente nada, todo seguirá como antes!».

Bogotá, 1º de junio de 2001

Bibliografía

AA. VV., *Pablo Escobar en caricaturas, 1983-1991,* sin pie de imprenta.

Bataille, Georges, *El erotismo,* Tusquets, México, 1997.

Cañón, Luis, *El Patrón,* Planeta, Bogotá, 1994.

Castillo, Fabio, *Los jinetes de la cocaína,* Documentos periodísticos, Bogotá, 1988.

Castillo, Fabio, *Los nuevos jinetes de la cocaína,* Oveja Negra, Bogotá, 1996.

Cortés, Fernando, *Rodríguez Gacha, El Mexicano,* Intermedio Editores, Bogotá, 1993.

Escobar Gaviria, Roberto, *Mi hermano Pablo,* Quintero Editores, sin ciudad, 1994.

Fogel, Jean François, *El testamento de Pablo Escobar,* Intermedio Editores, Bogotá, 1995.

Galán, Juan Manuel, *El rojo de Galán,* Planeta, Bogotá, 1998.

García Márquez, Gabriel, *Noticia de un secuestro,* Norma, Bogotá, 1996.

López Michelsen, Alfonso, *Palabras pendientes, Conversaciones con Enrique Santos Calderón,* El Áncora, 2001.

Ochoa, Ana Victoria, *Una madre de espaldas a su hijo.* Documental inédito.

Ochoa, Fabio, *Un narco se confiesa y acusa*, Colombia Nuestra, Medellín, 1989.

Pardo Rueda, Rafael, *De primera mano*, Norma, Bogotá, 1996.

Puerta, Mauricio, *Colombia bajo los astros*, Planeta, Bogotá, 2000.

Reyes González, Olga, *El caso Low Murtra*, Planeta, Bogotá, 1994.

Samper Pizano, Ernesto, *Aquí estoy y aquí me quedo*, El Áncora, Bogotá, 2000.

Torres Arias, Édgar, *Mercaderes de la muerte*, Intermedio Editores, Bogotá, 1995.

Vitta, Juan, *Secuestrados*, Santillana, Bogotá, 1996.

Fuentes periodísticas consultadas

Diario *El Tiempo* (Bogotá).

Diario *El Espectador* (Bogotá).

Diario *El Colombiano* (Medellín).

Diario *El Mundo* (Medellín).

Periódico *Medellín Cívico* (Medellín).

Revista *Semana* (Bogotá).

En 1976 Pablo Escobar se casó con Victoria Henao. Ella, de sólo quince años, se escapó de su casa para seguirlo hasta la muerte.

En 1977 nació su primogénito, Juan Pablo. Abajo aparece acompañado de su padre cuando tenía diez años.

Foto *Medellín Cívico*

Fotografías cortesía de *El Espectador* de Bogotá.

aye-Junio 1976

El DAS de Antioquia descubre 1⁹ kilos de cocaína entre una llanta

Con medio millón pretendieron sobornar a los detectives

Escobar fue detenido por segunda vez en 1976. En la reseña del periódico *El Tiempo* de Bogotá aparece con su primo Gustavo Gaviria, su cuñado Mario Henao y tres miembros más de su banda. Fueron acusados de narcotráfico.

A finales de los años setenta
Pablo Escobar y Gustavo Gaviria se aficionaron a las válidas
de automovilismo.
En la foto superior izquierda
aparece uno de los automóviles usado por Escobar en las
competencias.

Foto *Medellín Cívico*

Entre 1980 y 1983
Pablo Escobar desarrolló
actividades sociales en
los barrios pobres de Me-
dellín. Entre otras obras,
acondicionó e iluminó
cerca de cien canchas de
fútbol y construyó vi-
viendas para destechados.
Con estas acciones ganó
simpatía en los sectores
populares de la ciudad.

En 1982, en condición de parlamentario, Escobar viajó invitado por el Partido Socialista Obrero Español, en compañía de sus copartidarios Alberto Santofimio Botero y Jairo Ortega Ramírez, a la posesión de Felipe González como presidente del gobierno español.

En 1982 también viajó a Estados Unidos. En la foto aparece con su hijo Juan Pablo al pie de la Casa Blanca.

En los años ochenta el gobierno de los Estados Unidos presionó para que los narcotraficantes colombianos fueran extraditados; en respuesta, ellos organizaron marchas de protesta. En la foto, una manifestación contra la extradición en la Plaza de Bolívar de Bogotá.

La lista de solicitados en extradición era encabezada por Gonzalo Rodríguez Gacha, conocido como el Mexicano, quien aparece en la foto de la izquierda, y Jorge Luis Ochoa, quien aparece en la parte superior derecha de la fotografía en la que lo acompaña Pablo Escobar.

El presidente Belisario Betancur pone una ofrenda floral en el monumento construido en homenaje al ministro Lara Bonilla, asesinado por los narcotraficantes en abril de 1984.

El grupo guerrillero M-19 se tomó en noviembre de 1985 el Palacio de Justicia. Las Fuerzas Militares recuperaron el edifico a sangre y fuego, y como resultado murieron decenas de personas. Las autoridades acusaron a Escobar de promover la acción, pero el M-19 siempre negó relación de los narcotraficantes con los hechos.

En agosto de 1989 fue asesinado el candidato a la Presidencia Luis Carlos Galán; las autoridades responsabilizaron a Escobar de este magnicidio, y el presidente Barco ordenó la formación del llamado Cuerpo Elite de la Policía que después de tres años de intensas persecuciones dio muerte al capo. En la foto de la derecha, miembros del Cuerpo Elite toman una de las caletas de Escobar en el Magdalena Medio.

En su guerra contra el Estado, Escobar se hizo popular por su capacidad para evadir los cercos. Estas fotos las tomó uno de sus hombres cuando huían de un operativo del Ejército realizado en la finca El Bizcocho. El propio Escobar las envió unos días después al periódico *El Colombiano* de Medellín. En la foto derecha, el capo encabeza la fila de fugitivos.

En la foto, el presidente Virgilio Barco saluda al general Miguel Maza Márquez, director del DAS. Maza Márquez fue el más conocido enemigo de Pablo Escobar en el Estado. Sus denuncias y sus acciones hicieron que Escobar realizara tres atentados en su contra, a los que sobrevivió milagrosamente. Uno de ellos, en la foto de la derecha, fue un carro bomba contra el edificio del DAS.

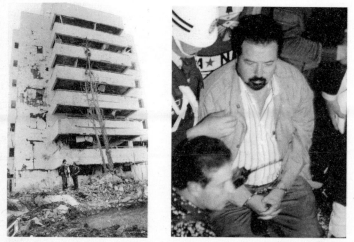

En la foto de la izquierda, el edificio Mónaco, donde residía la familia de Escobar, después de ser dinamitado por el Cartel de Cali. A la derecha, Gilberto Rodríguez Orejuela, señalado por las autoridades como líder del Cartel de Cali y uno de los hombres decisivos en la derrota final de Escobar.